어시재 최성환의
고문비략

**지은이 어시재**(於是齋) **최성환**(崔瑆煥)

1813(순조 13)년에 태어나 1891(고종 28)년에 세상을 떠났다. 자는 성옥(星玉), 본관은 충주(忠州)이
며 경기도 양주(楊州)에서 태어났다. 중인(中人) 출신의 무관이었으나 임금의 부름을 받아 시무(時務)
를 논할 정도의 경세가이자 학자로서 조선 후기의 대표적 실학자 중 한 사람이라 할 수 있다. 특히 국
가 전반에 걸친 제도 개혁안을 제시한『고문비략(顧問備略)』은 19세기 중엽 이후 대두된 중인층의 실
학사상을 파악할 수 있는 거의 유일한 저술로서 종시제의(從時制宜)의 원칙 아래 탈성리학 · 탈중세적
개혁 사상을 보여주고 있다.


**옮긴이**

김성재 · 한국고전번역원 번역위원

실시학사
실학번역총서
05

어시재 최성환의
고문비략

최성환 지음
김성재 옮김
재단법인 실시학사 편

사람의무늬

# 實學翻譯叢書를 펴내며

실시학사(實是學舍)에서 실학연구총서(實學硏究叢書)를 발간하여 학계에 공헌하면서 뒤이어 실학번역총서(實學翻譯叢書)를 내기로 방침을 세운 것은 벌써 2년 전의 일이다. 실시학사가 재단법인으로 발전하면서 그 재정적 바탕 위에 여러 가지 사업을 수행하는 가운데 실학(實學)에 관한 우리나라 고전들을 골라, 한문으로 된 것을 우리글로 옮겨서 대중화 작업을 시도하기로 한 것이다.

여기, 이 기회에 나는 다시 몇 마디 말씀을 추가할 것이 있다. 이 실학번역총서를 낸다는 말을 전해 듣고 모하(慕何) 이헌조(李憲祖) 형이 앞서 거액을 낸 것 외에 다시 적지 않은 돈을 재단에 출연해 주었다. 나는 그의 학문에 대한 열정에 오직 감동을 느꼈을 뿐, 할 말을 잊었다. 오늘날 우리나라에서 사회문화에 대한 허심탄회(虛心坦懷)로 아낌없이 투자해 줄 인사가 계속해서 나와 준다면 우리 학계가 얼마나 다행할까 하는 생각을 금(禁)할 수 없었다.

5

실(實)은 실시학사가 법인으로 되기 전부터, 나는 성균관대학교에서 정년퇴임한 뒤에 진작 서울 강남에서 학사(學舍)의 문을 열고 젊은 제자들과 함께 고전을 강독하면서 동시에 번역에 착수하였고, 그 뒤 근교 고양(高陽)으로 옮겨 온 뒤에도 그대로 계속하여 적지 않은 책들을 간행하였다. 예를 들면 경학연구회(經學硏究會)가 다산 정약용(茶山 丁若鏞)의 『정체전중변(正體傳重辯)』, 『다산과 문산(文山)의 인성논쟁』, 『다산과 석천(石泉)의 경학논쟁』, 『다산과 대산(臺山)·연천(淵泉)의 경학논쟁』, 『다산의 경학세계(經學世界)』, 『시경강의(詩經講義)』 5책 등을 번역 출판하였고, 고전문학연구회(古典文學硏究會)가 영재 유득공(泠齋 柳得恭)의 『이십일도회고시(二十一都懷古詩)』와 『열하기행시주(熱河紀行詩註)』 각 1책, 낙하생 이학규(洛下生 李學逵)의 『영남악부(嶺南樂府)』 1책, 그리고 『조희룡전집(趙熙龍全集)』 5책, 『이옥전집(李鈺全集)』 5책, 『산강 변영만(山康 卞榮晩)전집』 3책, 유재건(劉在建)의 『이향견문록(里鄕見聞錄)』 1책 등을 모두 번역 출판하였다. 이 열거한 전집들 중에는 종래 산실(散失) 분장(分藏)된 것이 적지 않아서 그것을 수집하고 재편집하는 데 많은 노력을 기울였다. 이 과정에서 제자들은 어려운 생활 속에서도 세월 따라 능력이 성장해 왔고 나는 그것을 보면서 유열(愉悅)을 느껴, 스스로 연로신

쇠(年老身衰)해 가는 것도 잊고 있었다.

그런데 이제 번역 사업이 본격화되면서 많은 역자(譯者)가 한꺼번에 나오게 되고 나는 직접 일일이 참여할 수 없게 되고 보니 한편 불안한 점이 없지도 않다. 나는 지난날 한때 민족문화추진회(民族文化推進會, 韓國古典飜譯院의 前身)의 회장직을 맡아, 많은 직원들, 즉 전문으로 번역을 담당한 분들이 내놓은 원고들을 하나하나 점검할 수도 없어 그대로 출판에 부쳐 방대한 책자를 내게 되었다. 물론 역자들은 모두 한문 소양이 상당하고 또 성실하게 우리글로 옮겨 온 분들이지만 당시 책임자였던 나로서는 그 자리에서 물러난 지 오래된 지금에 와서도 마음 한구석에 빚이 되어 있는 것이 사실이다. 그런데 지금 또 실시학사에서 전건(前愆)을 되풀이하게 되는 것이 아닐까 걱정이 앞서기 때문이다.

그러나 이미 화살은 날았다. 이제 오직 정확하게 표적(標的)에 맞아 주기를 바랄 뿐이다.

2013년 초하(初夏)

李佑成

# 차 례

# 해 제 (解題)

## 1. 『고문비략』의 개요

본서는 19세기 후반, 헌종·철종 연간에 활약한 중인 학자 최성환(崔瑆煥)이 당시의 정치·경제·사회적 제 문제의 원인과 해결책을 제시한 경세서(經世書)이다.

19세기 중엽 이후 조선은 정치·경제·사회 각 방면에서 각종 폐단이 만연하며 혼란이 극에 달한다. 지방 행정은 거의 마비 상태에 이르고 민생은 생존이 위협받을 정도로 피폐해졌다. 국가 제도 전반에 걸친 대대적인 개혁이 절실한 상황이었다고 하겠다. 이런 가운데서 나온 책이 최성환의 『고문비략(顧問備略)』인데 그 내용을 개화파 인사들이 수용하려 하였다. 유길준(兪吉濬)은 일련의 개혁론 중에서 "근래의 최성환은 세상을 경륜할 수 있는 사람이다. 그의 공부의 폐단에 대한 논의에〔近有崔瑆煥者經濟士也. 其論貢賦之弊有曰〕……"라 하며 『고문비략』 중 「공부(貢賦)」 조의 내용을 인용하고 나서 "최씨의 말이 매우 일리가 있다〔崔氏之言甚有理〕."라며 최성환이 주장한 대로 공부의 전납(錢納)을 시행할 것을 주장하기도 하였다.

1970년대 초 일본 동경대학교 도서관에서 『고문비략』의 존재를 확인하고 국내 학계에 처음 소개한 벽사(碧史) 이우성(李佑成) 선생은 이 책의 의의를 다음과 같이 평가하였다.

"19세기 후반 개화기로 접어들면서는 중인 출신들이 개화의 선도자 또는 개화 운동의 배후 공작자로서 활약하는데, 그들 사상의 유래는 실학에서 찾아질 수 있다. …… 실학이 유교 경전의 연역(演繹)으로부터 역산(曆算)·물리(物理)의 과학 세계로 옮겨 가는 한 갈래가 있다면 행정·경제에 관한 구체적 논술을 볼 수 있는 것이 바로 최성환의 『고문비략』이다. 『고문비략』은 행정·경제에 있어 탈성리학적(脫性理學)·탈중세적(脫中世的) 경향을 보여 주고 있는데, 이의 분석을 통해 종래의 실학사상이 최성환에 이르러 개화사상과 더욱 거리를 좁히고 나아가 '시민'적 사고에 한층 가까워지고 있음을 볼 수 있다. …… 최성환의 개혁론은 천덕왕도(天德王道)의 유교 이념과 원칙에 기반한 사대부층의 개혁론과는 달리 종시제의(從時制宜), 즉 '때에 따라 형편에 따라 합리적으로 처리'한다는 태도를 보여 준다. …… 그의 명석하고도 합리적인 논조가 가지는 실효성과 즉사성(卽事性)에 대하여 일정하게 이해하고 평가해 주고 싶다."

이처럼 『고문비략』은 최성환의 실학사상을 연구할 수 있는 자료일 뿐 아니라 양반 사대부 층에서 시작된 실학사상이 중하급 실무 관료라 할 수 있는 중인층에게 수용되어 어떻게 구체적인 정책 대안으로 제시되는지를 살필 수 있는 자료이기도 하다.

## 2. 최성환의 생애와 활동

최성환은 본관이 충주(忠州), 자는 성옥(星玉), 호는 어시재(於是齋)이다. 1813년(순조 13)에 경기도 양주(楊州)에서 태어나 1891년(고종 28) 79세로 생을 마감하였다. 첨지중추부사 겸 오위장(僉知中樞府事兼五衛將)을 지낸 최광식(崔光植)의 둘째 아들이다.

그의 선조 중에는 역관(譯官)·율관(律官)·운관(雲官) 등을 역임한 사람들이 있으나 7대조 이후로는 주로 무관(武官)을 지냈다. 최성환 역시 1838년(헌종 4) 26세에 무과에 급제하고, 그로부터 5년이 지난 1843년에 정9품의 효력부위(效力副尉) 수문장(守門將)으로 관직 생활을 시작하여 2년 만에 종4품 선략장군(宣略將軍)으로 승품(陞品)되었다. 이후 무신 겸 선전관(헌종 11), 훈련원 주부(헌종 11)·판관(철종 즉위년), 중추부 도사(철종 3) 등을 지내고 1854년(철종 5) 42세에 벼슬에서 물러났다. 이후 한동안 고향인 양주로 내려가 살다가 말년에는 현재 충청북도 청원(淸原)으로 옮겨 가 돌아갈 때까지 살았다. 1885년(고종 19)에 최성환이 고종에게 올린 상소에 따르면 '문도들에게 『효경』을 가르치는 한편으로 『효경대의(孝經大義)』, 『고감(古鑑)』 등의 책을 저술'하였다고 한다.

최성환은 비록 무관이었지만 학식이 높다는 사실이 임금에게까지 알려질 만큼 학자로서의 명성이 있었고, '옛사람의 말이라도 나의 마음에 부합되면 실로 나의 말이고, 그 말이 표현된 문장 또한 나의 문장이다[古人之所言者……, 我心之所合者, 固我之言也.…… 其言之發爲文章者, 卽亦我之文章也].'라는 독특한 성령론(性靈論)을 펼치며 문사로서도 명성이 있었다. 고종 때 영의정을 지낸 이유원(李裕元, 1814~1888)은 『고감(古鑑)』의 서(序)에서 다음과 같이 쓰고 있다.

최성환 군이 『고감』과 함께 『효경』에 증거를 밝힌 책을 올렸다. ……
최군은 자가 성옥이다. 7세부터 독서를 좋아하였는데 만년에는 더욱
좋아하여 70세가 되도록 그만두지 않았다. 성옥의 재주와 명성은 임
금께도 알려져서 선왕께서 여러 차례 소대(召對)하였고, 명공거경에서
부터 일반 선비와 하인들까지 모두 그를 문인으로 지칭한다. 나는 예
전에 그와 가까이에 살아서 그 학문의 깊이를 잘 알고 있는데, 그 포
부를 어찌 하나의 '문' 자로만 말하겠는가. 6개 조항으로 천거하는 반
열에 두어 마땅한 사람인데 세상에서 그에 대해 말하는 사람이 없고
세상에 행해지는 것은 『고감』 등의 책뿐이다. 아, 감(鑑)은 감(監)이니,
고금의 잘잘못을 비추어 볼 수 있는 것이다. 그런데 지금 책은 능히
임금에게 귀감이 되는데 사람은 임금의 인감(人鑑)이 되지 못하고 있
으니, 참으로 아깝다.

崔君珵煥輯古鑑一編與孝經明證書而進之,…… 崔君字星玉, 自七歲好讀書,
晚年尤嗜好, 七十年迄迄不廢. 星玉之才名聞于上, 累蒙先王賜對, 凡名公巨
卿以至章甫輿儓, 俱指爲文人. 余鄕居相近, 愈識其淺深, 而其抱負奚獨以一
文字言之哉! 端合六條遷擧之列, 世無言之者, 行於世者, 惟古鑑等書. 噫!
鑑也, 照得古今之姸醜. 今之書其能爲人主之龜鑑, 人不能爲人主之人鑑, 良
可嘆惜!(『嘉梧藁略』 冊12)


최성환은 관직에 있을 때부터 이덕무(李德懋)가 찬한 『사소절(士小
節)』을 펴내는 등 서적의 편찬 간행에도 관심을 보여 많은 서적을 펴
냈다. 그가 저술하거나 편찬한 책은 다음과 같다. 중국의 역대 시를
성령(性靈)을 기준으로 선(選)한 『성령집(性靈集)』, 우리나라의 역대 시
를 모은 『동국아집(東國雅集)』, 친구인 정지윤(鄭芝潤, 1808~1858)의 『하
원시초(夏園詩鈔)』 등의 시집, 백성을 위한 교화서로 인간의 선행과 악

행에 대해 하늘이 내린 선보(善報)와 악보(惡報)의 사례를 모은 『태상
감응편도설(太上感應篇圖說)』과 『각세신편팔감상목(覺世新編八鑑常目)』
및 『효경』의 각 장구 아래에 경사(經史)의 요어(要語)와 고인(古人)들의
선행 사례를 붙인 『효경대의(孝經大義)』, 관리를 위한 교화서로 중국
여동빈(呂洞賓)의 『공과격(功過格)』 가운데 당관(當官)의 직무수행에 관
련된 부분을 뽑아 조선의 현실에 맞게 증손(增損)한 『시민요결(視民要
訣)』 및 옛날부터 전해 오는 임금과 신하의 선행과 악행에 관한 일화
중 교훈으로 삼을 만한 것을 모은 『고감(古鑑)』, 그리고 지리서인 『여
도비지(輿圖備志)』 등이 있다.


## 3. 『고문비략』의 저술 경위와 서지

『고문비략』은 간행되지 않은 필사본 형태로 국립중앙도서관(이하 '국중
본'으로 약칭)에 한 본이 소장되어 있고, 일본 동경대학교(東京大學校) 도
서관(이하 '동대본'으로 약칭)에 한 본이 소장되어 있는데, 1984년 서강대
학교 인문학연구소에서 백현숙(白賢淑)의 해제(解題)를 붙여 두 본을 합
쳐서 한 책으로 영인 출간하였다. 두 본 모두 건(乾)·곤(坤) 2책으로 묶
여 있고, 각 책은 다시 2권으로 나뉘어 모두 2책 4권으로 되어 있다.
국중본은 반흘림체로 매 면 10항 20자, 총 28개 항목, 모두 323면으로
되어 있다. 동대본은 해자(楷字)로 정서되어 있고, 역시 매 면 10항 20
자로 되어 있으나 국중본 권2의 「준천(濬川)」과 권4의 「사치(奢侈)」 두
항목이 누락되어 총 26개 항목, 모두 295면으로 되어 있다. 또 목차 부
분이 국중본은 처음 상하 2단으로 구성했다가 붓으로 지우고 상중하
3단으로 수정되어 있는데 동대본은 수정 이전의 상하 2단 형태로 되어

있다. 두 본 모두 서(序), 고문비략목록(顧問備略目錄), 본문 순으로 배열되어 있다.

『고문비략』은 처음 헌종의 명으로 저술을 시작하였다. 정확한 시기를 알 수 없지만 헌종 말엽의 어느 날 임금이 말단 무관인 최성환을 불러서 장시간 대화를 나눈 끝에 "그대의 학식으로 보아 시무와 경세제민의 방도에 대해서도 필시 깊이 생각한 바가 있을 것이니 다음 등대(登對)할 때에는 그에 대해 아뢰도록 하라."라고 하였다. 어전에서 물러나온 최성환은 곧 저술을 시작하였으나 얼마 지나지 않아 헌종이 서거(逝去)하는 바람에 중단되었다가 관직에서 물러난 뒤 책 상자에서 초본을 찾아내고는 다시 찬술하여 1차 완성을 보고 제목을 '임금의 물음에 대비한다'는 의미의 『고문비략』이라 하고 옥산(玉山) 장지완(張之琬)에게 서문을 받았다. 이것이 1858년(철종 9)의 일이다.

1차 완성을 보고 서문까지 받았지만 지금 남아 있는 국중본의 곳곳에 종이를 오려 붙이거나 붓으로 지우고 다시 쓴 부분이 있는 것으로 보아 그 뒤에도 수정·보완 작업을 계속했던 듯하다. 동대본의 존재나 위 유길준의 인용 사실에서 수정·보완 작업이 진행되는 동안에 다른 사람이 전사(轉寫)해 가기도 하였다는 것을 알 수 있다. 동대본은 일부 수정된 내용이 반영되어 있으나 상기(上記) 두 항목의 누락 등으로 미루어 장지완의 서문을 받은 이후 수정·보완이 완료되기 전의 어느 시점에 전사된 것으로 보인다. 즉 이 책은 장지완에게 서문을 받던 시기의 1차 완성본, 일부 수정·보완된 동대본, 현전(現傳)하는 최종본인 국중본 순으로 점차 발전해 나간 것이다.

국중본과 동대본의 차이를 살펴본다. 먼저 목차 부분이 다음과 같이 다르게 되어 있다.

| 책수 | 乾 | | 坤 | |
|---|---|---|---|---|
| 권수 | 1 | 2 | 3 | 4 |
| 국중본 | 都鄙<br>統甲<br>軍伍<br>糶糴<br>常平倉<br>社倉 | 貢賦<br>漕轉<br>濬川<br>財用<br>度量衡<br>官制<br>祿科 | 外官<br>幕僚<br>久任<br>資格<br>賞罰<br>御使<br>吏胥 | 科擧<br>人材<br>學校<br>書院<br>黨與<br>盜賊<br>奢侈<br>法令 |
| 동대본 | 都鄙<br>統甲<br>軍伍<br>糶糴 | 常平倉<br>社倉<br>貢賦<br>漕轉<br>財用<br>度量衡<br>官制<br>祿科 | 外官<br>幕僚<br>久任<br>資格<br>賞罰<br>御使<br>吏胥 | 科擧<br>人材<br>學校<br>書院<br>黨與<br>盜賊<br>法令 |

위 표에서 보듯 처음에는 권1을 「도비(都鄙)」, 「통갑(統甲)」, 「군오(軍伍)」, 「조적(糶糴)」의 4개 항목으로 구성했으나 권2에 있던 「상평창(常平倉)」과 「사창(社倉)」의 항목을 권1로 옮겨 모두 6개 항목으로 조정하고 처음에는 없었던 「준천(濬川)」(권2)과 「사치(奢侈)」(권4)의 두 항목을 추가하고 있다. 목차를 처음 상하 2단으로 구성했다가 3단으로 수정한 것도 이 항목의 추가에 따른 것으로 보인다. 그 외에도 두 본 사이에는 다음과 같은 차이가 보인다.

먼저 권1에서 「군오(軍伍)」 항목의 결론 부분을 보면 국중본에는 '夫誰曰不然. 夫然則是可收布錢者, 皆願納樂爲之錢【其名美故也】而唯恐其不許納錢也.'라고 썼다가 붓으로 '夫誰曰不然'의 5자와 소주 '其名美故

也'를 지우고 '夫然則' 다음에 '人皆以出直爲榮矣'를 추가하였는데, 동대본은 수정 이전의 상태로 되어 있다.

「조적(糶糴)」의 항목에서는 역대의 사례와 당시의 폐단을 제시한 다음 4면에 걸쳐 폐단을 해소할 수 있는 대안을 제시하였는데, 그 부분이 동대본에는 "大抵還穀之弊爲百弊之尤者, 以其有價之低仰, 有斗之增減, 有穀之精粗, 易爲幻弄故也. 苟救其弊, 其惟錢穀兩行, 法取漢耿壽昌常平倉·宋朱晦菴社倉之制, 兼此二者而濟之, 以時宜稍加斟酌其制."라고만 되어 있다. 또 국중본은 모두 광곽(匡郭)이 없는 백지에 기록되어 있는데 이 추가된 부분만은 사주단변(四周單邊)에 상일엽(上一葉)의 어미(魚尾)가 있고 각 항 사이에 구분선이 쳐진 용지에 기록되어 있다.

권2의 「공부(貢賦)」 항목의 결론 중 개작 이전의 것으로 보이는 동대본에 "十二兩京司上納【以六兩爲田稅, 以六兩爲大同.】, 三兩留本邑, 付之常平倉. 如此則國課比前倍收, 國受其利, 常平倉常足, 官受其利, 一擧而三利成也. 或疑十五兩之稅, 有賦重之嫌. 殊不知今日完租者, 何止十五兩而已乎? 將倍此而猶不足, 又省郤許多煩亂, 是謂民受其利也."로만 되어 있는 부분이 국중본에는 "京師各衙門上納米價【每石, 元詳定價六兩外, 加一兩五錢, 定爲七兩五錢.】·木價【每疋, 元詳定價二兩外, 加二兩, 定爲四兩.】·黃豆價【每石, 元詳定價三兩外, 加一兩, 定爲四兩.】及京費等, 合假量十兩, 餘五兩作邑用【如需米及雜用】, 其無漕之邑及無穀納之邑, 量宜定結價, 務從簡便. 如此則國課倍收於前, 而省却許多煩擾, 是所謂民受其利也."로 내용이 보다 구체적으로 정리되어 있다.

권2 「조전(漕轉)」에는 동대본에 없는 "今之議者, 動以取給京師一語爲藉口, 然殊不知取給之道, 此可倍多而又萬全無失矣, 何不思之甚耶?"라는 두 줄이 국중본에는 마지막에 추가되어 있다.

## 4. 『고문비략』의 내용과 개혁의 방향성

각 권의 내용은 나름대로 주제의 통일성을 보여 준다. 먼저 권1과 권2를 묶은 건책(乾冊)은 대체로 정치·경제 정책에 관한 내용이 담겨 있는데, 권1에서는 주로 행정 체제를 다루고 있고 권2에서는 주로 경제 관련 문제들을 다루고 있다. 권3에서는 관리, 그중에서도 특히 지방 관리의 임용과 고과(考課) 방법에 관한 문제들을 다루었고, 권4에서는 인재 양성과 관련한 문제 및 기타의 문제들을 다루고 있다. 서술 방법은 장지완이 서문에서 "경전과 사서(史書)에서 근거를 원용하고, 몸소 경험한 인정을 바탕으로 하여 폐단을 바로잡을 방법을 대략 첨부해서 올리려 하였다."라고 한 대로 먼저 각 항목의 역대 제도를 소개하고, 이어 당시 조선의 폐단을 지적한 다음 자신이 생각하는 해결책을 제시하였는데 각 항목간 서술 내용에는 상략(詳略)의 차이가 있다. 먼저 권1의 「조적」, 권2의 「준천」, 권4의 「당여」, 「사치」 등의 항목에는 '경전과 사서(史書)에서 원용'한 역대 제도에 대한 내용 없이 바로 당시의 폐단과 그 개선 방안만을 서술하고 있다. 이에 비해 역대의 제도를 상세히 소개하고 당시 조선의 폐단과 개선책에 관한 내용이 없거나 매우 소략하게 다룬 부분도 있다. 권2의 「재용」에서는 역대에 재정 마련을 위한 수단이었던 '비용 절감〔節用〕', '물가 조절 제도〔市糴之制〕', '관문과 시장에서 거두는 세금〔關市之征〕', '염철의 이익〔鹽鐵之利〕'에 대한 사례들을 소개하고 대안 제시는 "更俟後之爲國計之君子所措施爾"로 간단히 언급하고 넘어갔다. 권3의 「자격」에서는 "今日救弊之道, 先自勿拘資格始, 苟可用也則不次行之, 非其材也則雖數十年不調, 可也. 又革其所謂外任履歷者, 以杜其得不不爲之門, 庶乎其可也."라고만 소략하게 제시하였고, 권4의 「법령」에는 당시 우리나라의 폐단과 해결책에 대한 제시가 없다.

이 책을 통해 최성환이 구상하는 개혁안에서 다음과 같은 몇 가지 방향성을 도출할 수 있다.

첫째는 행정 조직의 체계와 관제의 조정 및 관원 대우의 현실화를 통한 제도 정비이다. 그를 통해 원활한 상명하달과 하의상달이 이루어지고 중간에 선 관리·이서(吏胥)의 농간을 봉쇄하는 방안인 것이다. 권1의 「도비」·「통갑」·「군오」·「조적」, 권2의 「관제」·「녹과」, 권3의 「외관」·「막료」·「구임」·「자격」·「상벌」·「어사」·「이서」 등에서 그런 사고의 일단을 볼 수 있다.

둘째는 신분과 직업의 분리이다. 양반이라는 신분은 그대로 유지하되 사·농·공·상의 신분에 따른 직업 제한을 철폐하여 양반도 오로지 관직 진출만을 위해 평생을 허송할 것이 아니라 농업, 상업, 기타 여러 가지 산업에 종사하여 스스로 항산(恒産)을 창출하게 하고, 농·공·상민도 능력과 자질만 있다면 얼마든지 관직에 등용될 수 있는 기회를 부여하자는 것이다. 이에 덧붙여 양반 계층이 누리던 특혜를 줄여서 평민만이 부담하던 군역(軍役) 등을 양반도 똑같이 부담하여 높고 귀한 신분에 걸맞은 의무를 이행하라는 것이다. 권1의 「군오」, 권4의 「과거」·「인재」 등에서 이런 사상을 볼 수 있다.

셋째는 관의 역할 축소와 민의 역할 강화이다. 오로지 관에서 주도하고 관명(官命)으로 시행하던 각종 정책과 사업을 민간에 하청하거나 민의 참여폭을 넓히자는 것이다. 권1의 「조적」·「상평창」·「사창」, 권2의 「조전」·「준천」, 권4의 「과거」 등에서 그런 사유를 볼 수 있다. 국가 사회 전체의 구성원으로서 민의 책임 또한 간과할 수 없는데, 권4의 「당여」와 「사치」 등의 조목에서 특히 위에서 생기는 폐단보다 아래에서 생기는 폐단을 크게 부각시킨 데서 엿볼 수 있는 점이다.

넷째는 화폐 사용의 확대이다. 특히 경제·재정 관련 폐단의 많은 부분은 현물 납세와 현물 거래에서 기인된 것이 많은데 현물 대신 화폐를 사용함으로써 해소할 수 있다고 하였다. 권2의 「공부」·「조전」·「준천」 등에서 집중적으로 볼 수 있고 권1의 「상평창」·「사창」에서도 일부 그런 사상을 확인할 수 있다.

김성재

**참고자료**

『承政院日記』

李裕元, 『嘉梧藁略』, 韓國文集叢刊 316집, 민족문화추진회, 2003

李圭景, (국역)『五洲衍文長箋散稿』, 민족문화추진회, 1982

兪吉濬全書編纂委員會, 『兪吉濬全書』 VI, 일조각, 1971.

이우성, 「李朝末葉 中人層의 실학사상과 그 개화사상으로의 지향」, 李佑成著作集 권8 『高陽漫錄』, 창비, 2010.

백현숙, 「崔瑆煥의 顧問備略」 解題, 國學資料 第4輯 『顧問備略』, 서강대학교 인문학연구소, 1984.

구교현, 「袁枚의 性靈說이 조선 후기 문단에 미친 영향 연구－著我論을 중심으로」, 『중국어문학논집』 59, 중국어문학연구회, 2009.

규장각 한국학연구원 해제자료 http://e-kyujanggak.snu.ac.kr

- 국립중앙도서관 소장본을 번역 저본으로 하였다.

- 원문 중에 소자쌍행(小字雙行)으로 되어 있는 원주(原註)는 번역문과 부록
  에 모두 【 】로 묶어서 표시하고, 역주(譯註)는 각주로 제시하였다.

- 원문 중에 인용된 각종 자료는 대부분 송(宋) 구준(丘濬)의 『대학연의보(大學
  衍義補)』와 명(明) 고염무(顧炎武)의 『일지록(日知錄)』 등 몇 종의 책에서 재
  인용한 것인데, 재인용 사실은 각 자료의 절록(節錄) 범위와 오탈자, 원주(原
  註)의 일치 등에 근거하여 판단하였다. 개별 서적에 대해서는 일일이 밝히
  지 않고 직접 인용한 책들만 역주에서 간략히 밝혔다.

- 원문 중의 오탈자 등은 부록으로 첨부한 원문에는 교감하지 않고, 번역문
  의 각주로 교감 사실을 밝혔다.

# 고문비략(顧問備略)

# 서문(序文)

성인(聖人)은 나면서부터 아는 사람이므로 본디 묻고 배울 필요가 없을 것이다. 그러나 순(舜) 임금은 밭 갈고 농사지으며 도자기 굽고 물고기 잡으며 살던 시절부터 다른 사람의 좋은 점을 보면 취하지 않은 적이 없고,[1] 공자(孔子)는 "내 일찍이 종일 먹지 않고 밤새 자지도 않으면서 생각했지만 아무런 보탬이 없었다. 배우느니만 못하다."[2]라고 하였다. 여기에서 나면서부터 아는 것은 도덕·성명(性命)의 근원 및 하늘과 사람이 서로 감응하는 이치이고, 인습(因襲)과 개혁의 원칙이나 사물의 변화 같은 것에 대해서는 반드시 깊이 생각하고 밝게 분변하며 자세히 살피고 물어야 한다는 것을 알 수 있다.

　우리 헌종대왕(憲宗大王)께서는 하늘이 낸 자질로 항상 덕을 닦는 공부를 독실하게 하시고 국가의 전고(典故)를 밝게 익히셨으며, 날마다 어

---

1　순(舜) 임금은 …… 없고 : 『맹자』, 「공손추상(公孫丑上)」에 "自耕稼陶漁 以至爲帝 無非取於人者."라 한 내용이 보인다.
2　공자(孔子)는 …… 못하다 : 『논어』, 「위령공(衛靈公)」에 보인다.

진 사대부들을 가까이 하사 만물의 실정(實情)이 상께 모두 진달되게 하시고 치도(治道)를 자문하시어 장차 우리나라를 크게 일으키려 하셨다. 그것은 역시 대순(大舜)이 다른 사람의 좋은 점을 취하고 공자가 밤낮으로 공부했던 것과 같은 뜻일 것이다.

지난날 최성환(崔瑆煥) 군이 일개 말단 낭관(郎官)으로서 부름을 받고 어전(御前)에 나아갔는데, 임금의 자상한 말씀이 이른 아침부터 해가 중천에 이를 때까지 이어지더니, 이윽고 이렇게 하교하셨다.

"평소 그대의 학문이 깊다는 것은 내가 잘 아는 바이다. 시무(時務)와 경세제민(經世濟民)의 방도에 관해서도 필시 강구한 바가 있을 터이니, 만약 전술(傳述)할 만한 것이 있으면 다음에 등대(登對)할 때 모두 아뢰도록 하라."

최 군은 황공하여 사례하고 물러나서는 당시의 정령과 법제 가운데 세월이 오래되어 말폐(末弊)가 있는 것과 임금께 미처 진달되지 못한 백성들의 고충을 서술하되, 경전과 사서(史書)에서 근거를 원용하고, 몸소 경험한 인정을 바탕으로 하여 폐단을 바로잡을 방법을 대략 첨부해서 올리려 하였다. 그런데 책이 미처 완성되기 전에 임금께서 서거(逝去)하셨기 때문에 방치해 둔 지가 오래되었다.

근래 관직에서 물러나 동쪽으로 돌아와 가릉산(嘉陵山) 아래에서 농사를 짓고 있는데 낡은 책 상자 속에서 옛날에 쓴 초본(草本)을 찾아내었다. 그리하여 다시 찬술하고 깨끗이 정서하여 제목을 『고문비략(顧問備略)』이라 짓고는 나에게 서문(序文)을 부탁하였다. 나는 다 읽고 나서 한숨을 쉬며 말했다.

"왕형공(王荊公, 왕안석)이 신법(新法)[3]을 만들어 시행하다가 실패를

---

3 신법(新法) : 송(宋) 신종(神宗) 때의 재상 왕안석(王安石)이 국정을 쇄신하기 위해 제정

보게 되자 후세의 사대부들은 변법(變法)을 말하는 일이 드물고 구습(舊習)만을 인습(因襲)하다가 나라가 쇠퇴 타락의 일로에 빠졌으니 그 해(害)가 얼마나 큰지 모른다. 우리 왕조가 선 지 거의 500년, 대대로 안정 속에 내려오는 동안 기강이 점차 해이해졌으니 그것은 시(時)의 폐단이지 법의 폐단은 아니다. 『주역(周易)』에 이르기를, '덜고 더하며 채우고 비움을 때에 맞추어 행해야 한다[損益盈虛與時偕行].'⁴라 하였고, 또 '시(時)를 따르는 의의가 크도다[隨時之義大矣哉].'⁵라 하였다. 진실로 예(禮)로써 가지런히 하지 않는다면 끝까지 편안하기를 바라더라도 어찌 하늘에 복을 빌어 나라의 명을 오래 이어 갈 수 있겠는가! 비록 그러하나 법이란 사람을 기다려서 행해지는 것이다. 그러므로 정자(程子)는 '「관저(關雎)」와 「인지(麟趾)」의 뜻이 있은 다음에야 『주관(周官)』의 법도를 행할 수 있다.'⁶라고 한 것이다. 가령 하늘이 시간을 허용하여 임금께서 장수하시고 최 군이 다시 대궐에 들어가 가까이 모실 기회를 얻어 이 책을 갖고 가서 임금께 보여 드릴 수 있었다면 일[事]의 이해(利害)와 말[言]의 득실(得失)을 임금께서 다 통촉하셨을 것이니,

---

한 법률로, 청묘(靑苗)·수리(水利)·균수(均輸)·보갑(保甲)·모역(募役)·시역(市易)·보마(保馬)·방전(方田)·균세(均稅) 등을 내용으로 한다. 그러나 이로 말미암아 세금이 더욱 무거워졌으므로 천하가 시끄러워지자 반대파의 배척을 받아 자신은 좌천되고 법은 실패하였다(『宋史』 卷327, 「王安石列傳」 참조).

4 덜고 …… 한다: 『주역』, 「손괘(損卦)·단전(彖傳)」에 보인다.

5 시(時)를 …… 크도다: 『주역』, 「수괘(隨卦)·단전(彖傳)」에 보인다.

6 「관저(關雎)」와 …… 있다: 『근사록(近思錄)』 권8, 「치체류(治體類)」에 나오는 정호(程顥)의 말이다. 「관저」와 「인지(麟趾)」는 모두 『시경』의 편명으로 전자는 주(周)나라 문왕(文王)의 후비(后妃)를 찬양한 시이고, 후자는 문왕의 훌륭한 자손을 노래한 시이다. 임금이 수신(修身)은 물론이고 먼저 문왕처럼 궁중 내부에서부터 시작해서 제가(齊家)·치국(治國)·평천하(平天下)의 도를 행해야만 『주례(周禮)』에 나오는 여러 가지 제도를 행할 자격이 있게 된다는 말이다.

칼날을 다시 갈고 금슬(琴瑟)의 줄을 다시 조이듯 국정을 일신(一新)하는 데 있어 여기에서 취하여 재량하지 않았으리라고 어찌 장담하겠는가. 『서경(書經)』에 '이 꾀와 이 계책은 오직 우리 임금의 덕이다〔斯謨斯猷, 惟我后之德〕.'[7]라 하였다. 그렇게 볼 때 이 책은 감히 자신의 것이라 할 수 없을 것이다. 하늘이 돌보아 주지 않으셔서 선왕(先王)께서 돌아가신 지 오래이지만 이 책은 선왕께서 못다 하신 뜻을 담은 것이다. 때맞추어 올리지 못한 통한이 있을 뿐 아니라 이 나라 온 백성의 비통한 심정으로 이 책의 편찬을 어찌 그만둘 수 있었겠는가."

내가 드디어 사양하지 못하고 절하며 공경히 써서 우리 선왕께서 묻기를 좋아하고 치도(治道)를 찾고자 하신 것은 바로 대순(大舜)이나 공자와 같은 뜻이었음을 크게 밝히는 바이다.


함풍(咸豊) 무오년[8] 정월 대보름에 옥산(玉山) 장지완(張之琬)[9]이 삼가 쓴다.

---

7 이 꾀와 …… 덕이다 : 『서경』, 「주서(周書)·군진(君陳)」에 보인다.
8 함풍(咸豊) 무오년 : 함풍은 청(淸) 문종(文宗)의 연호로, 무오년은 1858년, 철종 9년이다.
9 옥산(玉山) 장지완(張之琬) : 본관은 인동(仁同), 호는 침우당(枕雨堂), 옥산은 자이다. 최성환(崔瑆煥)을 비롯하여 김진수(金進洙), 역관(譯官)인 정지윤(鄭芝潤) 등 중인층의 문사들과 교유가 깊었다. 철종 때 율학교수(律學教授)를 지냈으며, 고종 때에는 최성환과 함께 『대전회통(大典會通)』 감인(監印)에 참여하였다. 저서로 『침우당집』 6권이 있다.

# 『고문비략』

## 권1

# 1  행정 구역〔都鄙〕

『예기(禮記)』,「왕제(王制)」에서는 행정 구역을 다음과 같이 나누고 있다.

"왕기(王畿) 천리 밖에는 방백(方伯)을 둔다. 5개 나라를 속(屬)으로 삼고 속에는 장(長)을 둔다. 10개 나라를 연(連)으로 삼고 연에는 수(帥)를 둔다. 30개 나라를 졸(卒)로 삼고 졸에는 정(正)을 둔다. 210개 나라를 주(州)로 삼고 주에는 백(伯)을 둔다. 전체적으로 8개 주에 8명의 주백(州伯), 56명의 졸정(卒正), 168명의 연수(連帥), 336명의 속장(屬長)이 있다. 8명의 주백이 각각 그 소속의 나라를 거느리고 천자의 노〔老, 상경(上卿)〕두 사람에게 소속된다. 노 두 사람이 천하를 좌·우로 나누어 다스리므로 '이백(二伯)'이라고 부른다. 채지(采地)는 세 등급으로 나누어서 공(公)과 후(侯)에게는 채지 100리, 백(伯)에게는 채지 70리, 자(子)와 남(男)에게는 채지 50리를 준다. 천자의 나라에는 도성과 지방의 행정 구역으로 6향(鄕)과 6수(遂)를 둔다. 제후국 중 큰 나라에는 3향과 3수를 두고, 그 다음 규모의 나라에는 2향과 2수를 두고, 작은 나라에는 1향과 1수를 둔다. 【향·수는 후세의 주(州)·군(郡)과 같고, 향과 수의 대부는 후세의 목(牧)·수(守)와 같다.】"

진(秦)나라가 천하를 병합하고는 전국을 36개 군(郡)으로 만들어서 각 군에 수(守)·위(尉)·승(丞) 각 1명씩을 두었다. 한(漢)나라는 13개 부(部)를 설치하고 각 부에 군(郡)과 국(國)을 두었다. 당(唐)나라는 산천의 지형에 따라 10개의 도(道)로 나누었다. 송(宋)나라는 15개의 로(路)를 만들었다가 다시 18개의 로로 만들고, 뒤에 23개의 로로 나누었다. 명(明)나라의 제도는 13명의 포정사(布政司)를 만들어 각 포정사가 부(府)·주(州)·현(縣)을 거느리게 하였다. 그 제도가 대동소이하니 이것은 중국 주군(州郡) 제도의 연혁이다.

우리나라는 단군(檀君)이 평양(平壤)에 도읍을 정하고 조선(朝鮮)을 세운 이래로 기자(箕子)와 위만(衛滿)이 모두 조선의 제도를 따랐다. 그러다가 한 무제(武帝) 때에 와서 사군(四郡)을 설치하여 강릉(江陵) 지역을 임둔군(臨屯郡), 평양 지역을 낙랑군(樂浪郡), 함흥(咸興) 지역을 현도군(玄菟郡), 요동(遼東) 지역을 진번군(眞蕃郡)으로 만들었다. 소제(昭帝) 때에는 2개의 부(府)로 고쳐서 평나군(平那郡)·현도군(玄菟郡) 등을 평주도독부(平州都督府), 임둔군·낙랑군 등을 동부도독부(東府都督府)로 만들었다.

마한(馬韓)은 금마군(金馬郡)【지금의 익산군(益山郡)이다.】을 근거지로 하여 50여 개국【지금의 경기도·충청도·황해도 등의 지역이다.】을 통할(統轄)하였고, 진한(辰韓)과 변한(弁韓)은 각각 12개국【진한은 지금의 경상도 지역이고, 변한은 지금의 전라도 지역이다.】을 통할하였다. 북부여(北扶餘)가 나라를 세운 곳은 흘골성(訖骨城)【지금의 성천부(成川府)이다.】이고, 동부여(東扶餘)가 나라를 세운 곳은 졸본주(卒本州)【지금의 부여현(扶餘縣)이다.】이며, 고구려(高句麗)가 나라를 세운 곳은 마한 지역이었다. 신라(新羅)가 나라를 세운 곳은 진한 지역이고, 백제(百濟)가 나라를 세운 곳은 변한 지역이며, 가야(伽倻)【6가야의 하나로, 대가락국(大駕洛國)이라 부르기도 한다.】가 나라를 세운 곳은 신답평(新畓坪)【지금의 김해부(金海府)이다.】이었다.

신라는 경덕왕(景德王) 때에 와서 오경(五京)과 구주(九州)를 설치하고 도독부(都督府)로 만들었다. 고려 성종(成宗) 2년(983)에 12개의 목(牧)으로 고치고, 15년에 다시 12개의 절도사군(節度使軍)으로 고쳤다. 현종(顯宗) 3년(1012)에 병합하여 4개의 도호부(都護府)로 만들고, 9년에 고쳐서 8개의 목(牧)을 설치하였다.[1] 이것이 우리나라 주현 제도의

---

1 현종(顯宗) …… 설치하였다 : 『고려사절요(高麗史節要)』에 따르면 현종(顯宗) 3년에 12

연혁이다.

우리 조선 왕조에 와서 읍제(邑制)는 대체로 중국을 모방했고 관제(官制) 또한 명나라의 제도와 매우 비슷하다. 예를 들어 전국을 8도로 나누고 각 도에 감사(監司)를 두고 있는 지금의 제도는 중국의 포정사(布政司)와 같은 것으로 관제(官制)가 같고 정사(政事)도 같다. 현(縣)에 현감(縣監)을 두는 것은 바로 중국의 지현(知縣)과 같은 것으로 관제와 정사가 역시 같다. 다만 각 주(州)의 목사(牧使), 부(府)의 부사(府使), 군(郡)의 군수(郡守)는 중국의 지주(知州)·지부(知府)·태수(太守) 등과 같은 호칭이지만 정사는 같지 않다. 중국의 부(府)는 소속 주현(州縣)을 통할(統轄)하며 그 행정을 맡고 있어 우리나라에서 주·부·군·현이 각각 독자적으로 행정을 하는 것과는 다르다.

큰 고을은 주(州)가 되고 부(府)가 되며 작은 고을은 군(郡)이 되고 현(縣)이 되어, 작은 고을은 큰 고을의 예하(隷下)에 들어가고 큰 고을이 작은 고을을 통할하는 것이 고제(古制)였다. 그런데 지금은 목사·부사·군수·현감이 각기 자신이 맡은 지역을 다스리고 있을 뿐 서로 통섭(統攝)이 되지 않고 있다. 【지금의 진부(鎭府) 또한 군현(郡縣)을 관할하는 원칙이 있으나 그것은 군사관계에 한해서이고 행정에는 관여하지 않는다.】 예를 들면 양주진(楊州鎭)이 고양(高陽)과 교하(交河)를 관할하고 있지만 고양·교하 두 고을 행정의 잘잘못에 대해서는 강 건너 불 보듯

주(州)의 절도사(節度使)를 폐지하고 5도호(都護)와 75도(道)에 안무사(安撫使)를 두었다가 9년에 안무사를 폐지하고 4도호(都護)·8목(牧)·56지주군사(知州郡事)와 28진장(鎭將)·20현령(縣令)을 두는 것으로 바뀌었다.『고려사절요』 권3, 현종 3년과 9년의 해당 기사는 다음과 같다. "罷東京留守, 置慶州防禦使, 又廢十二州節度使, 置五都護·七十五道安撫使." "罷諸道安撫使, 置四都護·八牧·五十六知州郡事·二十八鎭將·二十縣令."

상관하지 않는다.

또 부와 현의 세력이 같아서 모두 감사(監司)에게 직접 보고하는데 감사는 한 사람의 몸으로 수많은 주·현 모두에 대해 행정의 잘잘못을 살피고 수령의 근무 실적을 평가해야 하니 어떻게 다 상세하게 살필 수가 있겠는가. 먼 고을 또는 궁벽한 고을은 감사 소재지에서 수백 리나 떨어져 있으므로 그곳의 소식이 감사에게 제대로 전해지지 못하고 감사 또한 그곳까지 순시하지 못한다. 도적이 발생하더라도 상급 관청에 신고하는 데 걸핏하면 열흘씩 걸리고, 범죄자가 있어도 체포하여 증거를 찾고 문서를 갖추어 신문하는 데 달을 넘기고 해가 다 가기도 하며, 법에 따라 처분하기도 전에 사면령(赦免令)이 내리는 일도 있다. 이렇기 때문에 도적들이 공공연히 나다니고 농간이 근절되지 않는 것이다.

주현에 소속된 향촌들 중에는 관아에서 3, 4백 리나 떨어진 곳이 있는가 하면 현아(縣衙)를 벗어나면 곧바로 이웃 고을이 되는 곳도 있다. 관아에서 먼 마을은 버려진 것이나 마찬가지이고 인접 지역의 관아와 가까운 향촌은 그곳에 붙어사는 것이나 마찬가지이다. 이런 경우는 그래도 현(縣)은 작고 부(府)는 큰 형세의 차이 때문에 그런 것이다.

그런데 또 현이라고 해서 반드시 모두 작은 것이 아니고 부라고 해서 반드시 모두 큰 것도 아니다. 또 같은 현이라도 현의 규모가 같지 않고, 같은 부라도 부의 크기 또한 다르다. 예를 들어 경기도의 양천현(陽川縣)은 면적이 동서로 30리 남북으로 20리이며, 강원도의 흡곡현(歙谷縣)은 면적이 동서로 23리 남북으로 25리이다. 또 함경도의 무산부(茂山府)는 면적이 동서로 340리 남북으로 305리이며, 평안도의 강계부(江界府)는 면적이 동서로 440리 남북으로 770리이다. 이처럼 그 면적이 거의 2, 30배나 될 만큼 현격하게 다른데, 이런 경우는 그래도 어떤 곳은 현이고 어떤 곳은 부라는 차이가 있다.

같은 부이지만 전라도의 여산부(礪山府) 같은 곳은 면적이 동서로 40리 남북으로 25리에 그치니, 무산부나 강계부와 비교하면 또 얼마나 큰 차이가 나는가? 이 경우는 그래도 도가 다르다.

똑같이 한 도에 있는데도 면적이 동서로 35리 남북으로 40리인 평안도의 함종부(咸從府)는 같은 도의 강계부에 비해 규모가 현격히 다르고, 동서로 37리 남북으로 41리인 함경도의 덕원부(德源府)는 같은 도의 무산부에 비해 규모가 현격히 다르며, 동서로 40리 남북으로 120리인 전라도의 나주목(羅州牧)은 같은 도의 여산부에 비해 규모가 현격히 다르고, 동서로 80리 남북으로 120리인 강원도의 평강현(平康縣)은 같은 도의 흡곡현에 비해 규모가 현격히 다르며, 동서로 50리 남북으로 75리인 경기도의 용인현(龍仁縣)은 같은 도의 양천부에 비해 규모가 현격히 다르다.

또 동서 120리 남북 130리인 양주목(楊州牧)과 동서 45리 남북 35리인 부평부(富平府)가 다 같이 경기도에 있고, 동서 140리 남북 93리인 충주목(忠州牧)과 동서 55리 남북 80리인 청풍부(淸風府)가 함께 충청도에 있으며, 동서 45리 남북 45리인 봉화현(奉化縣)과 동서 80리 남북 70리인 의성현(義城縣)이 함께 경상도에 있다. 이들은 서로간에 규모가 혹 몇 배가 되기도 하고 혹 몇분의 1밖에 안 되기도 한다. 이런 경우는 그래도 현과 부가 대등한 관계에 있는 것들이다.

황해도의 안악군(安岳郡)은 면적이 동서 60리 남북 70리인데 이를 동서 35리 남북 70리인 풍천부(豐川府)와 비교해 보면 군(郡)이 부(府)보다 크다. 전라도의 흥양현(興陽縣)은 면적이 동서 20리 남북 110리로서 여산부와 비교하면 현이 부보다 크다. 이 경우는 그래도 서로 관할하지는 않는다.

그런데 철원부(鐵原府)는 면적이 동서 60리 남북 70리로서 이를 평강현과 비교하면 철원부가 평강현보다 작다. 그런데도 평강현이 철원진(鐵原鎭)의 관할 아래에 있다. 이런 종류들은 일일이 거론할 수조차 없다.

당나라의 제도는 근기(近畿) 고을을 4개의 보(輔)로 만들고, 그 나머지는 6개의 웅(雄), 10개의 망(望), 10개의 긴(緊) 및 상·중·하의 차등을 두고, 현에는 적현(赤縣)·기현(畿縣)·망현(望縣)·긴현(緊縣)·상현(上縣)·중현(中縣)·하현(下縣)으로 7등급의 차이를 두었다. 송나라가 천하를 평정하고는 여러 현 가운데서 적현과 기현을 제외한 지역을, 인구 4천 호 이상인 곳은 망현, 3천 호 이상인 곳은 긴현, 2천 호 이상인 곳은 상현, 1천 호 이상인 곳은 중현, 1천 호가 되지 않는 곳은 중하현, 500호 이하인 곳은 하현으로 만들었다.

명나라 때 구준(丘濬)이 헌의(獻議)하여 다음과 같이 청하였다.

"부(府)를 상·중·하 3등급으로 나누고, 주와 현의 등급 또한 그와 같이 합니다. 호적에 올라 있는 민호를 기준으로 100리(里)$^2$ 되는 지역을 상현으로 하고, 중현은 50리 이상, 하현은 40리 이하로 합니다. 100리가 넘는 현은 주(州)로 승격시키거나 한두 개의 현으로 나누며, 백성이 적은 현은 가까운 리(里)의 백성들을 떼어서 더해 줍니다. 백성이 적은 주는 현으로 강등시키거나 가까운 지역의 백성을 더해 주며, 부 역시 그렇게 합니다. 이렇게 하면 관리가 처리하는 업무는 번잡하고 간략한 차이가 있게 되니 이에 따라 전최(殿最)를 매기고, 토지에서 생산되

---

2  100리(里) : 유형원(柳馨遠)의 『반계수록(磻溪隨錄)』 권18, 「직관고설하(職官攷說下)」에 "100호가 리가 된다〔百戶爲里〕."라는 주석이 보인다. 이에 따르면 100리는 민호(民戶)가 1만 호인 지역이다.

는 재물은 많고 적은 차이가 있게 되니 이에 따라 부세(賦稅)를 부과하
며, 모여든 백성이 많은 곳과 적은 곳이 있게 되니 이에 따라 그 요역
(徭役)을 정합니다."[3]

지금 우리나라 주현의 제도를 말하려면 반드시 구준의 헌의와 같이
하여 강역을 바르게 한 뒤에야 모든 폐해진 것들을 부흥시킬 수 있을
것인데 모쪼록 시의에 맞게 제어해야 한다. 부에는 부의 제도를 두고
현에는 현의 제도를 두어 부·현·진관의 제도를 거듭 밝히고 조금 추
가하면 다음과 같다.

먼저 서울의 부내(部內)에서 시작하여 전국으로 뻗어 가는데, 부내는
한성부(漢城府)가 주진(主鎭)이 되어 5부(部)를 통할한다. 지방 고을의 제
도 역시 부내와 같이 하되, 대체로 5개 현을 기준으로 한다. 예컨대 한
도에 몇 개의 부(府)를 설치하고 부에는 부사를 둔다. 한 부에는 몇 개
의 현을 설치하고 현에는 현감을 둔다.【군(郡)으로 이름한 곳은 군수(郡守)라
부르는데 현감의 예(例)와 같다.】 여러 현은 부에 예속되고 여러 부는 도에
예속되어 행정은 가까운 데서 먼 데로 미쳐 가며, 관장(官長)은 날마다
백성을 가까이 하여 백성에게 무엇이 이롭고 무엇이 괴로운지를 알기
가 쉬워진다.

『주례』에 '형방씨(形方氏)[4]는 방국(邦國)의 지역을 통제하는 일을 관
장하여 경계를 바르게 한다.'라고 하였다. 어리석은 나의 생각으로는
속히 담당 신하에게 명하여 경계를 구분하는 제도를 바로잡게 하여 8
도의 부·군·현이 반드시 서로 유기적으로 연결되게 하여【부내에서 한

---

3  당나라의 …… 정합니다 : 구준(丘濬)의 『대학연의보(大學衍義補)』 권18에 보인다.
4  형방씨(形方氏) : 저본에는 '職方氏'로 되어 있는데 『주례』 원문에 근거하여 수정하였다.

성부가 5부를 통할하는 것과 같이】 소루함이 없게 해야 할 것이라 여긴다.
구체적인 내용은 다음과 같다.

경기도에는 8개의 부(府)를 설치한다.

하나는 양주부(楊州府)【원래는 목(牧)이었는데 지금 부(府)로 고친다.】이다.
가평군(加平郡)・영평군(永平郡)・포천현(抱川縣)・적성현(積城縣)을 통할
한다.

하나는 파주부(坡州府)【원래는 목이었는데 지금 부로 고친다.】이다. 고양
군(高陽郡)・교하군(交河郡)【모두 원래는 양주진(楊州鎭)에서 관할하였는데 지금
파주부로 옮겨 소속시킨다.】을 통할한다.

하나는 장단부(長湍府)이다. 삭녕군(朔寧郡)・마전군(麻田郡)・연천현
(漣川縣)을 통할한다.

하나는 교동부(喬桐府)이다.

하나는 여주부(驪州府)【원래는 목이었는데 지금 부로 고친다.】이다. 이천
군(利川郡)【원래는 부였는데 지금 군(郡)으로 고친다.】・양근군(楊根郡)・지평
현(砥平縣)을 통할한다.

하나는 죽산부(竹山府)【원래 여주진(驪州鎭)에서 관할하였는데, 지금 진(鎭)으
로 승격한다.】이다. 과천현(果川縣)・양지현(陽智縣)・음죽현(陰竹縣)【모두
원래 여주진에서 관할하였는데, 지금 새로 죽산부에 소속시킨다.】을 통할한다.

하나는 남양부(南陽府)이다. 안산군(安山郡)・안성군(安城郡)・양성현
(陽城縣)・진위현(振威縣)・용인현(龍仁縣)・시흥현(始興縣)을 통할한다.

하나는 통진부(通津府)【원래는 남양진(南陽鎭)에서 관할하였는데, 지금 진으
로 승격한다.】이다. 부평군(富平郡)【원래는 부였는데 지금 군으로 고친다.】・인
천군(仁川郡)【원래는 부였는데, 지금 군으로 고친다.】・김포군(金浦郡)・양천
현(陽川縣)【모두 원래는 남양진에서 관할하였는데 지금 새로 통진부에 소속시킨
다.】을 통할한다.

충청도에 8개의 부를 설치한다.

하나는 공주부(公州府)【원래는 목이었는데 지금 부로 고친다.】이다. 임천군(林川郡)·한산군(韓山郡)·정산현(定山縣)·전의현(全義縣)·연기현(燕岐縣)·부여현(扶餘縣)을 통할한다.

하나는 연산부(連山府)【원래는 공주진(公州鎭)에서 관할하는 현이었는데 지금 진부(鎭府)로 승격한다.】이다. 은진현(恩津縣)·석성현(石城縣)·노성현(魯城縣)·진잠현(鎭岑縣)·회덕현(懷德縣)【모두 원래는 공주진에서 관할하였는데 지금 새로 연산부에 소속시킨다.】을 통할한다.

하나는 홍주부(洪州府)【원래는 목이었는데 지금 부로 고친다.】이다. 면천군(沔川郡)·서산군(瑞山郡)·태안군(泰安郡)·해미군(海美郡)【원래는 현으로 수령에 당상관(堂上官)을 임명하는 자리였는데 지금 군으로 승격한다.】·당진현(唐津縣)·덕산현(德山縣)을 통할한다.

하나는 청양부(靑陽府)【원래는 홍주진(洪州鎭)에서 관할하는 현이었는데 지금 진부로 승격한다.】이다. 서천군(舒川郡)·비인현(庇仁縣)·남포현(藍浦縣)·보령현(保寧縣)·결성현(結城縣)·홍산현(鴻山縣)【모두 원래는 홍주진에서 관할하였는데 지금 새로 청양부에 소속시킨다.】을 통할한다.

하나는 온양부(溫陽府)【원래는 홍주진에서 관할하는 군이었는데 지금 진부로 승격한다.】이다. 대흥군(大興郡)·예산현(禮山縣)·신창현(新昌縣)·아산현(牙山縣)·평택현(平澤縣)【모두 원래는 홍주진에서 관할하였는데 이번에 새로 온양부에 소속시킨다.】을 통할한다.

하나는 충주부(忠州府)【원래는 목이었는데 지금 부로 고친다.】이다. 청풍군(淸風郡)【원래는 부였는데 지금 군으로 고친다.】·단양군(丹陽郡)·괴산군(槐山郡)·연풍현(延豊縣)·음성현(陰城縣)·영춘현(永春縣)·제천현(堤川縣)을 통할한다.

하나는 청주부(淸州府)【원래는 목이었는데 지금 부로 고친다.】이다. 천안군(天安郡)·직산현(稷山縣)·목천현(木川縣)·진천현(鎭川縣)·청안현(淸安縣)을 통할한다.

하나는 옥천부(沃川府)【원래는 청주진에서 관할하는 군이었는데 지금 진부로 승격한다.】이다. 보은군(報恩郡)·문의현(文義縣)·회인현(懷仁縣)·청산현(靑山縣)·황간현(黃澗縣)·영동현(永同縣)【모두 원래는 청주진에서 관할하였는데 지금 새로 옥천부에 소속시킨다.】을 통할한다.

경상도에 12개 부를 설치한다.

하나는 대구부(大邱府)이다. 밀양군(密陽郡)【원래는 부였는데 지금 군으로 고친다.】·청도군(淸道郡)·영산현(靈山縣)·창녕현(昌寧縣)·현풍현(玄風縣)·자인현(慈仁縣)·경산현(慶山縣)을 통할한다.

하나는 칠곡부(柒谷府)【원래는 대구진에서 관할하였는데 지금 진으로 승격한다.】이다. 인동군(仁同郡)【원래는 부였는데 지금 군으로 고친다.】·하양현(河陽縣)·신녕현(新寧縣)·의흥현(義興縣)【모두 원래는 대구진에서 관할하였는데 지금 새로 칠곡부에 소속시킨다.】을 통할한다.

하나는 안동부(安東府)이다. 예안현(禮安縣)·봉화현(奉化縣)·영양현(英陽縣)·진보현(眞寶縣)을 통할한다.

하나는 영천부(榮川府)【원래는 안동진에서 관할하는 군이었는데 지금 진부로 승격한다.】이다. 순흥군(順興郡)【원래는 부였는데 지금 군으로 고친다.】·풍기군(豊基郡)·용궁현(龍宮縣)·예천현(醴泉縣)【모두 원래는 안동진에서 관할하였는데 지금 새로 영천부에 소속시킨다.】을 통할한다.

하나는 의성부(義城府)【원래는 안동진에서 관할하는 현이었는데 지금 진부로 승격한다.】이다. 청송군(靑松郡)【원래는 부였는데 지금 군으로 고친다.】·영해군(寧海郡)【원래는 부였는데 지금 군으로 고친다.】·영덕현(盈德縣)·군위현(軍威縣)·비안현(比安縣)【모두 원래는 안동진에서 관할하였는데 지금 새로 의성부에 소속시킨다.】을 통할한다.

하나는 경주부(慶州府)이다. 울산군(蔚山郡)【원래는 부였는데 지금 군으로 고친다.】·홍해군(興海郡)·영천군(永川郡)·청하현(淸河縣)·연일현(延日縣)·장기현(長鬐縣)을 통할한다.

하나는 동래부(東萊府)이다. 양산군(梁山郡)·언양현(彦陽縣)·기장현(機張縣)【모두 원래는 경주진에서 관할하였는데 지금 동래부로 옮겨 소속시킨다.】을 통할한다.

하나는 상주부(尙州府)【원래는 목이었는데 지금 부로 고친다.】이다. 선산군(善山郡)【원래는 부였는데 지금 군으로 고친다.】·개령현(開寧縣)·문경현(聞慶縣)·함창현(咸昌縣)을 통할한다.

하나는 성주부(星州府)【원래는 상주진(尙州鎭)에서 관할하는 목이었는데 지금 부로 고치고 진으로 승격한다.】이다. 금산군(金山郡)·지례현(知禮縣)·고령현(高靈縣)【모두 원래는 상주진에서 관할하였는데 지금 새로 성주부에 소속시킨다.】을 통할한다.

하나는 진주부(晉州府)【원래는 목이었는데 지금 부로 고친다.】이다. 하동군(河東郡)【원래는 부였는데 지금 군으로 고친다.】·곤양군(昆陽郡)·함양군(咸陽郡)·사천현(泗川縣)·단성현(丹城縣)·안의현(安義縣)·남해현(南海縣)을 통할한다.

하나는 거창부(居昌府)【원래는 진주진에서 관할하였는데 지금 진으로 승격한다.】이다. 합천군(陝川郡)·초계군(草溪郡)·의령현(宜寧縣)·삼가현(三嘉縣)·산청현(山淸縣)【모두 원래는 진주진에서 관할하였는데 지금 새로 거창부에 소속시킨다.】을 통할한다.

하나는 김해부(金海府)이다. 창원군(昌原郡)【원래는 부였는데 지금 군으로 고친다.】·거제군(巨濟郡)【원래는 부였는데 지금 군으로 고친다.】·함안군(咸安郡)·칠원현(柒原縣)·진해현(鎭海縣)·고성현(固城縣)·웅천현(熊川縣)을 통할한다.

전라도에 11개의 부를 설치한다.

하나는 전주부(全州府)이다. 여산군(礪山郡)【원래는 부였는데 지금 군으로 고친다.】·익산군(益山郡)·진산군(珍山郡)·금산군(錦山郡)·고산현(高山縣)·용안현(龍安縣)·금구현(金溝縣)을 통할한다.

하나는 김제부(金堤府)【원래는 전주진에서 관할하는 군이었는데 지금 진부로 승격한다.】이다. 함열현(咸悅縣)·임피현(臨陂縣)·옥구현(沃溝縣)·만경현(萬頃縣)【모두 원래는 전주진에서 관할하였는데 지금 김제부에 새로 소속시킨다.】을 통할한다.

하나는 고부부(古阜府)【원래는 전주진에서 관할하는 군이었는데 지금 진부로 승격한다.】이다. 부안현(扶安縣)·흥덕현(興德縣)·정읍현(井邑縣)·태인현(泰仁縣)【모두 원래는 전주진에서 관할하였는데 지금 새로 고부부에 소속시킨다.】을 통할한다.

하나는 나주부(羅州府)【원래는 목이었는데 지금 부로 고친다.】이다. 영암군(靈巖郡)·남평현(南平縣)·함평현(咸平縣)·무안현(務安縣)을 통할한다.

하나는 광주부(光州府)【원래는 나주진(羅州鎭)에서 관할하는 목이었는데 지금 부로 고치고 진으로 승격한다.】이다. 장성군(長城郡)【원래는 부였는데 지금 군으로 고친다.】·영광군(靈光郡)·고창현(高敞縣)·무장현(茂長縣)【모두 원래는 나주진에서 관할하였는데 지금 새로 광주부에 소속시킨다.】을 통할한다.

하나는 남원부(南原府)이다. 담양군(潭陽郡)【원래는 부였는데 지금 군으로 고친다.】·순창군(淳昌郡)·운봉군(雲峯郡)【원래는 현으로 수령에 당상관을 임명하는 자리였는데 군으로 승격한다.】·곡성현(谷城縣)·옥과현(玉果縣)·창평현(昌平縣)을 통할한다.

하나는 무주부(茂朱府)【원래는 남원진에서 관할하였는데 지금 진으로 승격한다.】이다. 용담현(龍潭縣)·임실현(任實縣)·진안현(鎭安縣)·장수현(長水縣)【모두 원래는 남원진에서 관할하였는데 지금 새로 무주부에 소속시킨다.】을 통할한다.

하나는 순천부(順天府)이다. 낙안군(樂安郡)·흥양현(興陽縣)·광양현(光陽縣)·구례현(求禮縣)을 통할한다.

하나는 능주부(綾州府)【원래는 순천진(順天鎭)에서 관할하는 목(牧)이었는데, 지금 부로 고치고 진으로 승격한다.】이다. 보성군(寶城郡)·화순현(和順縣)·동복현(同福縣)【모두 원래는 순천진에서 관할하였는데 지금 새로 능주부에 소속시킨다.】을 통할한다.

하나는 장흥부(長興府)이다. 진도군(珍島郡)·강진현(康津縣)·해남현(海南縣)을 통할한다.

하나는 제주부(濟州府)【원래는 목이었는데 지금 부로 고친다.】이다. 대정현(大靜縣)·정의현(旌義縣)을 통할한다.

황해도에 6개의 부를 설치한다.

하나는 해주부(海州府)【원래는 목이었는데 지금 부로 고친다.】이다. 연안군(延安郡)【원래는 부였는데 지금 군으로 고친다.】·배천군(白川郡)·금천군(金川郡)·강령현(康翎縣)을 통할한다.

하나는 풍천부(豊川府)【원래는 해주진(海州鎭)에서 관할하였는데 지금 진으로 승격한다.】이다. 장연군(長淵郡)【원래는 현으로 수령에 당상관을 임명하는 자리였는데 군으로 승격한다.】·송화현(松禾縣)·은율현(殷栗縣)【모두 원래는 해주진에서 관할하였는데, 지금 새로 풍천부에 소속시킨다.】을 통할한다.

하나는 옹진부(甕津府)이다.

하나는 황주부(黃州府)【원래는 목이었는데 지금 부로 승격한다.】이다. 봉산군(鳳山郡)·서흥군(瑞興郡)【원래는 부였는데 지금 군으로 고친다.】·수안군(遂安郡)을 통할한다.

하나는 안악부(安岳府)【원래는 황주진(黃州鎭)에서 관할하는 군이었는데, 지금 진부(鎭府)로 승격한다.】이다. 재령군(載寧郡)·신천군(信川郡)·문화현(文

化縣)·장련현(長連縣)【모두 원래는 황주진(黃州鎭)에서 관할하였는데 지금 새로 안악부에 소속시킨다.】을 통할한다.

하나는 평산부(平山府)【원래는 황주진(黃州鎭)에서 관할하였는데 지금 진으로 승격한다.】이다. 곡산군(谷山郡)【원래는 부였는데 지금 군으로 고친다.】·신계현(新溪縣)·토산현(兎山縣)【모두 원래는 황주진에서 관할하였는데 지금 새로 평산부에 소속시킨다.】을 통할한다.

강원도에 5개의 부를 설치한다.

하나는 원주부(原州府)【원래는 목이었는데 지금 부로 고친다.】이다. 영월군(寧越郡)【원래는 부였는데 지금 군으로 고친다.】·정선군(旌善郡)·평창군(平昌郡)·횡성군(橫城郡)【원래는 현으로 수령에 당상관을 임명하는 자리였는데 군으로 승격한다.】·홍천현(洪川縣)을 통할한다.

하나는 철원부(鐵原府)이다. 회양군(淮陽郡)【원래는 부였는데 지금 군으로 고친다.】·이천군(伊川郡)【원래는 부였는데 지금 군으로 고친다.】·평강현(平康縣)·안협현(安峽縣)·금화현(金化縣)·금성현(金城縣)을 통할한다.

하나는 춘천부(春川府)이다. 낭천현(狼川縣)·양구현(楊口縣)【2개 고을은 원래 철원진(鐵原鎭)에서 관할하였는데 지금 춘천부로 옮겨 소속시킨다.】·인제현(麟蹄縣)【원래는 원주진(原州鎭)에서 관할하였는데 지금 춘천부로 옮겨 소속시킨다.】을 통할한다.

하나는 강릉부(江陵府)이다. 삼척군(三陟郡)【원래는 부였는데 지금 군으로 고친다.】·평해군(平海郡)·울진현(蔚珍縣)을 통할한다.

하나는 양양부(襄陽府)【원래는 강릉진(江陵鎭)에서 관할하였는데 지금 진으로 승격한다.】이다. 고성군(高城郡)·통천군(通川郡)·간성군(扞城郡)·흡곡현(歙谷縣)【모두 원래는 강릉진에서 관할하였는데 지금 새로 양양부에 소속시킨다.】을 통할한다.

함경도에 17개의 부[5]를 설치한다.

하나는 함흥부(咸興府)이다.

하나는 영흥부(永興府)이다. 정평군(定平郡)【원래는 부였는데 지금 군으로 고친다.】·고원군(高原郡)을 통할한다.

하나는 안변부(安邊府)이다. 덕원군(德源郡)【원래는 부였는데 지금 군으로 고친다.】·문천군(文川郡)을 통할한다.

하나는 북청부(北靑府)이다. 홍원현(洪原縣)·이원현(利原縣)을 통할한다.

하나는 경성부(鏡城府)이다. 명천군(明川郡)【원래는 부였는데 지금 군으로 고친다.】을 통할한다.

하나는 단천부(端川府)이다.

하나는 갑산부(甲山府)이다.

하나는 삼수부(三水府)이다.

하나는 후주부(厚州府)이다.

하나는 무산부(茂山府)이다.

하나는 길주부(吉州府)【원래는 목이었는데 지금 부로 고친다.】이다.

하나는 회령부(會寧府)이다.

하나는 종성부(鍾城府)이다.

하나는 온성부(穩城府)이다.

하나는 경원부(慶源府)이다.

하나는 경흥부(慶興府)이다.

하나는 부령부(富寧府)이다.

평안도에 21개의 부를 설치한다.

하나는 평양부(平壤府)이다. 중화군(中和郡)【원래는 부였는데 지금 군으로

---

5 17개의 부: 원문은 '十六府'인데 아래의 내용에 따라 수정하였다.

고친다.】·함종군(咸從郡)【원래는 부였는데 지금 군으로 고친다.】·용강현(龍岡縣)·증산현(甑山縣)·순안현(順安縣)·강서현(江西縣)을 통할한다.

하나는 성천부(成川府)이다. 자산군(慈山郡)【원래는 부였는데 지금 군으로 고친다.】·상원군(祥原郡)·은산현(殷山縣)·삼등현(三登縣)·강동현(江東縣)·양덕현(陽德縣)을 통할한다.

하나는 덕천부(德川府)【원래는 성천진(成川鎭)에서 관할하는 군이었는데, 지금 진부로 승격한다.】이다. 개천군(价川郡)·순천군(順川郡)·맹산현(孟山縣)【모두 원래는 성천진에서 관할하였는데 지금 새로 덕천부에 소속시킨다.】을 통할한다.

하나는 안주부(安州府)【원래는 목이었는데 지금 부로 고친다.】이다. 숙천군(肅川郡)【원래는 부였는데 지금 군으로 고친다.】·영유현(永柔縣)을 통할한다.

하나는 영변부(寧邊府)이다. 운산군(雲山郡)·희천군(熙川郡)·박천군(博川郡)·태천현(泰川縣)을 통할한다.

하나는 강계부(江界府)이다. 여연군(閭延郡)【전에는 부였는데 지금 군으로 고친다.】·자성군(慈城郡)·우예군(虞芮郡)·무창군(茂昌郡)【4개 고을은 예전에 폐지되었는데 지금 모두 다시 설치한다.】을 통할한다.

하나는 의주부(義州府)이다.

하나는 초산부(楚山府)이다.

하나는 정주부(定州府)【원래는 목이었는데 지금 부로 고친다.】이다.

하나는 창성부(昌城府)이다.

하나는 삭주부(朔州府)이다.

하나는 구성부(龜城府)이다.

하나는 위원부(渭原府)【원래는 군이었는데 지금 부로 승격한다.】이다.

하나는 벽동부(碧潼府)【원래는 군이었는데 지금 부로 승격한다.】이다.

하나는 영원부(寧遠府)【원래는 군이었는데 지금 부로 승격한다.】이다.

하나는 가산부(嘉山府)【원래는 군이었는데 지금 부로 승격한다.】이다.

하나는 철산부(鐵山府)이다.

하나는 용천부(龍川府)이다.

하나는 곽산부(郭山府)【원래는 군이었는데 지금 부로 승격한다.】이다.

하나는 삼화부(三和府)이다.

하나는 선천부(宣川府)이다.

이상 모두 8개 도, 88개 부, 100개 군, 145개 현이다. 도의 감사로는 정1품부터 종2품까지를 임명한다. 부의 부사로는 종2품부터 정3품 당상관(堂上官)까지를 임명하고, 군의 군수로는 정3품 당상관부터 종5품까지를 임명하고, 현의 현령과 현감으로는 정3품 당하관부터 종6품까지를 임명한다.

도의 감사는 도내의 여러 부를 총괄 감독하고, 부의 부사는 관할하는 여러 군과 현을 안찰(按察)한다. 이렇게 내려가서 현에서는 소속된 면을 다스리고, 면에서는 소속된 리(里)를 다스리고, 리에서는 소속된 통(統)을 다스리며, 통에서는 소속된 호(戶)를 다스린다. 【다스리는 법은 다음의 「통갑(統甲)」 편에 상세히 제시하였다.】

경기도의 개성부·강화부·광주부·수원부를 4도(都)로 삼고 경관직(京官職)으로 만들어서 유수(留守)를 두는데, 모두 중요한 군영(軍營)이 있는 곳이므로 귀대신(貴大臣)의 후예를 임명하는 것이 마땅하다. 소속 관원인 경력(經歷)과 판관(判官)은 군·현의 예에 의거하여 다스리고 유수에게 예속된다. 찰방(察訪)·감목관(監牧官)·첨사(僉使)·만호(萬戶)·별장(別將)들에게는 모두 각각 관할 지역을 지정해 주고 군과 현의 경우와 마찬가지로 본부(本府)에 예속시킨다.

지방의 순시는 다음과 같이 한다. 감사는 도내의 여러 부까지만 순시하고, 부사는 관할하는 여러 읍까지만 순시하며, 군수와 현령·현감은 경내의 여러 면까지만 순시한다. 감사는 1년에 한 번 순시하고, 부사는 1개월에 한 번 순시하며, 군수와 현령·현감은 순시 횟수를 한정하지 않는다. 순시할 때에는 반드시 양식을 준비하여 백성들을 소요케 하지 않는다. 이렇게 한 뒤에야 부내를 안찰(按察)하고 관원들의 근무 성적을 평가하며 재해 입은 백성을 보살피고 부세를 매기며 농사와 길쌈을 행하고 고통을 물어볼 수 있다. 또한 아침에 명을 내리면 저녁에 도달하여 가가호호 타이르고 깨우쳐서 군제와 관방(關防)에 이르기까지 모든 것을 정밀하고 상세하게 처리할 수 있게 된다. 이것이 이른바 '말에 올라서는 군대를 통솔하고 말에서 내려서는 백성을 가까이 한다'는 것이니, 상황에 맞게 하는 방책이 되고 만세의 이익이 될 것이다.

### 부록 — 4군(郡) 복구에 관한 의론〔復四郡議〕

4군이란 옛날의 여연(閭延)·무창(茂昌)·자성(慈城)·우예(虞芮)이다. 한 줄기 압록강이 서쪽으로 흐르다가 갑산(甲山)·삼수(三水)·후주(厚州)를 지나서는 북쪽으로 꺾인다. 왼쪽에 무창을 끼고 흘러 드디어 북쪽에 이르고, 여연을 지나서는 꺾여서 서쪽으로 흐른다. 우예를 지나면 다시 꺾여서 남쪽으로 흐른다. 자성을 지난 뒤에 다시 꺾여서 서쪽으로 흐르면서 위원(渭原) 등 7개 고을을 지나게 된다. 이렇게 하여 남북의 경계가 이루어진다.

　이 4군은 대체로 모두 압록강의 왼편에 있으며 우리의 직할 지역이었다. 그 땅은 물이 굽이도는 곳에 있어 중국의 하투(河套)[6] 지역과 같

---

6 하투(河套): 지금의 내몽고 하투행정구 일대이다. 황하가 북으로 흐르다가 꺾여져서 중국 내지로 들어오며 만리장성이 그 남쪽에 걸쳐 있는 곳으로, 삼면이 황하와 연접되어 있다(『星湖僿說』卷1,「天地門」참조).

이 삼면이 물에 막혀 있고, 사방 천리나 되는 드넓은 땅은 천혜의 옥토이다.

처음 이곳을 버려두게 된 것은 압록강의 물이 구불구불 천리나 흐르기 때문에 강변을 방어하기가 어려워서 그랬을 것이다. 그래서 보(堡)를 설치하였는데, 동쪽에는 갈파(葛坡)에서부터 남쪽으로 7, 8개의 보를 설치하여 후주의 가림막으로 만들고, 서쪽에는 만포(滿浦)에서부터 남쪽으로 7, 8개의 보를 설치하여 강계(江界)의 울타리로 삼았다.

그런데 이 사군 지역을 이역(異域)으로 여겨서 갈파에서부터 서쪽으로 만포에 이르기까지의 600여 리 사이에 방수(防守)하는 군졸을 1명도 두지 않고 있다. 그 의도는 그 1천여 리의 땅을 비워서 거주민이 없게 만들면 비록 몰래 들어오는 자가 있어도 의지해 붙을 데가 없고 발 디딜 데가 없을 것이라 여겨서일 것이다.

그러나 이는 또 그렇지가 않다. 인접 지역의 백성들이 이 땅의 비옥함을 탐낸 것은 옛날부터 있었던 일이다. 그 때문에 날로 달로 이곳에 드나들면서 흙집을 지어 살거나 나무 위에 살면서 몰래 금과 삼을 캐어 자신들의 이익으로 삼는데도 우리나라에서는 지키며 금하지 않는데다가 땅도 비어 있다. 그리하여 이익이 있는 곳에 달려가는 자가 날로 많아지고 있으니 차츰차츰 잠식당해 언젠가는 우리의 힘이 미치지 못하는 남의 땅이 되지 않으리라고 어찌 장담하겠는가.

압록강을 따라 경계를 그으면 천연의 요새라 할 수 있다. 그런데 천연의 요새를 버리고 지키지 않으며 내지(內地)를 잘라서 적에게 주어 안으로 땅은 이미 축나고 천연의 요새는 그것대로 남들이 훼손시키게 하고 있으니 모르겠지만 담장 안으로 물을 끌어들였는데 범람하는 우환이 없을 수 있겠는가? 게다가 지금 북방 들녘의 간사한 백성들이 그곳에 들어가 소굴을 만들고 처자를 거느리고 전원을 일구어 엄연히 산업을 이루어 살고 있다. 또 군역을 피해 달아나거나 옥에서 달아난 자들이 모여들어 소굴을 이루고 있다. 금·은·동·철·삼·녹용·담비·수달 등 이익이 되는 구멍이 거기에 있으므로 활과 창, 총칼 등의 무기를 갖추어 스스로 지키고 있다. 지금에 와서는 그 수가 수십만 호를 밑돌지 않고 사는 곳이 촌락을 이루었다. 그러나 지방관은 금지할 방법이 없어서 그들이 마음대로 하도록 맡겨 둔 채 감추고 조정에 보고하지 않으니 그들이 역량을 길러서 발전하게 되면 점차 도적이 되지 않으리라고 어찌 장담하겠는가.

그들을 도적이 되지 않게 하려고 이미 그 땅을 버린 터에 또 그 백성을 버린다면 이치로는 상서롭지 못하고 계책으로는 지혜롭지 못한 것인데 무엇 때문에 그렇게 하겠는가. 그 전토와 백성들의 뜻에 따라 이미 들어가 살고 있는 자들은 편안히 살게 해 주고 들어가기를 원하는 자들을 모집하며 관장(官長)을 두고 방수(防守)를 설치한다면 저절로 민생의 낙토가 되고 국가의 훌륭한 군현(郡縣)이 될 것이다. 그렇게 되면 첫째로는 무뢰배들을 양민으로 교화하여 환란을 미연에 해소할 수 있고, 둘째로는 험준한 압록강을 따라 우리의 천연 요새를 만들 수 있고, 셋째로는 사방 천리의 땅을 개간함으로써 해마다 조세 수익이 늘어날 것이니 안으로는 우리 백성이 배반하는 화가 없어지고 밖으로는 이웃 나라의 도적들이 침략하는 우환이 없어질 것이다. 한 번의 조처로 두 가지 해가 제거되고 세 가지 이익이 이루어지는 것이다. 그러므로 4군은 복구하는 것이 마땅하다.

『주례』에 "수인(遂人)은 나라의 전야(田野)를 관장한다. 토지 도본(土地圖本)으로 전야의 경계(經界)를 정하는데, 현비(縣鄙)의 경계를 정하는 법은 다음과 같다. 5가구를 린(隣), 5린을 리(里), 4리를 찬(酇), 5찬을 비(鄙), 5비를 현(縣), 5현을 수(遂)로 삼고, 각 단위 지역마다 경계를 정하여 그 경계에 해자(垓字)를 파고 해자의 둑 위에 나무를 심는다."라 하였다.

또 "대사도(大司徒)는 천하에 교법(敎法)을 선포하여 각 지역의 제후・경・대부로 하여금 각기 자신이 다스리는 백성을 교화하게 한다. 5가(家)를 비(比)로 만들고 각 비에 비장(比長)을 세워서 백성들이 죄를 짓지 않도록 서로 보호하는 일을 주관하게 한다. 5비를 려(閭)로 만들고 각 려에 여서(閭胥)를 세워서 파손된 가옥 등을 함께 보수하는 일을 주관하게 한다. 4려를 족(族)으로 만들고 각 족에 족사(族師)를 세워서 죽은 이를 함께 장사하는 일을 주관하게 한다. 5족을 당(黨)으로 만들고 각 당에 당정(黨正)을 세워서 흉화(凶禍)를 당한 백성을 함께 구제하는 일을 주관하게 한다. 5당을 주(州)로 만들고 각 주에 주장(州長)을 세워서 예물을 갖추지 못하는 백성이 있으면 서로 도와주는 일을 주관하게 한다. 5주를 향(鄕)으로 만들고 각 향에 향대부(鄕大夫)를 세워서 행실이 어진 백성에게 향음례(鄕飮禮)를 행하고 그를 천거하는 일을 주관하게 한다."라 하였다.

진매(陳梅)가 "비에는 비장(比長)이 있고, 려에는 여서(閭胥)가 있고, 족에는 족사(族師)가 있고, 당에는 당정(黨正)이 있고, 주에는 주장(州長)이 있고, 향에는 향대부(鄕大夫)가 있다. 그 사이에서 대소가 서로 돕고 경중이 서로 견제하여 강(綱)을 들면 목(目)이 펼쳐지게 되니 주도면밀하여 더할 것이 없다."라고 하였다.

요컨대 위의 향대부에서부터 아래의 비장에 이르기까지 다스리는 대상은 모두 5인을 넘지 않으니 대체로 상세하고 치밀한 가운데에서도 간편하게 하는 취지를 잘 살린 것이다. 이것이 주나라의 좋은 법이요 아름다운 뜻이었다. 그런데 후세에는 사람의 재주가 옛날에 훨씬 못 미치는데도 현령(縣令) 한 사람의 몸으로 수만 호구의 부세(賦稅)를 앉아서 다스리려 하고, 색목(色目)은 또 옛날보다 훨씬 번잡해졌으니 비록 자질구레한 일까지 모두 챙기며 좀스럽게 굴지 않으려 해도 그럴 수 있겠는가.

그래서 나는 다음과 같이 주장한다. 현(縣)에서 향(鄕)을 다스리고 향에서 보(保)【경우에 따라 도(都)라고도 한다.】를 다스리고 보에서 갑(甲)을 다스리게 하면 이른바 '5인을 넘지 않는다.'라는 것과 비교하여 배가 되지만 역시 그것대로 상세하고 치밀하면서도 간편할 것이다. 이것은 고금을 절충하여 형편에 맞게 조절하는 한 가지 방법이다.[7]

『관자(管子)』, 「입정(立政)・수헌(首憲)」에서는 다음과 같이 말하였다. "국도(國都)를 5개의 향(鄕)으로 나누고 향마다 향사(鄕師)를 둔다. 하나의 향을 5개의 주(州)로 나누고 주마다 주장(州長)을 둔다. 하나의 주를 10개의 리(里)로 나누고 리마다 이위(里尉)를 둔다. 하나의 리를 10개의 유(游)로 나누고 유마다 유종(游宗)을 둔다. 10가구를 묶어 십(什)을 만들고 5가구를 묶어 오(伍)를 만드는데, 십과 오에는 모두 십장(什長)과 오장(伍長)을 둔다. 담을 쌓고 틈새 길을 막아 도로를 하나만 두고 드나드는 통로를 오직 하나로 한다. 마을 문을 살피고 자물쇠와 열쇠를 신중히 관리하여 이위에게 맡긴다. 여유사(閭有司)를 두어 시간에

---

7 진매(陳梅)가 …… 방법이다: 고염무(顧炎武)의 『일지록(日知錄)』 권8에 보인다.

맞추어 문을 열고 닫게 하고 출입하는 사람을 살펴서 이위에게 보고하게 한다.

여유사는 정해진 시간이 아닌 때에 드나들거나 예법에 어긋나는 옷을 입었거나 권속과 무리가 상도(常道)를 따르지 않는 자를 보면 수시로 이위에게 보고한다. 만약 그런 자들이 장가(長家)의 자제·신첩(臣妾)·속역(屬役)·빈객(賓客)이면 이위가 유종을 꾸짖고 유종이 십장과 오장을 꾸짖으며 십장과 오장이 장가를 꾸짖는다. 꾸짖고 경계하여 잘못을 되풀이하지 않게 하는데, 한두 번은 용서하지만 세 번째는 용서하지 않는다.

장가의 자제·신첩·역속·빈객 중에 효제충신(孝悌忠信)한 사람이나 현량준재(賢良儁材)가 있으면 십장과 오장이 유종에게 보고하고 유종이 이위에게 보고하고 이위가 주장에게 보고하며, 주장이 향사와 의논하고 향사가 사사(士師)에게 보고한다. 무릇 가속 중에 잘못을 저지른 도당이 있으면 장가를 연좌한다. 장가에게 잘못이 있으면 십장과 오장을 연좌한다. 십장이나 오장에게 잘못이 있으면 유종을 연좌한다. 유종에게 잘못이 있으면 이위를 연좌한다. 이위에게 잘못이 있으면 주장을 연좌한다. 주장에게 잘못이 있으면 향사를 연좌한다. 향사에게 잘못이 있으면 사사를 연좌한다. 3개월에 한 번 보고하고 6개월에 한 번 계산하고 12개월에 한 번 기록하여 상부에 보고한다.

무릇 어진 인재를 등용하되 알맞은 등급을 넘지 않게 하고, 능력 있는 사람을 등용하되 여러 관직을 겸하게 하지 않는다. 죄지은 사람을 벌할 때에는 본인만을 처벌하지는 않으며 공이 있는 사람에게 상을 줄 때에도 본인에게만 상을 주지는 않는다.”

후위(後魏) 효문제(孝文帝) 때의 급사중(給事中) 이충(李冲)이 “고대의 제도에 의거하여 5가에 1명의 인장(隣長)을 세우고 5린에 1명의 이장

(里長)을 세우며 5리에 1명의 당장(黨長)을 세우되, 고을 사람 중에서 강건하고 성실한 사람을 장으로 뽑아 세우소서. 인장에게는 1부(夫)의 역(役)을 면제해 주고 이장에게는 2부의 역을 면제해 주며 당장에게는 3부의 역을 면제해 주는데, 면제하는 것은 군역(軍役)에 한정하고 여타의 조세는 다른 백성과 똑같이 내게 하소서. 각 단위의 장이 3년 동안 잘못을 저지르지 않으면 승진시켜서 1등급을 올려 주소서."라고 상언하였다.

효문제(孝文帝)가 이 건의를 받아들여 "린·리·향·당의 제도는 유래가 오래되었다. 교화가 쉽게 두루 행해지게 하려면 집집마다 잘 알아듣도록 타일러서 몸이 손을 부리고 나무의 줄기가 가지를 결속하고 있듯이 큰 것이 작은 것을 감독하고 가까운 데서 먼 데로 미쳐 가게 해야할 것이다. 그런 다음에야 세금이 고르게 부과되고 의(義)가 일어나고 송사가 멈추게 될 것이다."라고 조서를 내렸다. 이에 대해 사관은 "입법 초기에는 불편하다는 불평이 많았으나 법을 시행하게 되자 종전에 비해 백성의 부담이 10배 이상 가벼워졌다. 그러자 천하의 백성들이 그법을 편안하게 여기게 되었다."라고 기록하였다.

당(唐)의 유종원(柳宗元)은 "이서(里胥)가 있은 다음에 현(縣)의 대부가있고, 현의 대부가 있은 다음에 제후가 있고, 제후가 있은 다음에 방백(方伯)과 연수(連帥)가 있으며, 방백과 연수가 있은 다음에 천자가 있다. 이것을 통해 논한다면 천하의 다스림은 이서에서 시작하여 천자에서 끝나는 것이 분명하다. 그러므로 옛날부터 지금까지 하급 관리가 많으면 그 시대는 번성하고 고위 관리가 많으면 그 시대는 쇠퇴하였으니 흥하고 망하는 길이 모두 이를 말미암는다."[8]라고 하였다.

---

8 후위(後魏) …… 말미암는다 : 『일지록』 권8에 보인다.

진매의 말에서 주나라의 훌륭한 법을 알 수 있고, 유종원의 말에서 천하의 다스림은 이서에서 시작된다는 것을 알 수 있으며, 후위의 다스림에서 새로운 법을 만들면 처음에는 불편하게 생각해도 끝에 가서는 편안히 여긴다는 것을 믿을 수 있으니, 다스림의 도는 진실로 이것을 버리면 이루지 못한다. 요컨대 역대의 제도에서 간략하여 행하기 쉬운 것, 이를테면 5가를 린, 5린을 리, 5리를 당으로 삼았던 후위의 제도 같은 것을 택해야 할 것이다. 그런데 우리나라의 경우 서울의 부내(部內)에는 방(坊)이 있고 계(契)가 있고 통(統)이 있으며, 지방 고을에는 면(面)【부내의 방과 같다.】이 있고 리(里)【부내의 계와 같다.】가 있고 통(統)【곧 부내의 통이다.】이 있다. 통에 통수(統首)를 두고 리에 이존(里尊)을 두고 면에 면정(面正)을 두는 것은 그래도 옛 제도의 취지를 살린 것이지만 명문 규정이 없기 때문에 명칭은 있어도 실제가 없는 것이다.

내 생각은 이러하다.

마땅히 옛 제도를 그대로 보존하고 따르되 그 제도를 새롭게 조정하여, 5가를 통으로 조직하여 통에 통수(統首)【지금의 통수이다.】를 두고, 10개의 통을 리로 조직하여 리에 이존(里尊)【지금의 존위(尊位)이다.】을 두고, 10개의 리를 면으로 조직하여 면에 면정(面正)【지금의 약정(約正)이다.】을 두는데 향인(鄕人) 중에서 강건하고 성실한 사람을 뽑아서 맡긴다.【후주(後周)의 소작(蘇綽)이 6개 조항의 조령(詔令)을 만들어 시행할 것을 청하였는데, 그 내용 중에서 "주(州)·군(郡)의 관리로 모두 우수한 사람을 뽑아야 할 뿐 아니라 당족(黨族)과 여리(閭里)의 정장(正長) 같은 최하급 관직에 이르기까지 모두 신중하게 선택하여 한 고을에서 가장 적합한 사람을 선발하여 백성을 관리하게 해야 합니다."[9]

9 후주(後周)의 …… 합니다 : 『주서(周書)』 권23, 「소작열전(蘇綽列傳)」에 보인다.

라고 하였다.】 통수에게는 1부(夫)의 세금을 면제해 주고, 이존에게는 2부
의 세금을 면제해 주고, 면정에게는 3부의 세금을 면제해 주며【위(魏)나라
의 제도와 같다.】, 직임과 상벌은 모두 『관자』, 「수헌」에서 제시한 제도를
따른다.

부세(賦稅) · 정부(丁夫) · 조적(糶糴)의 정사는 고을〔官〕에서 면을 관
리하고 면에서 리를 관리하고 리에서 통을 관리하며 통에서 가를 관리
한다. 가는 모두 통에 납부하고 통은 모두 리에 납부하고 리는 모두 면
에 납부하고 면은 모두 고을에 납부하고 고을은 모두 부(府)에 납부하
고 부는 모두 도(道)에 납부하고 도는 모두 조정에 납부한다.

옥송(獄訟)에 관한 사무는 5가의 공의(公議)를 통에 건의하여 통수가
판결한다. 그 판결에 승복하지 못할 경우에는 【잘못 판결하여 민심을 만
족시키지 못하면 상급 관아에 소청하는 것을 허락하고 허물하지 않는다. 아래도
모두 이에 준한다.】 10개 통 통수의 공의를 리에 건의하여 이존이 판결
한다. 그 판결에 승복하지 못할 경우에는 10개 리 이존의 공의를 면에
건의하여 면정이 판결한다. 그 판결에 승복하지 못할 경우에는 각 면
면정의 공의를 고을에 건의하여 수령이 판결한다. 그 판결에 승복하지
못할 경우에는 도에 건의하여 도신이 판결한다. 그 판결에 승복하지
못할 경우에는 조정에 건의한다. 조정에서 내용을 들어 보고 통에서
도에 이르기까지 사적인 견해에 따라 잘못 판결한 자가 있으면 경중
에 따라 본죄(本罪)로 처벌한다. 【이를테면 통수가 잘못 판결한 것을 이존이
공정하게 판결하고 합당하게 처리한 경우에는 이존이 통수를 면정에게 신고하여
논죄(論罪)하고, 이존이 잘못 판결한 것을 면정이 공정하게 판결하여 합당하게 처
리한 경우에는 면정이 이존을 수령에게 신고하여 논죄하는 따위이다.】 이치에
맞지도 않는 일을 가지고 습관적으로 송사를 벌이는 자는 공정한 판
결을 내린 뒤에 경중에 따라 두 배로 가중하여 논죄한다. 이렇게 한다

면 한 사람도 억울한 일이 없고 잘못 처리되는 일이 한 가지도 없을 것이다. 태평천하를 이루는 공효가 여기에 달렸으니 실로 오늘날의 급선무이다.

## 3

**군대 편제〔軍伍〕**

『주관(周官, 주례)』에, "소사도(小司徒)는 군대에 편성된 백성을 모두 모아서 군사 업무를 시킨다. 5명을 오(伍), 5오를 량(兩), 4량을 졸(卒), 5졸을 려(旅), 5려를 사(師), 5사를 군(軍)으로 편성한다. 이로써 군사 훈련을 시키고 사냥을 하며 외적을 몰아내고 도둑을 추격하여 잡는 일을 돕게하고 공물과 세금을 내게 한다. …… 상등의 토지는 7식구가 있는 집에 할당하는데 군역을 담당할 수 있는 장정이 한 집에 3명이다. 중등의 토지는 6식구가 있는 집에 할당하는데 군역을 담당할 수 있는 장정은 두집에 5명이다.【2가구를 합쳐 12명 중에 장정이 5명이다.】하등의 토지는 5식구가 있는 집에 할당하는데 군역을 담당할 수 있는 장정은 한 집에 2명이다."라고 하였다. 이것은 교련하는 숫자이다.

『사마법(司馬法)』[10]에 "사방 1리 넓이의 토지를 1정(井)으로 한다. 4정을 읍(邑), 4읍을 구(丘), 4구를 전(甸)으로 한다. 1전은 64정이 되는데, 여기에서 전마(戰馬) 4필, 병거(兵車) 1승(乘), 소 12마리, 갑사(甲士) 3인, 졸(卒) 72인을 낸다."라 하였다. 이것은 징발하는 숫자이다.

교련은 많이 할수록 좋다. 그러므로 땅에서 나는 곡식을 먹는 사람은 군역을 맡을 수 없는 노인과 어린아이를 제외하고는 집집마다 군사를 내게 하고 사람마다 병무(兵務)를 알게 한다. 그러면 비록 지극히 작은 나라라도 잠깐 사이에 몇만의 뛰어난 군사를 모을 수 있을 것이다.

조발은 간략할수록 좋다. 1개 전 64개 정의 민호는 512가구가 되는

---

10 사마법(司馬法) : 주대(周代) 토지의 경리(經理)·병부(兵賦)의 징수에 관한 규정이다. 주문왕(周文王)이 만든 것으로 토지의 단위와 분배된 토지의 넓이에 따라 징수할 병마(兵馬)의 수를 규정하였다(『通典』,「食貨」, 田制上 참조).

데 거기에서 조발하는 인원은 75명뿐이다. 이는 6가구에서 공동으로 1명을 징발해 내는 것이다. 각 전에 대해 우선 공통으로 중등 토지를 받는 2가구 5명을 기준으로 계산하면 512가구에서 군역을 맡을 수 있는 장정은 1천280명인데 그중에서 징발은 75명뿐이다. 이는 17차례를 징발해야 비로소 1번의 차례가 돌아오는 것이다. 교련을 반드시 많이 한다면 사람마다 모두 병혁(兵革)을 익힐 수 있고, 징발을 반드시 간략하게 한다면 백성이 전쟁으로 피폐해지지 않을 수 있다.[11]

관중(管仲)이 제(齊)나라의 정승이 되어서는 내정(內政)을 정비하고 군령(軍令)을 붙여서 다음과 같이 국도의 구역 조직을 만들었다. 5가를 궤(軌)로 만들고 궤에는 궤장(軌長)을 두었다. 10궤를 리(里)로 만들고 리에는 이유사(里有司)를 두었다. 4리를 연(連)으로 만들고 연에는 연장(連長)을 두었다. 10연을 향(鄕)으로 만들고 향에는 양인(良人)을 두었다. 5가가 1궤가 되므로 5인이 1오(伍)가 되는데 궤장이 그들을 통솔하였다. 10궤가 1리가 되므로 50명이 소융(小戎)이 되는데 이유사가 그들을 통솔하였다. 4리가 1연이 되므로 200명이 졸(卒)이 되는데 연장이 그들을 통솔하였다. 10연이 1향이 되므로 2천 명이 려(旅)가 되는데 향의 양인이 그들을 통솔하였다. 5향이 1수(帥)가 되므로 1만 명이 1군(軍)이 되는데 5향의 장수가 그들을 통솔하였다. 전국에서 편성할 수 있는 군대가 3군이므로 중군(中軍)의 북이 있고 국자(國子)의 북이 있으며 고자(高子)의 북이 있었다.[12] 봄에는 수(蒐, 봄 사냥)를 통해 군대를 정비하고, 가을

---

11 『주관(周官)』 …… 있다 : 송(宋) 마단림(馬端臨)의 『문헌통고(文獻通考)』, 「자서(自序)」와 명(明) 장황(章潢)의 『도서편(圖書編)』 권116에 보인다.

12 전국에서 …… 있었다 : 북은 당시의 지휘 도구이다. 국자(國子)와 고자(高子)는 당시 제(齊)나라의 상경(上卿)인 국씨(國氏)와 고씨(高氏)를 말한다. 즉 전국적으로 3군을 편성하여 1군은 중군(中軍)으로 제나라 왕이 직접 통솔하고 나머지 2군은 각각 국씨와 고씨

에는 선(獮, 가을 사냥)을 통해 군대를 훈련했다. 그러므로 졸과 오는 리에서 정비하고, 군과 려는 교외에서 정비했다. 이리하여 내부의 조직이 편성되고 나면 백성들은 거주지를 옮기지 못하게 하였다. 같은 오에 소속된 사람들은 제사 때 함께 복을 빌고 장례 때는 서로 도와주며 화와 복을 함께하였고, 사람과 사람이 서로 밭두둑이 되고 집과 집이 서로 밭두둑이 되어 대대로 함께 살고 어릴 때부터 함께 놀았던 사람들이었다. 그러므로 야간 전투에서는 소리만 듣고도 서로를 알아서 혼란스럽지 않고 주간 전투에서는 눈으로 직접 보고 서로를 식별할 수 있었으며 기꺼이 서로를 위해 죽을 수 있었다. 평소에는 함께 즐거워하고 군중에서는 서로 융화하며 전사하면 함께 슬퍼하였다. 그러므로 지키면 함께 견고해지고 전투를 하면 함께 강했다. 임금이 이런 군사 3만 명을 가지고 천하에 행행하며 무도한 자를 벌하고 주나라 왕실을 지키니 천하 대국의 군주라도 막을 사람이 없었다.[13]

진(秦)나라 효공(孝公)이 상앙(商鞅)을 등용하여 처음에 원전(轅田)을 시행하다가 드디어 정전법(井田法)을 파기하고 천맥법(阡陌法)을 만들었다. 한(漢)나라는 진나라의 법을 참고하여 5호(戶)를 오(伍)로 편성하고, 10호를 십(什)으로 편성하였다. 그리고 100호를 1리(里)로 만들어 리에 괴(魁)를 두고, 5개의 리를 1우(郵)로 만들어 우에 독(督)을 두며, 10개의 리를 1정(亭)으로 만들어 정에 장(長)을 두었다. 정장(亭長)에게 두 명의 졸(卒)을 붙여 주는데 하나는 정보(亭父)이고 하나는 구도(求盜)[14]이다. 5개의 정이 1향(鄕)이 되는데, 향에는 목(牧)·삼로(三老)·유요(游徼)를

---

가 통솔하게 했다는 뜻이다(『國語』 卷6, 「齊語」 참조).

**13** 관중(管仲)이 …… 없었다: 『대학연의보』 권117에 보인다.

**14** 정보(亭父)·구도(求盜): 모두 정장(亭長)의 하속(下屬)으로, 정보는 문을 여닫는 일과 청소 등을 담당하고 구도는 도적 잡는 일을 담당하였다(『史記集解』, 「高祖本紀」 참조).

두었고, 향보다 작은 지역[15]은 취(聚)라 하고 취에 색부(嗇夫)를 두었다. 10개의 정이 1현(縣)이 되는데 현에는 영(令)·승(丞)·위(尉)를 두되 1만 호가 되지 않는 곳에는 장(長)을 두었다.[16]

당(唐)나라는 부병제(府兵制)를 설치하였는데 그 제도는 다음과 같다. 천하를 10개의 도(道)로 나누고 634개의 부(府)를 설치하였다. 그것을 상·중·하 3등급으로 나누어 상부(上府)에는 병사 1천200명, 중부(中府)에는 병사 1천 명, 하부(下府)에는 800명을 두었다. 각 부에는 절충(折衝)과 도위(都尉) 각 1명, 좌과의도위(左果毅都尉)와 우과의도위(右果毅都尉) 각 1명, 장사(長史)·병조(兵曹)·별장(別將) 각 1명, 교위(校尉) 6명을 두었다. 병사 300명을 1단(團)으로 조직하여 단에 교위를 두고, 50명을 1대(隊)로 조직하여 대에 정(正)을 두고, 10명을 1화(火)로 조직하여 화에 장(長)을 두었다. 각 화에는 짐말[駄馬] 6마리, 오포막(烏布幕)·철마우(鐵馬盂)·포조(布槽)·삽(鍤)·곽(钁)·착(鑿)·대(碓)·광(筐)·부(斧)·겸(鉗)·거(鋸) 각 1개, 갑상(甲床) 2개, 낫[鎌] 2자루를 구비하였다. 각 대에는 화찬(火鑽) 1개, 흉마승(胸馬繩) 1개, 수기(首羈)·족반(足絆) 각 3개씩을 구비하였다. 사람마다 활 1자루, 화살 30발, 호록(胡祿)·횡도(橫刀)·숫돌[礪石]·대휴(大觿)·전모(氈帽)·전장(氈裝)·행전[行縢] 각 1개씩을 갖추었다. 보리밥[麥飯] 9말과 쌀 2되는 모두 스스로 준비하여 【반드시 관에서 값을 지급하였다.】 갑옷과 투구, 병장기와 함께 창고에 보관했다가 출전할 일이 있을 때에는 납입한 것과 대조하여 지급하였다. 차례가 되어 숙위(宿衛)하는 사람에게는 활과 화살, 횡도만을 지급하였

---

**15** 향보다 작은 지역: 원문은 '十於鄉'인데 『역대병제(歷代兵制)』와 『후한서(後漢書)』, 「광무제기(光武帝紀)」의 주 등에 근거하여 '十'을 '小'로 수정하여 번역하였다.

**16** 진(秦)나라 …… 두었다: 송(宋) 진부량(陳傅良)의 『역대병제(歷代兵制)』 권1에 보인다.

다. 모든 백성은 20세에 군대에 편입되고 60세에 해제되었다. 말을 타고 달리면서 활을 쏠 수 있는 사람은 월기(越騎)가 되고 그 나머지는 보병(步兵)·무기(武騎)·배찬수(排欑手)·보사(步射)가 된다. 매년 계동(季冬, 음력 12월)에 군대를 사열(査閱)하고 이어 마음대로 사냥을 하게 하였다. 무릇 부병을 징발할 때에는 모두 부계(符契)를 내려주는데, 주의 자사(刺史)와 절충이 부계를 맞추어 보고 나서 징발하였다. 만약 부병 전체가 출동할 경우에는 절충과 도위 이하가 모두 가고, 부병의 일부만을 동원할 경우에는 과의도위가 가고, 적은 수의 부병을 동원할 경우에는 별장이 간다. 말을 지급해야 할 자에게는 관에서 값을 주어 사게 하였다.

유사시에는 전쟁에 나가고 일이 없을 때에는 농사를 지으며 1년 중 세 계절에는 농사를 짓고 한 계절에만 무예를 익혔다. 군적(軍籍)은 장부(將府)에 보관되고 병사는 농경지에 산재해 있으므로 장수가 군졸을 장악하지 못하고 병사는 놀고먹지 않았다. 그러다가 확기(彍騎)【군사를 모집하여 숙위(宿衛)하는 방법으로 모두 하호(下戶)의 백정(白丁)이었는데, 이들을 장종병(長從兵)이라고 불렀다.】가 만들어지고부터 부의 병사는 더욱 많아졌으나 절충장(折衝將)으로 보임되지 못하고 또 여러 해가 지나도 승진하지 못하였으므로 군사들은 모두가 부병이 되는 것을 수치스럽게 여겼다.[17] 이렇게 되자 부병제는 폐지되고 당나라는 쇠퇴하였다.

송(宋)나라 인종(仁宗) 경력(慶曆, 1041~1048) 2년 하북(河北)의 강하고 씩씩한 장정들을 군적에 넣어 의용군(義勇軍)을 조직하고 또 민정(民丁)을 군적에 넣어 부족한 숫자를 보충했으며, 하동(河東)에서도 그렇게 하였다. 이에 대해 말하는 자가 '의용군을 하북의 복병으로 만들어서 수

---

17 천하를 …… 여겼다: 『신당서(新唐書)』 권50, 「병지(兵志)」에 보인다.

시로 훈련시키면 식량을 비축할 필요가 없어 고대에 병사들에게 군사 훈련과 농사를 병행하게 했던 제도의 뜻을 살릴 수 있었을 것이다.'라 고 하였다.

영종(英宗) 치평(治平, 1064~1067) 초기에 재상 한기(韓琦)가 "옛날에 는 호적에 편입된 백성을 군사로 만들어 군역을 담당하게 하였으므로 수는 비록 많았지만 들어가는 비용은 매우 적었습니다. 당나라에서 부 병을 둔 것이 그에 가장 근접하는데 뒤에 폐지되고 복구하지 못하였습 니다. 현재의 의용군으로 말하면 하북에 약 15만, 하동에 약 8만 명이 있는데, 그들은 천성적으로 용맹하고 순박하며 가산과 부모처자가 그 들에게 매여 있습니다. 따라서 그들을 조금만 훈련시켜서 선발한다면 당나라의 부병과 무엇이 다르겠습니까. 일찍이 섬서(陝西)에서 궁수(弓 手)를 뽑아서 보첩(保捷, 금군(禁軍)]으로 삼은 적이 있었습니다. 하북· 하동·섬서는 모두 서북 지역을 제압하는 데 있어 한 마음으로 협력해 야 합니다. 청컨대 섬서의 여러 주에서도 의용군을 선발하고 그들의 팔 과 등에 자자(刺字)하여 달아나지 못하게 하면 일시적으로는 작은 소요 가 없지도 않겠지만 결국에는 장구한 이익이 될 것입니다."라고 건의하 였다. 천자가 그의 건의를 받아들임으로써 삼로(三路)의 향병(鄕兵) 중에 서 의용군이 가장 많아졌다.[18]

병인년에 북방의 오랑캐가 대거 침략하였다. 이에 선사(宣司)가 여러 곳에 격문을 띄워 군사들을 불러 모으고 호북의 의용군과 함께 가서 구원하려 하였다. 그러나 각 군(郡)에서 온 군사들은 적을 만나기도 전 에 궤멸되고 지나는 곳마다 오랑캐보다 더 심하게 노략질을 하였다. 하

---

18 경력(慶曆) 2년 …… 많아졌다 : 『송사(宋史)』 권190, 「병지(兵志) 4」, 향병(鄕兵) 조에 보인다.

지만 의용군만은 장수의 지휘에 따라 진격하고 후퇴하며 감히 조금도 명령을 어기지 않았는데 그것은 대체로 처자와 집안을 생각해서였다.[19]

소식(蘇軾)이 말하길, "하삭(河朔, 황하 이북)의 서쪽 지역은 변경에 있는 주(州)의 군사들에게 의지하고 있었는데, 전연(澶淵)의 강화[20] 이후로 백성들이 스스로 단결하여 궁전사(弓箭社)를 조직하였습니다. 재산이나 신분 고하를 막론하고 1가구에서 1명씩을 차출하고, 가산이 넉넉하고 무예가 있어 여러 사람이 승복하는 자를 사두(社頭)·사부(社副)·녹사(錄事)로 추대하고 그들을 두목(頭目)이라고 부릅니다. 그들은 농사일을 할 때도 활을 지니고 땔나무를 할 때도 검을 차고 다니며 산등성이를 드나들고 먹고 마시며 무예를 익히는 것을 모두 적국과 같은 방식으로 하고, 독자적으로 상벌 규정을 세웠는데 관부(官府)의 법보다 엄격합니다. 순번을 정해 순라를 돌고 순라소를 설치하여 함께 망을 보는데, 북쪽의 적이 본토에 들어와서 노략질하는 것을 잡지 못했을 경우에는 당번 선 사람 모두를 엄하게 처벌합니다. 긴급한 사태가 발생하면 북을 쳐서 사람들을 모으는데 순식간에 수천 명이 모입니다. 그들은 적의 침입이 있을 때와 마찬가지로 항상 무기와 갑옷, 안장 없은 말을 준비해 두고 있습니다. 대체로 그들은 가족과 조상의 분묘가 그곳에 있어서 모두가 자발적으로 싸우기 때문에 적은 그들을 몹시 두려워합니다. 선대

---

19 병인년에 …… 생각해서였다 : 이 내용은 송나라 나대경(羅大經)이 지은 『학림옥로(鶴林玉露)』, 「갑편(甲編)」 권1에 보인다. 그에 따르면 여기 인용한 내용은 송 효종(孝宗) 건도(乾道, 1165~1173) 초기에 있었던 일인데 건도 연간에는 병인년이 없었다. 그러나 정확한 내용이 확인되지 않아 원문대로 번역하였다.

20 전연(澶淵)의 강화 : 북송(北宋) 때에 북쪽의 거란족이 자주 변경을 침입하여 여러 차례 전쟁을 치른 끝에 드디어 진종(眞宗) 원년(1004)에 매년 은과 비단 등의 예물을 거란에 주기로 하고 전주(澶州)에서 화의를 맺었다. 전주는 일명 전연이라고도 하므로 이 화의를 전연지맹(澶淵之盟)이라고 부른다.

황제 시대에 정주(定州)의 안무사(按撫使)를 맡았던 명신(名臣) 한기(韓琦)와 방적(龐籍) 같은 분들은 모두 그 사람들의 마음을 어루만져서 국가를 호위하는 군대로 쓰기 위해 노력하였으며, 방적은 또한 그들이 정한 규약과 상벌 규정을 적절히 가감하기도 하였습니다. 지금은 비록 명목은 그대로 남아 있지만 실제 효용 면에서는 지난날에 미치지 못합니다. 조정에서 법을 제정하여 상벌을 분명하게 하여 징계하고 권장하는 뜻을 보이소서."[21]라 하였다.

이것이 송나라 때 있었던 궁전사의 법이다. 비록 태평한 시대에는 그 법이 폐기되거나 해이해졌지만 정강(靖康)의 변(變)[22]이 발생했을 때 하북의 충의로운 군사들이 대부분 여기에서 배출되었다. 나라를 가진 자라면 한가한 시대에 병사들로 하여금 군사 훈련과 농사를 병행하게 하는 계책을 세워야 할 것이다.

신종(神宗) 희령(熙寧, 1068~1077) 초에 왕안석(王安石)이 모병(募兵) 제도를 바꾸어 보갑제(保甲制)를 실시하려 하자 황제가 그의 의견에 따라주었다. 희령 3년에 처음으로 백성을 연대하여 서로 보호할 수 있도록 조직하고, 기내(畿內)의 백성들에게 조서를 내렸다. 10가(家)를 1보(保)로 만들고 편성된 주호(主戶)[23] 가운데 일을 맡을 역량이 있는 자 1명을 선발하여 보장(保長)으로 삼으며, 50가를 1대보(大保)로 삼고 1명을 선

---

21 소식(蘇軾)이 …… 보이소서 : 소식이 송 철종(哲宗) 원우(元祐) 8년에 올린 「걸증수궁전사조약장(乞增修弓箭社條約狀)」의 일부로 『동파전집(東坡全集)』 권64와 『송사(宋史)』 권190, 「병지(兵志) 4」에 수록되어 있다.
22 정강(靖康)의 변(變) : 정강 원년(元年)인 1126년에 후금(後金)이 남하하여 흠종(欽宗)을 항복시키고 그 이듬해에 휘종(徽宗)과 흠종을 포로로 잡아 금(金)의 내지(內地)로 보내고 수도에는 장방창(張邦昌)을 세워 초국(楚國)을 만들게 함으로써 북송(北宋)이 멸망하였는데, 이를 가리켜 '정강지화(靖康之禍)' 또는 '정강지변(靖康之變)'이라고 한다.
23 주호(主戶) : 보(保)에 소속된 민호를 말한다.

발하여 대보장(大保長)으로 삼으며, 10개의 대보를 1도보(都保)로 삼고 대중이 승복하는 자를 선발하여 도보정(都保正)으로 삼으며 또 1명을 그의 부(副)로 삼았다. 보에 소속된 주호나 소속되지 않은 객호(客戶)에 2명 이상의 정남(丁男)이 있으면 1명을 뽑아서 보정(保丁)으로 삼아 보에 소속시켰다. 2명 이상의 건장하고 용맹한 여정(餘丁)이 있으면 역시 보에 소속시키고, 그중에서 재산이 많거나 무예가 뛰어난 사람은 보정으로 충정(充定)하여 금지된 병기를 제외한 각종 병기를 마음대로 익히도록 허용하였다.

각 대보에서 매일 밤 5명씩 조를 이루어 순찰을 하며 도적을 경계하는데, 도적을 고발하거나 체포하면 실적에 따라 도적에게서 압수한 물건을 상으로 주었다. 같은 보에 소속된 사람이 강도·살인·방화·강간, 인명 약취(略取)나 약매(略賣)·사교(邪敎)의 전파, 고독(蠱毒)의 제조 같은 범죄를 저지르는 것을 알고도 신고하지 않으면 오보법(伍保法)에 따라 처벌하였다. 그 밖에는 자신이 관련되지 않았고 또 법으로 규제하는 일이 아니면 고발할 수 없고 사실을 알고 있었더라도 연좌시키지 않았다. 그러나 이웃 사람까지 연좌하도록 법에 규정된 사안이면 연좌시켰다. 강도 3명을 3일 이상 묵게 했을 경우 이웃 사람은 사실을 몰랐다 해도 제대로 살피지 못한 죄로 처벌하였다. 보에 소속된 백성이 달아나거나 사망하여 5가구가 되지 않으면 다른 보에 병합시켰다. 외부에서 보에 들어오는 사람은 거두어 같은 보에 소속시키되 호수(戶數)가 충분하면 임시로 붙여 두었다가 10가가 되면 별도로 보를 만들고 패(牌)를 만들어 호수와 구성원의 성명을 적어 두었다. 이 법은 기전에 먼저 시행하고 나서 오로(五路)에 시행하고 마지막에 전국적으로 확대하였다. 그러나 이때까지는 도적을 잡고 서로 보호하게 했을 뿐 군사 훈련은 하지 않았다.

그러다가 희령 4년에 비로소 조서를 내려 기내의 보정에게 군사 훈련을 시키게 하였다. 매년 농한기에 관할 관원이 날짜를 정하여 중요한 지역에서 편리한 방법으로 기사(騎射)와 보사(步射)를 시험하여 쏘아맞힌 숫자와 거리에 따라 등급을 매겼다. 기사에서는 기마술을 시험하는데 다른 무예로 응시하기를 원할 경우에는 들어주었다. 제1등은 보에서 확인한 후 천자에게 보고하고, 천자가 직접 시험한 다음 관직에 임명하였다. 제2등은 그해 1개월분의 춘부(春夫)[24]와 마초(馬草) 40더미, 역전(役錢) 2천 냥을 감면해 주는데, 본호(本戶)에 대해 감면해 줄 것이 없거나 감면할 수 없을 경우에는 다른 호(戶)로 옮겨서 감면해 주고 본호에서 그 대가를 받을 수 있게 하였다. 제3등과 제4등은 이에 비해 등급을 낮추어 시상하였다. 무예가 뛰어나지 못하지만 응시하기를 원하거나 보갑에 딸린 단정(單丁)[25]이 응시하기를 원할 경우에는 모두 들어주었다. 도보정과 부보정은 무예가 비록 등수에 들지 못했더라도 보호(保戶)를 잘 정돈하여 소요가 없게 한 사람, 정장(丁壯)에게 무예를 익히도록 권유하여 등수에 들게 한 사람, 다른 보에 비해 도적을 가장 많이 잡았거나 가장 적게 놓친 사람에게는 관할 관원의 보고에 따라 제1등과 같은 상을 내렸다. 도보정과 부보정에 결원이 생기면 대보장 중에서 선발하여 충원하였다. 도보정과 부보정은 비록 정장들에게 무예를 익히도록 권유해야 하지만 번번이 강제하여 업무를 방해하는 것은 금지하였다. 또 담당 관원이 보갑의 일과 관련하여 뇌물을 받거나 수탈하면 그 정도에 따라 3등으로 나누어 장형(杖刑)·도형(徒刑)·편관(編

---

24 춘부(春夫): 저본에는 '春天'으로 되어 있는데 『문헌통고』 권153의 내용에 근거하여 '天'을 '夫'로 보고 번역하였다. 춘부는 매년 봄갈이를 하기 전에 조발(調發)하는 부역을 말한다.
25 단정(單丁): 형제가 없는 성년 남자를 말한다.

管)[26] 유배에 처하고, 고발한 자에게는 등급을 나누어 상을 주었다. 또 조정에서 임명한 관리가 법을 어길 경우에는 관적(官籍)에서 제명(除名)하였다.[27]

이것이 보갑법의 대략이다.

역대의 제도는 부병(賦兵)・모병(募兵)・둔병(屯兵)【한나라의 둔전(屯田)이다.】・부병(府兵)・채병(寨兵)【송나라의 궁전사이다.】・보갑 등으로 그때 그때 변천하였다. 그중 지금 시행할 수 있는 계책으로는 둔병・부병・채병・보갑의 제도를 절충하여 시의(時宜)에 맞게 적용하면 될 것이다.

구경산(丘瓊山)[28]의 헌의(獻議)에 "도위지휘사사(都衛指揮使司)[29]의 군제를 변경하려면 이갑법(里甲法)을 제정해야 합니다. 각 현(縣)에 원래 설치되어 있는 이사(里社)를 기준으로 대오(隊伍)를 정하되 모두 거주지와 생업에 따라 결정합니다. 이사의 민호(民戶)가 부족한 경우에는 인구가 적은 이사의 민호를 인구가 많은 이사로 보내어 정수를 채우도록 조정합니다. 매 리를 100호로 만들고 이 100호를 2대(隊)로 나누어 1대를 50명으로 하여 1명의 총갑(摠甲)【군위(軍衛)의 총기(總旗)[30]에 비견된다.】

---

26 편관(編管): 죄 지은 관리를 변방으로 유배하여 그 지역의 호적에 편입하고 그곳 지방관의 감독을 받게 하는 처벌이다.
27 희령 4년에 …… 제명(除名)하였다:『송사(宋史)』권192,「병지(兵志) 6」에 보인다.
28 구경산(丘瓊山): 명(明)나라 학자 구준(丘濬), 경산은 호(號)이다.
29 도위지휘사사(都衛指揮使司): 명대(明代)에 지방 군정을 담당했던 기구이다. 각 행성(行省)에 도위지휘사사를 두어 예하의 군대를 통솔하며 병부(兵部)의 명을 따랐다.
30 총기(總旗): 명(明)나라 초기에 시행했던 위소(衛所) 군제의 한 단위이다. 각 지역의 요해지(要害地) 중 1개 군에만 해당되는 곳에는 소(所)를 설치하고 여러 군에 걸쳐 있는 곳에는 위(衛)를 설치하였는데, 대략 군사 5천600명을 위, 1천120명을 천호소(千戶所), 112명을 백호소(百戶所)로 편성하였다. 그리고 백호소를 총기(總旗) 2개, 소기(小旗) 10개로 세분하여 편성하였다.

을 세우고, 1대를 5개의 소갑(小甲)으로 나누어 1갑을 10명【군위의 소기(小旗)에 비견된다.】으로 합니다. 또 10개의 대를 합쳐서 1개의 도갑(都甲)【군위의 백호소 10개에 비견된다.】으로 만들어 주현(州縣)에 소속시키고 주현을 부(府)에 소속시키면 더욱 마땅할 것입니다."[31]라고 하였다.

여대충(呂大忠)의 헌의에, "한나라의 둔전과 당나라의 부병 제도는 훌륭한 법이었습니다. 궁전사는 둔전에 가깝고 의용제는 부병에 가까운 가운데 그중 하나를 선택하여 쓴다면 군대가 주둔하는 데 따른 비용을 줄일 수 있을 것입니다."[32]라고 하였으니 참으로 옳은 말이다.

또 왕안석의 보갑법에 대해서는 철종(哲宗) 원우(元祐, 1086~1094) 연간의 제공(諸公)이 모두 불편하다고 말하였다. 왕암수(王嚴叟), 문노공〔文潞公, 문언박(文彦博)〕, 소자첨〔蘇子瞻, 소식(蘇軾)〕이 대부분 기롱하였고, 사마군실〔司馬君實, 사마광(司馬光)〕은 힘껏 저지하여 결국 파기시켰다. 이는 아마도 당시 신법(新法)의 폐단 때문에 감정이 격해졌기 때문에 보갑법까지 아울러 배척했을 것이다. 법이 훌륭한데도 폐단이 생기는 것은 실로 법을 집행하는 자들의 잘못이니 그 합당한 점을 보고 그 잘못된 점을 고치면 그만이다. 그런데 싸잡아서 법까지 좋지 못하다고 하여 버린다면 목이 멜까 겁나서 밥을 먹지 않는 것과 같을 것이니 그 또한 지나치다.

내 생각에는 위의 여러 법을 함께 취하여 합당한 것을 선택하고 잘못된 것을 바로잡아서 요도(要道)를 얻는 데 힘쓰면 될 듯하다. 다만 우리나라의 군제(軍制)는 서울에 있는 군영(軍營)에 대해서는 논하지 않

---

31 각 현(縣)에 …… 것입니다 : 구준(丘濬)의 『대학연의보(大學衍義補)』 권117에 보인다.
32 한나라의 …… 것입니다 : 『송사』 권340, 『여대충열전(呂大忠列傳)』에 보인다.

더라도【서울에 있는 각 군영의 제도 또한 모두 같지 않다.】향병(鄕兵)의 제도에는 속오군(束伍軍)[33] · 상번군(上番軍)[34] · 정병(正兵) · 아병(牙兵)[35] · 승호군(陞戶軍)[36] · 보인(保人)[37] 등의 호칭이 있어 그 명목이 한둘이 아니다. 이들은 이미 부병(賦兵)이 아니고 또 모병(募兵)도 아니며, 둔병 · 부병(府兵) · 채병 · 보갑 · 리갑의 제도도 아니다. 다만 그 명목에 따라 군포(軍布)를 납부할 책임을 질 뿐으로 애당초 군정(軍政)이나 무비(武備)를 갖추기 위한 의도가 없었다. 그러므로 불행히 만일의 사태가 발생할 경우 징발할 근거가 없어【지금의 군정(軍丁)은 대부분 백골(白骨)이나 황구(黃口),[38] 허위로 이름만 올려놓고 생짜로 징수하는 자들이다.】그 자리에서 와해될 것은 임진왜란과 병자호란의 사태에서 보았으니 어찌 한심하지 않은가. 앞에 가는 수레가 엎어진 것이 뒤에 가는 수레에게는 경계가 되는 법이다. 마땅히 오늘날 태평한 때에 미리 만일의 위험에 대비해야 하니, 이것이 편안할 때에 위태로워질 것을 잊지 않는다고

---

**33** 속오군(束伍軍) : 임진왜란 때부터 편성한 군대로, 지방에서 역(役)이나 벼슬이 없는 15세 이상의 공사천인(公私賤人) 중에서 훈련을 받을 수 있는 사람을 골라 평시에는 군포(軍布)만 납입하고 유사시에는 군병으로 소집하였다.

**34** 상번군(上番軍) : 지방의 군병으로서 교대로 서울의 각 군영에 와서 근무하는 군사를 말한다.

**35** 아병(牙兵) : 아(牙)는 대장기(大將旗)로, 아병이란 병조의 관할을 받지 않고 해당 군영의 대장이 통솔하는 군대를 말한다.

**36** 승호군(陞戶軍) : 식년(式年)마다 각 읍의 향군(鄕軍)에서 발탁되어 훈련도감의 정군(正軍)이 된 병졸을 말한다. 주로 승호 포수(陞戶砲手)를 가리킨다.

**37** 보인(保人) : 조선시대 평민은 16세부터 60세까지 군역(軍役)을 부담하였는데, 실제 군역에 종사하는 대신 군역에 나간 사람의 농지를 경작해 주는 등 정군(正軍)의 뒷바라지를 하는 사람으로 봉족(奉足)을 말한다. 뒤에는 일률적으로 보포(保布)를 내어 군사들의 경비를 부담하였다.

**38** 백골(白骨)이나 황구(黃口) : 백골은 사망한 사람, 황구는 5세 이하의 어린아이를 말한다.

한 성인의 뜻이다.

오늘날의 군제 역시 오직 통갑법(統甲法)에 의거하여 조직해야 할 것이다. 즉 5가를 통으로 조직하고【1통을 조직하고 남은 민호로 별도의 통을 만드는데, 남은 민호가 5호가 되어야 통을 만든다.】각 통에 통수(統首)를 두며, 10개의 통【통의 수가 10통을 넘거나 10통이 되지 않으면 모두 본래의 리의 수에 따라 세운다.】을 리로 조직하여 리에 이존(里尊)을 두며, 5개의 리【리가 5개를 초과하거나 5개가 되지 않을 경우에는 모두 본 면의 호수에 따라 세운다.】를 면(面)으로 조직하여 면에 면정(面正)을 두어 각각 그 소속을 위에 말한 법대로 다스린다. 조례(條例)는 일률적으로 보갑법을 따르되 관의 역할을 조금 줄이고 궁전사의 경우처럼 독자적으로 상벌 규정을 세우게 한다. 이렇게 되면 농사에 방해를 받지 않고도 군사 훈련을 할 수 있으니 또한 이는 둔전법과 마찬가지이다. 이 법은『관자』의「내정」에서 시작된 것으로 오늘날 반드시 행해야 할 바이다.【징발할 때에는 10개의 통을 다섯으로 나누어서 2통씩 차례를 정해 8개 통을 징발하고 나머지는 남겨 두어 돌아가며 징발한다. 단 같은 통 내의 군졸은 반드시 모든 군사가 함께 나가게 하여「내정」에서 말한 것처럼 야간 전투에서는 소리만 듣고도 서로를 알아보고 주간 전투에서는 눈으로 직접 보고 서로를 식별할 수 있게 하는 뜻을 살려야 한다.】

그런데 오늘날의 군정은 국법을 심하게 어기고 있다. 예컨대『대전통편(大典通編)』,「병전(兵典)」, 면역조(免役條)에는, 부자(父子) 세 사람이 군오(軍伍)에 편성된 경우에는 그 아비의 군역을 면제해 주고, 형제 네 사람이 군오에 편성되었으면 그 형의 군역을 면제해 주고 관에서 그 후임을 정하며, 부자 네 사람이 양역(良役)을 지고 있을 경우에는 동거 여부를 따지지 않고 본인들의 희망에 따라 그중 한 명의 역을 면제해 주도록 되어 있다. 그런데 오늘날의 백성들은 비록 부자 열 명, 형제 열 명이 역을 부담하고 있을지라도 한 사람도 면제받지 못하고 있다.

또한 나이 60이 된 사람은 군역을 면제하고 독질(篤疾)이나 폐질(廢疾)이 있는 사람도 군역을 면제하며, 독질이나 폐질이 있는 사람 및 나이 70 이상 된 사람의 경우 아들 한 사람, 나이 90 이상 된 사람의 경우 여러 아들에 대해 모두 군역을 면제하게 되어 있다. 그렇게 따지면 군사 중 나이 60이 된 사람은 자신이 면제받고, 70이 된 사람은 아들 한 사람까지 아울러 면제받고, 90이 된 사람은 여러 아들까지 아울러 면제받아야 한다. 이는 대체로 조정에서 노인을 우대하는 법으로, 60세 이상 된 사람은 본인에게 은혜를 베풀고, 70세 이상 된 사람에 대해서는 아들 하나를 돌려보내 봉양하게 하며, 90세 이상 된 사람은 여러 아들을 모두 돌려보내 봉양하도록 덕을 베푼다는 취지이다. 그런데 지금은 여러 아들이 면제받지 못할 뿐 아니라 한 아들도 면제받지 못하고, 그 아들뿐 아니라 바로 90세, 70세 된 노인 자신도 면제받지 못하고 있다. 90세, 70세 된 노인도 면제받지 못하는데 60세 된 노인에게 무슨 혜택이 있겠는가. 또한 독질이나 폐질을 앓는 사람이 면제받지 못하는 것은 말할 것도 없고 겨우 숨만 붙은 채 간신히 침상에 누워 있는 자들조차 면제받지 못하고 있다. 나아가 겨우 숨만 붙어 있는 사람뿐 아니라 이미 죽은 사람, 심지어 죽은 지 10년, 100년이 지난 사람도 면제받지 못하고 있다.【이를 백골징포(白骨徵布)라고 한다.】

또 『대전통편』, 「병전」, 성적조(成籍條)에는 황구(黃口)와 아약(兒弱)을 군정에 채워 넣었을 경우 수령은 도배(徒配)하고 감색(監色)은 형배(刑配)하도록 되어 있다. 황구란 5세 이하의 아이이고 아약은 14세 이하의 미성년자이다. 이는 그가 아직 역을 담당할 수 있는 성인이 되지 않아서일 뿐 아니라 대개 어린아이를 보살피는 성대한 덕인 것이다. 그런데 지금은 아약과 황구뿐만이 아니니 여아(女兒)만 아니면 태어나자마자 즉시 군적에 넣는다.【근래 관동(關東)의 어느 고을에서 한 백성이 아이를 낳았는데 관에서 군정으로 채워 넣으라고 명하였다. 그 백성이 갓난아이를 안고 관아에 와서 "이 아이는 태어난 지 사흘도 지나지 않았습니다."라고 호소하였다. 그러자 관에서 "딸인가?"라고 물었고, 백성이 "아들입니다."라고 하자, 관에서 "아들이면 그만이지 사흘을 따질 게 무에 있는가?"라고 하였다. 백성이 "그렇다면 아들인게 잘못이군요. 아들이 아니면 됩니까?"라고 하고는 갓난아이의 음낭(陰囊)을 떼어서 관에 바쳤다. 이에 대해 말하는 사람이 "모질고 독하다. 이 백성의 죄는 용서하지 말고 주벌해야 한다."라고 하였다. 그러나 자식을 사랑하는 마음은 천성인데 누군들 유독 자식을 사랑하는 마음이 부족하겠는가. 그런데도 차마 스스로 죽였으니 그 원한이 자식을 사랑하는 마음보다 깊었던 것이다.】 남아만이 아니라 여아 또한 면제받지 못한다. 【또 관동의 어느 고을에서 딸을 낳은 백성이 있었는데 관에서 군역에 채워 넣으라고 명하였다. 그러자 그 백성이 딸을 안고 관아에 들어와서 "이 아이는 딸입니다."라고 호소하였다. 그러자 관에서 노하여 "네가 아들을 낳은 것을 내가 염탐하여 알고 있다. 그런데 네가 감히 다른 사람의 딸을 데려와서 현혹시키려 하는가. 이것은 기망(欺罔)이고 간사(奸詐)함이니 다스리지 않을 수 없다."라 하고는 곤장 40대를 치고 군역에 채워 넣은 뒤에야 풀어 주었다.】

이런 여러 가지 일들이 없는 고을이 없다. 이 때문에 백성들은 자식을 낳아 기르는 걸 즐거워하지 않고 자식을 조금 많이 낳은 사람은 "원망스럽습니다. 하늘이시여! 하늘이 나를 곤궁하게 하십니다."라고 한다. 그리하여 부모가 자식을 원수처럼 여겨서 미워하는 경우가 있는가 하면 심하게는 또 낳자마자 자식을 버리는 경우가 있고 더욱 심하게는 갓 태어난 아이를 안아 보지도 않는 경우가 있으며, 더러 남녀가 거처를 달리하여 부부생활의 즐거움을 끊어 버리는 경우까지 있다. 이리하여 모든 백성이 처자를 보호하지 못하는데 백성이 어떻게 불어나며 호구가 어떻게 줄어들지 않을 수 있겠는가.

『주례』에 "대사도(大司徒)의 직임은 보식(保息)【백성을 편안하게 해 주어 번식하게 한다는 말이다.]으로써 만민을 어루만져 기르는 것이니, 첫째는 어린아이를 사랑하는 것이고, 둘째는 노인을 봉양하는 것이다."라고 하였다. 또 "사민(司民)은 만민의 숫자를 보고하는 일을 담당한다. 이가 나기 시작하는 생후 7, 8개월의 아기부터 그 이상의 모든 백성을 모두 판(版, 호적)에 기록한다. …… 3년마다 민적(民籍)을 대조하고 결산하여 백성의 수를 사구(司寇)에게 보고하고 사구가 그것을 왕에게 바치면 왕은 절하고 받는다.[공경하는 것이다.]"라고 하였다.

한나라 혜제(惠帝) 6년에 15세 이상 30세까지의 시집가지 않은 여자[39]에게는 5산(算)[40]을 내게 하였는데,[41] 【한나라의 법에 백성은 1산을 내게 되어 있는데 지금 시집가지 않은 사람에게 5산을 내게 한 것은 벌을 준 것이다.】 그것은 인구가 증가하지 않을 것을 염려해서였다.

후한(後漢) 장제(章帝) 원화(元和, 84~87) 2년 봄에 조서를 내려 백성들에게 태양곡(胎養穀)을 하사하도록 법령을 정하였다. 조서에, "회임한 사람들에게 1인당 3곡(斛)의 태양곡을 하사하고 그 남편의 부역을 면제하여 1년 간 세금을 받지 않는다."라고 하였다. 또 3년 봄에는 조서를 내려 친속(親屬)이 없는 영아(嬰兒)와 자식을 기를 수 없는 가난한 백성에게는 곡식을 지급하게 하였다.[42] 【구준은 이렇게 말했다. "한나라 시대는 고대와 멀지 않았기 때문에 조령(詔令)을 발표하여 백성을 인애(仁愛)하고 인구를 증식시켰으니 이때까지는 아직 고대 인정(仁政)의 취지가 남아 있었다. 혼인할 시

---

39 여자 : 저본에는 '男女'로 되어 있는데 『한서(漢書)』 권2, 「혜제기(惠帝紀)」에 근거하여 '女子'로 수정하여 번역하였다.
40 5산(算) : 『한서』 응소(應劭)의 주에 "算, 百二十錢"이라 하였다. 이에 따르면 5산은 600 전이 된다.
41 15세 …… 하였는데 : 『한서』에 보인다.
42 2년 …… 하였다 : 『후한서』 권3, 「숙종효장제기(肅宗孝章帝紀)」에 보인다.

기가 지났는데도 시집가지 않는 여자에게 벌을 주고, 임신한 부인을 돌보며, 길러 줄 사람을 잃은 영아에게 먹을 것을 지급하였다. 삼대(三代) 이후로 한나라가 유독 오랫동안 국가를 유지하였고 나라를 잃었다가 다시 찾은 것이 어찌 이 때문이 아니겠는가."]43

이는 모두 왕자(王者)가 백성을 보호한 정책들인데 인구를 증식시키는 데 더더욱 급급하였다. 그런데 어찌하여 백성들을 근심하고 고통스럽게 하며 심지어 자식 낳아 기르기를 즐거워하지 않게 만들어 이런 지경에까지 이르게 한단 말인가. 슬프고 통탄스럽다. 이것은 관리들이 태연하게 법을 어겨서 국법이 거의 폐기되다시피 했기 때문이다. 지금 백성들이 군적에 편입되는 것을 겁내는 이유는 군포(軍布)의 징수 때문이다. 대체로 한번 군적에 편입되면 해마다 재물을 내야 하는데 그것을 10년, 100년이 지나도 끝내 면제받지 못하니 이러고서 백성이 어떻게 보존될 수 있겠는가.

한나라 노공(魯恭)의 상소에, "모든 백성은 하늘이 낸 사람입니다. 하늘은 스스로 만든 것들을 부모가 자식을 사랑하듯이 사랑하여 한 물건이라도 제자리를 얻지 못하면 천기(天氣)가 그 때문에 어그러지는데 하물며 사람이겠습니까. 그러므로 백성을 사랑하는 자에게는 반드시 하늘의 보답이 있는 것입니다."44라고 하였다. 또 당나라 마주(馬周)의 상소에는 "삼대부터 한나라에 이르기까지는 나라를 유지 계승한 기간이 긴 경우는 800년이나 되었고 짧은 경우라도 400년을 내려가지 않았으니 그것은 진실로 은혜가 백성의 마음에 응결되어 백성이 그것을 잊지

---

43 구준은 …… 아니겠는가: 『대학연의보』 권13에 보인다.
44 한나라 …… 것입니다: 후한 화제(和帝) 때에 흉노(匈奴)를 공격하려는 조정의 논의에 반대하여 당시 시어사(侍御史)이던 노공(魯恭)이 올린 상소로, 『후한서』 권25, 「노공열전(魯恭列傳)」에 보인다.

못하였기 때문입니다. 그러나 그 이후 위(魏) · 진(晉) · 북주(北周) · 수
(隋)나라 같은 경우는[45] 길어야 60년이요 짧으면 겨우 20여 년이었으니,
그것은 그 나라들은 모두 백성에게 베푼 은혜가 없어 근본이 단단하지
못했기 때문입니다. 신이 보건대 자고로 백성이 근심하고 원망하는데
도 망하지 않은 나라는 없었으니, 임금이 정사를 닦을 수 있을 때에 닦
아야지 나라를 잃은 뒤에 후회해서는 안 될 것입니다."[46]라고 하였다.

지금 나 또한 바라건대 나라를 잃지 않은 지금 담당 관리를 엄히 신
칙하여 속히 잘못된 정사를 되돌리게 하고 아울러 별도로 제도를 수립
하여 군포전(軍布錢)을 징수하지 말아서 은혜로 민심을 결속하고 하늘
의 보답을 이끌어 내어야 할 것이다.

군포전은 정번전(停番錢)이니 고립전(雇立錢)[47]이니 하는 명칭을 붙여
서 곳곳에서 불법적으로 징수하여 임시변통으로 꿰어 맞출 뿐 아니라,
아래로 이사(里社)의 이서(吏胥)로부터 관부(官府)의 상사(上司)에 이르기
까지 필요한 비용을 모두 여기에서 지급하므로 가난한 백성들의 살림
을 거덜 내기에 꼭 알맞다. 가난한 백성들이 살림이 거덜 나는 것을 견
딜 수 없어 살림을 거덜 내지 않으려고 군역을 지게 되면 사람들이 그
를 천하게 여긴다. 【오늘날의 제도에 사족(士族)들은 군역에 채워 넣지 않기 때
문이다.】 그러므로 지벌(地閥)을 따질 경우에는 먼저 군역을 지는지 여부
부터 묻게 된다. 이 때문에 조금이라도 능력이 있는 사람은 온갖 계책

**45** 위(魏) …… 경우는: 저본에는 이 부분이 없는데 전후 맥락이 선명하지 않아서 『구당서』
권74, 「마주열전(馬周列傳)」에 의거하여 보충하였다. 원문은 다음과 같다. "自魏晉以還
降及周隋."
**46** 삼대부터 …… 것입니다: 『자치통감(資治通鑑)』 권195, 「당기(唐紀) 11」에 보인다.
**47** 정번전(停番錢) · 고립전(雇立錢): 정번전은 군역에 편입된 백성이 각 군영에 번(番)을
서는 대신 바치는 돈이고, 고립전은 병역이나 부역을 져야 할 당사자 대신 다른 사람을
시켜 역을 치르게 하고 그 대가로 지불하는 돈이다.

으로 군역에서 벗어날 방법을 강구하여 벼슬아치들의 집에 의탁하는가 하면 관부에 뇌물을 바치기도 하며, 비록 군포전보다 10배, 100배나 많은 비용이 들더라도 기어이 군적에서 빠지려 한다. 이리하여 오늘날 군적에 올라 있는 사람은 모두가 빈궁하고 호소할 데 없는 백성들이니 민가가 어떻게 생활을 보존하며 돈을 어떻게 기한에 맞추어 마련하겠는가. 이런 상황이니 곳곳에서 매질과 수탈에 근심하고 괴로워하다가 아이를 팔고 아내를 파는 백성이 있는가 하면 마을을 버리고 고향을 등지는 백성이 있으며, 심지어 나쁜 마음을 품고 도둑질을 하는 자가 있는가 하면 독한 마음으로 스스로 목숨을 끊는 자도 있다. 아득히 푸른 하늘이여, 이것이 누구 때문이란 말인가.

옛날에는 군대를 양성할 때 관에서 돈을 지급하여 군역에 종사하는 백성들에게 녹봉을 주었다. 그러므로 나라의 경비 중에 군사 경비가 큰 부분을 차지하였다. 【송나라 진양(陳襄)은 군비에 대해 다음과 같이 논하였다. "오늘날 천하에서 지출하는 재정비용의 총 수량이 도합 약 6천만 민(緡)인데 군대를 양성하는 데 들어가는 비용이 약 5천만 민이니 전체 경비의 6분의 5를 군비가 차지하고 있습니다. 금병(禁兵)의 수가 약 70만이고 군사 1인당 지급하는 돈과 양식이 1년에 5만을 내려가지 않으니 70만 명에게 3천500만 민[48]의 비용이 들어갑니다. 또 상군(廂軍)[49]의 수가 약 50만이고 이들에게 1인당 1년에 지급하는 돈과 양식이 매년 3만을 내려가지 않으니 50만 명에게 1천500만 민의 비용이 들어

---

**48** 3천500만 민 : 저본에는 '三千五萬緡'으로 되어 있는데,『송명신주의(宋名臣奏議)』권 121에 수록된『논용병차자(論冗兵箚子)』에 근거하여 '五' 다음에 '百'을 보충하여 번역하였다.

**49** 상군(廂軍) : 송나라 때 각 지방에 두었던 일종의 상비군(常備軍)이다. 송 태조 때 각 지방의 정예군을 뽑아서 금군(禁軍)을 편성하고 각 지방에 있는 나머지 군사를 상군이라고 불렀다. 이들은 주로 각종 노역에 동원되었으므로 역병(役兵)이라고도 하였다.

갑니다. 따라서 중앙과 지방의 군비로 합계 5천만 민이 들어가는 것입니다. 나머지 1천만 민만 가지고 국가의 모든 비용에 대비해야 합니다."[50]라고 하였다.】 군사는 모두 관에서 양성했지 오늘날과 같이 관의 모든 비용을 군사에 의지하여 지급하는 일은 들은 적이 없다. 옛사람들이 많은 군사경비를 지급한 것이 어찌 아끼고 쓰지 않는 것이 재물을 절약하는 방법이란 사실을 몰라서였겠는가마는 지급하지 않을 수 없어서 그랬던 것이다. 또한 후하게 지급하고 박하게 하지 않았던 것은 평소에 군사들의 마음을 결속시키지 않으면 안 되기 때문이었다. 그러므로 많은 상을 주어 군사들을 권면하고 두터운 혜택을 베풀어 은혜를 입힌 것이다. 그렇게 한 뒤에 공을 세우도록 책임지우면서도 오히려 목숨 바쳐 충성하지 않을 것을 염려하였다. 어찌 오늘날의 군대와 같이 평소에는 돈을 내도록 책임지우고 적 앞에서는 목숨 바쳐 싸울 것을 요구했겠는가. 지금은 수백 년 동안 쌓인 원한이 마음에 응어리져 있으니 평소에 돈을 내도록 요구하지 않고 전란에 임하여 목숨을 바칠 것을 요구하지 않더라도 평소에 난을 일으킬 생각을 하지 않고 전란에 임하여 화란을 즐거워하지 않을 사람이 거의 드물 것인데 어찌 그들이 힘을 낼 것을 바라겠는가.

춘추시대 위(衛)나라 의공(懿公)이 학(鶴)을 좋아하여 녹봉을 받고 대부의 수레를 타는 학이 있었다. 그러다가 북방 이민족인 적인(狄人)이 쳐들어오자 군사들이 "어째서 학더러 싸우게 하지 않는가?"라고 하며 모두 명을 따르지 않는 바람에 드디어 멸망하기에 이르렀다.[51] 무릇 학

---

**50** 오늘날······ 합니다 : 송(宋) 신종(神宗)에게 올린 『논용병차자(論冗兵箚子)』의 일부로 『송명신주의(宋名臣奏議)』 권121과 『역대명신주의(歷代名臣奏議)』 권220에 수록되어 있다.
**51** 춘추시대······ 이르렀다 : 『춘추좌씨전』 민공(閔公) 2년 12월 기사에 보인다.

을 군사보다 더 총애해도 군사들이 오히려 이렇게 하는데, 하물며 사람을 착취하여 마음에 원한이 맺히게 한다면 어떠하겠는가.

바야흐로 성인의 교화가 새롭게 펼쳐지는 오늘날 정사를 발하고 인을 베푸는 데 있어 반드시 이것을 우선해야 할 것이다. 이른바 군역(軍役)・군포(軍布)・군전(軍錢)을 모두 제거하여 옛날의 군사 양성 제도와 같이 하여 지급하는 것이 넉넉하지 못할까를 염려해야 할 것이지만 또한 관에 의지하여 지급할 필요도 없이 각자 스스로 보호하게 하면 될 것이다. 통갑(統甲)의 제도만 이루어진다면 민심은 집결되고 병력을 얻을 수 있어 수백 년 동안 내려온 고질적인 폐단이 하루아침에 모두 혁파될 것이고, 백성들은 평소에는 임금의 은혜를 즐거워하고 난에 임해서는 나라를 지키려는 충성을 발휘하여 모두가 죽음으로 달려가기에도 겨를이 없을 것이다.

말하는 사람은 혹 국가의 세입이 줄어들 것이라고 의심할 수도 있을 것인데 그만둘 수 없다면 여기에 한 가지 방법이 있다. 오늘날 군적에 올라 있는 사람은 모두가 소민(小民)이다. 군오(軍伍)에 편성되고 나면 세 계절 동안에는 돌아가 농사를 짓고 한 계절에는 무예를 익히며, 또 유방(留防)과 점고(點考)[52] 및 제반 부역이 있고, 또 군포와 군전을 책임져야 하니 이는 역을 중첩되게 지는 것이다. 다만 벼슬아치와 사족(士族)은 신역(身役)을 면제받는데다가 또 가포(價布)[53]도 부담하지 않아서

---

**52** 유방(留防)과 점고(點考): 유방은 새로 무과에 급제한 사람을 평안도나 함경도의 변경 지역 진(鎭)에 복무하게 하던 제도이다. 원래 12개월 동안 복무하게 되어 있는데, 식량을 자기가 부담하면 6개월로 기간을 단축해 주었다. 점고는 군병의 숫자와 군기(軍器)・군선(軍船)・전마(戰馬) 등의 상황을 검열하는 제도로, 매년 왕의 결재를 받아서 관청이나 진문(鎭門)에서 실시하였다(『萬機要覽』,「軍政篇」, 兵曹各掌事例 참조).

**53** 가포(價布): 각 군문이나 아문에 출역(出役)하는 대신 내는 포(布)를 말한다.

누호(漏戶)[54]나 마찬가지이다. 이 땅에 사는 백성 가운데 왕의 신하 아닌 사람이 누구란 말인가.

군자는 마음을 쓰고 소인은 힘을 쓰며, 군자는 사람을 부리고 소인은 사람에게 부림당한다. 사람을 부리는 자는 다른 사람을 고용하여 자기 대신 힘을 쓰게 하고 사람에게 부림당하는 자는 값을 받고 다른 사람을 대신하여 힘을 쓴다. 이를테면 집안을 다스리는 사람이 나무하고 분뇨 치우는 일을 자력으로 할 수 없으면 반드시 머슴을 쓰는 것과 같고, 가마 타는 사람이 다리를 놀려 길을 달리는 일을 스스로 감당할 수 없으면 반드시 가마꾼을 세내는 것과 같다. 저 머슴과 가마꾼은 낮고 천하다. 그런데도 사람이 또한 낮고 천한 일을 마다하지 않는 것은 값을 받기 때문이다. 값을 받기 때문에 낮고 천함을 알 수 있고, 값을 지급하기 때문에 높고 귀함을 알 수 있다. 오늘날 높은 신분의 벼슬아치와 귀한 신분의 사족은 응당 스스로 높고 귀한 일을 해야 한다. 높고 귀한 자가 값을 내는 것은 자신의 힘으로 그 일을 할 수 없기 때문이고 낮고 천한 자는 부역을 하여 몸으로 행한다. 이렇게 된 뒤에야 귀한 자와 천한 자가 모두 본분에 맞는 일을 하게 되는 것이다.

여기에서 지난날의 습관을 뒤집어 말해 보면, 값을 내는 자는 귀족이고 역에 응하는 자는 천한 무리이니, 그렇다면 사람들은 모두 값을 내는 것을 영광으로 여길 것이다. 이렇게 하고서 군포와 군전을 거둔다면 모두가 납부하기를 바라며 즐거이 돈을 내고 오직 돈을 납부하는 것을 허락하지 않을까를 두려워할 것이다. 백성들이 이렇게 즐거이 납부하려는 풍속이 있다면 누가 다시 슬프고 괴로운 기색을 띠며 납부 기한을 어길 염려가 있겠는가.

---

**54** 누호(漏戶) : 호적에서 누락된 민호(民戶)를 말한다.

혹자는 또 가난한 사족은 마련하기 어려울 것이라 의혹할 수도 있겠지만, 이는 가난한 사족은 실로 마련하기가 어렵지만 가난한 백성은 마련하기가 더욱 어렵다는 사실을 너무도 모르고 하는 말이다. 가난한 백성의 생업은 농(農)·고(雇)·공(工)·상(商)에 불과하다. 그들은 풍년에도 1년 내내 고생을 하고 흉년에는 죽음을 면치 못한다. 이것이 오늘날 가난한 백성의 실상이다. 가난한 선비 또한 농·고·공·상을 생업으로 삼아도 해롭지 않고, 다시 혹 벼슬살이 하는 친족이나 인척이 돌보아 주는 경우도 있으니 가난한 백성에 비하면 생업은 같지만 의지할 데는 더 많으니 오히려 저들 의지할 데 없는 백성보다는 낫지 않은가.

그러므로 귀족은 돈을 납부하고 천민은 신역을 지게 한다면 오늘날과 같은 군역의 폐단은 구제될 수 있을 것이라고 하는 것이다.

## 4

환곡의 운용〔糶糴〕

여러 고을의 창고에 저축되어 있는 군자곡(軍資穀)·상평곡(常平穀)·진 휼곡(賑恤穀) 및 각종 미곡(米穀)은 환곡으로 운용하도록 법으로 정하여, 봄에 백성들에게 빌려 주되 절반은 창고에 남겨 두고 추수를 마치고 나면 거두어들이는데 10분의 1의 모조(耗條, 이자)를 얹어서 받도록 되 어 있다. 법은 참으로 훌륭하게 만들어져 더할 나위가 없다.

식량을 조달하기 어려운 춘궁기(春窮期)에 백성들에게 곡식을 빌려 주는 것은 부족한 것을 보충해 주는 뜻인데 거기에 진휼 정사를 붙인 것이고, 절반을 창고에 남겨 두는 것은 창고에 현재 곡식이 남아 있게 하여 불의의 수요에 대비하는 것이다. 추수가 끝난 뒤에 거두니 백성들 은 마련하기가 수월하고 10분의 1의 모조를 받으니 백성들에게는 이자 가 가볍다. 관에서는 적은 이자를 받고 또 힘들이지 않고도 묵은 곡식 을 새 곡식으로 바꿀 수 있다. 공적으로나 사적으로나 모두 편리하니 마땅히 만세의 이익이 될 것이다.

그런데 법을 제대로 지키지 못하여 오래되면서 폐단이 생겼다. 지금 에 와서는 저렇듯 백성들에게 이롭던 법이 도리어 백성을 해치는 구멍 이 되고 점차 백성들에게 뼈에 사무치는 고질적 폐단이 되기에 이르렀 다. 이것 때문에 보존하기가 어렵고 이것 때문에 파산을 하고 이것 때 문에 이산(離散)하고 이것 때문에 죽기에 이르니 선과 악이 어찌 이렇 게도 상반된단 말인가. 대체로 잘 지키면 실로 대단히 좋은 법인데 잘 못 실행하면 큰 학정(虐政)이 되니, 그것이 지극히 선하기 때문에 변화 하면 극도의 폐단이 되는 것이다.

오늘의 폐단은 모두 옛날과 반대되는 점들이다. 옛날에는 환곡을 나 누어 줄 때 백성들이 모두 받기를 원하였는데, 지금은 백성들이 모두 피하려고 하여 억지로 배분하기에 이른다. 옛날에는 백성들이 환곡을 받을 때 오직 많이 받지 못할 것을 걱정하였는데, 지금은 오직 적게 받지 못할 것을 두려워한다. 옛날에는 백성들의 식구 수를 계산하여 지급했기 때문에 한 사람이 받는 환곡이 1섬을 넘지 않았는데, 지금은 한 사람이 10섬이나 100섬을 받는다. 옛날에는 모조가 10분의 1이었는데 지금은 모조가 10분의 100이나 되고 100으로도 부족하여 생징(生徵)[55]을 한다. 옛날에는 곡식의 절반을 창고에 남겨 두었는데 지금은 모두 나누어 주고, 옛날에는 묵은 곡식을 햇곡식으로 바꾸어 남겨 두었는데 지금은 햇곡식까지 아울러 아예 남겨 두는 곡식이 없다. 이것이 오늘날 환곡의 폐단이다. 【조적을 속칭 환자〔還上〕라 한다. 그러므로 그 곡물을 환곡(還穀)이라 부르고, 그 정사를 환정(還政)이라 부르며, 그 폐단을 환폐(還弊)라 부른다.】

어찌하여 백성들이 옛날에는 바라던 것을 지금은 바라지 않게 되었으며, 옛날에는 얻기를 즐거워하던 것을 지금은 즐거워하지 않게 되었는가? 대개 옛날에는 얻는 것이 이익이었는데 지금은 해가 되기 때문이다. 옛날에는 곡물을 말〔斗〕과 휘〔斛〕로 되어서 나누어 주고 나누어 준 수량만큼 환자를 거두고 거기에 모조 10분의 1을 얹었을 뿐이었다. 그러므로 식량을 조달하기 어려운 봄 농사철에 이것을 얻어서 농량(農糧)으로 삼고 이것을 얻어서 종자(種子)로 삼았다. 또 이때는 묵은 곡식이 거의 떨어져 곡가(穀價)가 약간 높은 시기인 데 비해 가을이 되어 상환할 때에는 햇곡식이 이미 익어서 곡식이 많고 값도 헐할 시기이다.

---

55 생징(生徵) : 백징(白徵)과 같은 말로, 조세(租稅)를 면제할 땅이나 납세 의무가 없는 사람에게 세금을 물리거나, 아무 관계 없는 사람에게 빚을 물리는 일이다. 여기서는 갚지 않아도 될 환곡을 억지로 갚게 한다는 뜻으로 쓴 것이다.

이 헐한 곡식으로 저 비쌀 때 받은 곡식을 상환하였다. 그 이익이 그와 같았으니 모조를 몇 배로 얹어 받는다 해도 오히려 많다고 여기지 않을 것인데, 하물며 또 10분의 1에 그쳤으니 더 말할 것이 있겠는가. 이것이 옛날의 백성들이 즐거이 얻기를 원했던 까닭이다.

뒤로 오면서 수시로 폐단이 생겨서 달마다 다르고 해마다 같지 않게 되었다. 처음에는 나누어 줄 때 받는 것은 말과 휘를 깎아서 되어 받고 가을에 갚을 때에 가서는 말 위에 1분(分)을 더 얹고 휘 위에 1분을 더 얹어서 되었으므로 10분의 1의 모조까지 합치면 어느새 10분의 2를 더하여 상환하게 되었다. 그 뒤에 다시 말과 휘에 1분을 얹었던 것이 변하여 2분을 더 얹고 3분, 4분, 5분을 더 얹게 되고 10분을 더 얹게 되어 1말에 1말을 더하고 1휘에 1휘를 더하여 상환하기에 이르렀다. 그러므로 봄에 1섬을 얻고 가을에 납부할 때에는 으레 2섬을 마련하여 갚아도 오히려 조금 부족하게 되었다.

지금은 두 배로 상환하는 정도만이 아니다. 봄에 얻는 1섬이란 것은 모두 쭉정이로 속을 채워서 헛되이 분량만 채운 것이어서 실제로는 1, 2말에 불과하다.【근래 환곡을 나누어 줄 때에 30섬을 1짐으로 만들어서 돌아간 사람이 있었다.】1, 2말 얻은 것을 1섬으로 갚는다고 계산하면 이미 10배나 된다. 그러나 이 경우는 그래도 1, 2말이라도 얻은 것이 있지만 지금은 받은 것이 아예 한 톨도 없는 경우도 있다.【근래에 원촌(遠村)에 사는 시골 사람이 환곡을 나누어 줄 때가 되자 읍내에 사는 사람에게 옮겨 지급하기를 허락하여 그 사람이 받아 쓰게 한 일이 있었다. 그것은 대체로 받는 환곡이 오가는 비용도 되지 않기 때문이다. 이는 한 톨도 받지 못한 것이다. 오늘날 모든 곳이 마찬가지이다.】그러나 가을에 납부하는 것은 으레 1섬이고 거기에 또 말과 휘에 배로 얹어서 된다. 거기에 더하여 옹골찬 알곡을 가려내는 데 드는 비용으로 몇 분이 들어가고, 또 상납할 때 감색 이하 읍속

(邑屬)들이 주구(誅求)하는 것【속칭 인정(人情)이다.】이 몇 분이나 되므로 모두 합치면 족히 2, 3섬의 비용으로 이 한 톨도 없는 본전을 갚는 것이다. 이것은 단지 1섬을 받았을 경우로 계산한 것이지만 10섬이나 20섬을 받았을 경우라면 가을에 바칠 때에는 으레 5, 60섬을 백징(白徵)당하게 된다.【근래 대호(大戶) 중에 8, 90섬을 억지로 배분받았다가 가을에 납부할 때에 무려 수백 섬을 백징당한 사람이 있었다고 한다.】 이것이 오늘날 모두가 환곡 받기를 피하고자 하여 억지로 배분하기에 이른 까닭이다.

또 환곡을 돈으로 바꾸어 지급하는 작환법(作還法)이 있다. 가령 봄에 환곡을 나누어 줄 때 1섬을 3전이나 5, 6전으로 값을 쳐서 참작해 정하는데 그중에서 또 관에 얼마, 감색에게 얼마, 아역(衙役)에게 얼마 등의 항목을 제하고 나면 1섬 값으로 받아가는 것은 1, 2전에 불과할 뿐이다. 그런데 가을에는 옹골찬 알곡을 거두면서 으레 1섬으로 계산하여 받아들이는 것이다.

또 환곡을 돈으로 바꾸어 받아들이는 작전법(作錢法)도 있다. 예를 들어 가을에 받아들일 때 응당 납부해야 할 1섬을 돈으로 대신 받는 방법인데 이것은 곡물이 귀할 때에 시행하는 방법이다. 대체로 곡물이 귀할 때에 1섬의 가격이 5냥이나 7냥이라면 시가대로 한다고 하면서 관에서 10냥이나 십수 냥으로 정하여 받아들이는 것이다. 이는 모두 종전에 한 톨도 받은 것 없이 장부에만 기록된 것이거나 혹 곡물 값으로 1, 2전의 돈을 받았던 것인데 1년도 되지 않아서 수십 냥을 백징하기에 이르는 것이다. 【이런 일이 한두 해에 그치지 않고 매년 이러하다.】

인하여 가작(加作)하는 법이 있다. 예를 들어 경사(京司)에서 모조를 돈으로 바꾸기【매년 정기적으로 돈으로 바꾸는 연례작전(年例作錢)이 있고 일시적으로 돈으로 바꾸는 별작전(別作錢)이 있다.】 위해 어느 도로 곡식 1만 섬을 내려보내 돈으로 바꾸게 하면 그 도에서는 도내에 있는 모곡(耗穀) 중에서 1만 섬을 돈으로 바꾸어 상납하는 것이다. 이때 시가대로 한다고 하면서 매우 높은 가격으로 곡식을 내고 백성들에게 그 값을 거두어들인 뒤 경사에는 으레 상정가(詳定價)[56]로 납부하고 나머지는 모두 중간에서 착복하는 것이다. 또 본도에 있는 곡물의 수량이 가령 10만 섬일 경우 그중에서 1만 섬을 돈으로 바꾸고 나면 남아 있는 곡물은 모두 9만 섬이어야 한다. 그런데 지금 이 1만 섬을 돈으로 바꾸는 기회에 1만 섬을 추가하여 도합 2만 섬을 좌도(左道) 여러 고을의 곡물을 가지고 시가대로 돈으로 바꾼다. 가령 관에서 시가를 10냥으로 정했다면 경사에 상납하는 1만 섬 가격 10만 냥을 제하고 【경사 또한 상정가만큼만 받고 그 나머지는 차인(差人)들이 차지한다.】 나머지 1만 섬의 가격 10만 냥은 착복하는 것이다.

그렇게 되면 남아 있어야 할 곡물 9만 섬은 자연히 8만 섬으로 줄어드는데 1만 섬의 수량은 채우지 않을 수 없다. 그러므로 우도(右道)의 여러 고을에 있는 곡물 1만 섬을 좌도로 옮겨 지급하면서 【지금 좌도의 곡물을 가지고 돈으로 바꾸었기 때문에 우선 우도의 곡물로 수량을 채우는 것이다.】 그 명목을 미화하여 '이민이속(移民移粟)'이라고 한다. 【그렇게 되면 우도의 곡물에서 축나는 것이 1만 섬이다.】 그러고는 그 돈으로 작환하는 법을 써서 1섬당 가격이 가령 1냥이라면 도합 1만 섬의 가격 1만 냥을 우도의 여러 고을에 분급(分給)한다. 【1만 섬은 이미 수량을 채워 넣은 것이

---

**56** 상정가(詳定價): 저본에는 '常定價'로 되어 있는데 전후 내용으로 보아 '常'은 '詳'의 오기(誤記)로 보인다. 상정가는 호조·선혜청·균역청 등에서 전세(田稅)·대동세(大同稅)·공물(貢物)·신공(身貢) 등의 명목으로 미(米)·태(太)·전미(田米)·목(木)·포(布) 등을 돈〔錢〕, 은(銀), 그 외 다른 물품으로 대신 환산하여 상납받을 때 또는 각종 급대(給代), 매매, 회계처리 등을 할 때, 각 도(道)에서 환곡(還穀)을 돈으로 대신 상환받을 때 등에 적용하도록 정해 놓은 기준 가격으로 통상 시가(市價)보다 낮지만 풍년일 때는 시가보다 높기도 했다(『大典會通』, 「戶典」, 收稅 참조).

다.】 그러면 우도의 수령들은 다투어 받기를 원하고 【1냥을 받아서 1, 2전만 분급하고 그 나머지는 중간에서 착복할 수 있기 때문이다.】 심지어 또 거듭 청하여 더 많은 수량을 받아가는 경우도 있다. 아, 백성을 위해야 하는 목민관이 이렇게 자잘한 이익을 위해 우리 백성에게 화를 더하니 백성이 지탱할 수 있겠는가. 이 또한 금년 한 해에 그치는 일이 아니다. 내년에는 또 이민이속의 정사를 써서 우도의 곡물로 작전하고 좌도의 곡물을 옮겨 지급하여 주기적으로 되풀이하는 것이다. 또 곡물이 귀한 고을마다 그 고을에 추가로 배분한다. 곡물이 귀하다면 흉년임을 알 수 있으니 독촉하지 않아도 이 곡물을 제대로 납부할 수 있을지 보장하기가 어려울 것인데, 하물며 다른 고을에서 더 얹은 것이 있으니 더 말할 필요도 없는 일이다.

이런 사례가 모든 도에 다 있다고 확언할 수는 없지만 이미 시행하는 곳이 있다고 하는 만큼 이후에 얼마나 많은 곳에서 시행하고 얼마나 많은 사람이 시행할지 또한 알 수 없으니 두렵다. 【곡물을 두량하는 데 이미 술법이 있으니 곡가는 비쌀 때가 있고 헐할 때가 있어 농간을 부리기가 매우 쉽기 때문이다.】

지금은 또 부탁환법(付托還法)이라는 것이 있는데, 그 일의 시초는 대체로 다음과 같다.

어느 고을의 아전이 환곡 약간 섬을 포흠 내어 효수(梟首)당할 지경이 되었다. 그 아전은 호방하고 의협심이 있는 사람으로 평소 상하의 환심을 얻고 있었던 터라 여러 면의 향촌(鄕村)의 민호를 찾아다니며 "나에게 몇 말이나 몇 섬만 도와주면 포흠을 완전하게 해결하고 죽음을 면할 수 있을 것이다."라고 애걸하였다. 백성들이 지금 가진 곡식이 없다며 거절하자 아전이 "환곡 장부에서 이록(移錄)하기만 하면 될 것이다."라고 하였다. 그러자 백성들이 모두 허락하였고 아전은 죽음을 면할 수 있었다.

　그 이후로 곡물을 포흠 낸 아전들은 아무런 설명도 없이 곧바로 환곡 장부에서 여러 민호의 이름 밑에 이록하고는 파정기(派定記)에는 '아무개의 곡식 얼마는 실로 모르는 일이다.'라고 해 두고, 현(縣)에서 조사를 하면 "아무개 아전이 포흠 낸 곡물을 아무개 아전의 전례에 따라 민호에 부탁하여 이록한 것이다."라고 한다. 백성들이 거절하면 아전은 도리어 화를 내며 "똑같은 아전인데 누구는 좋아하고 누구는 미워하는가."라고 한다. 그러면 백성들은 이미 아전을 두려워하고 있으므로 감히 거역하지 못하지만 스스로 거절하고 싶어도 거절할 수도 없다. 왜냐하면 가을에 환곡을 거둘 때에 납부를 심하게 독촉하고 그러지 않으면 다음해 봄 환곡 장부에 모조까지 아울러 허록하여 세월이 지나면서 다달이 자라나고 해마다 증가하는데 결국 모두 징수한 뒤에야 그만두기 때문이다. 그러므로 차라리 수량이 적을 때에 마무리지어 버리는 것이다. 개중에 관에 소장(訴狀)을 제출하는 자가 있더라도 아전이 벌써 조종하여 소송이 이루어지지 않고, 혹 소송이 이루어지는 경우라도 수령 역시 그 아전이 포흠을 완전히 해결하는 것을 유리하게 여기기 때문에 "십시일반으로 도와주는 것도 너의 덕이 된다."라고 좋은 말로 위로하거나, 혹은 "내가 비록 너의 억울함을 풀어 주더라도 강물은 흘러도 돌은 굴리지 못한다[江流石不轉]."[57]라고 위협적인 말로 으르므로 백성들은 어쩔 수가 없는 것이다. 이 법이 일단 시행되기 시작했으니 금년에 한 아전이 이렇게 하고 내년에 또 한 아전이 이렇게 하며, 또 개중에는

---

**57** 강물은 …… 못한다[江流石不轉] : 세태에 흔들리지 않고 지조 있게 꿋꿋이 행동함을 비유하는 속담인데, 여기서는 수령은 바뀌어도 아전은 바뀌지 않는다는 뜻으로 쓴 듯하다.

일부러 포흠을 내는 자도 있어 장차 모든 읍에서 이런 일이 발생하게 될 것이다.

또 첨환법(添還法)이 있다. 어느 고을 환곡의 원총(元摠)이 1만 섬이라면 응당 그 수량을 가지고 규례대로 나누어 주고 받아들여야 할 것이다. 그런데 고을의 부강한 아전과 호족(豪族)들이 얼마간의 돈을 내어 1섬당 얼마씩으로 값을 쳐서 1만 섬 값을 모아 감색에게 맡겨 두었다가 분급할 때에 원래의 환곡에 얹어서 분급하고 가을에 거두어들일 때가 되면 깨끗하고 옹골찬 알곡으로 더 거두어들인다. 그러므로 1만 섬의 원총은 어느새 2만 섬이 되고, 분급한 것이 1만 섬이면 가을에 거두는 것은 2만 섬이 된다. 이를 기준으로 추산해 보면 가을에 갚아야 할 것은 환곡 1섬을 받아야 하는 백성이라면 2섬에 대한 환곡을 갚아야 하고, 환곡 1말을 받아야 할 백성이라면 2말에 대한 환곡을 갚아야 한다. 이것으로 관의 곡부 1만 섬에 대해 모조까지 모두 마감하고 나머지는 모두 개인의 주머니로 돌아가는 것이다. 아, 공곡이 이렇게 많은 것만으로도 백성은 감당하기 어려운데 하물며 그 배가 되니 어떠하겠는가.

또 와환법(臥還法)이 있다. 어느 고을의 어느 면리에 얼마의 민호가 있을 경우 그 리에 분급하는 곡물은 모두 몇 섬이 되는데, 가을에 거두어들일 때에 모곡(耗穀)만 납부하고 원 곡물은 그대로 두는 방법이다. 이는 대개 환곡을 받아도 오가는 비용도 되지 않고 빈 섬을 받아 와서는 깨끗하고 옹골찬 알곡을 바쳐야 하며 불법적으로 양을 늘려서 뇌물을 요구하는 등의 폐단 때문에 생긴 일이다. 이 때문에 와환을 원하는 리에서는 매년 모조를 납부할 때에 1섬당 3~5냥을 인정(人情) 조로 상납하는데, 백성들은 오히려 이것을 편리하게 생각하여 온갖 방법으로 청탁하며 끝도 없이 뇌물을 쓴다. 그저 허락받지 못할까를 두려워하고 허락을 받은 리에서는 집집마다 서로 경하하며 모두가 '목숨을 보전할 수 있게 되었다.'라고 한다. 매년 1섬당 3~5냥의 인정 비용을 백징당하는 것은 걱정하지도 않고 도리어 영광으로 여기는 것이다.

또 방환법(防還法)이 있다. 환곡의 폐막(廢瘼)은 이미 백성들에게 목숨을 보전하기 어려운 단서가 되고 있다. 이에 아전들이 이로 인하여 농간을 부려서 "올봄에 너희 집에 분급하는 것으로 몇 섬을 배분할 것이다."라고 각 민호에 공갈을 한다. 그러면 백성들은 몹시 두려워하며 면하게 해 달라고 부탁하며 스스로 뇌물을 바치는데 이것을 방환전(防還錢)이라고 한다. 아전은 뇌물의 액수에 따라 분급하는 양을 조절하여 뇌물을 많이 바친 자에 대해서는 전부 감해 주기까지 한다. 예를 들어 10개의 면이 있는 고을에서 뇌물을 바친 면이 3군데이고 뇌물을 바치지 않은 마을이 7군데라면 10개 면에 배분할 몫을 7개 마을에 몰아주기 때문에 백성은 더욱 지탱할 수가 없다. 그러니 몰아서 받은 면에서는 전년의 일을 거울삼아 다음 해부터는 3개 면과 마찬가지로 뇌물을 주게 된다. 처음에는 뇌물을 주는 면이 열에 셋이었다면 다음 해에는 열에 다섯이 되고 결국에는 모든 면이 다 뇌물을 주게 된다. 따라서 아전도 손을 쓸 수 없게 되어 환곡을 고르게 분배하므로 결국 뇌물을 쓴 효과가 없게 된다. 간혹 한두 면에서 뇌물이 효과가 없다는 것을 알고서 중지하고 주지 않으려 하면 현저한 피해를 입게 된다. 그러므로 이 뇌물은 이미 효과를 얻기 위한 수단이 아니고 화를 면하기 위한 단서가 될 뿐이어서 모두가 주지 않을 수 없게 되고 단지 뇌물을 바치는 새로운 규례만 만들어지고 만 것이다.

대체로 환곡의 폐단은 오늘날의 가장 고질적인 폐막이 되어 있다. 지금 새롭게 고치지 않을 수 없는데 그 폐단을 구차하게 구제하기보다는 환곡 제도를 영구히 혁파하는 편이 나을 것이다. 혹자는 각종 경비와 관리들에게 지급할 비용 때문에 환곡을 폐지하는 데 대해 의문을 제기할 수도 있겠지만 그것은 너무도 모르는 것이다. 삼대의 성대한 시절과 한·당 시대까지는 어찌 일찍이 한 푼이나마 이런 것에 의지했던 적이 있었는가. 나라의 제도에 재용(財用)을 절약하여 재정을 넉넉하게 하는 방법이 있어 오직 그 이익을 다하지 못할까를 걱정했을 뿐이지 어찌 반드시 사소한 이익을 다투어 백성에게서 피나게 긁어 갔겠는가. 진실로 사소한 이익을 요행으로 여겨서 피나게 긁어 가는 것을 살피지 않는다면 법이 이에 그쳐서는 안 될 것이다. 재물이 위에 모여도 오히려 백성들이 흩어지는 결과를 초래하는데, 하물며 그 백성에게서 피나게 긁어 가고도 능히 불쌍하게 여겨 구제하려는 마음이 없다면 어떻게 되겠는가. 그러므로 환곡 제도를 영구히 혁파하는 것이 마땅하다고 하는 것이다. 【환곡법은 본래 비상사태에 대비하려는 것이므로 절반을 창고에 남겨 두고 절반만 백성들에게 분급하는 제도가 있는 것이다. 그런데 지금은 백성들에게 당장 반드시 죽을 구멍이 되어 있으니 비상사태에 대비하는 뜻은 논할 겨를도 없다.】

환곡법을 폐지할 수 없다면 여기에 한 가지 방법이 있다. 현재 각 고을에 있는 환곡을 모두 민간에 나누어 주는 것이다. 분급한 장부를 살펴보면 어느 면 어느 리의 어느 민호에 책정한 것이 몇 섬인지를 알 수 있다. 이에 근거하여 한 리 전체에 나누어 준 곡물 몇 섬을 해당 리에 그대로 남겨 두어 리에서 분급하게 하고 가을에 거두어들일 때에는 모조만 받아서 시가대로 관에 납부하는 것이다. 본래의 곡물은 리에서 거두고 나누어 주게 해도 되고 그러지 않고 해당 민호에 그대로 남겨 두어도 될 것이다.

이것은 근래의 와환법과 같다. 그러나 와환은 백성들이 모조 외에 사사로이 1섬당 3~5냥의 인정전을 써야 하지만 그러고도 백성들은 오히려 편리하게 여기는데, 이 방법은 모조만 거두고 더 이상 다른 비용이 들어가지 않으니 말해 뭐하겠는가. 의당 백성들에게 만세의 혜택이 될 것이다. 【리에서 분급하면 또 절묘한 점이 있다. 오늘날 환자를 받는 민호는 모두 호소할 데 없는 백성들이고 조금만 세력이 있는 자는 온갖 방법으로 벗어날 꾀를 쓴다. 벼슬아치의 집에 투탁하여 행랑지기·산지기·묘지기라는 이름으로 빠져나가고, 혹은 향교나 서원의 소속, 반호(班戶)라고 칭하는 부류가 곳곳에서 모두 면제받고 있다. 그러므로 그 피해는 약간의 잔호(孱戶)에 집중되어 백성이 지탱할 수가 없고 관에서도 분배하기가 어려운 것이다. 그러나 리에서 분급하게 되면 마을의 계인(契人)들이 공론(公論)을 모아서 민호의 규모에 따라 분배하되 모두 공평하게 하기에 힘쓸 것이다. 그러므로 마을의 백성들도 감히 면제받을 꾀를 내지 못할 것이고 위에서 말한 반호와 투탁하여 피하기를 꾀하는 사람들도 아무도 딴 마음을 먹지 못하고 모두가 그 절제를 받을 것이다. 관에서 분급하게 되면 사람들이 각자 요행히 면하는 것을 능사로 여기지만 마을에서 분급하게 되면 의리상 혼자만 면제받을 수는 없기 때문이다.】

또 한 가지 방법이 있다. 한 고을의 환곡이 모두 몇 섬이라면 전 수량을 돈으로 바꿀 경우 전체 액수는 얼마가 된다. 또 고을 전체의 전답이 모두 약간 결(結)이라면 바꾼 돈 전액을 해당 전답에 분급하여 그 이자를 받는 것이다. 예컨대 1결에서 얻는 돈이 1냥이라면 이자는 1전이 되는데, 매년 이 1전을 원래의 결전(結錢)에 첨록(添錄)하여 상납한다면 예전대로 10분의 1의 모조가 될 것이다. 이렇게 분급한 돈은 또한 전답의 주인에게 그대로 남겨 두고 연례적으로 그 모조만을 거두는 방법이다. 대체로 결복〔結卜, 전세(田稅)〕이란 전답에 붙는 세금이니 결복을 내는 사람은 자연히 전답을 소유한 사람이다. 전답을 소유한 사람은 조금 능력이 있어 마련하기가 쉬우니 잔약한 백성들에게 오늘 억지로 배분하고 뒤에 생징하거나 징수할 데가 없게 되는 데에 비할 바가 아닐 것이다.

또 환곡을 혁파하고 둔(屯)을 하는 방법이 있다. 지금 백성들에게 분급하는 각 고을의 환곡은 각기 수량이 정해져 있는데, 환자를 받을 때에 상정가인 3냥으로 납부하도록 허락한다면 혜택이 막대할 것이다. 그 돈을 각 동과 리에 헤아려서 분급하되 그 리의 규모에 따라 액수를 조절하여 각 해당 동에서 그 지역의 전답을 수매하여 공전(公田)을 마련하게 한다. 그런 다음 마을 사람 중에서 소작인을 정하고 미리 소작료를 정하였다가 가을에 거두어들일 때가 되면 소작료로 받은 벼를 팔아서 돈을 얻고 10분의 1의 모조를 바치는 규례에 따라 스스로 관에 납부하게 하는 방법이다. 이렇게 하면 공곡의 모조 10분의 1은 저절로 축이 나지 않고 백성들은 해당 전답에서 받는 소작료가 10분의 1의 모조를 바치는 데 쓰고도 반드시 나머지가 있을 것이다. 그것을 남겨서 동의 공금으로 만들어 이자를 불리거나 전답을 사서 흉년이 들어 줄어든 소작료를 보충하며, 그러고도 여유가 있으면 그것을 취하여 동의 호역(戶役)에 보조하게 한다면 또한 혜택에 혜택이 더해질 것이다.

또 만약 절반을 남겨 두는 취지를 살려서 환곡의 본래 취지를 바꾸지 않고자 한다면 당연히 한나라 경수창(耿壽昌)의 상평창(常平倉)과 송나라 주회암〔朱晦庵, 주희(朱熹)〕이 시행했던 것과 같은 사창(社倉)의 제도를 함께 시행해 볼 수 있을 것이다.【법은 모두 다음에 보인다.】

## 5

상평창(常平倉)

전국시대 위(魏)나라 문후(文侯)의 정승 이회(李悝)는, "곡식을 발매[糶] 할 때 가격이 너무 비싸면 백성을 상하게 하고[傷人]58 너무 싸면 농민을 상하게 한다. 백성이 상하면 이산하고 농민이 상하면 나라가 가난해진다. 그러므로 가격이 너무 비싸거나 너무 싸거나 백성을 상하게 하기는 마찬가지이다."라고 하였다.

또 한(漢)나라 선제(宣帝) 때에 대사농중승(大司農中丞) 경수창(耿壽昌)이, "변방의 모든 군(郡)에 창고를 짓고 곡물이 흔할 때에는 값을 올려서 매입하여 농민을 이롭게 하고, 곡식이 귀할 때에는 값을 내려서 발매하여 백성을 이롭게 하고, 그 이름을 상평창이라 하소서."라고 건의하였다.59

당(唐)나라 때에는 화적법(和糴法)이 있었는데 모두 4차례 시행하였다. 원래 당나라의 수도[장안(長安)]가 위치한 관중(關中) 지역은 토지에서 들어오는 수입이 군국(軍國)의 비용을 감당하기에 부족하였기 때문에 흉년이 들면 천자는 항상 동도[東都, 낙양(洛陽)]로 가서 생활하였다. 그러다가 현종(玄宗) 때에 팽과(彭果)의 계책을 써서 처음으로 관중에서 화적을 시행하였다. 덕종(德宗) 때에 재상 육지(陸贄)가 "관중에 곡물이 많으니 화적을 하면 100여만 곡(斛)의 곡식을 얻을 수 있습니다. 1년 동안 화적하는 수량이면 2년 동안 전운(轉運)해 오는 수량을 충당하고 1말을 전운하는 비용이면 5말을 화적하는 비용이 됩니다. 전운해 오는

----

58 백성을 상하게 하고[傷人] : 『한서』, 「식화지(食貨志)」에는 '人'이 '民'으로 되어 있다. 위소(韋昭)의 주에 따르면 人은 士·工·商이다.
59 이회(李悝)는 …… 건의하였다 : 『한서』 권24, 「식화지」에 보인다.

곡식의 수량을 줄여서 변방을 알차게 하고 전운해 오던 곡식을 남겨 두어 비상시에 대비하소서."라고 건의하였다. 덕종 정원(貞元, 785~805) 4년에는 경조부(京兆府)에 조서를 내려 시가보다 값을 올려서 화적하게 하되 청렴하고 강직한 관리를 선발하여 먼저 값을 지급한 뒤에 받아들이게 하며, 이어 담당자가 직접 운반하여 태창(太倉)[60]으로 실어 오게 하였다. 헌종(憲宗) 초에는 유사(有司)가 풍년이 들었다는 이유로 기내에 화적을 실시할 것을 청하였다. 그런데 당시 부(府)·현(縣)에서는 호별로 곡식의 수량을 배분해 주고 납부 기한을 정해서 독촉하며 지체하거나 어기는 일이 있으면 심하게 다그치며 매질을 하는 것이 세금을 거둘 때보다 심하였으니 이름은 화적이지만 실은 백성을 해치는 일이었다. 【이에 대해 백거이(白居易)가 말하기를, "무릇 화적은 관에서는 돈을 내고 백성은 곡물을 내어 서로 합의하에 계산하여 교역하는 것이다. 그런데 지금은 호별로 배분하고 기한을 정해 독촉하며 심하게 다그치고 매질을 하니 어찌 화적이라고 하겠는가. 지금 유사에게 돈을 내주고 장을 열어서 직접 곡식을 사들이게 하되 시가에 비해 조금 넉넉하게 값을 쳐주어 이익으로 백성을 유도하면 백성이 반드시 진심으로 화적을 바랄 것이다."라고 하였다.】[61]

송나라 태종(太宗) 순화(淳化, 990~994) 3년에 경기 지역에 큰 풍년이 들어 물가가 매우 헐해지자 사신을 나누어 파견하여 경성의 사문(四門)에 시장을 열고 값을 올려서 곡식을 사들였다가 흉년이 들었을 때 값을 내려서 빈민들에게 내다 팔도록 하였다.

진종(眞宗) 경덕(景德, 1004~1007) 원년에는 궁내에서 은 30만 냥을

---

60 태창(太倉) : 저본에는 '太原'으로 되어 있는데 『문헌통고』 권21에 의거하여 '原'을 '倉'으로 보고 번역하였다.
61 헌종(玄宗) …… 하였다 : 『문헌통고』 권21에 보인다.

내어 하북(河北)의 경도(經度)에게 맡겨 군량(軍糧)<sup>62</sup>을 매입하게 하여 시적(市糴)<sup>63</sup>을 하였다. 신종(神宗) 희령(熙寧, 1068~1077) 7년에는 박적(博糴)<sup>64</sup>을 설행하였는데, 매년 달마다 남는 양식을 백성들에게 널리 발매하고 추수가 끝난 뒤에 다시 널리 매입하는 방법이다. 8년에는 결적(結糴)<sup>65</sup>을 설행하였는데, 사천(四川) 지역 차(茶)의 가격을 조사해 본 결과 결적을 하는 것이 편리하다고 여겨졌기 때문이다. 또 표적(俵糴)<sup>66</sup>을 설행하여 백성들에게 돈을 나누어 주었고, 9년에는 태적(兌糴)<sup>67</sup>을 설행하여 그때그때 태적하였다. 신종(神宗) 원풍(元豊, 1078~1085) 2년에는 기적(寄糴)을 설행하여 물가를 조절하였다. 휘종(徽宗) 정화(政和, 1111~1118) 원년에는 균적(均糴)<sup>68</sup>을 설행하여 민호의 가업과 전토(田土)에 따라 고르게 배정하였다. 철종(哲宗) 원부(元符, 1098~1100) 원년에는 괄적(括糴)<sup>69</sup>을 실시하여 곡식을 많이 비축한 민가를 수색하여 그 집에서 필요한 수량만을 남겨 두고 나머지는 모두 관에서 매입하였다.

---

62 군량(軍糧): 저본에는 '軍資'로 되어 있는데 『문헌통고』 권21, 「시적고(市糴考) 2」에 의거하여 資를 糧으로 수정하여 번역하였다.

63 시적(市糴): 풍년이 들어 곡가(穀價)가 하락할 때 관에서 시가보다 높은 값으로 곡식을 매입하는 것을 말한다.

64 박적(博糴): 식량이 부족할 때 관청의 창고에 있는 여분의 곡식을 민간에 있는 사(絲)·면(綿)·능(綾)·견(絹) 등과 교환하고 추수가 끝난 뒤에 다시 관이 보유한 사·면·능·견 등을 민간의 곡식과 교환하여 물가를 조절하는 방법이다.

65 결적(結糴): 교역을 담당하는 관원이나 관에서 지정한 상인들을 시켜 군량을 사서 비축하게 한 방법이다.

66 표적(俵糴): 백성들에게 미리 돈을 빌려 주고 추수가 끝난 뒤에 당시의 시가에 따라 현물로 거두거나 돈으로 돌려받는 방법이다.

67 태적(兌糴): 세용(歲用)에서 남은 양곡을 백성에게 널리 사도록 했다가 추수가 끝난 뒤에 관에서 사들이는 방법이다.

68 균적(均糴): 백성의 가산과 소유한 토지 면적에 따라 등급을 나누어 백성에게서 식량을 사들이는 방법이다.

69 괄적(括糴): 민간에 있는 여유 곡식을 조사하여 모두 관에서 매입하는 방법이다.

【마단림(馬端臨)이 이르기를, "평적법(平糴法)은 풍년에는 백성에게서 곡식을 거두어들이고 흉년에는 그 곡식을 풀어서 백성을 구제하는 것으로 무릇 백성을 위한 것이지 군국의 비용을 여기에 의지했던 적은 없었다. 그런데 당나라 때부터 처음으로 화적을 하여 다른 용도에 충당하였고 송나라에 이르러서 마침내 곡식을 매입하는 것이 군향(軍餉)과 변방의 군량을 비축하는 방법으로서 중대한 사안이 되었다. 그 까닭을 추적해 보면 대체로 진종 · 인종(仁宗) 이래로 서북 지방의 전쟁 때문에 비축된 군량이 부족해졌기 때문이다."라 하였다.】[70]

이렇게 명목이 분잡해지자 간사한 폐단이 날로 자라나서 처음에 백성에게 혜택을 주기 위해 설치한 법이 결국에는 반대로 백성을 고통스럽게 하는 도구가 되었다. 오직 상평법이 백성을 이롭게 하고 농민을 이롭게 하려는 이회의 뜻을 깊이 체득한 것인데, 평적법이 가장 핍절하니 오늘날 반드시 시행해야 할 방법이다.

그 법은 다음과 같다. 여러 고을에 창고 두 개씩을 지어 하나는 상평창이라 하고 하나는 연례창(年例倉)이라 한다. 주부(主簿) 1명을 정하여 【그때그때 향소(鄕所)에서 차정(差定)한다.】 그 일을 맡긴다. 【옛날에는 전담 관원을 두었다.】 매년 추수가 끝난 철에 곡종을 불문하고 관전(官錢)을 풀어서 사들여 창고에 저장한다. 곡종은 굳이 지정할 필요 없이 다만 흔한 것을 거두어들이며, 관에서 가격을 정할 필요도 없이 시가대로 지급하고 봄에 가서 발매한다. 이것이 법의 대략이다. 그 나머지 조례(條例)는 고을에서 근면하고 성실한 은호(殷戶) 10인을 선택하여 창주인(倉主人)으로 차정하고 곡식을 사고파는 등의 일을 전담하게 하는데, 곡식을 매입하고 발매하는 시기를 정하여 매입은 매년 11월 1일, 발매는 매년 3

---

70 송나라 태종(太宗) …… 라 하였다 : 『문헌통고(文獻通考)』 권21, 「시적고(市糴考) 2」에 보인다.

월 1일에 한다. 창주인은 10월 이전에 곡물을 사서 11월 1일에 창고에 들여놓는데 이날 주부와 각 면의 면정이 회동하여 거두어들인다. 되질에 일정한 규례를 두고 곡물의 품질에도 일정한 규례를 두어 규례대로 창고에 들이고 값을 지급하는데, 시가 외에 1섬당 1전씩을 더 쳐준다. 다음해 3월 1일이 되면 주부와 각 면의 면정이 회동하여 창고를 열어서 실제 수효를 조사하고 말과 되를 조사한 다음 내준다. 창주인이 값을 받는데 1섬당 시가보다 1전을 줄여서 받고 그 돈을 창고에 들여서 봉해 두는 것으로 【11월에 값을 지급할 때에 주부와 각 면의 면정이 회동하여 조사한다.】 법을 정한다. 이것이 연례창의 제도이다.

상평창은 곡물이 흔할 때 사들이는데 역시 창주인을 시켜 시행하고 주부와 면정이 함께 참여하여 일을 처리하는 것은 위의 법과 같다. 창고에 들이고 값을 지급하며 시가 외에 값을 더 지급하는 것도 모두 위의 법과 같다. 다만 곡물을 매입하고 발매하는 기일을 특별히 정하지 않고 곡물이 귀하면 발매하고 【창주인의 보고를 기다려서 기일을 정한다.】 값을 받아들일 때에는 1섬당 시가에서 5전을 감하여 받아들인다. 그 돈을 창고에 들여서 봉해 두는 것은 위의 법과 같다.

상평창에서는 포(布)를 매입하는 일도 함께 담당하는데 곡물을 매입하는 법과 같지만 값을 지급할 때 1필(疋)당 시가 외에 1전을 더 지급하고 값을 받아들일 때에는 2전을 줄여서 받아들이는 것을 정례(定例)로 한다. 또한 물건이 귀한지 흔한지 상황을 살펴서 그때그때 거두어들이거나 내다파는 것은 전적으로 창주인에게 맡기고 그의 보고에 따라서 시행하며, 관과 주부·면정이 그 기일을 조종하지 못하며, 비록 이해(利害)를 명백히 알더라도 자기 생각으로 결단하지 못한다. 주부와 면정은 검사만 하고 관에서는 주부 이하를 총 감독하여 그 성적을 매긴다.

서울에서는 강변에 창고를 설치하고 도하(都下) 강변의 근실한 은호 10여 인을 뽑아서 창주인으로 차정한다. 창주인에게 매입과 발매 등의 일을 전담케 하여, 그로 하여금 곡물이 많은 지방 고을에 개인적으로 왕래하며 곡물을 사서 개인적으로 실어다 강변의 창고에 납부하게 한다. 호조와 선혜청(宣惠廳)에서는 1년 동안 필요한 곡물의 수량을 계산하여 합쳐서 받아들인 다음 시가대로 값을 지불하는데,【선혜청은 대동전(大同錢)으로 지급한다.】 1섬당 시가 외에 1전을 얹어서 지급한다. 소미(小米)·황두(黃豆)·면포(綿布)·마포(麻布) 등속도 그와 같이 한다. 모두 기일을 정하여 매년 10월 그믐, 3월 그믐, 4월 그믐에 창고에 들인다.

상평창에서는 곡물이 많은 시기를 기다려 매입하되 역시 창주인을 시켜 시행한다. 수량에 구애받지 않고 관전(官錢)의 액수만큼 매입하되 시가 외에 1섬당 1전을 얹어서 지급하는 것은 위의 법과 같이 한다. 곡물이 귀할 때가 되면 창주인에게 내주어 발매하게 하는데 지방에서 하는 것처럼 1섬당 시가에서 5전을 감하여 받아들인다. 소미·황두·면포·마포 등도 시중에 나오는 물품의 수량에 따라 매입하거나 발매한다.

연례창에서는 가을에 곡물을 매입하고 봄에 발매하되 그 역시 지방 고을에서 하는 법과 같이 창주인을 시켜서 시행한다.

　**사창(社倉)**

수(隋)나라의 탁지상서(度支尙書) 장손평(長孫平)이, 민간으로 하여금 매년 가을 추수 후에 집집마다 속(粟)이나 맥(麥) 1섬 이하를 내게 하되 빈부에 따라 차등을 두어 내게 하고 그것을 해당 사(社, 마을)에 쌓아 두고 사사(社司)와 검교(檢校)에게 맡겨서 흉년에 대비케 하고 이름을 의창(義倉)이라 할 것을 건의하였는데, 【이것이 사창의 시초이다.】 수나라 임금이 그 의견을 따랐다. 【호인(胡寅)이 말하였다. "기민(饑民)을 진휼하기 위해서는 창고를 백성 가까이에 두는 것이 무엇보다 중요하다. 수나라의 의창은 백성에게서 취하는 것은 많지 않았으나 각 마을에 창고를 설치했기 때문에 굶주린 백성들이 양식을 얻을 수 있었으니 본래의 취지에 가깝다. 후세에는 의창이라는 이름은 남아 있었지만 창고를 주(州)나 군(郡)에 두었다. 흉년이 들어 굶주려도 형편없는 관리들은 아예 보고하지도 않았고, 훌륭한 관리는 감히 보고하기는 하지만 보고를 받으면 그 일을 출납을 맡은 관리에게 맡겨서 곡식을 풀어서 나누어 주게 하였다. 그랬기 때문에 문서를 주고받는 데 시간이 걸리고 지급하는 절차가 까다로우며 감독하는 서리들이 서로 침탈하였다. 그러므로 그 혜택을 받는 사람은 성곽 근처에 살아서 제 힘으로 창고까지 갈 수 있는 사람들뿐이었다. 먼 지역에 사는 백성들은 무슨 수로 늙은이와 어린아이를 데리고 수백 리를 걸어서 얼마 되지도 않는 곡식을 얻으러 창고까지 갈 수 있었겠는가. 반드시 유비무환의 효과를 얻고자 한다면 수나라의 제도를 법으로 삼아야 할 것이다.】[71]

　송(宋)나라 효종(孝宗) 건도(乾道, 1165~1173) 4년, 백성들의 식량이 부족하여 매년 봄여름의 환절기면 호강한 부호(富戶)들이 곡식을 살 수 있는 길을 막아서 부당 이익을 취하였다. 그러자 백성들이 창고를 열어

---

71 수(隋)나라의 …… 것이다: 『대학연의보』권16에 보인다.

곡식을 강탈하고 걸핏하면 사람을 살상(殺傷)하여 폭동에 가까운 사태가 벌어졌다. 이에 주문공(朱文公, 주희)이 고을 사람들을 거느리고 사창을 설치하고는 부(府)에 청하여 상평미(常平米) 600섬을 얻어서 구제하였는데, 여름에는 백성들이 창고에서 양식을 빌려 가고 겨울에는 이자를 더하여 쌀로 계산하여 갚게 하였다. 그 이후로 매년 여름에는 곡식을 풀어 주고 겨울에 거두어들였는데, 흉년에는 이자의 반을 견감해 주고 큰 기근이 들면 전부를 견감해 주었다. 그렇게 하여 14년이 지나자 원래의 수량 600섬을 부에 도로 갚고도 쌀 3천100섬이 쌓였다. 이것으로 사창을 만들어서 더 이상 이자를 받지 않고, 1섬당 모미(耗米) 3되만 거두었다. 그 덕분에 한 고을 4, 50리 사이에는 비록 흉년이 들어도 백성들은 식량이 결핍되지 않았다.

그 법은 다음과 같았다. 10가를 1갑(甲)으로 조직하고 각 갑에서 1인을 추대하여 갑수(甲首)로 삼고, 50가에서 사리에 밝고 일처리를 잘하는 자 1인을 추대하여 사수(社首)로 삼았다. 군대에서 도망친 사람이나 행실이 나쁜 사람, 그리고 세금을 낼 수 있고 의식(衣食)이 넉넉한 자는 모두 갑에 들어갈 수 없었다. 또 갑에 들어갈 대상자들에 대해서도 본인의 희망을 물어서 희망하는 사람들에 한해 전체 식구 수에 따라 어른에게는 1인당 1섬, 아이에게는 1인당 5말을 장부에 기록한 다음 빌려 주고, 5세 이하의 유아는 장부에 기록하지 않고 빌려 주었다. 곡식을 갚을 때 품질이 현저히 나쁜 곡식으로 갚거나 수량을 제대로 채워서 갚지 않는 사람에게는 벌을 주었다. 뒤에 조서를 내려 그 법을 전국에서 시행하게 하였다.[72]

그런데 당시는 왕씨[王氏, 왕안석(王安石)]가 시행한 청묘법(靑苗法)[73]

---

72 송(宋)나라 효종(孝宗) …… 하였다: 『송사』 권178, 「식화지 · 진휼」에 보인다.

의 폐단을 겪은 다음이었기 때문에 곡식을 사고팔면서 이익을 남기는 것으로 의심하는 사람이 있었다. 그래서 「금화사창기(金華社倉記)」에 이르기를, "무릇 세속에서 이것을 해롭다고 하는 이유는 왕씨의 청묘법 때문에 그렇게 말하는 데에 불과하다. 그러나 내가 전현(前賢)의 논의를 살펴보고 오늘의 일로 증험해 보건대 청묘는 그 입법의 근본 취지가 본래 좋지 않은 것은 아니었다. 다만 청묘법은 돈으로 지급하고 곡식으로 지급하지 않았으며, 일처리를 현에서 하고 향에서 하지 않았으며, 관리가 주관하고 마을의 사군자가 주관하지 않았으며, 급박하게 거두어 모으고자 하는 의도로 시행하고 진심으로 백성들을 불쌍히 여기고 이롭게 하려는 의도로 시행하지 않았다. 그랬기 때문에 왕씨는 그 법을 한 고을에서 시행할 수 있었을 뿐 천하에서 시행할 수는 없었던 것이다."라고 하였다. 이것은 사창법과 청묘법의 차이점을 말한 것이다.

또 「사창규조(社倉規條)」에는 다음과 같이 되어 있다.

"각 촌에서 곡식의 출납을 관리하게 한다. 즉 해당 마을에서 매년 공명 정직하고 가산이 넉넉한 사람[公直殷實者74]이 매년 돌아가면서 출납을 맡게 하고 헤아려서 화부정(火夫丁)의 요역(徭役)75을 면제해 주어 보답하고 권장하는 뜻을 보이는 것이다. 이렇게 하면 간교한 백성이 편

---

73 청묘법(靑苗法) : 송 신종(神宗) 희령(熙寧) 2년(1069)에 왕안석(王安石)이 시행한 신법(新法)으로, 국가에서 상평창(常平倉)의 상평본전(常平本錢)을 백성에게 꾸어 주되, 봄에 꾸어 준 것은 여름에, 여름에 꾸어 준 것은 가을에 2분(分)의 이자를 붙여 받아들이던 법이다. 상평급렴법(常平給斂法), 상평염산법(常平斂散法)이라고도 한다(『宋史』, 「王安石傳」 참조).

74 公直殷實者 : 저본에는 '公直敬實者'로 되어 있는데 장황(章潢)의 『도서편(圖書編)』에 근거하여 '敬'을 '殷'으로 수정하여 번역하였다.

75 화부정(火夫丁)의 요역(徭役) : 저본에는 '水火丁差'로 되어 있는데 장황(章潢)의 『도서편(圖書編)』에 근거하여 '火夫丁差'로 수정하여 번역하였다.

승하여 농간을 부릴 수 없고 관청에서 마음대로 조종할 수가 없게 된다. 수재나 한재, 흉년을 만날 경우 다시 관의 곡식으로 구제하면 이로부터 가난한 자는 굶주릴 염려가 없고 부유한 자는 빌려 주기를 권하는데서 벗어날 수 있으며, 도적 또한 이로 인해 점차 없어질 것이다.

추수할 때에 가서 전답 1무(畝)에서 곡식 한 되나 반 되를 내거나 혹 고을 전체의 각 민호에서 부자는 섬으로 계산하고 가난한 자는 되나 말로 계산해 내게 하여 약정(約正)과 부정(副正)이 수량을 장부에 기록하여 보고하면 보장(保長)이 이를 거두어 사창에 보관한다. 매년 봄에 식량이 없는 사람에게 정해진 수량을 빌려 주는데 보장에게 가서 약정과 부정이 함께 회동하여 장부에 기록하고 빌려 주며, 추수를 하고 나면 이자 2분을 더하여 도로 갚게 한다. 단 빌려 주는 곡식의 양은 아무리 많아도 10섬을 넘지 못하게 조절하는데, 혹시라도 간교하고 완악하여 수치를 모르는 자가 갚지 않고 버티어서 재촉하여 받기가 어려워진다면 장차 고을 전체의 의거(義擧)가 무너질 우려가 있기 때문이다."[76] 생각건대 이 규조는 수나라 의창의 제도를 확대 해석한 것으로 온 천하에 시행할 수 있고 온 천하에 혜택을 줄 수 있는 방법이다.

우리나라의 환법(還法)은 대략 이와 비슷한 제도로서 좋은 법이다. 그러나 오늘날 고질적인 폐막이 되기에 이른 것은 진실로 「금화사창기」에서 지적한 대로 '현에다 설치하고 향에 설치하지 않았으며 관리가 주관하고 마을 사람이 주관하지 않기' 때문이니, 아, 이것이 문제의 전부이다.

오늘을 위해 계책을 세운다면 다음과 같다. 고을 전체의 환곡을 모

---

76 「사창규조(社倉規條)」에는 …… 때문이다 : 명(明) 장황(章潢)의 『도서편(圖書編)』 권92에 보인다.

두 사창곡(社倉穀)으로 바꾸어 예전처럼 조적(糶糴)을 하고 예전처럼 모조를 취하며 예전처럼 환자로 운용하는 좋은 법을 따르되 환자를 둘러싼 근래의 폐단을 바로잡기만 한다면 관에는 동요와 근심이 없고 백성은 실제 혜택을 입으며 또한 묵은 포흠이 깨끗이 쇄신되는 방도가 될 것이다.

그 법은 다음과 같다.

각 면에 사창을 설치하여 면정이 관리한다. 매년 11월 그믐에 면정이 각 리의 이존과 함께 환곡을 거두어들인다. 2분의 모조를 취하는데 되와 말의 규격에 일정한 규정을 두고 곡물의 품질에 일정한 규정을 두며 거두어들이는 시기에도 일정한 규정을 둔다. 규정을 성실하게 지키지 않는 자에 대해서는 해당 이존이 벌을 주고 해당 통수가 벌을 주며 해당 통호(統戶)에서 벌을 주어 각기 그 소속에 따라 차례로 책벌한다. 매년 추수가 끝난 다음에는 납부 기일이 되기 전에 통호에서 곡식을 준비하고 준비되었다는 것을 통수에게 보고하면 통수가 이를 이존에게 보고한다. 기일이 되면 이존들이 모두 창고에 모인 가운데 면정과 각 이존이 함께 받아들이되 2분의 모조 중에서 1분은 시가대로 【시가는, 면정과 이존이 함께 의논하여 향소에 보고하면 향소에서 각 면정과 함께 각 면에서 보고해 온 시가를 가지고 참작해 정하여 시행하는데, 반드시 연례창에서 곡식을 사들이는 가격과 서로 맞춘다.】 계산하여 고을에 납부하고, 【고을에서는, 절반은 호조에 보고하는 장부에 기록하여 납부하고 절반은 남겨서 고을의 비용으로 삼는다.】 1분은 남겨서 사전(社錢)으로 만들고 조금 여유가 생기면 호역(戶役)을 보조한다. 【사전에 대해서는 2분의 이자를 취하는데 곡물을 운용하는 것과 같은 방식으로 거두어 보관하되 다만 모조를 고을에 납부하지는 않는다.】

다 거두고 나면 사창으로 받아들이는데, 1개 면에 있는 전체 리에 대해 리마다 각각 표기하고, 1개 리의 10개 통에 대해 통마다 각각 표기하며, 1개 통 5호에 대해 호마다 각각 표기한다. 【나누어 줄 때에 표기에 따라 받아가게 하려는 것이다.】 그런 다음 면정이 각 이존과 회동하여 봉하여 표시하고 단자(單子)를 작성하여 고을에 보고한다. 다음 해 3월 그믐이 되면 면정이 이존들과 회동하여 창고를 열어 실제 수효를 살펴보고 되와 말을 조사하여 각 리에 분급하고, 리에서 각 통에 나누어 주며, 통에서 각 호에 나누어 준다. 이때 반드시 표기에 따라 받아가게 하여 서로 혼란스럽지 않게 하고, 어기는 자에게는 벌을 준다.

# 『고문비략』

## 권2

**부세와 공물〔貢賦〕**

『서경(書經)』, 「우공(禹貢)」에 "육부(六府)가 크게 정비되어 모든 땅이 다 바르게 되자 재부(財賦)를 신중히 하여 모든 토지를 3등급으로 나누어 나라 안에 부세(賦稅)를 부과하였다."라고 하였다.

9주(九州)에서 바치는 부세(賦稅)와 공물(貢物, 특산품)은 다음과 같다.

기주(冀州)는 상상(上上)의 부세를 내야 하는데 상중의 부세를 섞어서 낸다.

연주(兗州)는 부세를 가볍게 부과한다. 공물은 옻〔漆〕과 생사(生絲)이고 광주리에 담아서 바치는 폐백은 무늬 있는 직물이다.

청주(靑州)는 중상(中上)의 부세를 낸다. 공물은 소금, 고운 갈포(葛布), 해물인데, 해물은 여러 종류를 섞어서 바친다.

서주(徐州)는 중중(中中)의 부세를 낸다. 공물은 오색 흙, 여름에 잡은 꿩〔夏翟〕, 오동나무〔孤桐〕, 부경(浮磬),[1] 진주 및 어물이고, 광주리에 담아서 바치는 폐백은 현(玄)·섬(纖)·호(縞)[2]이다.

양주(揚州)는 하상(下上)의 부세를 내야 하는데, 한 등급 높은 중하(中下)의 부세를 섞어서 낸다. 공물은 금·은·동의 세 가지 금속, 요(瑤)와 곤(琨),[3] 조(篠)와 탕(簜),[4] 상아〔齒〕, 짐승의 가죽〔革〕, 새의 깃털〔羽〕, 짐

---

1 부경(浮磬): 『서경』 채침(蔡沈)의 주에, "물가에 드러나서 마치 물 위에 뜬 것처럼 보이는 돌〔石露水濱若浮於水然〕" 혹은 "흙 가운데 떠 있어 근착하지 않은 돌〔石浮生土中不根著者〕"인데, 석(石) 자를 쓰지 않고 '경'이라 한 것은 그 돌로 경쇠를 만들어 바쳤기 때문이라고 하였다.
2 현(玄)·섬(纖)·호(縞): 모두 비단의 종류이다.
3 요(瑤)와 곤(琨): 모두 옥의 종류로, 요는 허리에 차는 장식, 곤은 예기(禮器)를 만드는 데 썼다고 한다.
4 조(篠)와 탕(簜): 모두 대나무의 종류로, 조는 화살, 탕은 악기의 관(管)을 만드는 데

승의 털[毛], 나무[木]이다. 동남쪽 해도(海島)에 사는 이민족은 훼복(卉服)을 입는데 그들이 광주리에 담아서 바치는 폐백은 자개 무늬를 넣어 짠 비단[織貝]이고, 싸 가지고 오는 공물은 귤(橘)과 유자[柚]인데 이는 명이 있을 때에만 바친다.

형주(荊州)는 상하(上下)의 부세를 낸다. 공물은 새의 깃털, 짐승의 털, 상아, 짐승의 가죽, 금·은·동의 세 가지 금속, 참죽나무 줄기[杶榦], 전나무[栝], 잣나무[柏], 거친 숫돌[礪], 고운 숫돌[砥], 돌로 만든 화살촉[砮], 단사(丹砂), 균로(箘簵), 고(楛)⁵이고, 궤에 담아서 바치는 폐백은 청모(菁茅)⁶이며, 광주리에 담아서 바치는 폐백은 현훈(玄纁), 기(璣), 끈[組]이며, 큰 거북을 잡을 경우 명이 있으면 바친다.

예주(豫州)는 토질이 상등인데 상중(上中)의 부세를 섞어서 낸다. 공물은 옻[漆], 삼베[枲], 갈포[絺], 모시[紵]이고, 광주리에 담아서 바치는 폐백은 고운 솜[纖纊]이다.

양주(梁州)는 하중(下中)의 부세를 내야 하는데 하상(下上)과 하하(下下)의 부세를 섞어서 낸다. 공물은 구[璆, 옥경(玉磬)], 부드러운 쇠[鐵], 은(銀), 강철[鏤], 노경[砮磬, 석경(石磬)], 곰[熊], 큰 곰[羆], 이리[狐], 살쾡이[狸], 직물과 피복[織皮]이다.

옹주(雍州)는 중하(中下)의 부세를 낸다. 공물은 좋은 옥[球琳]과 낭간(琅玕)이다.

『주례』에 "태재(太宰)는 아홉 가지 공물[九貢]로 나라의 비용을 쓸 수 있게 한다. 첫째는 사공(祀貢), 둘째는 빈공(嬪貢), 셋째는 기공(器貢),

---

썼다고 한다.
5 균로(箘簵), 고(楛) : 균로는 대나무, 고는 나무의 종류로 모두 화살대를 만드는 데 적합하다고 한다.
6 청모(菁茅) : 술을 거를 때 쓰는 띠풀로, 주로 제사 때에 사용되었다.

넷째는 폐공(幣貢), 다섯째는 재공(材貢), 여섯째는 화공(貨貢), 일곱째는 복공(服貢), 여덟째는 유공(斿貢), 아홉째는 물공(物貢)[7]이다."라 하였다.

하(夏)나라는 백성들이 각각 50무(畝)의 토지를 경작하여 5무의 소출을 세금으로 내는 공법(貢法)을 시행하였고, 상(商)나라에서는 백성들이 각각 70무를 경작하여 7무의 소출을 세금으로 내는 조법(助法)을 시행하였으니 모두 소득의 10분의 1을 세금으로 바친 것이다. 주(周)나라에서는 백성들이 각각 사전(私田) 100무를 경작하면서 공전(公田) 10무를 공동으로 경작하는 철법(徹法)을 시행하였으니 11분의 1이 된다. 이에 대해 맹자(孟子)는 "실제로는 모두 10분의 1의 세금을 바친 것이다."[8]라 하였다.

진(秦)나라는 정전(井田)을 모두 폐지하고 백성들이 마음대로 경작하게 하였는데, 면적이 얼마가 되든 따지지 않고 점유한 전답의 면적에 따라 부세를 정하였다.

한(漢)나라가 진나라를 이었으나 끝내 삼대의 법을 회복하지는 못하였다. 그러나 한 고조(高祖)는 법을 간략하게 하고 금령을 줄이며 전조(田租)를 가볍게 하여 15분의 1을 세금으로 거두며, 관리들의 녹봉과 관에서 필요한 비용을 헤아려서 백성에게 부세를 부과했다.

당나라 초기에 비로소 조(租)·용(庸)·조(調)의 세법을 제정하여 인정(人丁)을 조세 부과의 바탕으로 삼았다. 첫째는 '조(租)'로서 정남(丁男) 한 사람이 100무(畝)의 토지를 받고 해마다 단지 속(粟) 2섬을 세금

---

7 사공(祀貢) …… 물공(物貢) : 『주례』 정현(鄭玄)의 주에 따르면 사공은 희생(犧牲)과 술을 거를 때 쓰는 포모(包茅) 등속이고, 빈공은 가죽이나 포목 등속, 기공은 종묘(宗廟)에서 쓰는 기물, 폐공은 수놓은 비단, 재공은 목재, 화공은 구슬이나 조개껍질같이 자연에서 나는 물건, 복공은 제사 때 입는 옷, 유공은 새의 깃털이나 짐승의 가죽, 물공은 구주(九州) 이외의 각 지역에서 생산되는 특산물을 예물로 바친 것이라고 한다.

8 실제로는 …… 것이다 : 『맹자』, 「등문공하(滕文公下)」에 보인다.

으로 바치는 것이다. 둘째는 '조(調)'로서 정남 1인당 그 지역에서 생산되는 물건에 따라 해마다 견(絹)이나 능(綾), 시(絁) 등의 비단 2장(丈)이나 면(綿) 3냥(兩)을 내고, 베로 낼 경우에는 삼[麻] 3근(斤)을 내는 것이다. 셋째는 '용(庸)'으로서 정남 1인당 1년에 20일의 부역을 하는 것으로 정하고 부역을 하지 않는 경우 하루당 비단[絹] 3척(尺)을 바치는 것이다. 대종(代宗) 때에 비로소 경작하는 토지의 면적에 따라 세금을 부과하는 방법을 도입하여 여름과 가을에 거두었다.

위(魏)나라 문후(文侯) 때에 조세 수입이 평년에 비해 배나 늘었는데, 어떤 사람이 하례하자 문후가 이렇게 말했다. "지금 호구가 늘지 않았는데 조세 수입이 한 해에 두 배나 늘어난 것은 세금을 많이 부과했기 때문이다. 조세 수입을 탐내어 백성을 아끼지 않는 것은 저 사냥터를 관리하는 우인(虞人)이 갖옷을 뒤집어 입고 장작더미를 지는 격이다. 그는 털을 아낄 줄만 알았지 가죽이 다 헤지고 나면 털이 붙어 있을 데가 없게 된다는 사실은 모른다."

당나라의 이고(李翺)가 지은 『평부서(平賦書)』에 다음과 같은 내용이 있다. "사람들은 모두 세금을 무겁게 부과하면 재물을 얻을 수 있다는 것은 알지만 세금을 가볍게 부과하면 재물을 더욱 많이 얻을 수 있다는 것은 모른다. 왜냐하면 세금을 무겁게 부과하면 백성이 가난해지고 백성이 가난해지면 유망(流亡)한 자가 돌아오지 않고 천하의 사람들도 오지 않아서 지력(地力)이 유실(遺失)되지만 세금을 가볍게 부과하면 백성이 삶을 즐거워하고 백성이 삶을 즐거워하면 살고 있는 사람은 유망하지 않고 유망한 사람은 날마다 돌아와서 토지는 황폐해지지 않고 뽕나무는 날로 번식하기 때문이다."[9]

---

9 『서경(書經)』, 「우공(禹貢)」에 …… 때문이다:『대학연의보』 권22와 권24에 보인다.

우리나라의 공부(貢賦) 제도는 역대 여러 왕조의 흥폐를 거울로 삼아 시대에 맞도록 알맞게 제정한 것이다. 토지에 대한 부세의 경우 경작하는 토지의 면적을 기준으로 세금을 거두는 것은 대체로 정전제가 폐지된 후에 생긴 진·한 이래의 제도이다. 공물을 바치는 것은 대동법(大同法)으로 바꾸고 지방 고을에서 쌀·목(木)·돈을 거두어 서울의 창고에 보관하는데 담당 관청을 선혜청(宣惠廳)이라 하였다. 그리고 도성 안에 사는 백성을 공물주인(貢物主人)으로 지정하여 선혜청에서 물건 값을 받아 서울에서 물종(物種)을 구입하여 진공(進貢)하게 하므로 진공하는 물종이 매우 신선하다. 또 그 덕분에 먼 길을 달려서 수송하는 수고를 줄이고, 지방 고을에서는 허다한 잡비를 줄이며, 도성의 공인(貢人)들 또한 생업을 얻을 수 있어 일거삼득의 이로움이 있으니 실로 훌륭한 법인 것이다.

그런데 지방 고을에서는 납부하는 명목이 매우 번잡하다. '전세(田稅)'가 있고 '대동세'가 있으며 또 '삼수미(三手米)'[10]가 있는데 모두 전답의 결수(結數)를 기준으로 매긴다. 【우리나라에서 전답을 측량하는 방법[量田法]은 일정한 면적의 전답을 1속(束)으로 정하고, 10속을 1부(負), 100부를 1결(結)로 한다. 세금은 1결에서 적절히 헤아려 일정한 양의 쌀을 납부하게 하는 방식으로 곧 옛날의 무(畝)를 기준으로 세금을 걷던 법이다.】 충청도의 사례를 들어 말하면 1결당 전세가 최하등급인 9등급의 전답에 대한 세금을 기준으로 하여 토지 등급에 따라 차례로 더해 나가서 하하(下下) 등급의 전답에 대한 세금 쌀 4말에서 상상(上上) 등급의 전답에 대한 세금 20말까지

---

10  삼수미(三手米): 훈련도감에 소속된 군병 중 포수(砲手)·사수(射手)·살수(殺手)를 삼수라 하는데, 이들을 양성하기 위해 거두던 세미(稅米)로 1602년(선조 35)에 실시하여 1894년(고종 31)까지 계속하였다.

9등급이고, 대동미(大同米)가 12말, 삼수미가 1말 2되이다. 이것은 모두 1결에 대한 세미(稅米)에서 명목을 나눈 것이다. 중중(中中) 등급의 전답을 기준으로 계산하면 1결당 부담해야 하는 세금이 총 25말 2되인데, 이것을 몇 차례로 나누어 완납해야 한다. 예컨대 전세는 며칠이 납부 기한이고 대동미는 며칠이 납부 기한이며 삼수미는 며칠이 납부 기한이라고 정해 두고 백성이 직접 조창(漕倉)까지 수송하게 한다. 그렇기 때문에 먼 곳에 사는 백성은 이고 지고 오가느라 걸핏하면 며칠씩 걸린다. 게다가 관리들의 주구(誅求)는 매번 감당하기가 어려운데, 무릇 백성들은 관리를 마주하고 싶지 않아서 호랑이나 이리를 만나는 듯이 피하며 1년 내내 얼굴을 한 번도 마주하지 않는 것을 다행으로 여기니 어찌 따지며 상관하려 하겠는가.

이것은 그래도 1년에 서너 번에 불과하고 또한 쌀 한 종류만 가지고 논한 것이다. 그런데 지금은 쌀도 모두 쌀로 거두는 것이 아니다. 쌀을 소미(小米, 좁쌀) 얼마로 바꾸거나 황두(黃豆) 얼마로 바꾸어 받아들이기도 하며, 혹은 환산하여 면포(綿布)로 바꾸어 받아들이거나 마포(麻布)로 바꾸어 받아들이기도 하며, 혹은 황두로 한 번 바꾸고 나서 황두를 가지고 다시 면포나 마포로 만들기도 한다. 또 쌀을 얼마의 돈으로 만드는데 황두로 바꾸어서 돈을 만들기도 하고 면포로 바꾸어서 돈을 만들기도 하여 돈으로 바꾸는 데도 그 규정이 일정하지 않다. 예컨대 쌀 1섬을 황두로는 총 2섬으로 계산하고, 면포로는 총 3필 반이나 3필 혹은 2필 반으로 계산하고 경우에 따라서는 7말을 1필, 혹 8말을 1필로 계산하기도 한다. 황두를 면포로 바꿀 때에는 1섬을 2필 반이나 2필, 혹은 1필 반으로 친다. 마포로 바꿀 경우 쌀로는 1섬을 3필 반이나 3필 혹은 2필 반으로 만드는데, 황두로는 1섬을 2필 반이나 2필 혹은 1필 반으로 만든다. 이런 방식에 따라 돈으로 바꾸면 쌀 1섬은 4냥 5전이나 5냥이 되고, 황두 1섬은 1냥 7전이나 2냥 5전이 되고, 소미 1섬은 3냥 5전이나 4냥이 되며, 면포 1필은 2냥 3전이나 2냥 5전이 된다.

이 밖에도 조정하는 방법이 너무 많아서 일일이 거론하기도 어렵다. 그러나 대체로 모두 전답 1결에 대한 세미(稅米) 몇 섬을 가지고 허다한 명목으로 바꾸는 것이다. 이에 1결에 대한 세금을 납부하기 위해 수송하느라 바쁘게 오가며 늘 노상에 있게 되는 것이다.【소식(蘇軾)의 시에, "파리한 아이들 말이 매끈한 건 일 년에 반 이상을 성중에 있어서라네〔羸得兒童語音好 一年强半在城中〕."[11]라고 한 것이 바로 이런 상황을 말한 것이다.】이러고서 백성이 어떻게 동요하지 않으며 백성이 어떻게 생업을 편안히 여길 수 있겠는가.

1결에 대한 세금이 이와 같이 자질구레하고 복잡하니 1결이 되지 않거나 몇 부 혹은 몇 속에 대한 세금은 또 어떠하겠는가. 이와 같이 자질구레하고 복잡하니 장부가 혼잡스럽고 명목이 여러 가지임을 알 수 있다. 비록 계산 능력이 뛰어난 사람이라도 손쓰기가 어려울 것인데 하물며 향촌의 순박한 백성들이 현혹되지 않을 수 있겠는가.

이런 까닭에 아전들이 그것을 이용하여 끝 간 데 없이 농간을 부리고 문서를 조작한다. 가령 1섬에 대한 세금을 두세 섬으로도 전부 납부할 수가 없으니 지금 이른바 부세가 무거워 백성이 고통스럽다고 하는 것이 모두 여기에서 말미암는 것이다. 그런데도 국가에서는 조세를 한 푼도 더 징수한 적이 없으니, 이는 오직 관리들이 농간을 부리는 바탕

---

11 파리한 …… 있어서라네 : 청묘법(靑苗法)의 폐단으로 백성들이 쉴 틈이 없게 된 세태를 풍자한 「산촌(山村)」 절구(絶句) 5수 가운데 셋째 수이다. 즉 청묘법 시행으로 백성들이 세금 납부를 위해 쉴 새 없이 성중에 드나들기 때문에 시골 아이들이 부모를 따라와 오랫동안 성중에서 지낸 탓에 관화(官話)를 배워 말이 매끈하다는 의미이다. 전문은 다음과 같다. "杖藜裹飯去匆匆 過眼靑錢轉手空 贏得兒童語音好 一年强半在城中."

이 되기에 족할 뿐이다.

내 생각은 이러하다.

마땅히 세법을 다시 제정하여 허다한 명목을 없애고 모든 조세를 돈으로 받아들여야 한다. 예컨대 1결에 대한 세액을 15냥으로 정한다면 1부에 대한 세액은 1전 5푼, 1속에 대한 세금은 1푼 5리가 될 것이다. 이와 같이 하면 많게는 100결, 1000결에서부터 적게는 1, 2속에 이르기까지 그 숫자가 매우 간편하여 알기 쉽고 백성은 매우 편리할 것이며, 또한 관리들이 농간을 부릴 수 없어 백성이 그 이익을 누리게 될 것이다. 이에 세금으로 납부하는 15냥 중에 서울의 각 아문에 상납하는 쌀의 가격【1섬당 원래의 상정가(詳定價) 6냥 외에 1냥 5전을 더하여 7냥 5전으로 정한다.】, 목(木)의 가격【1필당 원래의 상정가 2냥 외에 2냥을 더하여 4냥으로 정한다.】, 황두의 가격【1섬당 원래의 상정가 3냥 외에 1냥을 더하여 4냥으로 정한다.】 및 서울까지 수송하는 경비 등을 도합 10냥으로 가정하면 나머지 5냥은 고을의 비용【이를테면 수미(需米) 및 잡비 등이다.】으로 하고, 조운이 없는 고을과 곡식 납부가 없는 고을에서는 적절하게 헤아려 결가(結價)를 정하되 모쪼록 간편하게 한다. 이렇게 하면 국가의 조세 수입은 전보다 배로 늘어나고 여러 가지 번잡하고 소요스러운 현상은 줄어들 것이니, 이것이 이른바 백성이 그 이익을 누린다는 것이다.

혹자는 추수가 끝나는 시기에 백성들에게 곡식을 납부하게 하면 힘을 쓰기가 쉬운데 돈을 내도록 요구하면 궁핍한 백성들이 어떻게 마련할 수 있겠느냐고 의문을 제기할 것이다. 그러나 그것은, 백성들에게 이미 이렇게 납부할 수 있는 곡식이 있는데 어찌 곡식을 팔아서 돈을 마련할 수 없겠으며 더구나 또 이때에는 현지에 있는 상평창에서 바야흐로 모두 돈을 풀어서 곡식을 사들이기 때문에 돈 또한 구하기가 어렵지 않다는 사실을 너무도 모르고 하는 말이다.

또 혹자는 국법에서 방납(防納)을 금하는 것[12]은 대개 사방의 곡식을 경사(京師)에 넉넉하게 공급하기 위해서인데 지금 그 곡식의 납부를 모두 정지한다면 서울에 공급하는 것이 넉넉하지 못할 염려가 있다고 의문을 제기할 것이다. 그러나 이것은 서울의 관사에 이미 상평창의 제도를 설치하였으니 전세와 대동세로 거둔 돈을 창주인에게 주어 시가대로 사서 바치게 한다면 먼 지역의 곡식이 서울에 모여들 것이므로 넉넉하지 않을 리가 없고 아울러 소미·황두·면포·마포 같은 것들까지 충분히 사들일 수 있다는 사실을 너무도 모르고 하는 말이다.

---

12 국법에서 …… 금하는 것 : 방납(防納)은 수령·토호(土豪)·부상(富商)·공인(貢人) 등이 각기 마련한 재원으로 백성들의 전세(田稅)·대동(大同)·공물(貢物)·군포(軍布)·결전(結錢) 등을 대신 상납해 주거나 각종 요역(徭役)의 비용 등을 대주고 나중에 받아내는 일을 말한다. 무상으로 은혜를 베푸는 차원에서 이루어지기도 하나, 대부분은 나중에 받아내는 과정에서 실제보다 더 많이 받는 폐단 등이 빈번하여 『속대전(續大典)』부터 이를 금지하는 조항이 들어갔다.

## 2 배를 이용한 수송〔漕轉〕

『서경』, 「우공(禹貢)」에 "기주(冀州)는 오른쪽으로 갈석(碣石)을 끼고 황하(黃河)로 들어간다. 연주(兗州)는 제수(濟水)와 탑수(漯水)에서 배를 타고 와서 황하에 도달한다. 청주(靑州)는 문수(汶水)에서 배를 타고 와서 제수(濟水)에 도달한다. 서주(徐州)는 회수(淮水)와 사수(泗水)에서 배를 타고 와서 황하에 도달한다. 양주(揚州)는 강을 따라 바다로 들어가고 바다에서 회수와 사수에 도달한다. 형주(荊州)는 배를 타고 강수(江水)·타수(沱水)로부터 잠수(潛水)·한수(漢水)로 들어가고 육지를 지나 낙수(洛水)에 이르고 낙수에서 다시 배를 타고 남하(南河)에 이른다. 예주(豫州)는 낙수에서 배를 타고 와서 황하에 도달한다. 양주(梁州)는 잠수에서 배를 타고 와서 육지를 지나 면수(沔水)에 이르러 다시 배를 타고 위수(渭水)로 들어가서는 강을 가로질러 건너서 황하에 도달한다. 옹주(雍州)는 적석(積石)에서 배를 타고 용문(龍門)의 서하(西河)에 이르러 위수와 예수(汭水)로 모인다."[13]라고 하였다.

『관자』에, "곡식이 300리를 이동하면 나라에는 1년의 저축이 없게 되고, 곡식이 400리를 이동하게 되면 나라에는 2년의 저축이 없게 되며, 곡식이 500리를 이동하게 되면 백성에게 굶주린 기색이 있다."라고 하였다.

한나라 고조(高祖) 때에 산동(山東)의 곡식을 조운(漕運)하여 중도관(中都官)에게 지급하였는데 그 수량은 1년에 수십만 섬에 불과하였다.

가의(賈誼)가 상소하기를, "바다를[14] 통해 부세를 수송했으므로 1전

---

13 기주(冀州)는 …… 모인다: 구주(九州)에서 경사(京師)까지 부세(賦稅)와 공물(貢物)을 수송하는 경로를 설명한 것이다.

의 부세를 수송하는 데 수십 전의 비용을 들이고도 쉽게 도달하지 못하여 위에서 얻는 것은 매우 적고 백성들의 고생은 매우 심하였습니다." 라고 하였다.

경수창(耿壽昌)은 한 선제(宣帝)에게 "예전에는 해마다 관동(關東)의 곡식 400만 곡(斛)을 조운하여 경사(京師)에 공급하느라 군졸 6만 명을 동원하였습니다. 응당 삼보(三輔)·홍농(弘農)·하동(河東)·상당(上黨)·태원(太原) 등 여러 군의 곡식을 매입해야 합니다. 그러면 경사에 식량을 충분히 공급할 수 있고 조운에 동원하는 관동의 군졸을 반 이상 줄일 수 있습니다."[15]라고 아뢰었다.

육지(陸贄)는, "1년에 화적(和糴)하는 수량이면 2년 동안 전운(轉運)해 오는 수량을 감당할 수 있고, 1말을 전운하는 데 들어가는 재원이면 5말을 화적하는 비용을 감당할 수 있습니다."[16]라고 하였다.


국가의 공부(貢賦)와 미곡(米穀)을 전적으로 선운(船運)에 의지하기 때문에 관에는 조선(漕船)과 수참선(水站船)[17] 등의 명목이 있다. 그런데도 관선(官船)으로 다 조운하지 못하여 선박을 임대하는 제도가 있다.

전세(田稅)를 운반하는 조선은, 아산(牙山)의 공진창(貢津倉)에 15척, 함열(咸悅)의 성당창(聖堂倉)에 14척, 영광(靈光)의 법성포창(法聖浦倉)에

---

14 바다를: 『대학연의보』 권33에는 이 앞에 옛날에는 천자가 제후들에게 나라를 분봉(分封)해 주어 각 제후국 내에서 공부(貢賦)를 거두었기 때문에 수송 거리가 짧았으나 진(秦)나라는 제후를 봉하지 않고 전국의 공부를 경사에 직접 납부하게 되었다는 내용이 있다.

15 『서경』, 「우공(禹貢)」에 …… 있습니다: 『대학연의보』 권33에 보인다.

16 육지(陸贄)는 …… 있습니다: 『대학연의보』 권25에 보인다.

17 조선(漕船)과 수참선(水站船): 조선은 세곡(稅穀)을 실어 나르는 배이고, 수참선은 조선의 사고를 막기 위해 수로에서 앞장서 인도하는 작은 배이다.

25척, 옥구(沃溝)의 군산창(群山倉)에 23척, 창원(昌原)의 마산창(馬山倉)에 20척, 진주(晉州)의 가산창(駕山倉)에 20척, 밀양(密陽)의 삼랑창(三浪倉)에 15척이 있다. 모든 선박은 5년마다 개삭(改槊)하고 10년마다 새로 만드는데[18] 그에 소요되는 비용이 매우 많다. 또 소속된 조군(漕軍)이 족히 5, 6천 명은 되는데 1명당 각각 2결에 대한 세금을 면제해 주고 조선을 새로 만드는 해에는 또 1결을 더 면제해 주어【그중에서 사공(沙工)과 격군(格軍)에게는 영구히 신포(身布)를 면제해 주도록 정해져 있다.】그에 소요되는 비용 또한 매우 많다. 수참선은 7년마다 개삭하고 14년마다 새로 만드는데 그 비용 또한 많다.

그 외에 조창(漕倉)에 소속되지 않은 고을들, 예컨대 경기도의 파주(坡州) 등 24개 읍, 충청도의 공주(公州) 등 11개 읍, 전라도의 여산(礪山) 등 25개 읍, 황해도의 장산(長山) 이남의 8개 읍, 강원도의 영서(嶺西) 지역 10개 읍, 이상 여러 읍의 전세는 모두 선박을 임대하여 상납한다. 각 도의 대동세는, 경기도의 수원(水原) 등 22개 읍, 충청도의 홍주(洪州) 등 33개 읍, 전라도의 나주(羅州) 등 23개 읍, 황해도의 장산 이남의 7개 읍, 강원도의 영서 지역 10개 읍이 모두 선박을 임대하여 상납한다. 그러니 조선을 유지 운영하고 선박을 임대하는 데 들어가는 비용이 얼마나 많을지는 헤아릴 수도 없다.

또 거센 풍랑을 만나거나 암초에 부딪쳐서 배가 뒤집히는 일이 종종 발생하는데, 그럴 때는 인명·미곡과 함께 관선까지 모두 잃게 된

---

18 개삭(改槊)하고 …… 만드는데 : 개삭은 배 바닥의 널빤지를 갈아 넣거나 나무못을 갈아 박는 등 배를 대대적으로 수리하는 일을 말한다. 조선 초기에는 5년이 지나면 개삭하고 10년이 지나면 신조(新造)하게 되어 있었으나 영조 때에 10년 만에 개삭, 20년 만에 신조하는 것으로 바꾸었다가 정조 때에 다시 5년 만에 개삭, 10년 만에 신조하는 제도를 복구하였다.

다. 또 색리(色吏)와 선인(船人)들이 운반하던 세곡(稅穀)을 사사롭게 훔쳐서 축을 내고는 일부러 배를 침몰시키는 경우도 종종 있다. 이렇게 계산하면 선박으로 운반하는 데 들어가는 비용은 '1전의 부세를 운반하는 데 10전의 비용이 들어간다.'고 한 가의의 지적도 지나친 말이 아닐 것이다.

내 생각은 이러하다.

지금부터 전세와 대동세를 막론하고 모든 세금을 돈으로 대신 상납하는 것을 법으로 만들면 끝도 없는 조전의 비용을 줄일 수 있고 국가의 수입은 10배가 되는 이익이 있을 것이다. 그것을 서울에 쌓아서 저축해 두면 굳이 조전에 의지하지 않고도 경비를 지급하고 갈수록 여유가 생길 수 있다는 것은 「공부(貢賦)」조에서 보았고 「상평창」의 법에 명확한 증거가 갖추어져 있다.

지금의 의논하는 자들은 걸핏하면 '취하여 경사에 공급한다〔取給京師〕.'라는 한 마디를 핑계로 삼는다. 그러나 그것은 취하여 공급하는 방도에 있어서는, 이 방법이 취할 것은 배나 많고 또 완전하며 실수가 없는 방법이라는 것은 너무도 모르고 하는 말이니 어찌 그리도 생각이 짧단 말인가.

## 3　하천의 준설〔濬川〕

준천(濬川)이라는 말은『서경』,「우서(虞書)」에 처음 보인다.[19] 하거(河渠)는 또 물이 흐르는 곳이다.

대개 물을 다스리는 법은 흐름을 틔워 주어야 하고 막아서는 안 된다. 흐름을 틔워 주는 방법은 아래로 내려보내는 것뿐이다. 어떻게 내려보내는가? 물을 본성에 순응하게 하면 된다.

대개 물의 본성은 깊은 데로 향하고 낮은 데로 나아가는 것이다. 깊은 데로 향하고 낮은 데로 나아가므로 그 형세가 맞으면 편리하니 이것을 그 본성에 순응하는 것이라 한다. 어쩌다 한 번이라도 편리함을 잃게 되면 반드시 옆으로 흘러넘치고 둑이 터져 무너지며 범람하는 우환이 발생하여 막을 수 없게 된다. 이것이 옛날부터 치수(治水)를 했던 공통된 이유인데 반드시 일정한 기간을 두고 공사를 했던 것은 물길은 금방 틔워 주어도 곧바로 막혀 버리기 때문이다.

그 막히는 까닭을 따져 보면 모래와 진흙, 기왓장이나 자갈, 잡동사니들이 모이기 때문인데, 잡동사니들이 아래로 향하는 것은 또한 물과 마찬가지이다. 그러므로 날로 달로 쌓여 가는 것이다. 또 그 근원에 있는 산은 해가 갈수록 민둥산이 되어 갑자기 비가 쏟아지거나 장마가 질 때마다 붕괴되기도 하고 눈 녹은 물이 흘러내리기도 하니 그곳에 있던 모래와 진흙은 형세상 반드시 깊고 낮은 곳으로 가서 모인다. 그러므로 도랑은 쉽게 넘치고 개천 바닥은 쉽게 높아져서 장마가 질 때마

---

**19** 준천(濬川)이라는 …… 보인다 :『서경』,「우서(虞書)」, 순전(舜典)에 "肇十有二州 封十有二山 濬川(처음으로 12주를 만들고 12주의 산에 봉표(封標)하고 내를 깊이 팠다)."이라는 말이 보인다.

다 넘쳐서 우환이 되는 것이다. 그런 우환을 제거하고자 한다면 반드시 개천을 파내어서 도랑을 항상 깊고 넓게 유지하여 물이 귀착될 곳이 있게 해 주면 되는 것이다. 그러므로 역대에 경청할 만한 방략이 있었고 우리나라에도 그에 관한 법이 있었다.

지방의 각 도는 우선 말하지 않더라도 도성 안에 있는 개천(開川)[20]의 경우를 보면 장마 때마다 큰 우환거리가 된다. 그 형세를 살펴보면 도성의 제도는 산을 따라 높은 곳에 위치하여 평평한 들판에 위치한 방성(方城)과는 같지 않다. 그러므로 빙 둘러 40리 내에는 산이 대부분이고 평지는 실로 적어서 민가 중 평지에 있는 것은 대로변의 매우 적은 지역에 불과할 뿐이고, 조금만 남쪽으로 가거나 조금만 북쪽으로 벗어나면 모두 언덕바지의 공한지에 들어서 있다. 한 줄기 개천이 대로의 가운데를 서에서 동으로 흐르며 민가가 몰려 있는 곳에 비스듬히 가로놓여 있는데, 큰물은 북쪽·서쪽·남쪽의 여러 산골짜기에서 몰려들고 소나기가 퍼부으면 여러 골짜기의 물이 다투어 한 줄기 개천으로 모여든다.

한번 생각해 보자. 이 한 줄기 개천이 얼마나 넓어야 저렇게 많은 골짜기에서 몰려드는 물을 받아들일 수 있겠는가? 그러나 한 줄기 개천의 바깥은 모두 물가를 따라 인가가 밀집해 있어서 넓힐 수도 없는 형편이다. 그러므로 오직 개천을 깊게 파서 물을 받아들일 수 있는 여지를 만들어야 한다. 오간수문(五間水門)[21]이 있는 곳으로 말하면 실로 전

---

20 개천(開川): 백악산(白岳山)·인왕산(仁王山)·목멱산(木覓山) 여러 골짜기의 물이 합하여 동쪽으로 흘러서, 도성 가운데를 가로 지나서 세 수구(水口)로 나가 살곶이다리〔箭串橋〕근처에서 중랑포(中梁浦)로 들어가서 서쪽으로 흐름을 바꾸어 한강으로 빠지는 물길로, 지금의 청계천(淸溪川)이다.
21 오간수문(五間水門): 흥인문(興仁門) 곧 지금의 동대문 남쪽에 있던 수문이다.

체 도성의 물길이 되고, 도성 전체의 물은 달리는 새어 나갈 길이 없어 오직 이 한 구멍으로만 나간다. 그러니 이 물길을 틔워서 통하게 해 주어야지 넘쳐서 옆으로 터지는 다급한 상황을 만들어서는 안 될 것이다.

이것이 조정에서 하천 준설을 하나의 중요한 정사로 여기는 까닭이다. 그래서 지난 영조 때에 특별히 준천사(濬川司)를 설치하고 밤낮으로 가서 살필 수 있도록 개천(開川) 옆에 관아를 건립하고 도제조와 제조를 두었는데 모두 시임대신(時任大臣)과 장신(將臣)이 겸하여 행하게 하며 또 비변사 당상 중에 중망(重望)이 있는 한 사람을 전담 관원으로 정하였다.[22] 가히 처음 설치할 때에는 근면했다고 할 수 있으니 수토를 다스리는 일은 그 임무가 크고 책임이 무거운 것이다.

연례적인 준천은 3년마다 하는 규정이 있고 5년마다 하는 규정이 있으며 그 외에 소준천(小濬川)과 대준천(大濬川)이라는 명목을 두었다. 매번의 준천에 들어가는 비용을 계산하여 3년 만에 할 경우에는 총 경비가 3만 냥이고 5년 만에 할 경우에는 총 경비가 5만 냥이다. 이를 나누어서 배분해 보면 1년에 꼭 1만 냥씩인데 이것으로는 구차하게 미봉하는 데 그칠 뿐이다. 만약 경진지평(庚辰地平)[23]이나 계사지평(癸巳地平)[24]

---

22　영조 때에 …… 정하였다: 세종 때에 대대적으로 개천(開川)을 쳐내어 물길을 터 주었으나 세월이 지나면서 해이해져 해마다 수재(水災)가 심하였으므로 1760년(영조 36) 준천사를 설치하여 하천 준설을 전담하게 하였다. 관아를 개천 주변인 중부 장통방(長通坊)에 두고, 도제조(都提調)는 의정(議政)이 겸임하고, 제조는 병조판서(兵曹判書) · 한성판윤(漢城判尹) · 훈련대장(訓鍊大將) · 금위대장(禁衛大將) · 어영대장(御營大將) · 비국(備局)의 당상관(堂上官) 1명으로 모두 6명이 겸임하게 하였다.

23　경진지평(庚辰地平): 1760년(영조 36) 경진년에 수표교(水標橋)를 수리하면서 표석(標石)을 세워 이 네 글자를 새겨 넣고 자[尺] · 치[寸]의 수를 새겨 준천(濬川)의 기준선으로 삼고, 이를 경진지평이라 하였다.

24　계사지평(癸巳地平): 1833년(순조 33)에 실시한 준설을 가리키는 듯하다. 이해 2월 22일부터 4월 19일까지에 걸쳐 경진년의 지평(地平)에 의거하여 대대적인 준천을 실시

때와 같이 정성을 다해 깊이 파내고자 한다면 들어가는 비용은 필시 1만 냥의 몇 배가 되어야 할 것이다. 이것이 준천이 예전같이 이루어지지 못하는 이유이다.

또 3년·5년을 기한으로 삼기 때문에 몇 년 사이에 상류에서 흘러온 모래가 개천 주변의 육지 등에까지 이르러 백성들에게 피해가 적지 않다. 또 여러 해 동안 쌓인 모래를 한꺼번에 파내어 도로에 버리므로 도로는 점점 높아지고 민가는 점점 함몰되어 거의 묻힐 지경에 이른다. 단지 민가가 묻힐 뿐만 아니라 버린 모래가 밤낮으로 사람의 발길에 차여 흩어져서 내려가 돌고 돌아서 다시 낮은 곳으로 모여들었다가 마침내 개천으로 다시 들어가고 만다. 이 또한 개천이 쉽게 메워지는 이유인데 이는 모래를 저장할 땅이 없기 때문이다. 만약 그런 사태를 빚지 않으려면 반드시 개천과 같은 규모의 땅을 얻어서 그 모래를 옮겨둔 연후에야 가능할 것이다. 이것이 옛사람이 이른바 '다른 하나의 양산박(梁山泊)을 얻은 뒤에야 양산박의 물을 가두어 둘 수 있다.'[25]고 한 이유인데, 그만한 땅을 어떻게 얻을 수 있겠는가?

준천을 할 때 사람을 모집하여 고가(雇價)를 지불하고 일을 시키는 방식을 쓰는데 여기에는 이루 말할 수 없는 문제점들이 있다. 대개 3개 영문[26]에서 각기 구역을 정하여 공사를 시작하는데, 본 영문의 장관(將

---

하였다.

25 다른 …… 있다 : 양산박(梁山泊)은 중국 산동성(山東省)의 지명이다. 송나라의 유공(劉珙)이 왕안석(王安石)에게 나아갔을 때 어떤 객(客)이 양산박의 물길을 터서 일대를 기름진 농토로 만들면 좋겠는데 그 터진 물길을 다시 가두어 둘 방책이 없다고 하자, 유공이 "그러면 다른 양산박을 하나 찾아 뚫으면 충분히 물을 가두어 둘 수 있을 것이다."라고 하였다(『御定淵鑑類函』 卷299, 「嘲戲 2」 참조).

26 3개 영문 : 훈련도감(訓鍊都監)·금위영(禁衛營)·어영청(御營廳)이다. 훈련도감은 송기교(松杞橋)로부터 장통교(長通橋)까지 길이 768보(步), 너비 10여 보의 구역을, 금위영

官)이 총괄 감독하고 장교가 검찰(檢察)하고 패장(牌將)이 인솔하여 지휘하고 등패(等牌)[27]가 인부를 모집하고 정부(丁夫)가 부역을 한다. 매일 지급하는 전물(錢物)의 액수에는 모두 등급별로 차이가 있어서 정부에게 1을 지급하면 등패에게는 두 배를 지급하고 패장 이상에게는 모두 상을 내리는 규정이 있다. 공역에 걸린 기간을 따져 공로를 판단하므로 정부와 등패의 경우는 날짜를 늘리는 것으로 법도를 삼지만 윗자리에 있는 사람은 또한 인순고식(因循姑息)하며 감독하지 않는데, 하나는 형세가 어찌할 수 없어서이고 하나는 일부러 빈둥거리도록 내버려 두는 것이다. 그리하여 어림잡아 한 사람이 할 수 있는 일을 열 사람이 하고도 오히려 부족하다.

대략 그 작업 과정을 따져 보면 한 사람이 하루에 할 수 있는 작업량은 모래를 적어도 50~70차례 운반할 수 있는데, 지금은 불과 십수 차례 운반하는 데에 그친다. 또 매 차례에 옮기는 모래로 말하면, 한 차례에 운반하는 모래는 한 삼태기에 불과하지만 한 삼태기라는 것은 명목뿐이고 실제로는 반 삼태기에도 미치지 못한다. 그 반 삼태기로 말하더라도 역시 이름뿐 실제는 반 삼태기도 되지 않는다. 왜냐하면 이 반 삼태기를 지는 자가 제대로 단속해서 지키지 않고 지게를 지고 일어설 때에 일부러 몸을 흔드는 바람에 흘러내리는 모래가 이미 반이나 되고, 일어선 뒤에는 걸음걸이가 온전하지 못하여 어깨는 춤을 추고 다리는 비틀거려서 옆으로 떨어지는 모래가 또 반이나 되기 때문이다. 이런 식

---

은 장통교로부터 태평교(太平橋)까지 길이 1,181보, 너비 20여 보의 구역을, 어영청은 태평교부터 영도교(永都橋)까지 길이 1,173보, 너비 30여 보의 구역과 동대천(東大川), 백동(栢洞) 벌정(伐井) 앞 장경교(長慶橋)부터 대천항구(大川衖口)까지의 길이 1,407보, 너비 10여 보의 구역을 담당하였다.

27 등패(等牌): 역사(役事)를 할 때 일꾼들 중에서 인솔 책임을 맡은 사람이다.

으로 말하면 열 사람의 힘으로 한 사람 몫의 일을 한다는 것도 지나친 말이 아니다. 이렇게 하여 유한한 재물이 모두 낭비되는 결과로 귀결되니 어찌 아깝지 않은가.

이런 까닭에 준천사에 매년 들어오는 수입으로는 비용을 만분의 일도 감당하지 못한다. 그래서 3개 영문에서 의례적으로 가져다 쓰는 물량과 묘당에서 떼어 주는 재원이 있어야 간신히 미봉해 나간다. 그러나 영문에서 의례적으로 가져다 쓰는 물량과 묘당에서 떼어 주는 재원도 이미 군색한데 준천은 어찌 그만둘 때가 있겠는가. 이는 비록 대수롭지 않은 일 같지만 또한 만세의 한 가지 우환거리이다.

이상의 여러 조항이 실로 오늘날 준천을 둘러싼 고질적인 폐단이다. 그 폐단이 어디에서 왔는지 따져 보면 그것은 실로 공인(公人)을 써서 공역(公役)을 행하고 공전(公錢)으로 비용을 지불하기 때문이다. 현재 상황에서 그것을 바로잡을 수 있는 방도는 오직 공(公)을 사(私)로 바꾸어서 백성들에게 각자 스스로 일을 하도록 맡기는 것뿐이다.

그 법은 다음과 같다.

서울에 사는 사람 중에서 근실하고 일을 주관할 수 있는 사람 수십 명을 모집하여 공계(貢契)를 만들고 그들로 하여금 매년 준천사에서 값을 받고 스스로 일꾼을 고용하여 개천을 쳐내게 하는 것이다. 이렇게 하면 저 공인(貢人)들은 응당 직접 관리 감독할 것이니 필시 인순고식하며 하는 일 없이 날만 보낼 염려가 없어 한 사람의 힘으로 열 사람의 일을 해낼 수 있을 것이다. 이는 이치와 형세로 보아 당연한 일이다. 그리고 개천을 파내어 소통시키는 데서는 반드시 관에서 공역을 주관하는 지금보다 10배의 효과가 있을 것이다.

그렇게 말하는 근거가 무엇인가? 이 공인들은 이미 그것을 자신의 일로 맡았으니 자신을 위해 반드시 재물을 많이 지불하지 않아야 한다는 계산을 할 것이고, 개천이 항상 소통되게 하는 것을 자기 임무로 여길 것이며, 또 위로 관의 책망과 아래로 백성들의 비난이 두려워서 더욱 신경을 쓰지 않을 수 없는 형세이기 때문이다.

처음 시행할 때 반드시 경진지평이나 계사지평을 기준으로 하여 준천사에서 대대적으로 깊이 파낸 다음 공인들에게 "지금 이 지평을 너희는 보았느냐? 앞으로는 반드시 항상 이 지평과 같은 수준으로 유지하라. 만약 하루 이틀만이라도 모래가 이 지평보다 높이 쌓여 있으면 실로 너희의 죄가 될 것이다."라고 분부한다. 그러면 공인들은 "예."라고 할 것이다. 그런 다음 그날 정한 지평을 기록한 뒤에 날마다 살펴서 검사한다. 한 차례 비가 내린 뒤에는 상류에서 흘러내린 모래가 몇 자 몇 치인지를 조사하고 그 공사 규모를 따져서 인부를 정하여 파서 옮기게 하면 개천 안은 항상 절로 맑고 깨끗해져서 하루도 소통되지 않는 날이 없을 것이니 3년이나 5년 동안 막혀 있은 뒤에 비로소 소통시키는 데에 비할 바가 아닐 것이다. 또한 모래가 흘러내리는 대로 즉시 제거하므로 일을 하기도 수월할 것이다.

이렇게 한다면 파낸 모래를 처리하기도 크게 편의할 것이다. 무릇 온 성내에서 모래를 쓸 곳이 많지 않은 것이 아니다. 관의 건물이나 민가를 짓는 데 필요한 모래와 개천가에 있는 민가의 마당에 까는 모래를 모두 개천에서 파낸 모래에 의존한다. 다만 3년이나 5년에 걸쳐서 쌓인 모래가 매우 많기 때문에 다 쓸 수가 없게 되는 것이다. 만약 흘러내리는 대로 즉시 제거한다면 한 번에 나오는 모래는 몇 푼이나 몇 치에 불과할 것이니 모래가 많지 않을 것임을 알 수 있다. 그 정도 분량으로는 수요에 부응하기에도 겨를이 없을 것인데 어찌 쓸모없이 남아서 버리는 일이 있겠는가. 설사 모래를 찾는 사람이 없다 해도 파낸 모래가 이미 많지 않으니 비록 모두 실어다 강변의 먼 들판에 갖다 버리더라도 역시 어려운 일은 아니다. 모래를 처리하는 방도로는 이것이 가장 편의한 방법일 것이다.

혹자는 "흘러내린 모래는 근래 더욱 큰 걱정거리가 되고 있는데, 어찌 모래가 옛날보다 많이 흘러내려서 그런 것이겠는가. 이미 흘러내린 다음에 파내기보다는 흘러내리지 않게 하는 것이 더 낫지 않겠는가?"라고 하는데, 그 말 또한 매우 일리가 있다.

하지만 실제로 모래가 옛날보다 더 많이 흘러내리는데 그 또한 까닭이 있다. 중고(中古) 이전에는 인심이 아직 순박하여 산의 나무를 함부로 베지 못하게 하는 명령을 이행하여 산에 도끼를 들고 들어가지 않아서 산이 헐벗지 않았기 때문에 무너져 내리는 모래가 없었다. 그런데 지금은 산 근처에 사는 백성들이 1년 동안 필요한 땔감을 전적으로 산의 나무에 의지하여 마련하고 더 이상 다른 데서 구하지 않는다. 생각해 보면 유한한 수목으로 끝도 없이 새나가는 수요에 충당하려 하니 될 수 있겠는가. 크게는 도끼로 나무를 찍어 내고 작게는 빗자루로 낙엽을 쓸어 가서 날로 달로 찍어 가고 아침저녁으로 긁어 가고 있다. 그러는 바람에 나무는 가지가 잘려 앙상하고 뿌리가 끊어져 위태롭게 서 있으니 한 번 바람이 불면 밀지 않아도 저절로 쓰러지고, 땅은 거죽을 긁어 내어 풀이 붙어 자랄 데가 없으니 한 번 장마가 지나고 나면 저절로 무너져 내리며, 심지어 산이 무너지고 개천이 마르는 지경에까지 이르니 어찌 한심하지 않은가.

국가가 500년 가까이 태평한 동안에 금망(禁網)이 느슨해지고 인순고식하는 데 안주하여 사산참군(四山參軍)[28]의 직임과 3개 영문의 산을

---

**28** 사산참군(四山參軍): 훈련원·금위영·어영청·총융청의 4개 영문에 소속되어 도성

순찰하는 책임자가 직무를 제대로 수행하지 않아서 그런 것이다. 이에 대해서는 명백한 증거가 있다. 현재 산금(山禁)을 맡은 3개 영문[29] 중에서 오직 금위영(禁衛營)만이 자못 옛 법규를 준수하여 전 지역을 모두 순찰하고 매우 엄하게 문책한다. 그래서 남쪽에 있는 산들은 흙과 풀이 손상되지 않았고 백성들도 경계할 줄을 알아서 쉽사리 금령을 범하지 않는다. 그러므로 오늘날 개천으로 흘러드는 모래는 모두 서·북·동의 세 길에서 내려간 것이고 남쪽 길에서 내려오는 모래는 100분의 1이나 10분의 1도 되지 않는다. 여기에서 벌목을 금하고 수목을 보호하는 공이 크다는 것을 알 수 있다. 이 점은 조정에서 엄격하게 단속하지 않을 수 없는 일이다.

공인들에게 값을 지불하는 것에 대해 준천사의 1년 수입이 이미 넉넉지 않은데 어디에서 그만한 돈을 마련해 낼 것인가라고 물을 수 있다. 그러나 이는 돈을 마련하기가 어렵기는 마찬가지라는 점을 너무도 모르고 하는 말이다.

지금 돈을 마련할 데가 없다는 이유로 값을 지불하지 않는다고 치더라도 3년이나 5년마다 하는 준천을 그만둘 수 있겠는가. 일단 준천을 하게 되면 반드시 경비가 들 것인데 이 돈을 어디에서 마련할지 생각해 보자. 종전에 준천할 때에 들어가는 경비는 모두 조정에서 떼어 주는 재원에 의지하였는데 지금 그 떼어 주는 재원을 얻어서 공인들에게 옮

---

(都城)의 사면(四面)에 둘러 있는 산을 분담(分擔)하여 성첩(城堞)과 임목(林木)을 수호하는 책임을 맡은 관원이다.

29 산금(山禁)을 맡은 3개 영문: 1754년(영조 30) 서울의 사방 산을 수호하기 위해 금송절목(禁松節目)을 만들어 동쪽 방면의 산은 어영청, 서쪽 방면의 산은 훈련도감, 남쪽 방면의 산은 금위영, 북쪽 방면의 산은 총융청에서 각각 맡아서 수목 보호 등의 책임을 맡게 하였다. 여기서 3개 영문이라고 한 것은 착오인 듯하다.

겨 지급해서 안 될 것이 무에 있겠는가. 이 방법은 소비되는 재물은 전보다 추가되지 않으면서 10배의 효과를 얻을 수 있는 방법이다. 또 혹매년 정례적으로 지급하기가 어렵다면 10만 냥 한도에서 한번 크게 떼어 주어 그것을 모두 공인들에게 지급하고 그것으로 매년 이자를 불려서 비용으로 쓰게 하면 될 것이다. 그렇게 하면 공인들은 원하지 않을 까닭이 없고, 조정에서는 비록 갑자기 큰돈을 마련하기가 어려운 염려는 있지만 진실로 한 번만 시행하면 영구히 다시 돌아볼 염려가 없어지니 실로 만세의 이익이 되는 일인데 무엇이 아까워서 하지 않겠는가.

아무래도 마련하기 어려울 게 걱정된다면 또한 국가는 돈을 한 푼도 지불하지 않고도 저절로 성취할 수 있는 좋은 방법이 있다. 당당한 천승지국(千乘之國)에서 어찌 재물을 만들 방법이 없겠는가. 현재 각 궁방(宮房)과 각 아문에 소속되기를 원하는 자들이 전국에 편재(遍在)해 있으므로 각 궁방과 아문은 앉아서 그들에게서 재물을 받아들이는데, 어찌 준천사에만 그런 소속이 없으란 법이 있겠는가. 게다가 몇 년 전 준천사에 부속시키기로 하고 묘당에서 이미 법을 만들었으나 아직 거행하지 않은 것이 있다. 그만두지 않는다면 다만 이 한 가지만으로도 족히 지출 비용을 넉넉하게 마련할 수 있을 것이다.

혹자는 준천에 대해 말하기를, "공공의 공역으로 시행하고 공전(公錢)으로 비용을 지불하는 지금의 방법으로는 일은 배로 하면서도 효과는 반밖에 안 되니 백성들에게 개인적으로 준천을 하게 하는 편이 더나을 것이다. 무릇 이 한 줄기 개천은 서쪽에서 동쪽으로 흐르는데 양쪽 둑을 따라 민가가 끊임없이 즐비하게 이어져 있다. 둑 가에 있는 민가로 하여금 각자 개천을 파내게 하고 그 호역(戶役)을 면제해 주거나 담당 구역의 거리에 따라 후하게 쳐서 값을 지급한다. 지급하는 값은 한 달에 한 번 지급하든 일 년에 한 번 지급하든 경우에 따라서 한꺼번에 목돈을 지급하고 이자를 불려서 그 돈으로 준천을 하게 하든 모두 안 될 것이 없다."라고 한다.

이 또한 하나의 방법으로서 오히려 오늘날의 준천보다는 나으니 반드시 시행해 볼 만한 방법이다. 그러나 또한 불편하게 될 소지가 없지도 않다.

호역을 면제해 주는 대신 민간으로 하여금 파내게 하는 방식에는 필시 백성들이 응하려고 하지 않을 것이다. 왜냐하면 지금 도성 내의 백성들은 이미 온갖 방법으로 벗어나기를 꾀하여 호역에 응하는 백성이 1호도 없기 때문이다. 따라서 이른바 호역을 면제해 준다는 것은 그들이 바라는 바가 아니다. 또 값을 지불하는 방식은 공사의 규모와 값의 고하를 분명하게 맞추어 조정할 수가 없기 때문에 분란을 일으킬 소지가 생기기 쉽다. 또 경계를 정하는 데 있어서도 비록 집터의 규모에 따라 경계를 정한다 해도 필시 1자나 1치를 두고 분쟁을 일으킬 것이다.

그러나 이런 것들은 그래도 사소한 문제이다. 장마가 지나간 뒤 일을 시작해야 할 때에 아마도 일제히 장정을 차출하기는 어려울 것이다. 10가구가 일을 시작해야 하는데 한두 가구에서만 장정이 나올 수도 있고, 사정이 생겨서 미처 일을 시작하지 못하는 경우도 생길 수 있고, 물력이 없는데 갑자기 마련하기가 어려워서 미처 일을 시작하지 못하는 경우도 생길 수 있다. 그렇게 되면 장차 10가구 모두가 일을 정지할 것인가, 아니면 한두 가구가 맡은 구역만 일을 폐기하여 파내지 않을 것인가? 또 경우에 따라서는 양심이 없는 자가 있어 사정이 있다는 핑계로 일부러 파내지 않고서는 자기가 맡은 구역의 모래가 저절로 아래쪽의 이미 준설한 구역으로 흘러내려가 앉아서 그 편의를 얻으려고 하는 일도 있을 것이다. 또 경우에 따라서는 각 담당 구역의 접경지에서는 일을 서로 떠밀어서 이쪽 구역의 모래를 저쪽 구역으로 몰래 옮겨 놓는 일도 있을 것이다. 이런 분쟁의 소지는 이루 말할 수 없을 정도로 다양하다.

또 값을 후하게 쳐서 삯을 지급한다면 그 값은 품삯을 지불하여 부역시킬 때보다 두 배는 들 것이다. 지금의 백성들은 걸핏하면 늑역(勒役, 강제 부역)이라고 하는데, 대체로 그 심보는 애당초 득실이나 이해에 대한 확정된 견해 없이 단지 함부로 욕심만 부리는 것일 뿐이다. 그러므로 그들이 마음으로 긍정하는 것이면 그것을 편하다고 하고 위에서 지시하는 것이면 불편하다고 하여 본래부터 원망하는 마음이 없지 않다. 똑같은 값을 주고 무엇 때문에 애써 이렇게 하겠는가.

게다가 경계를 나누고 호구를 안배하였으니 비록 인력을 아무 근거 없이 징발한 것은 아니지만 결국은 억지로 시킨 셈이므로 백성들은 끝내 고된 노역이라고 생각하여 필시 기꺼운 마음으로 즐겁게 부역하지는 않을 것이다. 그들에게 기한을 어기지 못하게 한다면 결국 강요하는 셈이 되어 끝내는 책임을 때우는 데 그칠 것이다. 어찌 편성된 공계의 공인들이 자기 일로 여겨 밤낮으로 동동거리며 반드시 깨끗하고 깊게 파서 추호도 미흡한 점이 없게 할 방도에 마음을 쓰게 하는 방법에 비하겠는가.

이것이 공계를 만들어 시행하는 것이 가장 좋은 방법이 되는 이유이며, 오늘날 결단코 그만둘 수 없는 일이다.

**국가 재정〔財用〕**

『예기(禮記)』, 「왕제(王制)」에, "총재(冢宰)가 나라의 비용을 제정하는데, 반드시 연말에 하는 것은 오곡이 모두 들어온 뒤에야 나라의 비용을 제정할 수 있기 때문이다. 소국(小國)·대국(大國)의 면적을 기준으로 하고 풍년과 흉년의 소출을 비교하여 30년 간의 수입을 통산하여 나라의 비용을 제정하되 수입을 헤아려서 지출을 정한다. 나라에 9년분의 양식이 저축되어 있지 않으면 '부족하다〔不足〕'라 하고, 6년분의 양식이 저축되어 있지 않으면 '급하다〔急〕'라 하고, 3년분의 양식이 저축되어 있지 않으면 '그 나라는 나라가 아니다〔國非其國〕'라고 한다."라 하였다.

『주례』, 「춘관(春官)」, 천부(天府)에 "하늘의 사민(司民)과 사록(司祿)에게 제사할 때에 백성의 수와 곡식의 수량을 보고하면 받아서 보관한다."라 하였다.[30]

증공(曾鞏)은 "재물을 쓰는 데 절제가 있으면 천하가 비록 가난해도 부를 쉬이 이루고, 재물을 쓰는 데 절제가 없으면 천하가 비록 부유하더라도 가난 또한 쉬이 닥치는 법입니다. 한(漢)나라와 당(唐)나라 때 천하의 비용이 부족한 적이 있었는데 한 문제(文帝)와 당 태종(太宗)은 능히 재물을 쓰는 데 절제를 두었기 때문에 공사의 비용이 넉넉해졌고 천하가 부유해졌습니다. 또 한·당의 전성기에는 천하의 재용이 넉넉하였는데 한 무제(武帝)와 당 명황(明皇)이 제도로써 절제하지 못했기 때문에 공사의 재원이 고갈되어 천하가 가난해졌습니다. 송(宋)나라 진종(眞宗) 경덕(景德, 1004~1007), 인종(仁宗) 황우(皇祐, 1049~1054), 영종

---

30 『예기(禮記)』, 「왕제(王制)」에 …… 하였다 : 『대학연의보』 권20에 보인다.

(英宗) 치평(治平, 1064~1067) 연간의 실태를 비교해 보면 경덕 연간에는 호구가 730만이고 개간된 전답이 170만 경(頃)이었으며, 황우 연간에는 호구가 1천90만이고 개간된 전답이 225만 경이었으며, 치평 연간에는 호구가 1천290만이고 개간된 전답이 430만 경이었습니다. 천하에서 1년간 들어오는 수입이 황우·치평 연간에는 모두 1억만 이상이었고, 1년에 지출하는 경비 또한 1억만 이상이었습니다. 경덕 연간에는 관원의 수가 1만여 명이었고 황우 연간에는 2만여 명, 치평 연간에는 2만 4천 명이었습니다. 관원 수가 황우 연간에는 경덕 연간에 비해 2배, 치평 연간에는 3배가 되었습니다. 따라서 그 나머지 재물을 사용할 용도도 모두 두 배였을 것임을 알 수 있습니다. 그러자 유사(有司)에게 조서를 내려, 기록된 내용을 조사하고 그 까닭을 밝혀서 관리가 되는 경로가 다양하고 재물의 용도가 여러 갈래라는 것을 모두 상고하여 알 수 있게 하였습니다. 그런 다음에 각각 의논하여 없앨 수 있는 것은 없애고 줄일 수 있는 것은 줄여서 소요 경비를 모두 경덕 연간의 수와 같게 하자 줄어든 것이 거의 반이나 되었습니다. 또 이를 통해 유추해 보니 천하의 비용 중에 옛날에는 간략하였는데 오늘날에 부화(浮華)한 것이 있고, 오늘날에 간략하고 옛날에 부화했던 것이 있었습니다. 이에 그 부화한 것은 반드시 부화하게 된 연유를 찾아서 막고, 그 간략한 것은 반드시 간략하게 할 수 있는 연유를 찾아서 따르게 하였습니다. 이와 같이 하여 힘써 행하니 1년의 수입이 1억만 이상이고 절약되는 것이 10분의 3이었으므로 1년에 남는 재물이 3만이 되었습니다. 이것을 30년 간 통계하니 남는 재물이 9억만으로서 15년 간 쓸 수 있는 저축이 될 수 있었습니다."[31]라고 하였다.

---

31 재물을 쓰는 데 절제가 있으면 …… 있었습니다: 증공(曾鞏)이 송 인종(仁宗)에게 올린

이에 대해 구준(丘濬)은 다음과 같이 말하였다.

"증공의 이 논의는 송나라 진종·인종·영종 3대의 일을 비교하여 그 재부(財賦)의 수입·지출한 숫자를 알고, 유사에게 조서를 내려 기록된 내용을 조사하여 3대 왕대에 재물을 낭비한 까닭을 밝혀내고 그 수량을 알아내어 현재의 실태를 옛날과 비교하여 없앨 것은 없애고 줄일 것은 줄이며 간략한 것을 따르고 부화한 것을 막자고 청한 것입니다. 그 의논이 탁월하여 실행할 만한데 다만 임금께서 기꺼이 그 의논을 채용할지 아닐지에 달렸을 뿐입니다. 삼가 생각건대 우리나라의 강역은 송나라에 비해 넓어졌고 호구 수는 송나라와 비교하여 비록 대략 비슷하지만 오늘날 개간된 전답은 송나라 때보다 훨씬 많습니다. 수입은 더 많아졌는데 비용은 그에 비하면 또 적으니 마땅히 국가의 저축은 송에 비해 몇 배가 되어야 할 것입니다. 청컨대 지금부터 시작하여 심계(心計)가 있는 신료에게 명하여 태조(太祖) 홍무(洪武, 1368~1398), 성조(成祖) 영락(永樂, 1403~1424), 선종(宣宗) 선덕(宣德, 1426~1435), 영종(英宗) 정통(正統, 1436~1449) 이후의 호구와 개간된 전답 및 돈·식량·금·은·비단의 수량을 상고하여 매년 수입과 지출이 지금과 비교하여 어느 쪽이 많고 어느 쪽이 적은지 비교하게 하소서. 그런 다음 현재의 실태에 대해 그해의 수입에 근거하여 그해의 지출 중 전체 비용으로 얼마를 쓰고 얼마를 남겨서 비축할지를 계산하여 오늘날의 지출과 수입을 정한다면 지난 시대의 사실과 부고(府庫)의 허실을 분명히 알게 되어 감히 함부로 낭비하지 못할 것입니다."[32]

구준은 또 다음과 같이 말하였다.

---

「걸명법도이양천하지재(乞明法度以養天下之財)」의 일부이다.
32 증공의 …… 것입니다:『대학연의보』권21에 보인다.

"매년 호부(戸部)에서 먼저 내외의 각 관사 및 변방에 공문을 보내어 미리 다음해 1년 동안의 용도에 대해 어느 곳에 도합 전곡(錢穀) 얼마를 쓰고 무슨 일에 도합 전곡 얼마를 쓰며, 용도 외에 또 응당 남겨서 쌓아 두어야 할 예비 물량이 얼마인지 미리 회계하게 하고, 현재 그곳의 창고에 남아 있는 전곡이 얼마이며 아직 운반되어 오지 않은 것이 얼마인지에 대해 장부를 만들어 낱낱이 열거하여 보고하게 합니다. 또 미리 각처의 포정사(布政司) 및 직례부(直隷府)에서 분담하여 매년 10월 모든 곡식의 추수가 끝난 뒤에 여름과 가을 두 차례에 걷는 1년의 총 세수를 계산하고, 그 사이 재해와 포흠, 견감, 빌려 준 수량을 모두 보고하게 합니다. 12월 하순에 가서는 호부에서 서울과 지방에 원래부터 있던 저축과 새로 저축하게 된 수량을 모두 갖추어[33] 집정대신(執政大臣)과 함께 모여 다음해 1년 동안 사용할 것이 얼마이고 남는 것이 얼마이며, 사용하고 남은 것이 몇 년 간 쓸 수 있는 저축인지 그 총 수량을 갖추어 천자께 보고하여, 부족할 경우에는 어디에서 가져다가 보충하며 남는 것이 있으면 어디에 비축하여 쓰임에 대비할지를 알게 하며, 혹 부족한 해에는 무슨 일을 줄이며 어느 일을 잠시 중단할 수 있을지를 알게 합니다. 이렇게 하면 국가의 용도는 상고할 데가 있어 미리 대비할 수 있고 또한 윗사람으로 하여금 매년 재용의 다과와 국가 재정의 영축(嬴縮)과 축적의 유무를 알게 할 수 있습니다."

당나라의 고사에는 천하의 재부(財賦)를 오직 좌장(左藏)[34]에 귀속시

---

33 서울과 …… 갖추어 : 저본에는 '通其內外新舊儲積之數'인데 『대학연의보』에 근거하여 '其'를 '具'로 수정하여 번역하였다.

34 좌장(左藏) : 국고(國庫)의 이름이다. 진(晉)나라 때부터 있었던 것으로, 당나라에 이르러서는 좌·우장(左右藏)을 마련하고 태부경(太府卿)에 예속하는 영(令)과 승(丞)을 두었는데, 좌장에서는 전백(錢帛)·잡채(雜采)와 천하의 부조(賦調)를 맡고, 우장에서는

키고 태부(太府)에서 계절마다 그 수량을 보고하면 비부(比部)에서 그 출입을 조사하였다. 그런데 제오기(第五琦)[35]가 탁지염철사(度支鹽鐵使)가 되어 모든 재부를 대영고(大盈庫)[36]에 귀속시켜 천자의 급사(給賜) 재원으로 삼고 중관(中官)이 주관하게 하기를 청하였다. 이로부터 천하의 재부는 임금의 개인 소유가 되어 유사가 그 다소를 헤아릴 수 없게 되었다.[37]

문종(文宗) 개성(開成, 836~840) 초기에 귀융(歸融)[38]이 호부시랑 겸 어사중승(戶部侍郎兼御史中丞)이 되어 아뢰기를, "천하는 한 집안인데 어느 곳이든 임금의 땅이 아니겠습니까. 중외의 재물이 모두 폐하의 부고(府庫)입니다."라고 하였다.

송나라 태조 건덕(乾德, 963~968) 3년에 여러 주에 조서를 내려 필요한 경비를 제외한 모든 재화를 궐하(闕下)로 보내고 남겨 두지 못하게 하였다. 이때부터 1전 이상은 모두 조정으로 귀속되었다. 송나라가 갈수록 약해져서 떨쳐 일어나지 못한 까닭이 실로 여기에 있다. 【『송사(宋史)』에, "지방의 주에는 유치해 둔 재물이 없고 천하의 지용(支用)은 모두 삼사(三司)에서 나왔다. 그래서 그 비용은 점점 많아졌다."[39]라고 하였다.】

---

동철(銅鐵)·모골(毛骨)·금옥(金玉)·주보(珠寶)·공물(貢物) 및 노리개 등을 맡았다. 이후 송나라에는 좌장·내장(內藏)이 있었고, 원나라에는 좌·우·내 삼장(三藏)이 있었다(『類選』 卷4下, 「人事篇 6」, 治道門 3 참조).

35 제오기(第五琦): 생몰년은 729~799년, 자가 우규(禹珪)이고 경조(京兆) 장안(長安) 사람이다. 당 대종(代宗) 때 광덕(廣德) 호부시랑(戶部侍郎), 경조윤(京兆尹)을 지냈으며 금융·화폐 제도의 개혁을 주장하였다.

36 대영고(大盈庫): 당 현종(玄宗) 때 설치한 천자의 사고(私庫)이다.

37 매년 호부(戶部)에서 …… 없게 되었다: 『대학연의보』 권20에 보인다.

38 귀융(歸融): 자가 장지(章之)이다. 당 헌종(憲宗) 원화(元和, 806~820) 연간에 진사에 급제하고, 좌습유(左拾遺)·한림학사(翰林學士)·호부시랑(戶部侍郎)·어사중승(御史中丞) 등을 역임하고 뒤에 경조윤(京兆尹)을 지냈다.

철종 원우(元祐, 1086~1094) 연간에 소철(蘇轍)이 호부시랑이 되어, "나라를 잘 다스리는 임금은 재물을 백성들에게 저장하고 그 다음 임금은 주군(州郡)에 쌓아 둡니다. 주군에 여유가 있으면 전운사(轉運司)가 항상 넉넉하고 전운사가 넉넉해지면 호부가 곤궁하지 않습니다. …… 그런데 신종(神宗) 희령(熙寧, 1068~1077) 이후로는 이익을 말하는 신하들이 본말을 모르고서 나라를 부유하게 하고자 하면서 먼저 전운사를 곤궁하게 만들었습니다. 전운사가 곤궁해지자 위에 공급하는 것을 잇대지 못하게 되었고 위에 공급하는 것을 잇대지 못하자 호부도 고달프게 되었습니다. 전운사와 호부가 곤궁하면 내탕고(內帑庫)에 별도로 산더미 같은 재물을 쌓아 두더라도 썩어 흙이 되고 말 것이니 국가 재정에는 아무런 도움이 되지 않습니다."라고 하였다.

이상의 사실들에 대해 고염무(顧炎武)는 다음과 같이 평하였다.

"재물이 위로 모이면 '나라가 상서롭지 못하다[國之不祥]'라고 한다. 전폐(錢幣)의 근본은 상하에 두루 통하는 재화를 만드는 것임을 모르고서 한 집안의 물건으로 여겨서 해마다 수백만의 재물을 징수하여 서울의 창고에 쌓아 두고 유통시키는 술법을 모른다. 그래서 아래에서 재물이 고갈되기에 이르러 위의 요구를 잇대어 들어줄 수가 없게 되고, 그렇게 되면 백성이 궁핍해져 도적이 일어나는 것이다. 선목공(單穆公)[40]은 '백성들이 쓸 재물을 고갈시켜서 왕의 창고를 채우려는 것은 물의 근원을 막고서 웅덩이를 만들려고 하는 것과 같다.'라고 하였다. 자고로 백성이 궁핍하고 재물이 고갈되었는데 임금이 위에서 홀로 모든 것을 끌어안고 많은 재물을 쌓은 적이 있었던가. 『시』에 이르기를 '하늘

---

39 지방의 …… 많아졌다:『송사(宋史)』권179,「식화지(食貨志)」, 회계(會計)에 보인다.
40 선목공(單穆公) : 주(周) 경왕(景王) 때 선국(單國)의 군주, 이름은 기(旗)이다.

이 가엾게 여기지 않으시는가, 우리를 곤궁하게 해서는 안 되거늘〔不弔
昊天 不宜空我師〕.'[41]이라 하였고, 유자(有子)는 '백성이 부족하면 임금
이 누구와 더불어 넉넉하겠는가〔百姓不足 君孰與足〕.'[42]라고 하였으니
옛사람들은 그런 이치를 알았던 것이다."[43]

【이상은 '비용을 절약〔節用〕'하라는 경계이다.】


『주례』, 「지관사도(地官司徒)」에, "사시(司市)는 시장의 치교(治敎) · 정
형(政刑) · 양도(量度) · 금령(禁令)을 관장한다. 관리소〔次〕와 점포〔肆〕[44]
로 구역을 나누어 시장의 경계를 짓고 점포의 열을 지어서 물화를 분별
함으로써 시가를 공평하게 한다. 큰 장〔大市〕은 해가 기울 때에 열고,
아침 장〔朝市〕은 아침에 열며, 저녁 장〔夕市〕은 저녁에 연다. 시장에서
거래하는 물화와 여섯 가지 가축과 진기한 물건들 중 없는 것은 있게
하고, 백성에게 이로운 물건은 많이 유통되게 하고, 백성에게 해로운
물건은 없애며, 사치스러운 물건은 조금 유통되게 한다."라 하고, 또

---

41 하늘이 …… 안 되거늘: 『시경』, 「소아(小雅)」, 절남산(節南山)의 일부로 윗사람이 공평
하지 못하여 곤궁에 빠진 백성들이 원망하는 내용이다.
42 유자(有子)는 …… 넉넉하겠는가: 『논어』, 「안연(顔淵)」에 보인다. 유자는 공자의 제자
유약(有若)이다.
43 문종(文宗) 개성 …… 것이다: 『일지록』 권12에 보이는데, 고염무(顧炎武)의 논평 부분
은 『일지록』과 약간의 내용 출입이 있다. 해당 부분 『일지록』 원문은 다음과 같다. "歲
歲徵數百萬 貯之京庫而不知所以流通之術. 於是銀之在下者 至於竭涸而無以繼上之求
然後民窮而盜起矣. 單穆公有言'絶民用以實王府 猶塞川原而爲潢汙也' 自古以來有民窮
財盡而人主獨擁 多藏於上者乎. 此無他, 不知錢幣之本爲上下通共之財而以爲一家之物
也. 詩曰'不弔昊天 不宜空我師' 有子曰'百姓不足 君孰與足' 古人其知之矣 財聚於上 是
爲國之不祥."
44 관리소〔次〕와 점포〔肆〕: 『주례』 가공언(賈公彦)의 소에, 차(次)는 '吏所治舍'이고 사
(肆)는 '肆行列'이라 하였다.

"천부(泉府)는 시장에서 포(布)를 거두는 일을 관장한다. 시장에서 매매되지 않아서 백성들의 생활에 지장을 주는 물건이 있으면 값을 주고 그것을 매입해서 가격을 적어 게시하여 불시의 구매자를 기다린다. 구입하고자 하는 사람은 그 원가를 지불하는데, 도(都)와 비(鄙)의 백성은 각각 그곳 대부의 인가를 받고, 국인(國人)과 교인(郊人)[45]은 각각 유사(有司)의 인가를 받은 다음에 내준다. 대여할 경우[46] 그 기간은 제사용품은 열흘을 넘기지 못하고 장례용품은 3개월을 넘기지 못한다. 빌려가는 백성은 담당 유사와 물건 값을 정한 다음에 받아 가고 국가에서 정한 이자를 부담한다."라고 하였다.

관중(管仲)이 제(齊)나라의 정승이 되어 물가를 통제하는 권한에 대해 "농사가 흉년인 해도 있고 풍년인 해도 있으므로 곡물이 귀할 때가 있고 천할 때가 있습니다. 국가의 명령이 느슨할 때도 있고 긴급할 때도 있으므로 물가가 높을 때가 있고 낮을 때가 있습니다. 따라서 임금이 이를 다스리지 않으면 부유한 상인이 시장을 휩쓸며 백성들에게 필요한 물자가 부족한 때를 틈타 백 배의 이익을 얻게 됩니다. 백성들은 물건이 남아돌면 경시하므로 임금은 싼 값으로 거두어들이고, 물건이 부족하면 중시하므로 임금은 비싼 가격으로 방출합니다. 가격에 따라 적시에 거두어들이고 방출한다면 물가를 고르게 조절할 수 있습니다. 물가를 고르게 유지하면 1만 가구가 사는 고을에는 반드시 만종(萬鍾)의 곡식과 천만 꿰미의 돈이 저축되게 하고, 1천 가구가 사는 고을에는 반

---

**45** 도(都)·비(鄙)·국인(國人)·교인(郊人): 『주례』 가공언(賈公彦)의 소에, "도비는 소도·대도 및 가읍이고, 국인은 국성 안, 즉 육향의 백성이며, 교인은 원교의 바깥, 즉 육수의 백성이다〔都鄙者可兼大小都及家邑云國人者謂住在國城之內卽六鄕之民也云郊人者卽遠郊之外六遂之民也〕."라 하였다.

**46** 대여할 경우: 원문은 '賖者'인데 '從官貰買物'이라 한 정현(鄭玄)의 주를 따랐다.

드시 천종(千鍾)의 곡식과 백만 꿰미의 돈이 저축되게 할 수 있습니다. 또 봄에 밭을 갈고 여름에 김을 맬 때 가래와 쟁기 같은 농기구와 종자와 양식을 모두 넉넉하게 해 줄 수 있습니다. 그러므로 부유한 상인들이 우리 백성의 재물을 함부로 빼앗지 못합니다."라 하였다.

한나라 무제 원봉(元封, 기원전 110~기원전 105) 원년에 상홍양(桑弘羊)의 말을 채용하여 군국(郡國)에 균수관(均輸官)을 두고 천하의 재화(財貨)를 독점하여 물건이 귀하면 내다팔고 흔하면 사들이게 하여 부유한 대상(大商)들이 큰 이익을 노릴 수 없고 가격이 급등하지 못하게 하였다. 그리하여 천하의 물가를 억제하고 그 이름을 평준(平準)이라 하였다.[47]

위진남북조(魏晉南北朝) 시대 남제(南齊)의 무제(武帝) 영명(永明, 483~493) 5년 9월 병오일(丙午日)에 조서를 내려, "농상(農桑)은 예전만 못한데도[48] 곡식과 비단 가격이 하락하여 공인(工人)과 상인이 생업을 잃은 것은 진실로 화폐제도가 오랫동안 폐지되어 상등급의 화폐가 점차 적어졌기 때문이다. 서울과 사방으로 하여금 억만금의 돈을 내어 미곡과 면사·비단 등속을 사들여 가격을 조절해서 백성들에게 혜택이 돌아가게 하라." 하였다.

당 헌종(憲宗) 원화(元和, 806~820) 8년 4월에 칙령을 내려 돈이 귀하고 물화(物貨)가 흔하니 내고(內庫)의 돈 50만 관(貫)을 내주어 두 군데의 상평창(常平倉)에 지시하여 시장의 포백(布帛)을 사들이되[49] 1필당 이전

---

47 『주례』, 「지관사도(地官司徒)」에 …… 하였다: 『대학연의보』 권25에 보인다.
48 농상(農桑)은 예전만 못한데도: 저본과 『일지록』에는 이 내용이 없는데 이해를 돕기 위해 『남제서(南齊書)』 권3, 「무제본기(武帝本紀)」에 근거하여 보충하였다.
49 두 군데의 …… 사들이되: 저본과 『일지록』에는 '令兩市收買布帛'으로 되어 있는데, '令兩常平倉收市布帛'이라 한 『구당서(舊唐書)』 권15, 「무제본기(武帝本紀)」의 기사에 따라 번역하였다.

가격에 비해 10분의 1을 더 지불하게 하였다. 그리고 12년 정월에 다시 칙령을 내려서 내고의 돈 50만 관을 내주고 경조부(京兆府)에 지시하여 편이한 요지에 시장을 개설하여 시가대로 교역하게 하였다.[50]

송 신종(神宗) 희령(熙寧) 5년에 조서를 내려, "천하의 상인과 물화가 서울에 이르러서는 대부분 겸병(兼幷)하는 집들 때문에 곤란을 겪는다. 내장고(內藏庫)의 돈과 비단을 내어줄 것이니 관원을 선발하여 서울에 시역무(市易務)를 설치하라." 하였다. 또 효종(孝宗) 융흥(隆興, 1163~1164) 2년에는 신료들이, "희령 초기에 시박사(市舶司)[51]을 창립하여 물화를 유통시켰는데, 옛 법에 추해(抽解, 세금의 일종)의 수량을 일정하게 하여 가혹하게 거두지 않았고 세금의 납부 기한을 넉넉하게 잡아 주어 제값을 받고 팔 때까지 기다려 주었으니 먼 지역의 사람들을 포용하는 뜻[52]을 실로 거기에 붙인 것이었습니다."라고 하였다.[53]

【이상은 물가 조절 제도[市糴之制]이다.】

『주례』의 제도는 다음과 같았다.

태재(太宰)가 구부(九賦)를 관장하는데 그중 일곱 번째가 '관문과 시장에서 걷는 세금[關市之賦]'이다. 태부(大府)는 구부의 실무를 보좌하여 들어오는 재물을 받아들이고, 관문과 시장에서 세금을 받아 왕의 음식과 의복을 공급하였다.

---

50  남제(南齊)의 무제(武帝) …… 하였다 : 『일지록』 권12에 보인다.
51  시박사(市舶司) : 송나라 때 연해(沿海)의 주요 항구에서 출입하는 상인들에게 세금을 거두는 일을 맡았던 관서이다. 그 세금을 추해(抽解) 또는 추분(抽分)이라고 하였다.
52  먼 지역의 …… 뜻 : 저본에는 '懷意'로 되어 있는데 『송사(宋史)』, 「식화지(食貨志)」와 『대학연의보』에 근거하여 '懷遠之意'로 보고 번역하였다.
53  송 신종(神宗) …… 하였다 : 『대학연의보』 권25에 보인다.

사관(司關)은 나라의 화절(貨節)[54]을 관장하며 사문(司門)·사시(司市)와 긴밀하게 연락한다. 물화(物貨)를 가지고 출입하는 자들에 대해 금지된 물품을 단속하고 세금을 거두며 그들이 묵는 숙소 등을 통제한다. 세금을 피하기 위해 관문을 통과하지 않고 샛길로 출입하는 경우에는 그 물건을 압수하고 그 사람을 처벌한다. 관의 화절을 받지 않고 민간에서 물건을 구입한 자가 관문에 이르면 화절을 주어 내보낸다. 국가에 흉년이 들거나 돌림병이 있으면 관문에서 세금을 받지 않고 감시만 한다.

위인(委人)은 원교(遠郊)에 있는 원포(園圃)·산택(山澤)의 세금, 땔나무〔薪〕[55]와 풀에 대한 세금, 소재(疏材, 채소류)와 목재(木材)에 대한 세금, 겨울을 나기 위해 비축하는 물건들〔畜聚〕에 대한 세금 걷는 일을 관장한다.[56]

【이상은 관문과 시장에서 거두는 세금〔關市之征〕이다.】


제(齊)나라 환공(桓公)이 관중(管仲)에게 "나라를 어떻게 다스려야 합니까?"라고 물었다. 관중이 "바다의 자원을 기반으로 왕업을 이룬 나라는 염세(鹽稅)를 징수하는 정책을 폅니다. 열 식구가 사는 집에서는 열 명이 소금을 먹고 백 식구가 사는 집에서는 백 사람이 소금을 먹으니 그 종부(鍾釜)[57]를 계산하여 세금을 매깁니다." 하고, 이로써 환공을 설

---

54 화절(貨節) : 상인들에게 발급하던 일종의 증명서이다. 『주례』 정현(鄭玄)의 주에 "商本所發司市之璽節也"라 하였다.
55 땔나무〔薪〕 : 저본에는 '新'으로 되어 있는데, 『주례』와 『대학연의보』에 근거하여 '薪'으로 수정하여 번역하였다.
56 『주례』의 …… 관장한다 : 『대학연의보』 권30에 보인다.
57 종부(鍾釜) : 저본에는 '種釜'로 되어 있는데 『대학연의보』에 근거하여 '種'을 '鍾'으로 수정하여 번역하였다. 종과 부는 모두 부피 단위로, 부는 소금 10되에 해당하는 양이고

득하여 땔나무를 베어 바닷물을 끓여 소금을 만들고 북해(北海)의 백성들이 공인을 모아서 소금을 만드는 것을 금지하였다.

동중서(董仲舒)가 "한나라는 진나라의 법을 계승하였는데, 염철(鹽鐵)의 이익이 옛날의 20배나 되었다."라고 하였다.

당나라 유안(劉晏)[58]이 염철사(鹽鐵使)가 되자 '백성들에게 급히 필요한 것을 기준으로 세금을 걷으면 국가의 재정이 넉넉해질 것'이라 생각하여 염법(鹽法)을 조정해야 한다고 건의하였다. 그 전에는 소금에서 얻는 이익이 1년에 겨우 40만 민(緡)이었는데 그 뒤 600여만 민에 이르러 천하의 부세 중 염세가 절반을 차지하였고 궁위(宮闈)·복어(服御)·군양(軍饟)·백관의 녹봉을 모두 염세에 의지하여 지급하였다.

송나라 태종 옹희(雍熙, 984~987) 이후 전쟁으로 군량이 부족하자 상인들에게 꿀과 식량을 변방으로 수송하게 하고 값을 올려서 강주(江州)·회주(淮州)·형주(荊州)·호주(湖州)로 하여금 과염(顆鹽)과 말염(末鹽)을 지급하게 하였다. 단공(端拱, 988~989) 2년에는 절중창(折中倉)을 설치하여 상인들이 서울로 곡물을 수송하도록 허락하고 그 값을 넉넉히 쳐서 강주와 회주의 소금으로 지급하였다.

송나라 초기에는 염초법(鹽鈔法)이 아직 시행되지 않았다. 이때는 건안군(建安軍)에 염창(鹽倉)을 설치하고 수송을 진주(眞州)에 맡겼다. 이때 이항(李沆)이 발운사(發運使)를 맡았는데, 쌀을 운반하고는 그 창고로 돌아가서 빈 배에 모두 소금을 싣고 강주·절주(浙州)·회주·광주(廣州)에 가서 풀었다. 그런 식으로 소금으로 선박 운행 재원을 마련하자 백

---

10부가 1종이 된다.

**58** 유안(劉晏): 생몰년은 715~780년, 자는 사안(士安)이고 조주(曹州) 남화(南華) 사람이다. 이부상서동평장사(吏部尚書同平章事)·영탁지사(領度支使)·주전사(鑄錢使)·염철사(鹽鐵使) 등을 역임하며 재정 관련 개혁정책을 폈다.

성들이 수월해졌다.[59]

【이상은 염철의 이익[鹽鐵之利]이다.】

옛날부터 재용을 마련하는 방도는 위에 수록한 네 가지 방법이 모두
이다. 네 가지 법 중에서 오직 비용을 줄이는 한 가지는 반드시 지속해
야 하니 아무리 오랜 세월이 흐른다 해도 폐지할 수 없다. 게다가 그중
에서 1년의 수입과 지출의 수량을 총계하여 위에 아뢰어 미리 준비하
고 또한 윗사람으로 하여금 1년에 드는 비용이 얼마나 되는지, 국가 재
정이 부족한지 넉넉한지, 축적된 것이 있는지 없는지를 알 수 있게 하
는 것은 매우 좋은 법이다. 이렇게 한다면 수입을 헤아려서 지출을 하
므로 쓸데없는 낭비를 할 염려가 없고, 빈 것을 보고 두려워할 줄을 알
아서 헤아려 절약할 마음이 생길 것이다. 현재 호조와 선혜청 두 관사
의 위축을 보면 모두 포흠·차대(借貸)·선하(先下)[60] 같은 일들 때문인
데, 만약 수량을 갖추어 위에 보고하는 법을 시행하여 현재 남아 있는
물량과 장부를 대조하여 지출과 수입이 합당하게 실행되는지를 살핀다
면 어찌 포흠·차대·선하 같은 일들이 이와 같이 낭자하게 이루어지
며 끝도 없이 방만할 수 있겠는가. 지금 각처의 돈과 곡식은, 장부에
기재된 것만 보면 풍족하지 않은 데가 없으니 마땅히 관후(貫朽)·홍부
(紅腐)[61]해야 할 것이다. 그런데 각 관사가 날로 곤궁하고 초췌해지는

---

59 제(齊)나라 환공(桓公)이 …… 수월해졌다: 『대학연의보』 권28에 보인다.
60 선하(先下): 지출해야 할 경비를 정해진 기일보다 앞당겨서 미리 지급하는 것을 말한다.
61 관후(貫朽)·홍부(紅腐): 관후는 돈꿰미가 썩었다는 뜻이고 홍부는 곡식이 오래되어 붉
　게 변질된 것으로, 전곡(錢穀)이 워낙 많음을 뜻한다. 한 무제(武帝) 원수(元狩) 연간에
　곡식과 돈이 워낙 풍부해져서, 태창(太倉)의 곡식은 붉게 변질되어 먹을 수가 없게 되
　고, 도성(都城) 안의 돈은 꿰미가 썩어 버려서 돈을 헤아릴 수가 없게 되었다고 한 데서
　온 말이다.

것은 오직 장부상의 기록으로만 있을 뿐 창고에 실제 수량이 없기 때문이다. 이는 모두 조정에서 책임자에게 너그러워서 철저하게 감찰하지 않기 때문에 빚어진 일일 것이다.

물가 조절 제도〔市糴之制〕와 관문과 시장에서 거두는 세금〔關市之征〕과 염철의 이익〔鹽鐵之利〕을 관리하는 데 대해서는 삼대 이후로 모두 일정한 제도가 있어서, 이것으로 국가의 경비를 마련하고 군향(軍餉)을 마련하고 관리의 녹봉을 마련하였으니 실로 국가가 지급하는 모든 경비를 여기에 의지하였다. 우리나라의 은혜로운 정사는 백성과 산택(山澤)의 이익을 함께 하고자 하여 세금을 심하게 거두지 않았다. 그런데 지금은 세금 거두는 것이 여러 갈래여서 세금을 매기지 않는 물건이 없지만 그 이익은 모두 각 관서에서 중간에 녹아 없어지고 국가의 재용에는 조금의 보탬도 없으니 안타깝다. 다시 나라를 위해 계책을 세울 뒷날의 군자가 조치해야 할 바이다.

도(度, 길이 단위)는 본래 황종(黃鍾)의 길이에서 기원하였다. 중간 크기의 검은 기장〔子穀秬黍中者〕한 톨의 너비를 가지고 재어서 황종의 길이를 90등분하여 그 1을 1분(分), 10분을 1촌(寸), 10촌을 1척(尺), 10척을 1장(丈), 10장을 1인(引)으로 한다. 이렇게 하여 5종의 자를 자세히 살핀다. 자는 구리〔銅〕로 만드는데, 높이 1촌, 너비 2촌, 길이 1장이 되게 만들고 1장 안에 촌·분·척을 포함시킨다. 인은 대〔竹〕로 만드는데 높이 1분, 너비 6분, 길이 10장으로 만든다.

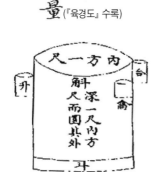

量(『육경도』수록)

량(量, 부피 단위)은 본래 황종의 약〔龠, 죽관(竹管)〕에서 기원하였다. 중간 크기의 검은 기장 1천200톨을 약에 넣고 물을 부어 수평을 맞춘 것이 약이다. 10약을 1홉〔合〕, 10홉을 1승(升, 되), 10승을 1두(斗, 말), 10말을 1곡(斛)으로 한다. 용기는 구리로 만드는데, 위가 곡, 아래가 두, 왼쪽 귀가 승, 오른쪽 귀가 홉과 약이 된다.

　형(衡, 무게 단위)은 본래 황종의 무게에서 기원하였다. 황종의 죽관 하나에 기장 1천200톨을 넣은 것의 무게가 12수(銖)이다. 12수의 두 배가 1냥(兩)이다. 즉 24수가 1냥이 되는데 그것은 24절기를 상징한다. 16냥이 1근(斤)으로 384수인데 이는 『역(易)』 상·하 편 효(爻)의 총수를 상징한다. 30근이 1균(勻)으로 무게가 1만 1천520수인데 그것은 만물의 가짓수에 해당된다. 4균이 1석(石)으로 무게가 120근인데 이는 12달을 상징한다.[62]

『당육전(唐六典)』에는 다음과 같이 되어 있다.

"도는 중간 크기의 검은 기장〔北方秬黍中者〕 한 톨의 너비를 1분으로 하여, 10분이 1촌, 10촌이 1척, 1척 2촌이 1대척(大尺), 10척이 1장이 된다. 량은 중간 크기의 기장〔秬黍中者〕 1천200톨이 들어가는 것을 1약(龠)으로 하여, 2약이 1홉, 10홉이 1승, 10승이 1두, 3두가 1대두(大斗), 10두가 1곡이 된다. 권형(權衡, 저울)은 중간 크기의 기장 100톨의 무게를 1수【응소(應劭)는, "10톨이 1류(絫), 10류가 1수(銖)이다."라 하였다.】로 하여, 24수가 1냥, 3냥이 1대냥〔大兩〕, 16냥이 1근이 된다. 기장을 쌓아서 도·량·권형을 만든 것은 종률(鍾律, 음률)을 조율하고, 해 그림자를 측정하고, 탕약을 조제하며, 관면(冠冕)의 제도를 만들기 위해서인데 내외 관사(官司)에서 사용할 때에는 모두 큰 것을 사용한다."라 하였다.

살펴건대 당나라 때에는 권과 량은 옛날의 제도와 지금의 제도를 병행하고 큰 것과 작은 것을 함께 사용하였다.

도와 량은 모두 10을 곱해 나가는데 권[63]만은 1약에 들어가는 낱알 1천200톨의 무게를 12수로 하고, 그것의 두 배를 냥으로 하여 16냥을 1근, 30근을 1균, 4균을 1석으로 하였다. 지금 사람들이 수를 전(錢)으로 고치고 냥[64] 이상은 수백, 수천에서 만에 이르기까지 권의 수 역시 10을 곱해 나간다. 한(漢)나라 제도에 돈에 대해서는 수라 하고 금에 대해서는 근이라 했는데 그 이름이 고대의 제도에 가깝다.

---

62 도(度)는 …… 상징한다 : 『육경도(六經圖)』 권2, 「율도량형도(律度量衡圖)」에 보인다. 사고전서총목제요(四庫全書總目提要)에 따르면 『육경도』는 송(宋) 양갑(楊甲)의 소찬(所撰)으로 모두 6권에 322개의 도(圖)가 수록되어 있다.

63 권 : 저본에는 '衡'으로 되어 있는데 『일지록』 권11에 근거하여 '權'으로 수정하였다. 衡과 權은 모두 저울로 해석할 수 있어 같은 의미로 볼 수도 있는데, 아래에 나오는 '권의 수〔權之數〕'와 표현을 통일하기 위해 이렇게 수정하였다.

64 냥 : 저본에는 '量'으로 되어 있는데 『일지록』 권11에 근거하여 '兩'으로 수정하였다.

고대에 24수를 냥으로 하였으니 오수전(五銖錢) 10매의 무게를 계산하면 2냥 2수가 되어야 한다. 그런데 지금의 저울로 10매를 달면 지금의 1냥에 조금 못 미친다.

화포(貨布)

또 『한서』, 「왕망전(王莽傳)」에 "천봉(天鳳 14~19) 원년에 화포(貨布)를 다시 만들었다. 총 길이가 2촌 5분이고 너비가 1촌, 머리 부분은 길이가 8분이 조금 넘고 너비가 8분, 가운데 원의 지름이 2분 반, 발 부분은 길이가 8분, 두 발 사이의 간격이 3분이다. 오른쪽에는 '화(貨)', 왼쪽에는 '포(布)'라는 글자를 새기며 무게는 25수이다."라고 하였다.

근래[65]에 부평(富平)의 백성이 땅을 파다가 화포 한 항아리를 얻었다. 그것을 재어 보니 2촌 5분이라고 한 길이는 지금의 초척(鈔尺)으로 1촌 6분 남짓이고, 1촌이라고 한 너비는 지금의 6분 남짓이며, 8분이라고 한 것은 지금의 5분이었다. 또 25수라고 한 무게는 지금의 저울로는 4전 2분이었다. 그렇게 볼 때 현대의 도량형이 고대의 도량형보다 큰데, 그중에서도 량이 차이가 가장 크고 권이 그 다음이며 도가 또 그 다음이다.

도은거(陶隱居)[66]의 『명의별록(名醫別錄)』에는 이렇게 되어 있다. "옛

---

65 근래 : 고염무(顧炎武, 1613~1682)가 활동하던 17세기이다.
66 도은거(陶隱居) : 중국 남조 양(梁)나라 때의 학자 도홍경(陶弘景)이다. 생몰년은 456~536년, 자는 통명(通明), 은거는 그의 호이다. 유·불·도 삼교에 능통하였고, 특히 음양오행·역산(曆算)·지리·물산(物産)·의술본초(醫術本草)에 밝았다. 도교 경전으로 존중되는 『진고(眞誥)』, 『등진은결(登眞隱訣)』과 의·약학 서적인 『본초경집주(本草經集注)』 등의 저서가 있다.

날 저울에는 수와 냥만 있고[67] 분이라는 명칭은 없었다. 지금은 기장 10톨의 무게를 1수, 6수를 1분, 4분을 1냥, 16냥을 1근으로 한다."라 하였다. 이고(李杲)[68]는, "6수가 1분이니 곧 지금의 2전 반이다."라고 하였는데, 이는 또 2전 반을 1분으로 본 것이다. 이렇게 보면 사람들이 이름 붙이기 나름이지 정해진 명칭은 없었던 것이다.

두우(杜佑)의 『통전(通典)』[69]에, "육조시대의 량으로 3되는 지금의 1되에 해당하고, 육조시대의 저울로 3냥은 지금의 1냥에 해당하며, 육조시대의 자로 1척 2촌은 지금의 1척에 해당한다."라 하였다.

『좌전(左傳)』 정공(定公) 8년 조의 『정의(正義)』에, "위(魏)·제(齊)의 두량(斗量)은 고대의 2를 1로 하였고, 주(周)·수(隋)의 두칭(斗稱)은 고대의 3을 1로 하였다."라 하였다.

『수서(隋書)』, 「율력지(律曆志)」에, "양(梁)나라와 진(陳)나라는 고대의 말[古斗]을 따랐고, 제(齊)나라는 고대의 되[古升]로 5승을 1두로 하였다. 주(周)나라는 옥승(玉升)을 썼는데, 옥승으로 1승은 관두(官斗)로 1승 3홉 4작(勺)에 해당한다. 문제(文帝) 개황(開皇, 581~600) 시기에는 고대의 말로 3승을 1승으로 하였고, 양제(煬帝) 대업(大業, 605~617) 초에는

---

67 수와 냥만 있고: 저본에는 '爲有銖兩'으로 되어 있는데 『명의별록』에는 '爲'가 '惟'로 되어 있다.

68 이고(李杲): 생몰년은 1180~1251년. 금(金)나라의 의학자이며 중국 의학사상 금원사대가(金元四大家)의 한 사람으로 꼽힌다. 자는 명지(明之), 호는 동원노인(東垣老人)이다. 특히 인체에서 비위(脾胃)를 중시하는 비위학설(脾胃學說)을 주장하였다. 『비위론(脾胃論)』, 『내외상변혹론(內外傷辯惑論)』, 『난실비장(蘭室秘藏)』, 『의학발명(醫學發明)』, 『약상론(藥象論)』 등의 저서가 있다.

69 통전(通典): 당(唐)나라 두우(杜佑, 735~812)의 소찬(所撰)이다. 총 200권으로, 식화(食貨)·선거(選擧)·직관(職官)·예(禮)·악(樂)·병(兵)·형(刑)·변방(邊防)의 8문(門)으로 나누어 황우(黃虞) 시대에서 당나라 천보(天寶) 연간에 이르기까지의 정전(政典)을 기록하였다.

다시 고대의 말을 따랐다. 또 양나라와 진나라는 고대의 저울을 따랐고, 제나라는 고대의 저울로 1근 8냥을 1근으로 하였으며, 주나라는 옥칭을 썼는데 옥칭으로 4냥은 고대의 저울로 4냥 반에 해당한다. 개황 시기에는 고대의 저울로 3근을 1근으로 하였으며, 대업 초기에는 다시 고대의 저울을 따랐다."라 하였다.

이제 문헌의 기록들을 상고해 보자.

『맹자』에서는 100균을 들면 힘이 센 사람이라고 하였는데, 30근이 1균이니 100균이면 3천 근이 된다.『진서(晉書)』,「성제기(成帝紀)」에는 여러 군에 지시하여 1천500균 이상을 들 수 있는 일꾼을 천거하게 한 기록이 있다.『사기(史記)』,「진시황본기(秦始皇本紀)」에는 금인(金人) 12 사람은 무게가 각기 1천 석이라고 하였는데, 120근이 1석이니 1천 석이면 12만 근이다.『한구의(漢舊儀)』[70]에 "하늘에 제사하기 위해 기르는 소는 다섯 살이면 2천 근이 된다."라 하였다.『진서(晉書)』,「남양왕보열전(南陽王保列傳)」에 남양왕 사마보(司馬保)가 자기 체중이 800근이라고 했다는 기록이 있다. 그러나 응당 이렇게까지 무겁지는 않았을 것이다.

『주례』,「고공기(考工記)」에는 "작(爵)은 1승이고 고(觚)는 3승이다. 작으로 술을 권하면[獻] 고로 답례한다[酬]. 1승을 권하고 3승으로 답례하니 한 번 술잔을 주고받으면 1두(豆)가 된다."라 하였다.『예기(禮記)』에, "종묘(宗廟)의 제사에서 작헌(酌獻)할 때에는 신분이 높은 사람

---

70 한구의(漢舊儀): 동한(東漢) 위굉(衛宏)의 소찬(所撰)으로, 황제의 기거(起居), 관제, 명호(名号)와 직장(職掌), 중궁(中宮) 및 태자에 관한 제도, 20등급의 작위 등에 관한 내용이 자세히 수록되어 있다. 관제에 관한 기록이 많기 때문에『한관구의(漢官旧儀)』라고도 하고, 원본에 주석이 있었기 때문에 위(魏)·진(晋)·당(唐)나라 사람들이 그 내용을 인용하면서『한의주(漢儀注)』라고 하였다.

은 작(爵)에 술을 부어서 올리고 신분이 낮은 사람은 고(觚)[71]에 술을 부어서 올리며, 음복(飮福)할 때에는 신분이 높은 사람은 치(觶)에 술을 부어 마시고 신분이 낮은 사람은 각(角)에 술을 부어 마신다. 자남(子南)의 향음례(鄕飮禮)에서 사용하는 술그릇으로는 문 밖에는 부(缶)를 두고 문 안에는 호(壺)를 두며 임금의 술그릇으로는 와무(瓦甒)를 쓴다.”라고 하였는데, 주(注)에, “한 되들이 술잔을 작(爵)이라 하고, 두 되들이를 고(觚), 석 되들이를 치(觶), 넉 되들이를 각(角)이라 한다. 호는 큰 섬으로 한 섬들이고, 와무는 닷 되들이이다.”라고 하였다. 『시경』, 「주남(周南)」, 권이(卷耳)의 “아고작피금뢰(我姑酌彼金罍 : 내 우선 저 금 술잔에 술을 부어)”에 대해 모형(毛亨)의 설(說)에서 “임금은 황금으로 술잔을 장식한다. 크기는 1석(碩)이다.”라고 하였고, 「진풍(秦風)」, 권여(權輿)의 “매식사궤(每食四簋 : 매 끼니마다 네 그릇을 먹었다)”에 대해 『정의(正義)』에서 “궤(簋)는 와기(瓦器)로, 용량은 1말 2되이다.”라 하였다. 그러나 이렇게까지 크지는 않았을 것이다.

『주례』, 「지관(地官)」, 사인(舍人)의 “상기공반미(喪紀共[72]飯米 : 상기에는 모두 반함(飯舍)을 한다.)”에 대해, 주에서 “반(飯)은 입에 물리는 것이다. 임금은 량(粱, 기장)을 쓰고, 대부는 직(稷)을 쓰고, 사(士)는 도(稻)를 쓰는데, 모두 4되이다.”라 하였다. 『관자』, 「해왕(海王)」에 “소금을 먹는 수량이 한 달에 성인 남자는 5되 소반(少半, 3분의 1), 부인은 3되, 영아(嬰兒)는 2되 소반이다.”라 하였다. 『사기』, 「염파열전(廉頗列傳)」에 “일반두미(一飯斗米 : 한 끼 식사로 쌀 1말을 먹었다.)”라 하였다. 『한서(漢書)』, 「식화지(食貨志)」에 “백성들에게 식용으로 한 달에 1섬 반을 주었다.”라

---

71 고(觚) : 『예기』 원문에는 ‘散’으로 되어 있다.
72 共 : 저본에는 ‘其’로 되어 있는데 『일지록』과 『예기』 원문에 근거하여 수정하였다.

했고, 「조충국전(趙充國傳)」에 "말 한 마리가 30일치의 식량인 쌀 2곡(斛) 4두와 보리 8곡을 집니다."라 했고, 「흉노전(匈奴傳)」에 "한 사람이 300일치 식량으로 건량[糒] 18곡을 사용합니다."라 하였다. 그러나 이렇게까지 많지는 않았을 것이다.

『사기』, 「하거서(河渠書)」에 "1무에서 10석을 생산할 수 있다[可令畝十石]."라 하였다. 계강(嵇康)의 『양생론(養生論)』에 "농사를 짓는 사람이 1무(畝)의 경작지에서 10곡(斛)을 수확할 수 있으면 그 땅은 양전(良田)이라고 한다."라고 하였다. 『진서(晉書)』, 「보현전(傅玄傳)」에 "백전(白田)은 수확량이 10여 곡(斛)에 이르고, 수전(水田)은 수십 곡에 이른다."라고 하였는데, 지금 수확을 가장 많이 하는 곳도 이 수량에는 미치지 못한다. 『영추경(靈樞經)』에 "사람은 하루 동안 5되를 먹는다[人食一日中五升]."라 하였다. 『의례』, 「기석례(旣夕禮)」에 "아침에 쌀 1일, 저녁에 쌀 1일[朝一溢米 莫一溢米]"이라 하였는데, 주에 "24냥이 1일이니 쌀 1되 24분승(分升)의 1이다."라 하였다. 『진서(晉書)』, 「선제기(宣帝紀)」에 "제갈공(諸葛公)은 하루에 밥을 얼마나 먹느냐고 물으니, 서너 되[升]를 먹는다고 대답하였다."라 했고, 「회계문효왕도자열전(會稽文孝王道子列傳)」에 "국가의 재용이 고갈되어 사도(司徒) 이하는 하루에 늠료가 7되였다[日廩七升]."라고 하였다. 이상의 기록은 모두 본래 적다고 말한 것인데 반대로 많다고 인식되니, 여기에서 옛날의 도량형기(度量衡器)는 지금에 비해 전체적으로 대략 3분의 1 정도였음을 알 수 있다.

『사기』, 「공자세가(孔子世家)」에 "공자가 노(魯)나라에 있을 때 속(粟) 6만을 받았다."라 한 데 대해 『사기색은(史記索隱)』에서는 "응당 6만 두여야 한다."라 했다. 그런데 『사기정의(史記正義)』에서는 "작은 말[小斗]로 6만이니 지금의 2천 석에 해당한다[當今二千石]."라 하였으니, 이는 당나라 사람이 말한 3분의 1에 해당한다[73]는 증거이다.

　대체로 삼대 이후로 백성들에게서 거두는 데 절제가 없어져 권량(權量)의 규격이 시대마다 점점 커졌다. 북위(北魏) 효문제(孝文帝) 태화(太和, 477~499) 19년에 조서를 내려 장척(長尺)과 대두(大斗)를 『주례』의 제도에 의거하여 고치게 하고 천하에 반포하였다. 【『위서(魏書)』, 「장보혜전(張普惠傳)」에, "효명제(孝明帝) 신구(神龜, 517~520) 연간에 상소하여 '고조(高祖)께서 대두(大斗)를 폐지하고 장척(長尺)을 없애며 중칭(重稱)을 고쳐서 백성을 사랑하고 그에 따라 부세를 가볍게 해 주었기 때문에 천하의 백성이 기쁘게 부세를 바치고 달려가 부지런히 부역을 하였으니 천자가 위에서 믿음을 보이므로 백성이 아래에서 즐거워했던 것입니다. 그러나 그 이후로 도량형기의 규격이 점점 커져서 백성들이 탄식하고 원망하는 소리가 조야(朝野)에 들리게 되었습니다.'라 하였다."라는 기록이 있다.】 수나라 양제 대업(大業) 3년 4월 임진일(壬辰日)에 도량형을 모두 옛날 방식으로 고쳤다. 그러나 비록 이렇게 제도는 만들었지만 끝내 옛날로 돌아가지는 못하여 당나라 때까지도 여전히 대두(大斗)·소두(小斗), 대량(大兩)·소량(小兩)이라는 명칭이 있었으니 후대의 상황은 더 말할 것도 없다.

　구양수(歐陽修)의 『집고록(集古錄)』에, "곡구(谷口)에 동용(銅甬)이 있었는데, 시원(始元, 기원전 86~기원전 80) 4년에 좌풍익(左馮翊)이 '곡구의 동용, 용량이 10말, 무게가 40근이다〔谷口銅甬 容十斗 重四十斤〕.'라는 명(銘)을 새겼다."라고 하였다. 이것을 지금의 도량형으로 계산해 보면 용량이 3말, 무게가 15근이니 용량은 3분의 1이 조금 못 되고 무게는 3분의 1이 조금 넘는다.

　송(宋)나라 여대림(呂大臨, 1042~1092)의 『고고도(考古圖)』에서 "한나

---

73　당나라…… 해당한다 : 위에 나온 두우(杜佑)의 『통전(通典)』 내용을 말하는 듯하다.

라의 호치공주정(好時共<sup>74</sup>廚鼎). 무게 9근 1냥〔重九斤一兩〕이라고 새겨져
있다. 지금의 무게 단위로는 3근 6냥이니 지금의 6냥이 한나라 때의 1
근에 해당한다."라 했고, 또 지가부(軹家釜)와 지가증(軹家甑)에 대해
"부는 3두 약〔三斗弱〕, 증은 3두 1승(三斗一升)"이라 하였다. 이는 한나
라의 1석에 해당하니 대체로 3분의 1에 해당하는 것이다.<sup>75</sup>

『한서』, 「화식전(貨殖傳)」의 "서십대두(黍十大斗)"란 기록에 대해 안
사고(顔師古)가 "대두란 미(米)나 속(粟)을 되는 두와는 다르다."라고 하
였다. 그렇게 보면 한나라 때에 이미 대두가 있었던 것이다.

두우의 『통전』에, "정관(貞觀) 연간에 장문수(張文收)가 구리로 곡
(斛)·칭(秤)·척(尺)을 주조했는데, 지금 상용하는 도량형과 비교하면
자는 6분의 5에 해당하고 저울과 말은 모두 3분의 1에 해당된다."라고
하였다.

송나라 심괄(沈括)의 『필담(筆談)』에, "내가 조서를 받고 종률(鍾律)을
조사하여 혼의(渾儀)를 주조하게 되었다. 이에 진·한 이래의 도량을 구
하여 6말을 되어 보니 지금의 1말 7되 9홉에 해당하고, 3근을 달아 보
니 지금의 13냥에 해당하였다."라고 하였다. 이는 송나라 때의 말과 저
울은 또 당나라 때의 것보다 컸다는 증거이다.

『원사(元史)』에, "세조(世祖) 지원(至元) 20년에, 송나라 문사원(文思

---

<sup>74</sup> 共 : 저본과 『일지록』에는 '官'으로 되어 있는데 『고고도(考古圖)』 권9에 근거하여 수정
하였다.

<sup>75</sup> 지가부(軹家釜)와 …… 것이다 : 이 부분의 원문은 '又曰軹家釜三斗弱 軹家甑三斗一升
當漢之一石 大抵是三而當一也.'로 『일지록』과 일치하는데 『고고도(考古圖)』의 기록과
는 내용 차이가 있다. 지가부(軹家釜)와 지가증(軹家甑)에 대한 『고고도』의 기록은 다음
과 같다. "釜重二十一兩六銖, 容斗有二升九合. 銘廿有一字, 甑重一斤七兩容斗銘一十有
七字. 按, 軹家不可考. 釜甑皆漢器也. 以今權量校之 釜四兩七銖 甑五兩十八銖 當漢之一
斤 釜三斗弱 甑三斗一升 當漢之一十 二器亦不同."

院)[76]에서 사용하던 주둥이가 작은 곡(斛)을 배포하여 사용하게 하였다."라 하고, 또 "세조가 강남에서 세금으로 거둔 쌀을 수송할 때 송나라의 두곡을 사용하는 것을 정지시켰다. 그것은 송나라 두로 1석이 당시의 7두에 해당되었기 때문이다."라고 하였다. 이것은 원나라의 두곡이 송나라의 것보다 컸다는 증거이다.

『진서(晉書)』, 「지우전(摯虞傳)」에 다음과 같은 내용이 있다.

장작대장(將作大匠) 진협(陳勰)이 땅을 파다가 고척(古尺)을 발견했는데, 상서(尚書)는 "금척(今尺)이 고척보다 기니 고척을 기준으로 바로잡아야 합니다."라고 아뢰고, 심악(潘岳)은 이미 오랫동안 익숙히 사용해왔으므로 고쳐서는 안 된다고 하였다. 이에 지우가 다음과 같이 심악의 의견을 반박하였다.

"옛날의 성인이 천하의 사물을 자세히 관찰하여 그 형상을 비교하고 물상(物象)을 본떠 기물을 만들어서 사용하도록 남겨 주었습니다. 그러므로 삼천양지(參天兩地)[77]로 수를 셈하는 기준을 정하고, 율(律)에 따라 분촌(分寸)을 계산하여 장단의 척도를 정하였습니다. 그것을 만드는 데에 법칙이 있었으므로 그것을 사용함에도 징험이 있었습니다. 양의(兩儀)를 고찰하면 천지가 실정을 숨길 수 없고, 삼진(三辰, 해·달·별)을 준정(準正)하면 형상을 드러내는 데 있어 잘못을 용납할 데가 없게 됩니다. 그것을 종경(鐘磬)에 시행하면 음률이 조화롭게 어울리고, 규구(規矩)에 적용하면 모든 기물이 적합하게 되니, 하나의 근본이 어긋나지 않으면 만물이 모두 바르게 되고 어긋나면 사물은 모두 이와 반대

---

76 문사원(文思院) : 금·은·서(犀)·옥 등의 세공품과 자개로 장식한 기물 등을 만들던 관서이다.
77 삼천양지(參天兩地) : 『주역』, 「설괘전(說卦傳)」에 "옛날에 성인이 역(易)을 만들 때 하늘의 수를 3으로 하고 땅의 수를 2로 하여 수를 세웠다[參天兩地而倚數]."라고 하였다.

가 됩니다. 금척은 고척에 비해 거의 반 촌이나 깁니다. 이것을 악부(樂府)에 사용하면 음률이 조화를 이루지 못하고, 사관(史官)이 사용하면 역상(歷象)의 기준을 잃게 되며,[78] 의서(醫署)에서 사용하면 인체의 혈자리가 어긋나게 될 것입니다. 이 세 가지는 도량형이 생겨난 근원으로서 바른지 어긋나는지를 이를 가지고 징험하는데,[79] 그것이 모두 막혀서 통하지 않으니 마땅히 지금 것을 고쳐 옛 방식을 따라야 합니다. 당우(唐虞)의 제도에서는 율·도·량·형을 통일하였고, 공자의 가르침에도 저울과 자를 신중하게 살피라고 하였습니다. 지금 두 종류의 자를 모두 사용하고 있으니 통일되었다고 할 수 없으며, 잘못인 줄 알면서도 시행하니 신중하다고 할 수 없습니다. 통일되지도 않고 신중하지도 않다면 이는 잘못된 법이니, 사물을 올바르게 인도하고 법칙을 드리워 사람들에게 표준을 제시하는 방법이 아닙니다. 무릇 사물에는 비록 많아도 쉽게 고칠 수 있는 것이 있는가 하면 적지만 고치기 어려운 것도 있습니다. 또한 고쳐서 더 번거롭게 되는 것이 있는가 하면 고쳐서 간편해지는 것도 있습니다. 도·량은 사람들이 항상 쓰는 것이지만 장단은 사람이 집착하는 바가 아니니 이는 많아도 고치기 쉬운 것입니다. 잘못된 것을 바로잡고 틀린 것을 정확하게 되돌리는 것은 일시적인 변경으로 영구히 차질이 없게 하는 일이니 이는 고쳐서 간편해지는 것입니다. 헌장(憲章)과 성식(成式)은 옛 사람들이 정해 놓은 제도를 잃지 않아야 하고, 말세에 구차히 영합한 제도와 이단의 혼란스러운 기용(器用)은 마땅히 시의에 맞게 고쳐서 기준을 통일시켜야 합니다. 신은 상서가

----

**78** 기준을 잃게 되며 : 저본에는 '失古'로 되어 있는데 『일지록』과 『진서(晉書)』 원문에 근거하여 '古'를 '占'으로 수정하여 번역하였다.

**79** 바른지 …… 징험하는데 : 저본에는 '得失之所取修'로 되어 있는데, 『일지록』과 『진서』 원문에 근거하여 '修'를 '徵'으로 수정하여 번역하였다.

아뢴 대로 해야 할 것이라 생각합니다.”

『송사(宋史)』, 「율력지(律歷志)」에, 순화(淳化, 990~994) 3년에 조서를 내려 “『서경』에 ‘사시(四時)와 달을 맞추고 날을 바르게 하며, 율·도·량·형을 통일하였다〔協時月正日 同律度量衡〕.’라고 하였다. 이로써 나라의 기본법을 만들고 백성에게 표준을 수립해 주었기 때문에 국가와 천하 만방이 모두 안정된 것이다. 구부(九賦)를 공평하게 하며 유사(有司)에게 출납을 돌보게 하는 것은 저울〔權衡〕의 양식을 정하기에 달린 일이다. 예컨대 검은 기장을 이용하여 저울을 만드는 데 있어 털끝만큼만 오차가 생겨도 저울질이 간사하게 되어 백성에게 피해가 미친다고 하였다. 마땅히 칭량(稱量)하는 법을 상세하게 제정하여 통용할 법규를 만들어야 할 것이다.”라고 하였다.[80]

『서경』, 「우서(虞書)」의 ‘동률도량형(同律度量衡)’이란 5년마다 한 번씩 바로잡는 것이고, 『예기』, 「월령(月令)」에서 “낮과 밤의 길이가 같은 때에는 도(度)·량(量)·균(鈞)·형(衡)·석(石)[81]을 고르게 하고, 두(斗, 말)·용〔甬, 곡(斛)〕을 고르게 하며, 권(權, 저울추)·개(槪, 평미레)를 고르게 한다.”라고 한 것은 1년에 두 번 바로잡는 것이며, 명나라 태조 홍무(洪武, 1368~1398) 때의 제도에는 3일마다 한 차례씩 말·저울·자를 조사하여 바로잡게 하였으니 이것이 왕정(王政)에서 중요한 일이다. 그러므로 도량형을 통일해야 하니 대우(大禹)는 이로써 하(夏)나라를 일으켰고, 권량(權量)을 엄격하게 다루고 법도를 자세히 살펴야 하니 무왕(武王)은 이로써 주(周)나라를 만든 것이다.[82]

---

80 『당육전(唐六典)』에는 …… 하였다 : 『일지록』 권11에 보인다.
81 도(度)·량(量)·균(鈞)·형(衡)·석(石) : 『예기』 정현(鄭玄)의 주에 “丈尺曰度, 斗斛曰量, 三十斤曰鈞, 稱上曰衡, 百二十斤曰石.”이라고 하였다.
82 『서경』, 「우서(虞書)」의 …… 것이다 : 『일지록』 권10에 보인다.

지금 우리나라의 되〔量〕와 자〔尺〕와 저울〔衡〕은 전혀 통일성이 없다. 고을마다 다르고 집집마다 다르며, 심지어 한 집안에서도 대소 서너 가지로 다른 것을 사용하는 경우까지 있다. 향읍(鄕邑)의 관부(官府) 역시 모두 마찬가지이다. 제도가 통일되지 못하고 정령(政令)이 불신을 받는 것이 모두 여기에서 비롯된다. 백성들은 일상생활의 온갖 일에서 모두 이것을 필요로 하는데, 간교한 장사치와 모리배들이 그로 인해 비리를 저지르며 받을 때는 큰 도량형기를 쓰고 내줄 때는 작은 도량형기를 써서 이목을 현혹시킨다. 그러니 물화를 교역하여 있는 것과 없는 것을 상호 유통시키고 민용(民用)을 우선시해야 할 사시(司市)는 어떤 물건이 많고 어떤 물건이 부족한지 알 수가 없고 무엇이 이롭고 무엇이 괴로운지 분별하기가 어렵다.

현재 근기(近畿)의 수십 리 지역 장시의 물가를 보자. 서울 시장에서는 쌀 1되 가격이 9푼이고 장시에서는 쌀 1되 가격이 7푼이니 당연히 서울 시장의 가격이 더 비싼 것 같다. 그러나 장시에서 사용하는 되는 서울의 시장에서 사용하는 되에 비해 크기가 10분의 6밖에 되지 않는다. 그러므로 장시의 가격이 도리어 더 비싼 것이다. 장시에서는 1냥으로 포(布) 10자를 살 수 있고 서울 시장에서는 1냥으로 11자를 살 수 있으니 장시의 가격이 더 비싼 것처럼 보인다. 그러나 장시에서 사용하는 자가 서울의 시장에서 사용하는 자에 비해 10분 2 정도 더 길다. 그러므로 서울 시장의 가격이 도리어 더 비싼 것이다. 서울의 시장에서는 1냥으로 목면(木綿) 7근을 살 수 있고 장시에서는 1냥으로 목면 8근을 살 수 있으니 가격이 다른 것처럼 보인다. 그러나 서울의 시장에서 사용하는 저울은 16냥쭝을 기준으로 하고 장시에서 사용하는 저울은 14냥〔민간에서 신전(新錢)과 구전(舊錢) 100개의 무게를 1근으로 하는데, 꼭 14냥이 된다.〕쭝이므로 가격은 동일한 것이다. 이런 상황에서 백성들이 어떻게 그것을 구분하겠는가. 근교 지역도 오히려 이러한데 먼 지방 고을의 경우에는 되가 10분의 4 정도 작은 데에 그치지 않을 것이고 자가 10분의 2 정도 긴 데에서 그치지 않을 것이다. 수십 가지가 있어 크기가 일정하지 않으니 무엇을 기준으로 실정을 파악하겠는가. 아무리 셈에 밝은 사람이라도 방법이 없을 것이다.

옛 사람이 '말을 부숴 버리고 저울대를 꺾어 버려야 백성이 속이지 않을 것이다[剖斗折衡而民不欺].'라고 하였는데 그 말은 실로 지나친 주장이다. 그러나 지금은 말과 저울이 많아서 백성이 법을 어기고 속임수를 쓰니 말을 부숴 버리고 저울대를 꺾어 버려야 한다는 그 주장도 완전히 잘못된 말이라고 할 수만은 없다.

그럼 어떻게 해야 하는가?

국가의 제도를, 마땅히 지우의 의론대로 옛 제도로 복구해야 하겠지만 옛 제도는 이미 시대가 멀어졌고 오히려 이문(異聞)이 있는데다가 익히 보고 들은 것이라서 갑자기 변경하기는 어렵다. 그래도 그만둘 수는 없으니 관부(官府)에서 제정한 척도를 기준으로 하여 호조에서 주조한 자와 똑같이 하면 될 것이다.

두와 곡의 경우는, 관의 곡으로 1섬에 들어가는 양은 그대로 둔다. 단 두는 10분의 1곡으로 하고, 【우리나라의 관두(官斗)는 15분의 1곡이어서, 10두를 1곡으로 한 옛날의 제도와는 다르다.】 승(升)은 10분의 1두로 하여 10두를 1곡으로 한 옛 제도와 합치시킨다면 관·민이 모두 편리하게 사용할 수 있을 것이다. 저울 역시 천평칭(天平稱)의 제도와 같게 하여 그 양식을 여러 도에 배포하여 각 부(府)·군현·면·리·통(統)과 각 가정에 이르기까지 사용하게 하고 법을 엄격하게 하여 누구도 감히 어기지 못하게 한다. 그리고 5년마다 【우리나라에는 식년(式年, 3년)마다 교정하는 제도가 있다.】 나라 전체의 도량형기를 대대적으로 교정하고【『서경』, 「우서」

의 제도와 같다.], 『예기』, 「월령」의 제도와 같이 매년 2차례 각 고을에서 교정하며, 각 지방의 장시에서는 면과 리에서 검사하여 이동(異同)이 없게 한다. 이것이 통용되는 법규를 만든 송나라 순화 때의 제도이고 '마땅히 시의에 맞게 고쳐서 기준을 통일시킨다.'라고 한 지우의 의론이며, 또한 오늘날의 급선무이다.

## 6

**관제(官制)**

우〔虞, 순(舜) 임금〕의 관제에는 9관(官)과 12목(牧)을 두었다.

『서경』, 「주관(周官)」에 "당(唐)·우(虞)가 옛 제도를 상고하여 여러 관직을 제정하였다. 내직(內職)으로는 백규(百揆)와 사악(四岳)을 두고 외직(外職)으로는 주목(州牧)과 후백(侯伯)을 두니 모든 정사가 조화롭게 이루어지고 만국(萬國)이 다 평안하였다. 하(夏)나라와 상(商)나라는 관직이 그 배가 되었으나 역시 잘 다스려졌다. 이는 밝은 임금이 정사를 하면서 필요한 관직을 제정할 뿐 아니라 적임자를 관직에 임명했기 때문이다." 하였다.

『서경』, 「주서(周書)」, 입정(立政)에 "왕의 좌우에 있는 신하는 상백(常伯)·상임(常任)·준인(準人)·추의(綴衣)·호분(虎賁)[83]이다."라고 하였다.

또 『서경』, 「주관」에는 다음과 같이 되어 있다.

"태사(太師)·태부(太傅)·태보(太保)를 세우니 이들이 삼공(三公)이다. 도를 논하고 나라를 다스리며 음양을 조화롭게 하라. 이 관직에는 반드시 관원을 구비할 것이 아니라 오직 적임자를 구할 것이다. 소사(少師)·소부(少傅)·소보(少保)를 삼고(三孤)라 한다. 삼공의 다음가는 직위이니 조화를 널리 펴서 하늘과 땅을 공경하여 밝혀서 나 한 사람을 보필하라. 총재(冢宰)는 국가의 다스림을 관장한다. 백관(百官)을 통솔하여 사해(四海)를 고르게 다스리라. 사도(司徒)는 국가의 교육을 관장한다.

---

83 상백(常伯)·상임(常任)·준인(準人)·추의(綴衣)·호분(虎賁): 『서경』 채침(蔡沈)의 주에, 상백은 목민관의 우두머리〔牧民之長曰常伯〕, 상임은 일을 맡은 공경〔任事之公卿曰常任〕, 준인은 법을 지키는 유사〔守法之有司曰準人〕, 추의는 복식과 기구를 관장하는 자〔掌服器者曰綴衣〕, 호분은 활쏘기·말타기 등의 무예를 주관하는 자〔執射御者曰虎賁〕라고 하였다.

오전(五典)을 펴서 따르지 않는 백성을 길들여 따르게 하라. 종백(宗伯)
은 국가의 의례(儀禮)를 관장한다. 신과 사람을 다스려 상하를 화목하게
하라. 사마(司馬)는 국가의 군정(軍政)을 주관하여 정벌에 관한 일을 관
장한다. 왕의 군대[六師]를 통솔하여 방국(邦國, 제후국)을 평정하라. 사
구(司寇)는 국가의 금법(禁法)을 관장한다. 간특한 자를 다스리고 광포하
여 난을 일으키는 자를 처벌하라. 사공(司空)은 국토를 관장한다. 사민
(四民, 사농공상)을 편안히 살게 하고 지리(地利)를 일으키라. 육경이 직
무를 분담하여 각각 속관(屬官)을 거느리고 구목(九牧)을 이끌어 만백성
을 풍요롭고 번성하게 하라."

　당우삼대(唐虞三代)의 관직 제도는, 직사(職事)는 아래에서 나뉘고 권
강(權綱, 정권의 대강령)은 위에서 합쳐지는 것으로 데면데면하게 규칙이
없는 것이 아니었다. 사악은 내외의 관원을 통괄하며 희화(義和)[84]의 수
장(首長)이 되니 희화는 실로 사악에게서 명을 받는다. 백규는 재상의
직책으로 백관의 수장이 되니, 구관(九官)[85]은 실로 백규에게서 명을 받
는다. 백규가 구관과 사악을 통솔하고 사악이 희화의 네 아들을 통솔하
여 긴밀하게 서로 연결되어 있었다. 천하를 비록 한두 사람이 다스린
것은 아니지만 실로 한두 사람이 능히 다스려지게 할 수 있었다. 주(周)
의 제도 역시 그러하였다. 360명의 관속(官屬)이 육경의 명을 받고, 육
경은 총재의 명을 받으며, 총재는 실로 삼공(三公)이 겸하였으니 흩어지
고 나누어진 가운데서도 긴밀하게 이어지는 형세가 있었다.[86]

---

84　희화(義和) : 당우(唐虞) 때에 희(義)씨와 화(和)씨가 역상(曆象)에 대한 일을 맡았는데,
　　그 후 역상을 관장하는 관원을 희화라 일컫게 되었다.
85　구관(九官) : 저본에는 '六官'으로 되어 있는데 『도서편』 권81에 근거하여 '六'을 '九'로
　　수정하여 번역하였다.
86　당우삼대(唐虞三代)의 …… 있었다 : 『도서편』 권81에 보인다.

진(秦)나라는 20등(等)의 작위(爵位)를 제정하여 공로가 있는 사람에게 상을 주었다. 그 수인(帥人)은 모두 경률(更率)[87]이었는데, 공이 있어 상을 내릴 때에는 군리(軍吏)의 예에 따르고 공(公)과 대부(大夫) 이상이 영(令)·승(丞)과 대등한 예를 취하였다.

주나라는 관직을 구명(九命)으로 하였다. 진나라는 20등의 작위를 제정하였다. 한나라의 관직은 중이천석(中二千石)부터 백석(百石)까지 모두 16등급이었다. 후한의 관직은 중이천석부터 두식(斗食)까지 모두 13등급이었다. 위(魏)나라는 관직 품계에 있어 대부분 한나라의 제도를 인습(因襲)하였다가 다시 9품(品)을 만들었고, 진(晉)·송(宋)·제(齊)도 모두 이를 인습하였다. 양(梁)나라는 이 제도를 인습하였다가 다시 18반(班)을 제정했는데 반의 숫자가 많을수록 품계가 높았다. 진(陳)나라도 이를 모두 인습하였다. 후위(後魏)는 9품을 제정하고 각 품계마다 종품(從品)을 두어 모두 18품으로 하고, 4품 이하로는 각 품계를 상계(上階)와 하계(下階)로 나누었다. 북제(北齊)는 이를 모두 인습하였다. 후주(後周)[88]는 9명(命)을 두고 각 명을 상·하로 나누어 모두 18명으로 하였다. 수(隋)나라는 9품을 두고 각 품계마다 종품을 두었으며, 4품 이하로는 각 품계를 상·하로 나누어 모두 30품계로 하였다. 태사(太師)로부터 시작하여 그 이하를 유내(流內)라고 하였다.【양제(煬帝)가 상·하의 품계를 없애고 정(正)·종(從) 각 9품만 유지하였다.】또 시정(視正)을 두고 2품부터 9품까지에 각각 종품을 두었는데 행대상서령(行臺尚書令)부터

---

87 경률(更率): '率'은 '卒'의 오기(誤記)인 듯하다. 경졸은 상근 군병이 아니고 윤번제(輪番制)로 군역에 복무하는 병사를 말하는데, 이들은 직접 복역(服役)하는 대신 돈을 내어 다른 사람을 복역하게도 하였다.

88 후주(後周): 저본에는 '後內'로 되어 있는데, 『도서편』권82에 근거하여 '內'를 '周'로 수정하여 번역하였다.

시작하여 그 이하를 시유내(視流內)라고 하였다. 당(唐)나라는 유내 이상의 품계는 모두 수나라의 제도를 인습하고, 또 시정(視正) 5품부터 시종(視從) 7품까지 살보(薩寶)[89] 및 요정(祆正)[90]의 관품을 두고 그것을 시유내(視流內)라고 하였다. 또 훈품(勳品) 9품을 두어 여러 위(衛)의 녹사(錄事) 및 오성(五省)의 영(令)과 사(史)로부터 시작하여 그것을 유외(流外)라고 하였다.[91]

당나라부터 명(明)나라까지는 대체로 모두 18등의 제도를 따랐는데, 명나라에는 또 미입류(未入流)[92]라는 품계가 있었다.

우리나라의 제도는 실로 명나라 제도와 비슷하여, 모두 18등이고 정·종 각 9품으로 되어 있지만 '미입류'라는 명칭은 없다. 또 문관 품계에 있어, 명나라 제도는 낭(郎)의 품계가 정6품에서 그치고 종5품 이상은 대부(大夫)가 되는데, 우리나라의 경우는 종4품 이상부터 비로소 대부의 품계가 된다.[93] 또 무관의 품계에 있어서는, 명나라 제도는 장군

---

89 살보(薩寶) : 저본에는 '降寶'로 되어 있는데 『도서편』 권82와 『구당서』 권42, 「직관지(職官志)」에 근거하여 '降'을 '薩'로 수정하였다.

90 요정(祆正) : 저본과 『도서편』 권82에는 '正祆'로 되어 있는데 『구당서』 권42, 「직관지」에 근거하여 수정하였다.

91 진(秦)나라는 …… 하였다 : 『도서편』 권82에 보인다.

92 미입류(未入流) : 9품에 이르지 못한 관계(官階)를 말한다. 『명사』, 「직관지(職官志)」에, "문관의 품계는 9품인데 각 품계에 정(正)과 종(從)이 있어 18등급이 되고, 9품에 이르지 못한 품계를 미입류라고 한다〔凡文官之品九 品有正從 爲級一十八 不及九品曰未入流〕."라고 하였다.

93 종4품 …… 된다 : 조선의 문관 품계는 정1품 대광보국숭록대부(大匡輔國崇祿大夫)·상보국숭록대부(上輔國崇祿大夫)·보국숭록대부(輔國崇祿大夫), 종1품 숭록대부(崇祿大夫)·숭정대부(崇政大夫), 정2품 정헌대부(正憲大夫)·자헌대부(資憲大夫), 종2품 가의대부(嘉義大夫)·가선대부(嘉善大夫), 정3품 통정대부(通政大夫)·통순대부(通順大夫), 종3품 중직대부(中直大夫)·중훈대부(中訓大夫), 정4품 봉정대부(奉正大夫)·봉렬대부

(將軍)의 품계가 정2품부터 종5품까지이고 위(尉)의 품계는 정6품 하나 뿐이며 종6품 이하는 무관의 품계가 없는데, 우리나라의 경우는 종9품 이상부터 정5품까지가 위(尉)의 품계가 되고 종4품 이상부터 정3품까지 가 장군의 품계가 되며 종2품 이상에는 무관의 품계가 없다.[94] 이것이 다른 점이다.

그러나 우리나라의 관제를 역대의 관제에 비추어 보면 치구(治具)를 잘 갖추어 소밀(疏密)과 상략(詳略)이 조화를 이루며 크고 작은 항목이 다 구비되어 있다. 다만 지금은 태평한 시대가 오랫동안 이어지다 보니 선비들이 벼슬살이의 즐거움을 그리워하여 사람마다 벼슬에 다투어 나 아가려는 습성이 있다. 그리하여 조정에 있는 신하는 실직(實職)에 있는 사람을 제외하고도 녹(祿)이 없는 산관(散官)이 그 백배나 되고, 빈자리 가 나기를 기다리며 적체되어 있는 사람은 또 얼마나 되는지 알 수도 없을 정도이며, 무과에 급제하여 출신(出身)한 무신이 거의 온 나라의 절반이나 된다. 조정에서 군직을 많이 설치하고 쓸 데 없는 관직을 줄

---

(奉列大夫), 종4품 조산대부(朝散大夫)·조봉대부(朝奉大夫), 정5품 통덕랑(通德郞)·통 선랑(通善郞), 종5품 봉직랑(奉直郞)·봉훈랑(奉訓郞), 정6품 승의랑(承議郞)·승훈랑 (承訓郞), 정6품 선교랑(宣敎郞)·선무랑(宣務郞), 정7품 무공랑(務功郞), 종7품 계공랑 (啓功郞), 정8품 통사랑(通仕郞), 종8품 승사랑(承仕郞), 정9품 종사랑(從仕郞), 종9품 장 사랑(將仕郞)으로 되어 있다(『大典會通』, 「吏典」참조).

94 종9품 …… 없다 : 조선의 무관 품계는 종2품 이상은 별도의 무관 품계가 없고, 정3품부 터 절충장군(折衝將軍)·어모장군(禦侮將軍), 종3품 건공장군(建功將軍)·보공장군(保 功將軍), 정4품 진위장군(振威將軍)·소위장군(昭威將軍), 종4품 정략장군(定略將軍)· 선략장군(宣略將軍), 정5품 과의교위(果毅校尉)·충의교위(忠毅校尉), 종5품 현신교위 (顯信校尉)·창신교위(彰信校尉), 정6품 돈용교위(敦勇校尉)·진용교위(進勇校尉), 종6 품 여절교위(勵節校尉)·병절교위(秉節校尉), 정7품 적순부위(迪順副尉), 종7품 분순부 위(奮順副尉), 정8품 승의부위(承義副尉), 종8품 수의부위(修義副尉), 정9품 효력부위(効 力副尉), 종9품 전력부위(展力副尉)로 되어 있다(『大典會通』, 「兵典」참조).

이지 못하는 것은 그것이 관리의 적체를 해소하는 도구가 되기 때문인데 근래에 다시 무관직 몇 자리를 추가로 설치하였지만 적체는 더욱 심해졌다. 그래서 시의(時議)가 모두 그것을 병통으로 여기고 있지만 관직이 많아질수록 적체는 더욱 심해지고 관직이 많아질수록 경쟁은 더욱 심해진다는 것은 너무도 모르고 있다. 지금 만약 쓸 데 없는 관직을 모두 줄이고 또 시의(時宜)에 맞추어 조금만 바로잡아 고친다면 반드시 적체되는 염려가 없어지고 다투어 벼슬에 나아가려는 습성도 없어지며 관직에 적임자를 얻어 다스림에 효과가 있을 것이다. 한두 가지 가장 시의적절한 방법을 대략 제시해 보면 다음과 같다.

한성부(漢城府)는 옛날의 경조부(京兆府)이다. 왕기(王畿) 내의 모든 정사를 다스리니 각 도 감사의 직임과 같아야 하고, 5부(部)는 백성을 직접 대하는 관서이니 수령의 직임과 같아야 할 것이다.

내 생각은 이러하다.

마땅히 5부 내의 방호(坊戶)에 통갑법(統甲法)【법은 위에 보인다.】을 제정하여 통수(統首)와 계존(契尊)과 방장(坊長)이 각기 그 하속(下屬)을 거느리고 해당 부에 소속되고, 해당 부의 관원이 그들을 관리하며 한성부에 보고한다. 5부의 관원은, 품계를 수령의 자급(資級)과 같게 하여 매 부에 1원(員)을 두고 군현에 아전을 두는 것과 같이 요속(僚屬)을 갖추어 주며, 군현에서와 같이 군사 업무를 다스리게 하여 서울과 지방의 관원을 동일하게 하여 다름이 없게 한다. 만약 군병을 조발(調發)해야 할 때에는 조정에서 장수가 명을 내리고 각 부에서 군병을 모으는데 부의 관원이 통 내에서 돌아가며 조발하여 명을 따른다.

이렇게 하면 경영(京營)은 설치할 필요가 없으니 훈련도감의 병마(兵馬)는 어림군(御林軍)으로 만들고, 그 밖의 여러 영문은 모두 혁파한다. 지방의 군병들이 서울의 군영에 올라와서 번(番)을 서는 것은 정지하고 그들에 대해 모두 영구히 정번전(停番錢)[95]을 징수하지 않는다. 【서울과 지방에 이미 통갑(統甲)의 군제가 있으니 있는 곳이 모두 경영이 되는 것이다.】 또 새로 오위도총부(五衛都摠府)의 제도를 증설하여 친수시위(親隨侍衛)에 보태 주고, 여러 군영에서 혁파된 군병을 엄격하게 선발하여 예속시켜 별시위친군(別侍衛親軍)을 만들며, 도총부(都摠府)를 총관부(摠管府)로 고친다. 이들을 오위군의 군직과 합쳐서 다음과 같이 관원 385명을 둔다.

도총관(都摠管)【정1품】 1명, 상총관(上摠管)【종1품】 4명, 대총관(大摠管)【정2품】 5명, 총관(摠管)【종2품】 10명, 부총관(副摠管)【정3품】 15명, 상호군(上護軍)【정3품】 10명, 대호군(大護軍)【종3품】 10명, 호군(護軍)【정4품】 15명, 부호군(副護軍)【종4품】 15명, 사직(司直)【정5품】 20명, 부사직(副司直)【종5품】 20명, 사과(司果)【정6품】 25명, 부사과(副司果)【종6품】 25명, 사정(司正)【정7품】 30명, 부사정(副司正)【종7품】 30명, 사맹(司猛)【정8품】 35명, 부사맹(副司猛)【종8품】 35명, 사용(司勇)【정9품】 40명, 부사용(副司勇)【종9품】 50명.

종친(宗親)·충훈(忠勳)·의빈(儀賓)·돈녕(敦寧)의 자손 중 음직(蔭職)을 받은 사람과 훈로재신(勳勞宰臣)의 자손 중 음직을 받은 사람들을 선발하여 종9품 부사용에 의망(擬望)하여 낙점(落點)을 받아 군직에 붙인다. 이들 중 근무 기간 1년 이상을 채운 사람은 정9품 사용에 의망하고, 정9품으로 근무 기간 1년 이상을 채운 사람은 종8품에 의망한다. 이렇게 차례로 승진시켜 서용하는데 근무 기간 1년을 채우는 것을 기준으로 하고 반드시 결원이 생기기를 기다려서 보충한다.

---

95 정번전(停番錢): 군적(軍籍)에 편입되어 있는 백성은 정기적으로 서울의 군영에 가서 번(番)을 서야 하는데 그 대신에 내는 돈이다.

당상관(堂上官)은 도총부의 관원을 승진시켜 서용하는 외에 또 종친부 당상, 충훈부 당상, 의빈부 당상, 돈녕부 당상을 모두 후보자로 하여 그중에서 선발하여 제수한다. 또 2품 이상의 당상관 중에서 1명을 뽑아 구관당상(勾管堂上)으로 삼고 별시위친군을 인솔하여 대장의 업무를 수행하게 하며, 도총관이 도제거(都提擧, 도제조)의 업무를 행하며, 그 나머지 당상들은 모두 제거의 업무를 겸하여 수행한다.

당하관은 본직과 외사(外司)의 낭서[郎署, 낭관(郎官)]를 겸직한다. 즉 종친부·충훈부·의빈부·돈녕부·상서원(尙瑞院)·사옹원(司饔院)·상의원(尙衣院)·사복시(司僕寺)·내자시(內資寺)·내섬시(內贍寺)·예빈시(禮賓寺)·군자감(軍資監)·제용감(濟用監)·선공감(繕工監)·사재감(司宰監)·장악원(掌樂院)·전설사(典設司)·종묘서(宗廟署)·사직서(社稷署)·경모궁(景慕宮)·평시서(平市署)·의영고(義盈庫)·장흥고(長興庫)·빙고(氷庫)·장원서(掌苑署)·사포서(司圃署)·전생서(典牲署)·조지서(造紙署)·전옥서(典獄署)·활인서(活人署)·와서(瓦署) 등의 낭관은 모두 당하관으로 한다. 각 사(司)에 2명씩을 의망해 제수하여 직무를 수행하게 하되 본직을 맡은 채로 겸하여 행하며 1년을 임기로 한다.

각 능(陵)·원(園)·묘(墓)와 영희전(永禧殿)의 관원은 매 소(所)에 2명씩으로 하고, 본부(本府)의 당하관을 참상(參上)과 참외[參外, 참하(參下)]로 나누어 의망해 제수하여 직무를 수행하게 하되 각 관사의 겸직하는 자리와 같은 방식으로 하고, 역시 1년을 임기로 한다.

그 밖에 제조가 있는 각 관서는 다음과 같이 정리한다. 중대한 기무(機務)를 담당하는 비변사(備邊司)·선혜청(宣惠廳)·승문원(承文院), 제사와 시호(諡號)의 의정(議定)을 담당하는 봉상시(奉常寺), 선원보첩(璿源譜牒)의 찬록(撰錄)을 담당하는 종부시(宗簿寺), 임금의 음식에 관한 일을 담당하는 사옹원(司饔院), 임금의 의약을 담당하는 내의원(內醫院), 임금의 의복에 관한 일을 담당하는 상의원(尙衣院), 임금이 타는 수레와 말에 관한 일을 담당하는 사복시(司僕寺), 궁중에서 쓰는 여러 가지 물품의 조달을 담당하는 내자시(內資寺)·내섬시(內贍寺)·사도시(司導寺), 인재 선발을 담당하는 장악원(掌樂院)·관상감(觀象監)·전의원(典醫監)·사역원(司譯院), 그리고 종묘서(宗廟署)·사직서(社稷署)·경모궁(景慕宮) 등의 관서는 모두 중요한 부서이니 정리 대상에서 제외하여 종전대로 제조가 직무를 담당한다. 그 밖의 각 관서에는 모두 제조의 직책을 혁파하고 각각 그 속관들을 육조에 소속시켜 육조가 구관하여 직무를 담당하며, 혜민서(惠民署)는 전의감에 병합한다.

봉조하(奉朝賀)[96]는 원래 통정대부(通政大夫) 이상으로 실직(實職)에서 물러난 사람을 부록(付錄)하는 관직이니 굳이 벼슬에서 완전히 떠난 뒤에야 비로소 부직할 것은 없다. 당상관 정3품[97] 이상부터 정1품까지 5등급의 품계를 만들어 품계에 따라 부직하고 '모관(某官)【체직(遞職)되거나 해직 당시의 관직을 따른다.】봉조하'라고 이름하고, 정수(定數)는 정하지 않는다.

---

96 봉조하(奉朝賀) : 공신과 정3품 당상관 이상으로 실직(實職)을 지낸 사람들에게 주던 일종의 명예직으로 정원이 15명으로 한정되었다. 공신의 경우는 '모군봉조하(某君奉朝賀)', 그 밖의 경우는 '모관모직봉조하(某官某職奉朝賀)'라고 칭하고, 일정한 녹봉이 지급되었으며, 매년 1월 1일과 동지(冬至), 국왕의 탄일(誕日)에 평상복 차림으로 숙배(肅拜)하였다(『大典會通』, 「吏典」, 奉朝賀 ; 「禮典」, 朝儀 참조).
97 당상관 정3품 : 통정대부(通政大夫)이다. 같은 정3품이라도 통순대부(通順大夫)는 당하관이다.

## 7

**관리의 녹봉〔祿科〕**

『주례』, 「천관(天官)」에 "태재(太宰)는 팔병(八柄, 여덟 가지 권력)으로 임금을 보좌하고 여러 신하를 통솔한다. 첫째는 작(爵)이니 이로써 귀(貴)를 통솔한다. 둘째는 녹(祿)이니 이로써 부(富)를 통솔한다."라고 하였다.

『서경』, 「홍범(洪範)」에, "벼슬아치는 부유하게 해 주어야 선하게 된다. 네가 그 사람을 가정에서 화락하게 해 주지 못하면 그 사람은 죄에 빠질 것이다."라고 하였다.

『예기』, 「왕제(王制)」에, "제후국 하사(下士)의 녹봉은 상농부(上農夫)의 소득에 준하여 지급하고, 중사(中士)의 녹봉은 하사의 두 배를 주고, 상사(上士)의 녹봉은 중사의 두 배를 주며, 하대부(下大夫)의 녹봉은 상사의 두 배를 준다."라고 하였다.

한 선제(宣帝) 신작(神爵, 기원전 61~기원전 58) 3년에 조서를 내려, "관리가 청렴 공평하지 않으면 치도(治道)가 쇠퇴한다. 그런데 지금의 소리(小吏, 하급 관리)들은 모두 부지런히 일하는데도 봉록(俸祿)이 적으니 백성들을 침탈하지 못하게 하려 해도 실현되기 어렵다. 백석(百石) 이하 관리들의 녹봉을 지금보다 10분의 5를 더 주라." 【위소(韋昭)가, "1곡(斛)을 받고 있었다면 5말을 더해 주는 것이다."라 하였다.】 하였다.

장창(張敞)과 소망지(蕭望之)가 아뢰기를, "창고가 차야 예절을 알고 의식(衣食)이 넉넉해야 영욕(榮辱)을 압니다. 그런데 지금의 소리들은 모두 녹봉이 부족하여 항상 부모처자를 걱정하는 마음이 있으니 비록 몸을 깨끗이 하여 청렴하게 처신하고 싶어도 할 수 없는 형편입니다."라고 하였다.[98]

---

98 『주례』, 「천관(天官)」에 …… 하였다 : 『대학연의보』 권6에 보인다.

후한 광무제(光武帝) 건무(建武, 25~56) 26년에 유사(有司)에게 조서를 내려, 백관의 봉록을 올려 주게 하였는데 1천 석 이상에게는 서경〔西京, 전한(前漢)〕의 옛 제도[99]보다 줄여서 지급하고, 600석 이하에게는 전보다 더하여 지급하게 하였다.

서진(西晉) 무제(武帝) 태시(泰始, 265~274) 3년에 조서를 내려, "옛날에는 덕이 있는 사람에게 관작(官爵)을 주고,[100] 공로가 있는 사람에게는 녹(祿)을 주었다. 비록 하사(下士)라도 상농부의 소득에 맞먹는 녹봉을 받았으므로 밖으로는 공무에 봉사하며 개인사에 대한 걱정을 잊을 수 있었고 안으로는 부모를 봉양하고 친인척에게 은혜를 베풀 수 있었다. 그런데 지금은 벼슬에 있는 사람들은 녹봉이 농사짓는 소득을 대신하지 못하니 교화의 근본을 숭상하는 방법이 아니다. 의논하여 관리들의 녹봉을 올리도록 하라." 하였다.

『한서』에 "왕망(王莽) 때에 천하의 관리들이 녹봉을 받지 못하였기 때문에 각자 관직을 이용하여 간교하게 뇌물을 받아서 스스로 공급하였다."라고 하였다.

『오대사(五代史)』에 "북한(北漢)[101]은 나라가 작고 백성이 가난하여 재상의 월 녹봉이 100민(緡)에 그쳤고 절도사는 30민에 그쳤으며 그 나머지 관원들에게는 매우 적은 녹봉을 주었을 뿐이다. 그래서 그 나라에는 청렴한 관리가 적었다."라고 하였다.

---

99  옛 제도: 저본에는 '舊志'로 되어 있는데, 『후한서(後漢書)』, 「광무제기(光武帝紀)」에 근거하여 '志'를 '制'로 수정하여 번역하였다.

100  덕이 …… 주고: 저본과 『일지록』에는 '以德昭爵'으로 되어 있는데, 『진서(晉書)』, 「무제기(武帝紀)」에 근거하여 '昭'를 '詔'로 보고 번역하였다. '詔'는 왕에게 고한 다음에 준다는 의미이다.

101  북한(北漢): 중국 오대십국(五代十國) 시기 10국 중의 하나로 유숭(劉崇)이 세운 나라이다. 동한(東漢)이라고도 하며, 존속 기간은 951~979년이다.

전대(前代)의 관리들에게는 모두 직전(職田)이 있었다. 【『진서(晉書)』,
『위서(魏書)』, 『수서(隋書)』, 『당서(唐書)』에 모두 제1등부터 제9등까지의 품관(品官)
과 그에 따른 직전의 수량이 기록되어 있다.】 그러므로 그 녹봉이 많았고 녹봉
이 많은 만큼 관리들은 대부분 청렴하려고 노력하였다. 예를 들면 도잠
(陶潛)이 수수를 심게 한 것[102]【『진서(晉書)』, 「도잠전(陶潛傳)에 보인다.】이나
완장지(阮長之)가 망종(芒種) 하루 전에 관직을 떠난 것[103]【『송서(宋書)』, 「완
장지전(阮長之傳)」에 보인다.】이 모두 공전(公田)이 있었다는 증거이다. 『원
사(元史)』를 보면 세조(世祖) 지원(至元, 1264~1294) 원년 8월 을사일(乙巳
日)에 조서를 내려 관원의 정원을 정하고 관직을 품(品)과 종(從)으로 나
누어 【품(品)은 정1품, 정2품 같은 것이고, 종(從)은 종1품, 종2품 같은 것이다.】
봉록(俸祿)을 지급하고 공전(公田)을 나누어 주었다고 되어 있다. 명나라
태조 홍무(洪武, 1368~1398) 10년 10월 신유일(辛酉日)에는 백관에게 공
전을 주어 그 조세 수입으로 녹봉의 수량을 충당하는 법을 제정하였다.
이는 명나라 때까지도 여전히 직전의 제도가 있었다는 뜻이다. 그 후
직전을 거두어 위에 귀속시키고 다만 녹봉을 화폐로 환산하여 지급하였
는데 그 액수가 전 시대에 비해 적었다. 이때부터 관리들에게 청렴을
요구할 수 없게 되었다.[104]

송 태조는 조서를 내려 "쓸데없는 관리를 많이 두고서는 옳은 정치

---

102 도잠(陶潛)이 …… 한 것 : 도잠이 팽택령(彭澤令)이 되어 현(縣)의 공전(公田)에 수수를
  심게 하고는 "나는 항상 술에 취할 수 있으면 충분하다."라고 한 고사가 있다(『晉書』
  卷94, 「陶潛傳」 참조).
103 완장지(阮長之)가 …… 떠난 것 : 완장지가 무창태수(武昌太守)로 있다가 망종(芒種)을
  하루 앞두고 사직하였는데, 당시 송나라 제도에 군현(郡縣)의 전록(田祿)은 망종을 기
  준으로 하여 그 전에 관직을 떠날 경우 그 녹은 모두 후임자에게 주고 그 후에 관직을
  떠나면 녹을 전임자에게 주도록 되어 있었다(『宋書』 卷92, 「良吏列傳」 참조).
104 후한 광무제(光武帝) …… 되었다 : 『일지록』 권12에 보인다.

를 시행하기 어렵고 녹봉을 적게 주고서는 관리들에게 청렴을 요구할
수 없다. 쓸데없는 관리를 두어 경비를 많이 쓰기보다는 관리를 줄이고
녹봉을 더 주는 것이 낫다. 주와 현의 인구수에 따라 관리의 정원을 줄
이고 예전의 녹봉 외에 5천씩을 더 지급하라." 하였다.[105]

명나라 영종(英宗) 정통(正統, 1436~1449) 6년 2월 무진일(戊辰日)에 순
안산동감찰어사(巡按山東監察御史) 조태(曹泰)가 아뢰기를, "신이 듣건대
『서경』에서 '벼슬아치는 부유하게 해 주어야 선하게 된다.'라고 하였습
니다. 그런데 지금 지방에 있는 여러 관서의 문신들은 집을 떠나 먼 지
역에 부임하면서 처자를 데리고 가는데 녹봉은 많은 경우 불과 월 쌀
3섬을 지급하고 적은 경우는 1, 2섬인데 그마저도 대부분 화폐로 환산
하여 지급합니다. 때문에 9년 동안 부모를 모시고 처자를 보살필 밑천,
왕복하는 경비, 친지들의 안부를 묻고 선사할 비용, 임기가 끝난 뒤 한
가하게 지낼 비용으로 쓰기에는 그 녹봉이 넉넉하지 못합니다. 그러다
보니 지조를 잃고 죄에 빠지는 사람이 많습니다. 바라건대 정신회의(廷
臣會議)를 열어 헤아려 녹봉을 올려 주어 청렴을 기를 수 있게 하고, 이
렇게 하고도 여전히 탐오(貪汚)한 자가 있으면 용서하지 말고 징치하소
서."라고 하였다. 이에 사안을 행재호부(行在戶部)에 내려 바로잡아 제
도를 정하게 하였으나 시행되지 않았다.[106]

한나라 때는 관리의 녹봉이 중이천석(中二千石)부터 백석(百石)까지
16등급이었는데, 백석을 받는 관리는 지금의 종9품과 같다. 후한 때는
관리의 녹봉이 중이천석부터 두석(斗石)[107]까지 있었다. 두석이란 한 달

---

105 송 태조는 …… 하였다: 『대학연의보』 권6에 보인다.
106 명나라 영종(英宗) …… 않았다: 『일지록』 권12에 보인다.
107 두석(斗石): 『후한서』, 「광무제기(光武帝紀)」에 "二十六年[春]正月, 詔有司增百官奉.
　　其千石已上, 減於西京舊制; 六百石已下, 增於舊秩."이라 하였고, 그 주에 『속한지(續漢

에 11곡(斛)을 받는 것을 말하는데 가장 낮은 좌사(佐史)는 한 달에 8곡을 받았다.

당나라 18반(班)의 녹봉은 다음과 같았다. 경관(京官)은 700석의 녹봉을 받는 정1품부터 종9품까지인데 종9품이라도 52석을 받았다. 봉전(俸錢)[108]은 상주(上州)의 자사(刺史)가 8만, 중·하주(中下州)의 자사가 7만, 적현[赤縣 : 경도(京都)에서 다스리는 현]의 영(令)이 4만 5천, 기현(畿縣)과 상현(上縣)의 영이 4만, 적현의 승(丞)이 3만 5천, 기현·상현의 승과 적현의 주부(主簿)·현위(縣尉)가 3만, 기현·상현의 주부와 현위가 2만이었다.

현종(玄宗) 천보(天寶, 742~756) 14년에 조서를 내려 "의식이 풍족한 다음에야 염치를 알 수 있다. 자용(資用)이 충족되지 않으면 혹 끝없이 욕심을 부리게 되니 명예를 실추시키고 법을 어기는 것이 실로 여기에 말미암는다. 도성에서는 더욱 자족자급하기가 어려우니 서경(西京)에 있는 문무 9품 이상의 정원관(正員官)【당나라의 관직에는 대부분 원외(員外)를 두었기 때문에 구별하여 말한 것이다.】에게는 앞으로 매월 식료(食料)와 잡용(雜用)·방합(防閤)·서복(庶僕) 등을 10분의 2를 더 지급하고 같은 정원관에게는 1분을 더 주라." 하고 그것을 상식(常式)으로 삼았다. 백거이(白居易)가 주질현(盩厔縣)의 현위(縣尉)가 되어 지은 시에 "관원의 녹봉이 삼백 석이니 한 해의 끝에서 양식에 여유가 있네[吏祿三百石 歲晏有餘糧]."라 하였다. 또 「강주사마청기(江州司馬廳記)」에는, "당나라 초기에 상주(上州)의 사마(司馬)는 5품의 관질(官秩)인데 세름(歲廩)이 수

---

志」를 인용하여 증감된 내용을 나열했는데, 그 부분에는 '斗石'이 '斗食'으로 되어 있다.

108 봉전(俸錢) : 관리들에게 땔감 등의 용도로 지급하는 돈으로, 奉錢이라고도 한다.

백 석에 월봉(月俸)이 6, 7만 석이니 관직은 몸을 보호할 만하고 녹봉은 집안을 넉넉하게 할 만하네.”라 하였다.[109] 명나라의 제도에는 월지(月支)가 정1품의 쌀 87석부터 종9품의 쌀 5석까지였다. 역대의 제도를 따져 보면 녹봉이 비록 점차 차감되었지만 그래도 1천여 섬은 되는 것이 정1품의 녹봉이었다.

우리나라의 경우는 정1품의 한 달 늠료(廩料)가 쌀 2섬 8말과 황두(黃豆) 1섬 5말로 합계하면 1년에 38섬 남짓에 불과하다. 이는 명나라 제도에 비하면 30분의 1에 불과하고 한나라에 비해서는 또 그 절반이다. 오늘날 탐욕을 부리는 풍조가 사람들의 마음에 고착되어 제거할 수 없는 이유는 봉급이 적어서 집안을 넉넉하게 할 수가 없기 때문이다. 저들이 이미 스스로 넉넉하게 살 수가 없는데 어떻게 백성을 착취하지 않을 수 있겠는가.

옛날에 양관(楊綰)[110]이 몹시 사치했던 원재(元載)[111]의 뒤를 이어 정승이 되었는데 근검절약하는 풍조로 바꾸기 위하여 먼저 백관의 녹봉

---

109 봉전(俸錢)은 …… 하였다 : 『일지록』 권12에 보인다.

110 양관(楊綰) : 생몰년은 ?~777년, 자는 공권(公權), 화주(華州) 화음(華陰) 사람이다. 당 현종(玄宗) 천보(天寶) 연간에 진사에 급제하여 태자정자(太子正字)가 되고 다시 사조굉려과(詞藻宏麗科)에 급제하여 우습유(右拾遺)로 발탁되었다. 이부시랑(吏部侍郞)으로 있을 때 공평하고 합리적인 일 처리로 사대부들 사이에 신망(信望)이 높아지자 당시 재상이었던 원재(元載)가 자기 휘하로 끌어들이려 했으나 배척하고 따르지 않았다. 대종(代宗) 대력(大曆) 2년 전권을 휘두르며 탐욕을 부렸던 원재가 주살(誅殺)된 뒤 중서시랑(中書侍郞) 동중서문하평장사(同中書門下平章事)로 발탁되었다. 관직 생활 내내 청렴하다는 명성이 높았다.

111 원재(元載) : 당 대종(代宗) 때 벼슬이 중서시랑(中書侍郞)에까지 이르렀는데, 이보국(李輔國)에게 빌붙어 탐욕을 부리다가 이보국이 죽임을 당할 때 사사(賜死)되었다. 뒤에 가산(家産)을 적몰(籍沒)하니 호초(胡椒) 한 가지만도 800곡(斛)이나 되었다고 한다.

을 올려 주었다. 또 황보박(皇甫鎛)이 재상으로 탁지(度支)를 맡아 내외 관원들의 녹봉을 줄일 것을 청하자 급사중(給事中) 최식(崔植)이 조서를 봉하여 돌려보냈으니 교화의 근본에 통달했던 사람이라고 할 수 있다.

『북몽쇄언(北夢瑣言)』에 다음과 같은 이야기가 있다.

"당나라 때 정승 필함(畢諴)은 집안이 본래 한미하였다. 그의 외숙부가 태호현(太湖縣)의 오백(伍伯)【즉 지금의 사령집장(使令執杖) 같은 잡직(雜織)이다.】이 되자 상국(相國)이 그것을 수치스럽게 여겨 그 일을 그만두게 하고 관직에 제수하려고 여러 번 사람을 보내 뜻을 전했으나 끝내 말을 듣지 않았다. 그래서 선인(選人) 양재(楊載)를 특별히 태호현의 현령으로 제수하고, 하직 인사를 하는 날에 사저로 초청하여 외숙부를 기필코 해직시켜 서울로 보내 달라고 부탁하였다. 양령이 부임하여 정승의 뜻을 모두 전하자 오백이 '나는 천한 사람인데 어찌 재상이 된 생질이 있겠습니까?'라고 하였다. 양령이 강하게 권유하자 '나는 매년 관에서 정한 규례에 따라 6천 민(緡)의 급료를 받는데 잘못을 저지르지만 않으면 평생 여유롭게 살 수 있습니다. 모르겠지만 상공은 무슨 관직을 주려고 하시는지요?'라고 하였다. 양령이 그 말을 모두 보고하자 상국이 탄식하면서도 그 말을 옳게 여기고 끝내 그 뜻을 빼앗지 못하였다."

오백 같은 잡역도 매년 6천 민의 급료를 받았으니 미천한 하례(下隷)까지도 모두 자중할 줄 아는 것이 당연한 일이다. 이에 "조광한(趙廣漢)이 장안(長安)의 옥리(獄吏)의 관질을 백석(百石)으로 올려 줄 것을 청하였는데, 그 뒤로 백석의 관리들이 모두 자중할 줄을 알게 되어 감히 법을 어기고 사람을 함부로 구류하지 않았다."라고 한 『한서』의 말을 믿을 수 있다. 참으로 청렴은 관리가 본래 힘써야 할 바인데, 탐욕을 부리는 묵은 버릇을 돌이켜 청렴하게 만들 수 없다고 하는 것은 진실로

다스림의 본체를 모르는 말이다.[112]

우리나라 관리들의 습속은 평소 유현(儒賢)을 숭상하여 산골짜기에서도 선비들이 의논을 마음껏 펼치니 사람들이 모두 자애(自愛)하며 서로 맑고 고아하게 처신하기에 힘썼다. 그러므로 벼슬하는 사람들은 대부분이 공정하고 청렴하여 중엽 이전에는 그래도 볼 만한 점이 있었고 심지어 지방관에 제수되는 것을 수치로 여기는 사람도 있었다. 그런데 유현들이 임금의 부름에 응하지 않게 된 뒤로부터 청의(淸議)는 드디어 아득해지고 행실을 돌아보는 사람이 없어지고, 게다가 사치는 날로 심해져서 자신과 가문을 보존할 수 없게 되었다. 이에 분분하게 다 같이 일어나 조그마한 고을의 수령으로 제수되기라도 하면 영구히 집안을 일으킬 계산을 하기 때문에 백성들이 견디지 못한다. 지금의 급선무는 녹봉을 조금 올려서 먼저 염치를 배양할 길을 열어 주는 것이다. 그렇게 한 뒤에 청렴하지 못한 실상을 문책한다면 거의 가능할 것이다.

우리나라의 작록(爵祿) 제도는 정1품의 2섬 8말에서부터 품계에 따라 줄여 나가 종9품은 9말의 녹봉을 받는다. 이러고서 어떻게 탐욕스럽지 않기를 요구하겠는가.

내 생각은 이러하다.

의당 그 녹봉을 더 올려서 월 늠료를, 정1품은 녹미(祿米) 30섬, 종1품은 녹미 25섬, 정2품은 녹미 20섬, 종2품은 녹미 15섬, 정3품은 녹미 10섬, 당하관(堂下官) 정3품은 녹미 7섬 반, 종3품은 녹미 7섬, 정4품은

---

112 『북몽쇄언(北夢瑣言)』에 …… 말이다 : 『일지록』 권12에 보인다. 인용한 필함(畢諴)의 일화는 『북몽쇄언』 권4, 「필구지분(畢舅知分)」에 보이는데 인용 내용과 약간의 글자 출입이 있다.

녹미 6섬 반, 종4품은 녹미 6섬, 정5품은 녹미 5섬 반, 종5품은 녹미 5섬, 정6품은 녹미 4섬 반, 종6품은 녹미 4섬, 정7품은 녹미 3섬 반, 종7품은 녹미 3섬, 정8품은 녹미 2섬 반, 종8품은 녹미 2섬, 정9품은 녹미 1섬 반, 종9품은 녹미 1섬으로 해야 할 것이다.

이것이 그 대략이고, 다시 고명한 인사의 재량(裁量)을 기다린다.

# 『고문비략』

## 권3

## 지방 관료〔外官〕

『서경』, 「순전(舜典)」에, "12목(牧)에게 물으시어 말씀하였다. '곡식을 기르는 때를 잘 맞추라. 그러고서 멀리 있는 자를 회유하고 가까이 있는 자를 길들이며 덕이 있는 자를 후대하고 어진 자를 믿으며 간사한 자를 막으라.'"라고 하였다.

한(漢)나라의 동중서(董仲舒)는 "군수와 수령은 백성의 지도자로서 풍교(風敎)를 받들어 교화를 펴는 사람이다."라고 하였다.

한나라 선제(宣帝)는 자사(刺史)나 수령〔守相〕을 제수할 때마다 친히 불러 보고 물어서 그의 동기〔所由〕를 관찰하고 물러간 후에는 행적을 살펴서 그 말을 질정해 보아 말과 실제가 맞지 않으면 반드시 그 까닭을 알아보았다. 일찍이 "서민들이 제 고장에 안착하여 탄식과 근심을 잊고 편안히 살 수 있게 하기 위해서는 정사가 공평하고 송사가 잘 다스려져야 하는데, 나와 함께 이 일을 할 사람은 오직 저 어진 이천석(二千石)[1]들이다."라 하였다.

당(唐)나라 태종(太宗)은 "짐을 위해 백성을 기르는 자는 오직 도독(都督)과 자사(刺史)이다. 그래서 짐은 일찍이 그들의 이름을 병풍에 빽빽이 적어 두고 앉았을 때나 누웠을 때나 그것을 보며 그들이 관직 생활을 하면서 잘하고 잘못한 자취를 알게 되면 이름 아래에 적어서 출척(黜陟)에 대비하였다. 현령은 더더욱 백성을 직접 다스리는 직임이니 신중하게 선택하지 않을 수 없다."라고 하였다.

현종(玄宗)은 여러 관서의 장관 중에서 명망이 있는 사람 11명을 직

---

[1] 이천석(二千石) : 한(漢)나라 관제(官制)에서 1년에 2천 석의 녹을 받는 관리로, 군수(郡守)가 이에 해당한다.

접 선발하여 여러 주의 자사로 삼고는 재상과 백관에게 명하여 낙수(洛水) 가에서 성대한 연회를 베풀어 전별하게 하고 스스로 시를 짓고 직접 써서 주었다.

선종(宣宗) 때에 우연릉(于延陵)이 건주자사(建州刺史)가 되었는데, 들어가 하직 인사를 하자 황제가 "건주는 경사(京師)에서 얼마나 떨어져 있는가?"라고 물었다. "8천 리입니다."라고 대답하자 황제가 "경이 그곳에 가서 정사를 잘하는지 못하는지 짐이 모두 알 수 있으니 멀다고 방심하여 태만히 굴지 말라. 이는 바로 앉은 자리에서 만 리 밖을 보는 것이다."라고 하였다.

송(宋)나라 신종(神宗)은 문언박(文彦博) 등에게 주(州)의 지사를 선임할 좋은 방법을 찾지 못하였다며, "짐은 매양 조종(祖宗)들께서 수많은 전쟁 끝에 천하를 얻었다는 것을 생각하고 있다. 그런데 지금 한 주(州)의 생령(生靈)들을 용렬한 자에게 맡기고 있으니 항상 마음이 아프다."라고 하였다.[2]

진종(眞宗) 함평(咸平, 998~1003) 4년에 양억(楊億)이 상소하여 다음과 같이 아뢰었다.

"옛날[3] 진(秦)나라는 군(郡)을 설치하여 군수(郡守)를 두었으며, 한(漢)나라는 천하를 13개의 부(部)로 나누고 자사(刺史)가 통솔하게 하였습니다. 그 후 군을 주로, 태수를 자사로 바꾸었고 후대로 내려와 당(唐)나라 때에도 변경한 적은 있었지만 몇 년 가지 않아서 다시 옛날 제도를 따랐습니다. 지금 중앙의 관직에 있던 사람을 주지사로 많이 임명하고

---

2 한(漢)나라의 동중서(董仲舒)는 …… 하였다: 『대학연의보』 권18에 보인다.
3 옛날: 저본에는 '昔自'로 되어 있는데, 『송사』 권168, 「직관지(職官志)」에 근거하여 '自'를 '者'로 수정하여 번역하였다.

또 통판(通判)의 관직을 설치하여 부관(副官)으로 삼으셨는데 이는 임시 방편의 제도일 뿐이지 어찌 항구적인 제도가 될 수 있겠습니까. 신은 바라건대 여러 주에 모두 자사를 두고 각 주의 호구 수에 따라 봉록을 상·중·하·긴(緊)·망(望)·웅(雄)의 6등급으로 나누며, 품질(品秩)의 제도는 모두 옛 법을 따르고 상참관(常參官)과 자급을 같게 하고 중앙 관직과 지방 관직을 번갈아 맡게 하소서. 통판의 항목을 폐지하고 다만 종사(從事)하는 관원을 두고 염찰부(廉察府)를 설치하여 통할하게 하며 지역의 상황에 따라 관직을 안배하소서. 옛날 태평흥국(太平興國) 초기에 절도사 관할의 지군(支郡)을 폐지하였는데, 이는 일시적인 조치였지만 10국(國)을 연(連)으로 묶었으니 주나라의 법은 그대로 남아 있었고 한 도의 관서에서 당나라의 제도를 찾아볼 수 있습니다. 명령의 시행과 풍속의 교화를 보면 황제의 명이 먼저 부(府)에 미치고 부에서 주(州)에 이르며 주에서 현(縣)에 미치고 현에서 향리(鄕里)에 이르러 위에서 아래로 내려가고 가까운 데서 먼 데로 이르러 마치 몸이 팔을 부리고 팔이 손가락을 부리는 것과 같고 강(綱)을 들면 목(目)이 펴지고 옷깃을 펼치면 옷 전체가 가지런해지듯 하였습니다. 이렇게 볼 때 지군을 폐지해서는 안 된다는 것을 분명히 알 수 있습니다. 신은 바라건대 지군을 다시 설치하여 큰 부에 예속시키고 지역의 규모를 헤아려 분할하여 조운(漕運)을 통솔하는 것과 같이 한다면 명분에 질서가 있고 관의 업무는 저절로 거행될 것입니다."[4]

한나라 때의 군의 태수【뒤에 다시 목(牧)으로 고쳤다.】, 위(魏)·진(晉) 이후의 자사【『신당서(新唐書)』에, "고조(高祖)가 군을 주로, 태수를 자사로 고쳤다."

4 진종(眞宗) 함평(咸平) …… 것입니다:『일지록』 권9에 보인다.

라고 하였다.], 송나라의 전운사(轉運使)는 중국의 총독(摠督)이니 바로 우리나라의 감사이다. 한나라의 도위(都尉)【한 무제(武帝)가 영성(寗成)을 군수로 삼으려 하자 공손홍(公孫弘)이 "영성이 제남도위(濟南都尉)였을 때의 정사를 보면 마치 이리가 양을 치는 것 같았습니다. 그는 백성을 다스릴 수 없습니다."라고 하였다. 무제는 또 오구수왕(吾丘壽王)을 동군도위(東郡都尉)로 삼았는데, 무제는 뒤에 오구수왕 때문에 다시는 태수를 두지 않았다. 또 적의(翟義)가 남양(南陽)의 도위가 되어 태수의 업무를 행하면서 현을 순행하여 완(宛) 지역에 이르러서는 어떤 사건 때문에 완의 영(令)을 잡아 하옥(下獄)시켰다. 그로 인해 위엄이 남양에 진동하였다.[5]】·영장(令長)[6]과 그 후의 지부(知府)·지주(知州)·지현(知縣)은 모두 속리(屬吏)이니 바로 우리나라의 수령이다.

군무(軍務)를 담당하는 관직은 우리나라의 병사(兵使)·수사(水使) 등의 관직이 이에 해당한다. 한나라의 전군(典軍)은 실상은 도위의 관직이었는데 위·진 이후에는 도위라는 관직은 없어졌다. 그러나 진(晉)나라는 군수에게 모두 장군이라는 호칭을 더해 주었고, 당나라 때에는 군수를 '사지절제군사(使持節諸軍事)'라고 했고, 송나라 때에는 큰 군의 군수는 모두 병마총관(兵馬總管)이나 병마영할(兵馬鈐轄)을 겸하였고 소루(小壘)에서는 또한 군주사(軍州事)라 하고 경우에 따라 절제군마(節制軍馬)를 맡기도 하였다. 이렇게 보면 진·한 때의 소위 도위의 직책은 역대에는 태수가 겸하고 별도의 관직을 두지 않은 채 태수가 그 일을 다스렸으니 재상이 원추(元樞)를 겸하는 것과 같다.[7] 이 역시 우리나라

---

5 한 무제(武帝)가 영성(寗成)을 …… 진동하였다 : 『문헌통고』 권63에 보인다.
6 영장(令長) : 진(秦)·한(漢) 때의 지방관이다. 1만 호 이상 되는 현을 다스리는 직책을 영, 1만 호 이하 되는 현을 다스리는 직책을 장이라 하였는데, 뒤에 둘을 합쳐서 현령을 의미하게 되었다.
7 한나라의 전군(典軍)은 …… 같다 : 『문헌통고』 권63에 보인다.

에서 수령이 절제사와 절제도위를 겸직하는 것과 같다. 오직 당나라 절도사의 제도는 우리나라의 병사·수사와 대략 같다.

당나라 및 오대(五代) 때에 두었던 번진(藩鎭)의 직임은 세력이 너무 커져서 중앙 정부에서 통제하기 어려운 염려가 생겼다. 그래서 송나라에서는 그 폐단을 혁파할 생각으로 절도의 권한을 모두 없애어 여러 진에서는 모두 손을 묶은 채 명을 청하며 종신토록 숙위(宿衛)하게 하여 절도의 해를 모두 제거하였다. 그러나 이때부터 나라는 점점 쇠약해져서 적이 한 주에 침범하면 한 주가 무너지고 한 현에 침범하면 한 현이 쇠잔해져 드디어 정강(靖康)의 화(禍)[8]를 당하게 되었다. 이는 또 번진을 없앤 것이 실책이었으니 이른바 잘못을 바로잡으려다가 지나쳐서 반대로 더욱 심하게 잘못된 것이요 폐단을 바로잡으려다가 도리어 더 심한 폐단이 생긴 것이다.

그러나 우리나라의 병영과 수영은 지금 모두 껍데기만 껴안고 있어 실제로는 아무 쓸모가 없다. 국가를 환란에서 지킬 수 없고 국가에 위협이 되는 요소를 약화시킬 능력도 없이 한 모퉁이를 차지하여 한갓 세금만 낭비하고 무관의 이력을 높여 주는 바탕이 되고 있을 뿐이다. 지금 상태에서 좋은 방책으로는 혁파하는 편이 더 나을 것이다. 혁파하면 백성들의 형편이 풀릴 수 있고 혁파하면 군수(軍需)를 줄일 수 있다. 게다가 군대의 위세는 더욱 강성해지는 이익이 있을 것이다.

현재 각 영문에 소속되어 있는 군사의 경우 한갓 장부상의 빈 이름 뿐이고 평소 무기를 잡고 훈련하는 군사는 한 명도 없다. 필요할 때에

---

8 정강(靖康)의 화(禍): 정강은 송(宋)나라 흠종(欽宗)의 연호이다. 북송(北宋) 정강 2년 (1127)에 금(金)나라 군사가 남하(南下)하여 송나라의 수도인 변경(汴京)을 함락시키고, 흠종과 그 부황(父皇)인 휘종(徽宗)을 포로로 붙잡아 간 사건이다.

조발(調發)하더라도 필시 부름에 달려갈 리가 없을 것이고, 기한에 맞추어 모이게 하면 필시 모두 달아날 것이니 어찌 군제(軍制)라고 말할 수 있겠는가. 따라서 그 직임을 모두 부사(府使)에게 맡겨야 할 것이다. 부사가 관할하는 여러 읍의 군사를 통할하여 부수(副帥)의 일을 행하고, 군현 이하는 그 읍에서 평소 스스로 훈련하며 통호(統戶)에서부터 군사 훈련과 농사를 병행하는 것이다. 이렇게 하면 모두 정해진 규율이 있기 때문에 하나의 부서(簿書) 아래에서 모두가 약속을 지켜서 필시 정해진 기일에 늦는 자와 명을 따르지 않는 자가 없을 것이다. 그렇게 되면 대체로 관은 평소 백성을 가까이 하고 백성은 평소에 관을 친근하게 여겨서 정의(情義)가 서로 미더우니 병사나 수사와 평소 서로 친하게 여기지 않아서 상하가 믿지 않는 지금의 상황과는 같지 않을 것이다. 그러므로 부사에게 병사와 수사의 직임을 겸하게 하면 군대의 위세는 필시 열 배, 백 배 높아질 것이다. 전체를 통할하는 일은 본래 감사가 절도사를 맡고 있으니 어찌 굳이 병영과 수영을 두어 군정을 맡길 필요가 있겠는가.

또 지금 연변(沿邊)에 진(鎭)과 보(堡)를 설치하고 첨사(僉使)·만호(萬戶)·별장(別將) 등의 관원을 두고 있다. 이들은 모두 병마나 수군을 절제(節制)하는 책임을 맡고 있으니 그 임무는 본래 한 방면을 방어하는 중대한 것이다. 그런데 지금 변진(邊鎭)의 제도는 지극히 한심하다. 관원은 관원답지 못하고 군사는 군사답지 못하여 마치 아이들 장난 같은 데다가 자주 교체되니 관원은 굳은 의지도 없고 원대한 계략도 없다. 변진의 관원이 된 자는 시간을 끌며 날짜만 보내면서 구차하게 임기가 끝날 때만 기다리니 조금이나마 변경의 정세에 마음을 쏟는 사람이 누가 있겠는가. 설령 한두 명 그런 사람이 있더라도 치구(治具)가 갖추어져 있지 않으니 방법이 없다. 관원 한 사람에 아전 한 사람이 고작이고, 진군(鎭軍)이라는 것도 한두 명뿐인 경우도 있으며, 관할하는 지역역시 탄환같이 좁은 지역일 뿐이다. 이러고서야 비록 염파(廉頗)나 이목(李牧) 같이 뛰어난 장수를 시켜 진무(鎭撫)하게 하더라도 또한 손을쓰기가 어려울 것이다.

근래 강계(江界)의 한 진(鎭)에서 발생한 변고[9]와 같은 것은 어찌 한심하지 않은가? 본래 적을 방어하기 위해 설치한 진인데 적이 공공연히 국경을 넘어 들어와 진장을 잡아가는데도 진군(鎭軍)과 진민(鎭民)은힘이 약해서 어쩌지 못한 채 보고만 있었으니 이러고서도 적을 방어한다고 하겠는가. 이것은 그래도 평화 시에 무인들이 안일에 빠져서 일어난 사건이지만 만약 적이 침범하여 공격해 올 때라면 장차 깊숙이 쳐들어와도 막지 못하여 어떤 지경에 이를지 알 수 없는 일이니 그지없이통탄스럽다. 지금 할 수 있는 계책으로 가장 좋은 방법은 연변의 여러진에 군량을 널리 비축하고 백성을 채우며, 작은 진을 병합하여 항구적인 계책을 수립하며, 지난날의 폐단을 통렬히 혁파하여 실질적으로 방비할 수 있게 하는 것이다.

『노사(路史)』[10]의 「봉건후론(封建後論)」에 다음과 같은 내용이 있다.

"천하에 굽은 것은 족히 다스림을 해치지 못하니 언제나 굽은 것을

---

9 강계(江界)의 …… 변고 : 여진족이 강계의 마마해진(馬馬海鎭)을 습격한 사건을 말하는
  듯하다. 1837년(헌종 3) 7월 3일 새벽에 압록강 북쪽에 사는 여진족 수백 명이 습격하여
  권관(權官)과 진속(鎭屬) 4명을 잡아갔는데, 잡혀갔던 사람들은 그 다음날 풀려 돌아왔
  지만 잡혀가는 것을 저지하는 과정에서 둔민(屯民) 1명이 탄환에 맞아 사망하였다(『日
  省錄』, 憲宗 4年 閏4月 27日).
10 『노사(路史)』 : 송나라 나필(羅泌, 1131~1189)의 소찬(所撰)이다. 상고 이래의 역사·지
  리·풍속·씨족 등에 관한 전설과 야사(野史)를 기록한 책으로, 전기(前記) 9권, 후기
  (後記) 14권, 국명기(國名記) 8권, 발휘(發揮) 6권, 여론(餘論) 10권으로 구성되었다. 그중
  31권 「국명기 8」에 「봉건후론(封建後論)」이 실려 있다.

펴려다가 반대로 더 심하게 굽곤 한다. 천하의 폐단은 족히 일을 해치
지 못하니 폐단을 바로잡으려다가 새로 생기는 폐단이 항상 더 크다.
송(宋)나라 인종(仁宗) 지화(至和, 1054~1056) 2년에 범촉공(范蜀公)이 간
관(諫官)이 되어 다음과 같이 건의하였다. '은주(恩州)에는 황우(皇祐,
1049~1054) 5년 가을부터 작년 겨울까지 지사가 7번이나 바뀌었고, 하
북(河北)의 여러 주도 대부분 그와 같으니 병마가 숙련되기를 바라더라
도 될 수 있겠습니까. 제가 보기에 웅주(雄州)의 마회덕(馬懷德), 은주의
유환(劉渙), 기주(冀州)의 왕덕공(王德恭)은 모두 재용(材勇)과 지략이 다
스림을 책임지울 만하니 구임(久任)하게 하소서. 그러나 사세(事勢)가
옛날과 달라서 지금은 따르지 않는 곳이 대부분인데 2, 3개 주에만 시
행하는 것은 한 삼태기의 흙으로 강하(江河)를 막으려는 것과 같아서
보탬이 되지 않을 것입니다. 청컨대 옛날에 하동(河東)의 절종완(切從
阮)[11]과 영무〔靈武, 영주(靈州)〕의 이여부(李與夫)·풍훈(馮暉)·양중훈(楊
重勛)의 일에 대해 말씀드리고자 합니다. 풍훈이 영무의 절도사로 있을
때 양중훈이 대대로 농지를 개간하여 서북 지역을 방어하였습니다. 뒷
날 풍훈이 죽자 태조가 그의 아들 풍익(馮翊)을 다른 데로 옮기고 가까
운 진을 양중훈에게 맡겼습니다. 이리하여 두 지방이 비로소 조정과
통하게 되었고, 절씨와 이씨가 오대 이후 대대로 그 지역을 소유하니
두 지역의 외적들이 두려워하였으므로 태조가 이에 그들을 세습하게
하였습니다. 태조는 매양 '변경의 도적이 내지로 침입하는 것은 세습
하는 장수가 아니면 지킬 수 없다. 세습하면 그 자손들에게도 영구히
집안의 물건이 되니 형세로 보아 필시 아낄 것이다. 그들에게 외방을

---

11  절종완(切從阮): 생몰년은 891~955년, 자는 가구(可久). 오대(五代) 후진(後晉)의 장수
    이다.

나누어 방어하게 하면 설혹 배반자가 나오더라도 저절로 다스려질 것이요, 배반하더라도 원주(原州)나 섬주(陝州)의 일개 장수가 족히 막을 수 있을 것이다. 하물며 조정에서 은혜를 베풀고 신임하여 어긋나지 않으니 어디로부터 달아나겠는가.'라고 하였습니다. 이는 성인의 심원한 모책(謀策)이고 국가의 지극한 계산이니 본래 세속의 천근(淺近)한 자들이 알 수 있는 바가 아니었는데, 그 후 의논하는 신하들이 갑자기 세습시키는 것은 불편하다고 하였습니다. 그리하여 절씨는 하동에서 세운 공을 보아 우선 그대로 세습하게 하되 이씨는 드디어 섬서(陝西)로 옮겼습니다. 이로 인해 드디어 영주와 하주(夏州)를 잃게 되었고 중앙정부는 그 지역의 사정과 매우 멀어졌습니다.'"

의논하는 자들은 태조가 오계(五季)를 징계하여 장수들의 병권을 없앤 일을 가지고 봉건제를 회복해서는 안 된다고 여긴다. 그러나 내 생각은 그렇지 않다. 태조가 봉건하지 않은 것은 봉건이라는 이름을 드러내지 않은 것일 뿐이고 봉건의 실제는 실로 암묵적으로 사용하였다. 이한초(李漢超)가 제주(齊州) 방어사(防禦使) 겸 관남병마도감(關南兵馬都監)으로 17년을 재임했는데, 그동안에는 외적이 감히 변경을 엿보지 못하였다. 또 곽진(郭進)은 낙주(洛州) 방어사로 수(守) 서산순검(西山巡檢)을 도합 20년 동안 맡았으며, 하유충(賀惟忠)은 이주(易州)를, 이겸부(李謙溥)는 습주(隰州)를, 요내빈(姚內斌)은 경주(慶州)를 모두 10여 년 동안 맡았다. 또 한영곤(韓令坤)은 상산(常山)을 진무하고, 마인규(馬仁珪)[12]는 영주(瀛州)를 지키고, 왕언승(王彦昇)은 원주(原州)에 주둔하고, 조찬(趙贊)은 연주(延州)에 주둔하고, 동준회(董遵誨)는 환주(環州)에 주둔하고, 무수기(武守琦)[13]는 진주(晉州)를 지키고, 하계균(何繼筠)은 체주(棣州)를 다

12  마인규(馬仁珪):『송사』권273에는 '馬仁瑀'로 되어 있다.

스렸다. 장의(張義) 같은 경우는 창경(滄景)을 지켰다. 이들에게는 모두 오랫동안 직임을 맡겨서 전매의 이익과 교역의 권한을 모두 그들에게 주고, 또 스스로 날래고 용맹한 자들을 모집하여 심복 군사로 삼을 수 있게 하며 군중의 정사를 모두 편의대로 하게 하였다. 이리하여 20년 동안 서북 지방에 대한 근심이 없었다. 심원하고 치밀한 모책은 대개 사람으로 하여금 행하면서도 알지 못하게 하는 법인데, 어찌하여 의논하는 자들은 그 까닭을 따져보지도 않고 드디어 군대는 천자의 군대라고 하여 지방의 고을에서는 군대를 보유할 수 없게 한단 말인가.

그러므로 인종(仁宗) 보원(寶元, 1038~1040)·강정(康定, 1040~1041) 시기부터는 중국의 세력을 가지고 한쪽 모퉁이의 원호(元昊)에 대항하지 못하여 정강(靖康)의 난리에 100사(舍)나 멀리 쫓기고 곧바로 서울을 공격당하면서도 그들을 방어할 울타리가 없어서 마침내 궤멸되고 지탱하지 못하였다. 오늘의 일로 말하건대 어찌 찬물이 이를 시리게 하는 정도에 그치겠는가. 아, 임금의 다스리고자 하는 의욕은 세상에 없이 뛰어나지만 대신이라는 자들은 매양 근본에 힘쓸 줄을 모르는 것이 병통이다. 이것이 내가 매양 징보(徵甫)를 허물하며 당나라와 우리나라에서 봉건을 하지 않은 것은 모두 정공(鄭公)과 한왕(韓王)이 그들의 임금에게 제왕의 도리로 다스리도록 권면할 줄은 모르고서 평범하고 구차하게 다스리도록 인도했기 때문이라고 말하는 까닭이다.

또 『황씨일초(黃氏日抄)』에서는 "태조 때에는 이한초의 무리를 등용하여 스스로 지키게 한 데 불과하였는데도 변경의 급보가 조정에 올라오지 않았으니, 삼대 이래로 우리 태조처럼 변경의 방어를 잘한 임금은

---

13 무수기(武守琦) : 저본에는 '武宋記'로 되어 있는데 『노사(路史)』와 『일지록』에 근거하여 수정하였다. 『송사』 권273에는 '琦'가 '琪'로 되어 있다.

없었다. 그런데 지키는 자에게 봉강(封疆)해 주어 영구히 맡겨 세습시키지 않고 자신이 만 리 밖의 일을 눈앞의 일처럼 제어하려고 하니 천하에 그런 이치는 없다."라고 하였다.[14]

또 송 철종(哲宗) 원우(元祐, 1086~1094) 8년에 정주지사(定州知事) 소식(蘇軾)이 말하기를, "한나라 조착(鼂錯)이 문제(文帝)에게 올린 변경 방비책은 두 가지 일에 불과하였으니 첫째는 백성을 변방으로 이주시켜 광활한 공지를 채우는 것이고, 둘째는 변방에 현을 만들어 적국에 대비하라는 것이었습니다. 지금 서쪽 변방과 가까운 하삭(河朔, 황하 이북) 지역에서는 전연(澶淵)의 강화(講和) 이후 백성들이 스스로 단결하여 궁전사(弓箭社)를 만들었습니다."[15] 운운하였다.【앞의「군오(軍伍)」조에 보인다.】

내가 생각건대 지금 변경의 정세는 바로 옛날 변경의 정세와 같다. 변경을 방비하는 방도로는 모두 구임(久任)시켜 세습하게 하는 것이 가장 좋을 것이다. 지금 만약 옛날 궁전사의 방식에 의거하여 통갑법(統甲法)을 시행하고 위풍이 있는 지방 토호(土豪)에게 임시 변장의 직함을 주어 절씨(折氏)·이씨(李氏)·풍씨(馮氏)·양씨(楊氏)에게 했던 것처럼 세습할 수 있게 하여 각각 스스로 지키게 하면 저들은 반드시 종족을 아끼고 가물(家物)을 아까워할 것이다. 백성의 힘을 얻기 위해서는 이것이 가장 좋은 방법이다.

---

14 『노사(路史)』의 …… 하였다 : 『일지록』권13에 보인다.
15 원우(元祐) 8년에 …… 만들었습니다 : 『일지록』권9에 보인다.

## 2 　막료(幕僚)

옛날부터 관부(官府)를 열면 장사(長史)·참군(參軍)·주부(主簿)·연치
중(掾治中)·별가(別駕)·사마(司馬)·공조(功曹) 같은 속관은 모두 직접
추천하여 썼다. 예컨대 열국(列國) 시대에 경대부의 가재(家宰)·가로(家
老)·가신(家臣)들은 나가서는 조정의 대부가 되었으니 곧 군국(郡國)의
수상(守相)도 스스로 보좌하는 막료를 두었던 것이다.

　『고문원(古文苑)』[16] 왕연수(王延壽)의 「동백묘비(桐栢廟碑)」에 대한 주
에서 인명들에 대해 '연속(掾屬)은 모두 그 군의 사람이니 한나라 때의
사람 등용하는 법을 상고할 수 있다.'라고 하였다. 지금 한나라의 비석
들을 살펴보아도 모두 그러하고 유독 이 묘만 그런 것은 아니다. 대체
로 그 당시에는 수령만 조정에서 임명하고 조연(曹掾)부터 그 이하는
모두 본군(本郡)의 사람을 썼기 때문에 【『한서』, 「경방전(京房傳)」에, "경방이
위군태수(魏郡太守)가 되어 다른 군의 사람을 임용할 수 있게 해 달라고 청하였다."
라고 하였다. 한나라 때에는 연속(掾屬)은 모두 본군의 사람 중에서 등용했는데 경
방이 이렇게 청한 것은 파격이었다. 두우(杜佑)의 『통전(通典)』에서는 "한나라는 현
(縣)에 현승(縣丞)·현위(縣尉) 및 여러 조연(曹掾)을 두었는데 대부분 본군의 사람을
임명하였고 삼보현(三輔縣)에서만은 다른 군의 사람까지 아울러 등용하였다. 그러
다가 수(隋)나라로 바뀐 다음에 모두 다른 군의 사람을 썼다."라고 하였다.】 한 지
방의 민심을 잘 알아서 그들을 위해 이익이 되는 일을 일으키고 해로운

---

16 『고문원(古文苑)』: 중국 동주(東周)부터 남제(南齊)까지의 시(詩)·부(賦)·잡문(雜文)
　을 모은 책으로, 사전(史傳)과 『문선(文選)』에 수록되지 않은 당대(唐代) 이전에 산일(散
　逸)된 글이 전해진다. 편자는 알려지지 않았고 당(唐)나라 때 처음 편찬하였다고 하나
　역시 확실하지 않다. 지금 전하는 것은 남송(南宋) 때 한원길(韓元吉)이 편찬한 9권 본
　과, 장초(章樵)가 이를 증정(增訂)·주석(註釋)한 21권 본이 있다.

일을 제거할 수 있었다.

속관을 직접 추천하여 등용하는 일은 바로 수령이 하였으니 후대에 일명(一命) 이상의 관원은 모두 이부(吏部)에서 선발하여 임명하는 것과는 같지 않았다. 광한태수(廣漢太守) 진총(陳寵)이 조정에 들어가 대사농(大司農)이 되자 화제(和帝)가 "군(郡)에 있으면서는 어떻게 다스렸는가?"라고 물으니 진총이 머리를 조아리며 "신은 공조 왕환(王渙)[17]을 임용하여 현능한 인재의 선발을 맡기고 주부 심현(鐔顯)[18]을 임용하여 잘못을 보완하도록 맡겼습니다. 신은 조서를 받들어 폈을 뿐입니다."라고 대답하자 화제가 매우 기뻐하였다. 여남태수(汝南太守) 종자(宗資)가 공조 범방(范滂)을 임용하고, 남양태수(南陽太守) 성진(成瑨)이 공조 잠질(岑晊)에게 위임한 일들이 모두 노래로 불려 서울에 전해져 이름이 사전(史傳)에 드러났다.[19]

여기에서 다스림의 방도는 전적으로 막료[掾屬]에게 달렸음을 알 수 있으니 어찌 중요하지 않겠는가. 게다가 젊을 때부터 정사에서 두루 시험하여 재주가 있는지 없는지를 직접 알고 있어야 후일 주현에 천거할 때 부실한 사람을 천거할 염려가 없을 것이다. 의당 처음 추천하는 날에 인재를 잘 가려야 한편으로는 나의 정치를 돕게 하고 한편으로는 인재를 배양할 수 있으니 어찌 신중하지 않을 수 있겠는가.

우리나라에는 애당초 관부를 열고 인재를 스스로 추천하는 제도가 없다. 도백이 추천하는 경우가 있는 것은 모두 친지에게 밥벌이할 자리

---

17 왕환(王渙) : 저본에는 '王漢'으로 되어 있는데 『일지록』과 『후한서』 권76, 「순리열전(循吏列傳)」에 근거하여 수정하였다.

18 심현(鐔顯) : 저본에는 '鐔顥'으로 되어 있는데 『일지록』과 『후한서』 권76, 「순리열전」에 근거하여 수정하였다.

19 『고문원(古文苑)』 …… 드러났다 : 『일지록』 권8에 보인다.

나 만들어 주려는 것으로 이미 인재를 선발해서 취하려는 취지가 아니요, 또한 조정에 천거하는 법도 없다. 그러므로 천거하는 자는 모두 친지여서 애당초 그 재능을 따지지 않고, 천거받은 사람 또한 유유히 지내면서 자중자애하지 않고서 작은 이익을 보면 선정(善政)을 베풀었다는 명성은 돌아볼 겨를도 없다. 이 때문에 백성들이 받는 고통이 또한 크다.

내 생각은 이러하다.

지금부터 감사와 부사가 막료를 선발하게 하되 반드시 문학이 있고 행실이 높은 자를 추천하도록 한다. 지역의 규모에 따라 감사는 막료 5, 6인을 두고 부사는 2, 3인을 두며 군과 현에는 향소(鄕所)의 소임 1명을 골라서 【반드시 그 지역의 사람을 쓴다.】 말을 들어 보고 일에서 상고하여 계속 시킬 수 있을지를 판단해 후일 선발에 응하여 사적(士籍)에 올릴 계제로 삼는다. 그렇게 하면 반드시 인재와 정치가 볼 만한 점이 있게 되고 백성들이 그 복을 누리게 될 것이다.

범중엄(范仲淹)의 논의에, "지금 백성들이 원망하고 있지만 아직 배반하여 도망칠 정도로 심하지는 않으니 응당 시급히 구제해야 하는데, 구제하는 방법으로는 수령에 적임자를 얻는 것이 가장 중요합니다. 수령에 적임자를 얻고자 한다면 2부(府)에 조서를 내려[20] 전운사(轉運使)를 선발 대상에 포함시키고 만약 부족하면 지주(知州) 중에서 발탁하도록 허락하소서. 이미 적임자를 등용했으면 각 지역에 위임하여 스스로

---

20 2부(府)에 조서를 내려 : 저본에는 '召二府'로 되어 있는데, 『송명신주의(宋名臣奏議)』 권67에 근거하여 '召'를 '詔'로 수정하여 번역하였다. 2부는 송대 제도 중의 동부(東府)와 서부(西府)로, 동부는 정무를 관장하던 중서문하(中書門下) 즉 정사당(政事堂)이고, 서부는 군무(軍務)를 관장하던 추밀원(樞密院)을 말한다.

지주를 뽑게 하되 일을 감당하지 못하는 사람은 상주(上奏)하여 파직하게 하며, 이어 막직관[幕職官, 지방관의 속관(屬官)]을 발탁할 권한을 갖게 하소서. 이렇게 시행한다면 반드시 모두 적임자를 얻을 수 있을 것입니다. 무릇 발탁해 들인 사람[21]은 반드시 치적(治積)이 있다는 명성을 기다려서 1, 2년이 지난 뒤에 비로소 진짜로 제수하소서. 그러나 비록 정밀하게 선발했다 해도 여전히 직책에 걸맞지 않은 사람이 있을 염려가 있으니 그런 사람은 반드시 강등시켜 퇴출하고 다만 사람마다 모두 직책에 걸맞게 된 뒤에야 그만두소서. 이어 그 관직을 오래 맡겨서 자주 바꾸지 말고, 특별한 치적이 있는 사람은 승진시켜 발탁해야 할 것입니다.”[22]라고 하였다.

---

21  발탁해 들인 사람 : 저본에는 '權入者'로 되어 있는데 『송명신주의』 권67에 근거하여 '權'을 '擢'으로 수정하여 번역하였다.

22  지금  백성들이 …… 것입니다 : 「상인종논전운득인허자택지주(上仁宗論轉運得人許自擇知州)」의 일부로 『송명신주의』 권67에 실려 있다.

9년 동안의 치적을 평가하여 관리를 출척하는 법〔九載黜陟之典〕[23]은 당우(唐虞) 때에 시작되었다. 후대에는 사람을 임용하는 데 있어 서한(西漢)이 가장 오랫동안 맡겼다. 황패(黃霸)는 영천(潁川)을 8년이나 다스렸고, 또 관리들은 그 벼슬을 자손에게까지 계승시켜서 창씨(倉氏)와 고씨(庫氏)[24] 같은 칭호가 생겼다.

한나라 때 왕가(王嘉)가 상소하여, "효문제(孝文帝) 때에는 관직에 있는 사람은 자손에게 그 벼슬을 계승하게 하여 관명을 성씨로 삼기까지 하였으므로 이천석의 녹봉을 받는 관리들도 관직을 편안하고 즐겁게 여겼습니다. 그런 뒤에야 상하가 서로 권면하며 구차한 생각을 품지 않게 되었습니다. 그런데 그 후 점차 바뀌어 공경 이하의 관리들이 갈수록 촉급하게 교체되어 관직에 있은 지 몇 달 만에 물러나는 경우까지 있었고, 임지를 떠나는 전임자와 새로 부임하는 후임자의 행차가 길에서 서로 엇갈릴 정도가 되었습니다. 그러다 보니 중등의 인물은 구차하게 보전할 방도를 찾고 하등의 인물은 두려움을 품고 자신만을 생각하여 개인의 보신만을 꾀하는 일이 많아졌습니다."라고 하였다.

황패가 "장리(長吏)를 자주 교체하면 구관을 전송하고 신관을 맞이하

---

23 9년 …… 법〔九載黜陟之典〕: 3년마다 한 번씩 관리의 치적을 평가하고 모두 3번의 평가를 거쳐 치적이 우수한 사람은 승진시키고 나쁜 사람은 내치는 법이다. 『서경』, 「순전(舜典)」에, "三載 考績, 三考, 黜陟幽明(3년에 한 번씩 치적을 상고하고 세 번 상고한 다음 어두운 자를 내치고 밝은 자를 올려 주었다)."라고 하였다.
24 창씨(倉氏)와 고씨(庫氏): 한(漢)나라 문제(文帝) 때에 창씨와 고씨가 있었는데, 그 집안이 대대로 곳집을 맡아보았으므로 자손들이 창(倉)과 고(庫)를 성씨로 삼았다(『通志』, 「氏族略」 참조).

는 비용이 들고 간사한 아전들이 그 기회를 틈타 장부를 인멸하여 재물을 훔치니 공사 간에 낭비되는 비용이 매우 많습니다. 또 새로 교체되어 오는 관리가 전임자보다 더 훌륭하다고 기필할 수도 없고 경우에 따라서는 전임자만 못하기도 하니 한갓 혼란만 더할 뿐입니다."라고 하였다.

선제(宣帝)가 일찍이 "태수는 백성을 다스리는 근본인데 자주 바뀌면 아랫사람들이 불안해하지만 백성들이 그가 오래 근무한다는 것을 알면 속이지 못하고 교화에 복종하게 된다."라고 하고는, 이천석 중 다스림에 뚜렷한 공이 있는 사람은 번번이 새서(璽書, 황제의 옥새를 찍은 친서)를 내려 권면하기도 하고 자급을 올려 주고 상금을 하사하기도 하며 관작이 관내후(關內侯)에 이른 사람도 있었다. 또 공경의 결원이 생기면 표장(表獎)한 사람 중에서 선발하여 차례로 등용하기도 하였다. 그래서 한나라의 양리(良吏)가 이때에 매우 많았다.[25]

후한(後漢) 순제(順帝) 때 좌웅(左雄)이 상소하여, "백성을 평안하게 하는 방도는 반드시 현인을 등용하는 데에 달렸고, 현인을 등용하는 방도는 고적(考績)하여 출척(黜陟)하는 데에 달렸습니다. 관리가 자주 바뀌면 아랫사람이 자기 생업에 편안히 종사하지 못하고 오랫동안 그 일을 맡으면 백성들이 교화에 복종합니다. 신의 생각으로는 수상(守相, 수령)과 장리(長吏) 중에 뚜렷한 업적이 있는 사람은 자급을 올려 주되 관직을 옮기지 못하게 하고 부모의 상이 아니면 임지를 떠나지 못하게 하며 임기가 찬 뒤에야 천거할 수 있게 해야 할 것이라고 여깁니다."[26]라고 하였다.

---

25 9년 동안의 …… 많았다 : 『도서편』 권83에 보인다.
26 후한(後漢) 순제(順帝) …… 여깁니다 : 『대학연의보』 권18에 보인다.

사책(史冊)에서 송(宋)나라 문제(文帝) 원가(元嘉, 424~453) 연간의 정치를 다음과 같이 칭찬하였다.[27] 백관은 모두 직책을 오랫동안 맡았고 수재(守宰)는 6기(期)가 지나야 거취를 결정했으므로 관리는 구차히 모면하지 않고 백성들은 의지할 데가 있었다. 그리하여 30년 사이에 전국이 평안 무사하고 인구가 불어났다. 선비는 고상한 절조를 돈독히 지키고 향리에서는 경박함을 수치스러워하였다. 이에 강좌의 풍속이 아름다워졌다.[28]

송나라 신종(神宗)이 문언박(文彦博) 등에게, "제도(諸道)의 수신(帥臣)과 전운사(轉運使)는 직임이 지극히 중요하다. 한 도의 고통과 편안함이 그에게 달렸으니 조심스럽게 적임자를 고르고 직임을 오랫동안 맡겨야 한다. 한나라 선제는 이름에 따라 실질을 책임 지웠으니 모름지기 이 방도를 따라야 할 것이다."라고 하니, 문언박이 "다스림의 요체로 이것을 대신할 것이 없습니다."라고 하였다.

왕안석(王安石)은, "관직에 있는 자가 자리를 자주 옮기게 되면 그 자리의 업무를 오래 할 수 없습니다. 때문에 윗사람은 그 일을 익숙히 알 수 없고 아랫사람은 순종하여 그 교화를 편안히 여기려 하지 않습니다. 그러므로 현자는 자기 일에서 성취하는 데에 이르지 못하고 불초한 자는 그 죄가 현저히 드러나는 데에 이를 수 없습니다. 신관을 맞이하고 구관을 전송하는 수고나 문서를 인멸하는 폐단 같은 것은 실로 사소한 해독이어서 다 셀 것도 없습니다."라고 하였다.[29]

---

27 사책(史冊)에서 …… 칭찬하였다 : 저본에는 '宋史稱文帝元嘉之政'으로 되어 있는데 이하의 내용이 『송사』에는 보이지 않으므로 '史稱文帝元嘉之政'이라고만 되어 있는 『도서편』을 참고하여 번역하였다.
28 사책(史冊)에서 …… 아름다워졌다 : 『도서편』 권83에 보인다.
29 송나라 신종(神宗)이 …… 하였다 : 『대학연의보』 권18에 보인다.

명(明) 초에는 외직(外職)에 더욱 성공을 책임 지워서 한 직책을 오래 맡김으로써 효과를 올리게 하였다. 예를 들면 주침(周忱)은 소송순무(蘇松巡撫)로 시랑(侍郞)에서 상서(尙書)에 이르기까지 모두 22년[30]을 재직했고, 왕고(王翶)는 요동제독(遼東提督)으로서 첨도(僉都)에서 부도(副都)·좌도(左都)·우도(右都)를 역임하며 승진하는 데 모두 11년[31]이 걸렸으며, 우겸(于謙)은 하남(河南)·산서(山西) 지방 진무(鎭撫)의 책임을 11년이나 겸직하였다.

이는 오래 재임한 무신(撫臣)[32]들이다.

동완(東莞)의 지현(知縣) 노병안(盧秉安)은 19년 동안 재임했는데 맑은 지조를 변치 않았고 떠날 때에는 오직 사민(士民)들이 주는 시만 받았다. 【노병안은 작별할 때 자신의 심경을 술회한 다음의 시를 지었다. "자고로 탐욕 없음이 사람에게 보배인데 오늘은 백성의 시를 탐내어 주머니를 채웠네. 19년 동안 큰 고을에서 벼슬살이하면서 다행히도 마음에 걸리는 잘못은 하나도 없구나 〔不貪自古人爲寶 今日貪民詩滿囊 十有九年官劇邑 幸無一失掛心腸〕."】

진련(陳璉)은 10년 동안 저주지사(滁州知事)로 있으면서 탁월한 정사로 소문이 나서 당시 포상으로 발탁하는 은전이 있었다. 【진련이 저주를 다스린 공적이 뛰어나서 정신(廷臣)이 그를 천거하자 저주의 백성들이 대궐로 찾아가 유임(留任)을 호소하였다. 그 때문에 드디어 양주지부(楊州知府)로 승진시켜서 저주의 업무를 관장하게 하고는, 비단옷 1벌과 돈 500관(貫)을 하사하고 역마를 지급하여 돌려보냈다. 저주에 있은 지 10년 만에 사천안찰사(四川按察使)로 승진시키고 얼마 후 다시 불러들여서 통정사(通政使)로 승진시켰다가 다시 예부시랑(禮部侍

---

30 22년 : 『도서편』 권83에는 '一十二年'으로 되어 있다.
31 11년 : 『도서편』 권83에는 '一十八年'으로 되어 있다.
32 무신(撫臣) : 명대(明代)에 각 지방의 군정(軍政)과 민정(民政)을 순시하던 관직이다.

郎)을 제수하였다.〕

이는 오래 재임한 수령들이다.

그러므로 구문장〔丘文莊, 구준(丘濬)〕이 논하기를, "우리나라가 옛날의 제도를 상고하여 비로소 유우(有虞)의 법을 회복하였으니, 관리는 모두 3년 만에 1차 고적(考績)을 하고 6년 만에 재차 고적을 하며 9년 만에 통고(通考)를 하여 그중 선정(善政)이 뚜렷이 알려진 사람에게는 포상하는 은전을 시행하고, 자급의 한계가 찬 사람은 다시 자급을 올려서 승진시키거나 예전 관직에 잉임(仍任)시켰다. 이리하여 관리는 안심하고 직임을 수행하고 백성들은 안심하고 생업에 종사하며, 벼슬아치들은[33] 도로를 바삐 오가는 수고가 없고 거주하는 백성은 구관을 전송하고 신관을 맞이하는 비용이 들지 않게 되었다. 이후 100여 년 동안 모두 이 법을 따랐는데 근래에 선발된 인재가 적체되면서부터 일체 구차하게 처리하는 정사를 시행하여 빈번하게 변경하니 조종(祖宗)이 법을 제정한 처음 취지와는 매우 어긋난다."라고 하였다.

또 『호단민주의(胡端敏奏議)』[34]에, "번얼(藩臬)[35]과 수령은 모두 구임(久任)시켜서 공을 이루도록 책임 지워야 합니다. 효종(孝宗) 홍치(弘治, 1488~1505) 이전에는 모두 그렇게 하였는데 지금은 시도 때도 없이 교체하여 일정한 규정이 없습니다. 봄에 지부(知府)가 되어 남쪽 지방의 첨사(僉事)를 하다가 가을에는 부사(副使)로 승진하여 북쪽 지방의 참의(參議)를 하며 다음해 봄에는 다시 참정(參政)으로 승진하여 이곳저곳의

---

33 벼슬아치들은 : 저본에는 '任者'로 되어 있는데 『도서편』 권83에 근거하여 '仕者'로 수정하여 번역하였다.
34 호단민주의(胡端敏奏議) : 명(明) 호세녕(胡世寧)의 상소문 모음으로, 주로 변비(邊備)에 관한 내용이 많다. 모두 10책이다.
35 번얼(藩臬) : 명·청 시기 포정사(布政使)와 안찰사(按察使)의 합칭(合稱)이다.

헌사(憲使)로 옮겨 다니기도 합니다. 심한 경우 처음 우포정사(右布政使)로 승진되고도 멀리 가는 것이 싫어서 부임하지 않은 채 집에서 2, 3개월을 기다리면 즉시 좌포정사(左布政使)로 바뀌어 가까운 곳으로 가는 일도 있고, 부임한 지 2, 3개월도 되지 않아서 전근되어 경당(京堂)[36]이 되는 일도 있습니다. 이 때문에 1년의 반 이상을 베틀의 북처럼 도로를 바삐 오가며 보내니 임지에 있을 수 있는 날이 얼마나 되겠습니까. 진사가 되어 지현(知縣)을 맡은 자의 경우 또한 겨우 3년만 지나면 발탁하기도 하고 중간에 과장(科場)에 조근(朝觀)했다가 참알(參謁)에 차임되기도 하니 분주하게 도로를 오가느라 1년에 반 이상은 업무를 폐지하게 되고, 일삼는 것은 윗사람을 받드는 것이지 백성을 보살피는 데는 뜻이 없습니다. 그러므로 지금의 번얼과 수령은 모두 과객(過客)일 뿐입니다. 그들은 지방이 쇠잔해지는 것을 역사(驛舍)가 손상된 것쯤으로 여기니 누가 그것을 수리하며, 백성의 고충을 역마가 수척해진 것쯤으로 여기니 누가 그것을 보살피겠습니까.”라고 하였다.

또 의논하는 자가 말하기를, “자산(子産)이 정사를 맡고서도 여러 해가 지나서야 교화가 이루어졌고, 백금(伯禽)[37]이 노(魯)나라를 다스릴 때에도 3년이 지나서야 치적(治績)을 보고할 수 있었다. 지금 사람들이 반드시 모두 성현(聖賢)은 아니다. 역사에 기록될 만한 총명을 지녔더라도 지력(志力)은 과거 공부를 하던 구습(舊習)에 빼앗기며 옆으로 동료들을 보면 관직이 뛰어올라 내직(內職)에 제수되는 일이 많다. 그러므로 빨리 나아가고자 하는 마음이 생긴다. 빨리 나아가고자 하는 마음이 생기면

---

36  경당(京堂) : 당상관(堂上官)이란 의미로 명·청 시대에 각 아문의 장관을 이렇게 불렀다.
37  자산(子産)·백금(伯禽) : 자산은 춘추시대 정(鄭)나라의 대부이고 백금은 주공(周公)의 아들로, 모두 잘 다스린다는 명성이 있었다.

백성을 위하는 마음은 줄고 윗사람에게 바라는 마음이 급해지며, 일신의 영달을 도모하는 방술이 승해지고 백성에게서 취하는 계책이 많아지니, 백성이 이들에게서 무슨 이익을 얻겠는가."라고 하였다.[38]

이는 나아가기를 다투는 자들이 승진하기에 급급하여 빚어진 결과인데 오늘날 우리나라의 관리들은 모두가 이런 습관에 빠져 있다. 이에 대해 열성조(列聖朝)께서 누차 다잡아 유시(諭示)하였고 명신보상(名臣輔相)들도 모두 주의(奏議)에서 관직을 오래 맡겨 성공을 책임 지우는 정사에 대해 간곡히 아뢰었지만 금방 또 시행하지 않곤 하는 것이 지금에 이르러 극에 달하였다. 그것은 대체로 벼슬아치는 오래 적체되는 것을 꺼리고 관직에 제수할 사람들에게 새로 조용(調用)할 자리를 만들어 주어야 하는 데서 연유하여 점점 고질적인 폐단이 되어 어찌할 수가 없게 된 것이다.

내 생각은 이러하다.

마땅히 제도를 다시 제정하여 무릇 관직에 제수된 자들은 더 이상 외임(外任)의 이력(履歷)을 묻지 말고【다음에 자세히 보인다.】 승천(陞遷)하는 자는 임지에 있으면서 품계가 오르는 것을 허용한다. 경우에 따라 정사를 월등하게 잘한 사람에게는 새서(璽書)를 내려 포장하거나 자급을 올려 주고 상금을 하사하거나 등급을 뛰어넘어 승진시켜 대배(大拜, 정승에 제수되는 것)하기를 한나라나【다음에 자세히 보인다.】 명나라 때의 진련(陳璉), 양신민(楊信民)【참의에서 곧바로 도헌(都憲)으로 승진하였다.】, 섭성(葉盛)【참정(參政)에서 곧바로 도헌으로 승진하였다.】, 하문연(何文淵)【지부(知府)에서 곧바로 시랑(侍郞)으로 승진하였다.】, 육유(陸瑜)【포정(布政)에서 곧바로

38 명(明) 초에는 …… 하였다 : 『도서편』 권83에 보인다.

상서(尙書)로 승진하였다.] 등 여러 사람의 전례와 같이 하더라도 지나치지 않을 것이다. 무엇 때문에 굳이 그들을 번거롭고 촉박하게 이리저리 옮겨서 길에서 떠돌아다니게 하고 군현(郡縣)을 거듭 번거롭게 하며 마부와 말을 제공하고 대접하느라 고생과 비용을 감당하기 어렵게 하겠는가. 지금부터 단행할 제도는 탐욕스럽고 잔혹하여 직무를 제대로 수행하지 못한 자와 포폄 결과 쫓겨나 법대로 파직한 자들을 제외하고 그 나머지 관리들에 대해서는 당우(唐虞)의 법에서처럼 모두 9년의 임기를 채우게 하되 6기(朞)를 한도로 하여 6년이 지나지 않으면 천전시킬 수 없게 해야 할 것이다.

한나라 선제(宣帝) 때에 도적이 한꺼번에 일어나자 장창(張敞)을 불러 교동상(膠東相)에 임명했다. 그러자 장창이 도적을 추포하는 데 공을 세운 관리들을 특별히 삼보(三輔, 경기) 지역에 임명해 줄 것을 청하였는데, 천자가 허락하였다. 이리하여 상서(尙書)에게 이름을 보고하여 현령에 보임(補任)한 사람이 수십 명이었다.

한나라 때부터 현령은 대부분 뛰어난 군리(郡吏) 중에서 뽑았기 때문에 사무에 익숙하여 업무를 감당하지 못할 염려가 없었다. 그런데 지금은 한결같이 백면서생(白面書生)인 귀족의 자제에게 맡기니 관리의 업무를 잘 아는 사람은 열에 한둘도 되지 않고 유약하고 무능한 자가 열에 여덟아홉이나 된다. 또 사람의 재질을 가리지 않고 제비뽑기로 사람을 선발하는 것을 등용하는 법으로 삼고 있다. 이 때문에 수령에 제수하는 명령이 어리석고 무능한 사람에게 내려서 백성을 해치고 끝내는 스스로를 해치는 데에 이른다.[39]

이는 현명한 사람을 관리로 임명하지 못해서 생기는 폐해이다.

최량(崔亮)이 정년격(停年格)【현우(賢愚)를 묻지 않고 오로지 근무 기간을 따져서 결정하였다. 비록 다시 관에서 이 사람을 필요로 하더라도 정년 일자가 늦은 사람은 끝내 등용되지 못하고 재주가 용렬하고 처지는 사람이라도 근무 기간이 오래된 사람은 먼저 발탁하여 등용하였다.[40]】을 제정하고, 배행검(裵行儉)이 장명방(長名牓)[41]【정주현(定州縣)에서 자급(資級)의 고하에 따라 관리를 승진시킨

---

**39** 한나라 선제(宣帝) …… 이른다 : 『일지록』 권8에 보인다.
**40** 현우(賢愚)를 …… 등용하였다 : 『일지록』 권8에 보인다.
**41** 장명방(長名牓) : 성명과 이력을 적은 긴 패[牓]를 설치하여 그 패의 내용에 따라 전주(銓注)하는 법이다.

일이 고사(故事)가 되었다.[42]을 설치하고, 배광정(裵光庭)이 순자격(循資格)【임기가 만료된 관원을 약간의 기간이 지나면 선발하여 모으되 높은 관직에 있었던 자는 적게 선발하고 낮은 관직에 있었던 자는 많이 선발하여 능력을 따지지 않고 선발 기준만 채우면 벼슬에 주의(注擬)하고, 연한만 차면 승급시켜서 차례를 뛰어넘을 수 없게 하였다. 그래서 잘못을 저질러 견책을 받은 사람이 아니고는 모두 관직이 오르기만 하고 내려가는 일은 없었다.[43]을 만들기에 이르러서는 인재를 전형하는 방법이 크게 잘못되었는데, 이것이 바로 지금 우리나라의 구근과(久勤窠)와 허사과(虛司果)의 기원이다.

송나라 손수(孫洙)는 「자격론(資格論)」에서 다음과 같이 말하였다.

"삼대 이후 인재를 선발하는 법은 처음부터 끝까지 모두 잘못되었으니 그것이 국가의 자격 제도이겠습니까. 지금 훌륭한 인재들이 낮은 자리에 엎드려 있는 것은 자격에 걸려서입니다. 직책에 맞는 직무가 관에서 폐기되고 있는 것은 자격에 구애되기 때문입니다. 청렴한 선비가 적고 수치를 아는 선비가 드문 것은 자격을 다투기 때문입니다. 백성이 포악한 정치와 사나운 관리에게 고통을 받는 것은 자격에 따라 발탁한 사람이 많기 때문입니다. 모든 일이 쇠퇴하고 모든 관리가 해이해지며 법제가 무너져서 구제할 수 없게 된 까닭이 모두 잘못된 자격법 때문입니다.

하늘이 대현(大賢)·대덕(大德)을 낸 것은 그 사람을 사사로이 두텁게 대우해서가 아니라 장차 그로 하여금 민생을 위한 다스림을 보좌하게 하려는 것이고, 큰 재주와 큰 지혜를 가진 사람은 그것으로 홀로 자신만을 즐겁게 할 것이 아니라 그것으로 장차 생민의 곤궁함을 진작

---

42 정주현(定州縣)에서 …… 되었다 : 『일지록』 권8에 보인다.
43 임기가 …… 없었다 : 『일지록』 권8에 보인다.

시켜야 합니다. 그런데 지금은 소인이 관직에 있은 지 오래되었다 하여 높은 벼슬자리를 얻고 군자는 몸을 웅크린 채 낮은 자리에서 곤궁하게 지내며, 현자가 위에 있는 불초자를 떠받들고 있고 어리석은 자가 아래에 있는 지혜로운 자를 부리고 있으며, 관작을 내릴 때에 덕을 따지지 않고 봉록은 능력 있는 자에게 주어지지 않습니다. 그러므로 현자가 낮은 자리에 엎드려 있는 것이 자격에 구애받기 때문이라고 하는 것입니다.

재주가 직임을 감당할 수 있는데도 근무 연수에 구애되어 진로가 막히고, 능력이 그 지위에 걸맞지 않은데도 경력을 쌓으면 자리를 얻습니다. 얻은 인재는 구하던 인재가 아니요 구하는 인재는 일을 맡길 수 있는 인재가 아닙니다. 지위를 줄 때에 재주를 헤아리지 않고 공을 인정할 때 실질을 따지지 않습니다. 그러므로 직책에 맞는 직무가 관에서 폐기되고 있는 것은 자격에 구애되기 때문이라고 하는 것입니다.

지금 근무 기간을 계산하고 연공(年功)을 다투는 자들이 밤낮으로 서로 싸우고 있습니다. 그들은 유사가 어떤 사람을 등급을 뛰어넘어 한 자급에 임명하면 옷을 걷어붙이고 여럿이 다투어 호소하고 심한 경우에는 황제의 조서를 품고 승상 앞에 갖다 두기도 하니 그 행의(行義)는 저잣거리의 장사꾼과 별 차이가 없습니다. 그러므로 청렴한 선비가 적고 수치를 아는 선비가 드문 것은 자격을 다투기 때문이라고 하는 것입니다.

한 고을에 와서 폭정을 펴고 연한이 차면 또 다른 주에 가서 학정을 펴며, 탐오(貪汚)가 드러나서 망신(亡身)하지 않는 이상 죽을 때까지 관직에서 쫓겨나지 않습니다. 호랑이 같은 관리가 이를 갈며 백성들을 잡아먹으니 현자는 암혈(巖穴)에서 울적하게 죽어 가고 어린아이는 그 부모에게 사랑을 받지 못합니다. 그러므로 백성이 포악한 정치와 사나운 관리에게 고통을 받는 것은 자격에 따라 발탁한 사람이 많기 때문이라고 하는 것입니다.

자격법은 후위(後魏) 시대 최량에게서 시작되었고 당나라 배광정에 의해 다시 시행되었습니다. 이 두 사람은 실로 당대에 이미 죄를 받았으니 후세 사람의 기롱을 기다릴 것도 없습니다. 그러나 전 시대에 시행한 것은 수십 년에 불과하였고 뒤에 적임자를 얻어 바로잡아 고쳤으므로 그 우환이 크지 않았습니다. 그런데 지금은 자격의 폐단이 갈수록 만연하고 뿌리가 단단해졌으며 그것을 이어받아 상법(常法)으로 만들고 있으니 바야흐로 장차 대대로 그것을 준행(遵行)하게 될 것입니다. 전 시대의 사람은 그것이 잘못임을 모르고 시행했지만 후대의 사람은 바로잡을 줄조차 모르게 된 것입니다. 그러므로 모든 일이 쇠퇴하고 모든 관리가 해이해지며 법제가 무너져서 구제할 수 없게 된 것이 자격법 때문이라고 하는 것입니다.

비록 그러하나 작은 이로움이나 작은 편리함이 없지는 않습니다. 이롭게 하는 것은 굼뜨고 어리석어서 버려지고 적체되어 있던 자들이고 편리하게 해 주는 것은 늙어서 혼미해진 자들입니다. 그러나 천하와 국가에 있어서는 큰 실책이요 큰 해가 됩니다. 그런데도 선부(選部)를 장악하고 있는 자들은 또한 이 법을 간략하여 지키기 쉽다고 여깁니다. 수많은 관직과 온갖 사람들에 대해 인물을 전형(銓衡)하고 실제 공적을 꼼꼼하게 따지지 않아도 되니 한 사람의 관리를 앞에 놓고 장부를 뒤적여 이름을 불러 관직을 주면 됩니다. 묘당(廟堂)에 앉아 있는 자들 또한 이 법이 간요(簡要)하여 시행하기 쉽다고 여깁니다. 대관(大官)·대직(大職)도 장부를 열람하여 이름을 살펴보고 근무 기간에 따라 차례로 돌아가면서 등용하면 되는 것입니다. 이처럼 위아래가 서로 함부로 하여 어진 인재는 갈수록 더욱 멀어지고 있으니 가히 크게 탄식할 일입니다.

지금의 급선무는 실로 폐법(弊法)을 과감하게 폐지하고 능력이 뛰어난 사람을 선발하여, 관작을 줄 때에는 공에 따라 선후를 정하고 등용할 때에는 재주에 따라 차례를 매기며, 오래 근무하였다고 하여 높은 자리에 서용되는 일이 없게 하고 경력을 쌓았다고 하여 좋은 자리에 선발되는 일이 없게 함으로써 지혜로운 사람과 어리석은 사람이 구별되고 잘하고 못한 것이 앞에 나열되게 해야 할 것입니다. 그러고도 만사가 다스려지지 않고 모든 정치가 잘되지 않았다는 말을 어리석은 신은 들은 적이 없습니다."

섭적(葉適)은 다음과 같이 논하였다.

"견별(甄別)하는 데 차서(次序)가 있고 출척(黜陟)하는 데 실수하지 않는 것이 조정의 중요 업무이다. 그러므로 일명(一命) 이상의 관리를 임명할 때에는 모두 천하 사람들이 어질다고 하는 사람을 등용하고자 하지 불초한 사람들을 편하게 하고자 하지 않는다. 그런데 내가 괴이하게 여기는 것은 임금의 입법은 항상 불초한 사람의 입지를 위해 현명하고 재주 있는 사람을 흩어 버리기 때문에 불초한 사람을 숫자만 채워 거두어들일 뿐이라는 점이다."[44]

아, 이것은 오늘날 우리나라의 제도를 말하는 것이니 어찌 그리도 한결같이 철판처럼 견고하단 말인가. 그러나 우리나라의 폐단은 외직(外職)이 더욱 심하니, 어떤 사람에게 한 자급을 올려 주려고 하다가도 지방관을 역임하지 않았으면 어느 관직에는 등용하지 못하는 류가 이런 경우이다. 그 법은 대개 옛사람들이 잘못을 바로잡으려는 생각에서 만든 것인데 지금은 다시 잘못을 바로잡으려다가 또 다른 잘못을 만든

---

44 송나라 손수(孫洙)는 …… 점이다 : 손수와 섭적(葉適)의 논의는 『역대명신주의(歷代名臣奏議)』에 수록되어 있고, 『일지록』 권8에 인용되어 있다.

셈이 되었다. 이를테면 다음과 같은 사례들이다.

『통전(通典)』에, "진(晉)나라의 제도에서는 현의 수령을 역임하지 않으면 대랑(臺郎)으로 들어오지 못하였다."라고 하였다. 또 위(魏)나라 숙종(肅宗) 때 이부낭중(吏部郎中) 신웅(辛雄)이 상소하여, "군현의 인재 선발은 본래부터 매우 경솔하였으니 응당 그 폐단을 고쳐야 합니다. 군현을 3등급으로 나누고 3년마다 출척을 시행하여, 직책에 걸맞은 사람이 있으면 바야흐로 경관(京官)에 보임(補任)하되 수령을 역임하지 않았을 경우에는 내직(內職)을 맡지 못하게 합니다. 이렇게 하면 사람들이 스스로 힘쓰고자 할 것입니다."라고 하였다. 또 당나라 장구령(張九齡)이 현종(玄宗)에게 "옛날에 자사(刺史)는 내직으로 들어와 삼공(三公)이 되고, 낭관(郎官)은 외직으로 나가서 지방 고을의 수재(守宰)가 되었습니다. 다스림을 이루는 근본으로는 무엇보다 수령을 중시해야 합니다. 도독(都督)이나 자사(刺史)를 역임하지 않았으면 아무리 높은 자급에 있더라도 시랑이나 열경(列卿)에 임명되지 못하게 하며, 현령을 역임하지 않았으면 아무리 정사를 잘했더라도 대랑(臺郎)이나 급사(給舍)에 임명되지 못하게 하소서. 또한 도독과 수령은 비록 멀리 있는 관리이지만 10년 이상 외직에 두지 마소서." 하였는데, 그것을 받아들여서 삼성(三省)에 조서를 내려, 시랑에 결원이 생기면 자사를 역임한 사람 중에서 고르고 낭관에 결원이 생기면 현령을 역임한 사람 중에서 고르게 하였다.

선종(宣宗)은 대중(大中, 847~859)으로 연호를 고치고 다음과 같은 조서를 내렸다. "옛날에는 낭관이 외직으로 나가서 지방 고을의 수재가 되고 군수가 내직으로 들어와서 정승이 되었으니 백성을 친히 대하는 관직을 중시하고 정사의 근본을 급선무로 여겼기 때문이다. 그런데 오랫동안 부박한 풍조가 만연하면서 이 법도가 점점 사라지고 관리들이 좋은 벼슬을 차지하려고 겨루어 곧바로 현귀(顯貴)한 자리에 이르며 백성을 다스리는 방법에 대해서는 마음을 쓴 적이 없어서 백성의 고충과 온 천하의 이병(利病)을 궁구하게 하려 하여도 할 수가 없다. 측근의 신하들은 대개 임금의 고문(顧問)에 대비해야 하는데 백성의 고통을 모른 다면 어떻게 짐의 요구에 부응하겠는가. 앞으로는 간의대부(諫議大夫)·급사중(給事中)·중서사인(中書舍人)에는 자사나 현령을 역임하지 않은 사람이면 재신(宰臣)이 후보로 의망하지 못한다."

송나라 효종(孝宗) 때에 신료들이 이렇게 말했다. "관리의 업무는 반드시 역임해 본 뒤에야 알 수 있고 인재는 반드시 시험해 본 뒤에야 알 수 있습니다. 현령이 되려는 자는 반드시 주군(州郡)의 승(丞)이나 주부(主簿)를 거쳐야 하고, 군수가 되려는 자는 반드시 통판(通判)을 거쳐야 하며, 감사가 되려는 자는 반드시 군수를 거쳐야 합니다. 이들 자리에는 모두 차등이 있지만 백성을 친히 대하는 자리를 역임하지 않은 사람을 갑자기 발탁해서는 안 됩니다." 이로 인하여 지현(知縣)은 임기를 3년으로 하여 두 차례 지현을 거치지 않았으면 감찰어사(監察御史)로 제수하지 못하도록 정하였다.[45]

대체로 그 당시에는 내직을 중시하고 외직을 경시하여 외직에 조용(調用)되는 것을 수치스러워했기 때문에 이런 제도를 설치한 것이다. 그런데 오늘날 우리나라의 경우는 이와 반대이다. 사람들은 모두 다투어 일명(一命)[46]의 관리로 선발되기를 바라며 모두가 마음으로 얻지 못할까 걱정한다. 또 그 이른바 외임의 이력이라는 것을 중시하여 하지 않을 수 없다고 하며 자리를 태연히 차지하고, 전조(銓曹)에서도 하지 않을 수 없는 자리라 하여 허락한다. 그 사람의 재능이나 현우(賢愚)는

---

45 『통전(通典)』에 …… 정하였다: 『일지록』 권9에 보인다.
46 일명(一命): 최하위의 관직으로 종9품을 말한다.

따지지도 않은 채 아무런 의심도 없이 제수하면서, "어찌 이 한 자리를 아껴서 남의 앞길을 막겠는가."라고 하고, 또는 "오래 정체되었다."라고 하고, 또는 "집안이 가난하여 제수하지 않을 수가 없다."라고 한다. 옆에서 보는 사람 역시 "이는 지극히 공정하다."라고 한다. 그러나 이는 백성의 사활(死活)과 국가의 안위(安危)가 바로 이른바 그 지극히 공정하다고 하는 사람에게 달렸다는 것을 너무도 모르고서 하는 말이다.

내 생각은 이러하다.

오늘날의 폐단을 구제할 방도는 먼저 자격에 구애받지 않는 데서부터 시작해야 할 것이다. 진실로 쓸 만한 인재라면 차서와 상관없이 시행하고, 알맞은 인재가 아니라면 수십 년 동안 조용(調用)하지 않아도 될 것이다. 또 그 이른바 외임의 이력이라는 것을 혁파하여 하지 않을 수 없는 문을 막으면 거의 될 것이다.

한(漢)나라 선세(宣帝)의 조서에, "공이 있는데도 상을 주지 않고 죄가
있는데도 주벌(誅罰)하지 않으면 비록 당우〔唐虞, 요순(堯舜)〕라도 천하
를 교화할 수 없다고 들었다. 지금 교동상(膠東相) 왕성(王成)은 백성을
위로하여 오게 하는 일에 게으르지 않아 흘러들어온 백성이 8만여 구
(口)나 된다고 하니 다스림의 효과가 매우 탁월하다. 왕성에게 관내후
(關內侯)의 작위를 내린다."라 하였다. 또 조서에, "영천태수(穎川太守)
황패(黃霸)는 조령(詔令)을 잘 펴서 백성을 교화하였다. 그 결과 효도하
는 자식, 공손한 아우, 절조 있는 부인, 온순한 자손들이 날로 많아져
밭갈이할 때는 서로 밭두둑을 양보하고 길에 떨어진 물건을 줍지 않으
며, 홀아비와 홀어미를 돌보아 주고 빈궁한 백성을 넉넉히 도와주었다.
감옥에는 8년 동안 중죄인이 없었고 관리와 백성들은 교화되어 흥기
하여 의를 행하게 되었으니 현인군자(賢人君子)라 이를 만하다. 그에게
관내후의 작위와 황금 100근을 내린다." 하고, 뒤에 불러서 태자태부
(太子太傅)로 삼았다가 다시 어사대부(御史大夫)로 승진시켰다. 또 조서
에, "대사농(大司農) 주읍(朱邑)은 청렴결백하고 절개를 지켰다. 관직에
서 물러난 뒤에는 반찬 수를 줄여 검소한 생활을 보였고 혼잡스런 교
제를 하지 않고 뇌물을 받지 않았다. 가히 숙인군자(淑人君子)라고 할
만한데 흉한 재해를 만났으니 짐이 매우 안타깝게 여긴다. 주읍의 아
들에게 황금 100근을 내려서 제사를 받들게 하라." 하였다.

이에 앞서 애제(哀帝) · 평제(平帝) 연간에 탁무(卓茂)가 밀현(密縣)의
영(令)이 되어 백성을 자식같이 보고 선한 이를 발탁해 씀으로써 백성
을 교화하니 관리와 백성들이 그를 친애(親愛)하여 차마 속이지 못하였
다. 몇 년 만에 교화가 크게 행해져 길에 떨어진 물건을 줍지 않게 되었

는데 뒤에 병이 들어 벼슬을 그만두고 돌아갔다. 광무제(光武帝)가 즉위해서 먼저 탁무를 찾아서 조서를 내리기를, "명성이 천하의 으뜸이니 응당 천하의 중상(重賞)을 내려야 할 것이다. 이제 탁무를 태부로 삼고 포덕후(褒德侯)에 봉한다."라고 하였다.

명제(明帝)는 조서를 내려 사예(司隸)와 자사(刺史)는 매년 장리(長吏)들의 근무 성적을 조사하고 등급을 매겨 보고하게 하였다.

장제(章帝)의 조서에, "저속한 관리들이 거짓으로 겉모습을 꾸며서 옳은 척하지만 실제론 그른 것을 짐은 몹시 싫어하고 심히 괴로워한다. 안분수기(安分守己)하는 관리는 진실하고 꾸밈이 없어서 짧은 기간에 충분한 실적을 올리지는 못해도 긴 시간을 두고 보면 공적이 많다. 예를 들면 양성령(襄城令) 유방(劉方)은 관리와 백성들이 이구동성으로 그의 다스림이 번거롭지 않다고 하니 비록 다른 특이한 치적이 없더라도 이것만으로도 훌륭한 관리에 가깝다. 자잘하게 따지는 것을 자세히 살피는 것이라 여기고 각박함을 현명함이라 여기고 가볍고 게으른 것을 덕이라 여기고 엄하게 처벌하는 것을 위엄으로 여기는데, 이 네 가지 관념이 생기면 백성들은 원망하는 마음을 품게 된다. 내가 여러 차례 조서를 내려 그것을 전달하는 사자들이 도로에 이어졌는데도 관리들은 깊이 이해하지 못하고 아래에서 직무를 제대로 수행하지 못하는 경우가 있으니 그들의 잘못은 어디에 해당하겠는가. 전에 내린 조령을 생각하여 짐의 뜻에 부응하도록 노력하라." 하였다.

당(唐)나라 현종(玄宗)이 경기 지역의 현령들을 인견(引見)하여 은혜로 백성을 돌보라는 뜻으로 경계하고, 또 새로 제수한 현령들을 불러 이민책(理民策)을 짓도록 하였는데 위제(韋濟)의 답안이 가장 뛰어났으므로 예천령(醴泉令)으로 발탁하고, 급제하지 못한 사람들 중 이부시랑(吏部侍郎)은 좌천시켰다.[47]

송(宋)나라 조보(趙普)가 고과법(考課法) 시행을 주청하면서 다음과 같이 말했다.

"나라를 잘 다스리려면 어진 인재를 등용하는 것이 무엇보다 중요하고, 어진 인재를 등용하려면 인재를 관직에서 시험해 보는 것이 무엇보다 중요하고, 인재를 시험해 보려면 공을 쌓도록 책임 지우는 것이 무엇보다 중요하며, 공을 쌓도록 책임 지우려면 치적을 비교하여 평가하는 것[較考]이 무엇보다 중요합니다. 더구나 관리의 치적을 세번 고과(考課)하는 법은 당우(唐虞) 때에 시작된 것이고 사선(四善)의 과목[48]은 법식으로 정해져 있습니다. 격려하고 권장하던 치세(治世)에는 공경(公卿)도 이 원칙에서 예외가 아니었는데 근래에 와서는 인순고식하여 주현의 관리에게만 적용하는 데 그치고 있습니다. 그리하여 드디어 관직을 차지하고 녹을 먹는 관리들의 현우를 분별할 수 없게 되고 그로 인해 총애를 받으면서 간사를 부리는 자들이 법에 어긋나게 함부로 관직을 올리고 내리는 폐단이 생기게 되었습니다. 한갓 관직만 설치해 두고 명기(命器)는 빈 그릇이나 마찬가지가 되어 모두가 조정에 나와 읍을 하고 종종걸음 치며 단지 떼 지어 나아왔다가 떼 지어 물러날 뿐입니다. 이 때문에 직무는 제대로 수행되지 않고 사람들은 모두 편안한 길만을 도모하고 있으니 만약 옛 전장(典章)을 법으로 삼지 않는다면 모든 업무가 폐기될까 두렵습니다. 신은 일어나 청하고자 하옵

---

**47** 한(漢)나라 선제(宣帝)의 …… 좌천시켰다: 『대학연의보』 권18에 보인다.
**48** 사선(四善)의 과목: 송나라 때 수령을 고과(考課)하던 방법이다. 『송사』, 「직관지(職官志)」에, "사선과 삼최(三最)로 수령을 고과한다. 첫째는 덕의로 소문이 나 있는 것, 둘째는 청신이 현저한 것, 셋째는 공평한 것, 넷째는 정성스럽고 근면하여 해이하지 않은 것이 사선이다(以四善 · 三最考守令: 德義有聞 · 淸謹明著 · 公平可稱 · 恪勤匪懈爲四善)."라 하였다.

니다. 앞으로⁴⁹ 제수하는 절도사・관찰사・방어사(防禦使)・단련사(團練使)・자사(刺史) 및 무신들은 반드시 전쟁에서 공을 세워야 녹봉과 작위로 그 공에 보답하고, 모든 공사(公事)는 관리에게 맡겨서 외복(外伏)을 진작시켜야 할 것입니다. 청컨대 먼저 재상과 백집사(百執事)로부터 빈객(賓客)과 요좌(僚佐) 등에 이르기까지 모든 관리에 대해 매년 고과를 쓰게 하여, 일은 모두 옛날을 본받고 다스림은 좋은 쪽으로 이루어지게 하소서. 불초한 자를 물리치고 어진 인재를 나아오게 하며 등용한 관리에 대해서는 더 이상 의심하지 말고, 공무를 받들고 직책에 따른 업무를 제대로 수행하도록 권장하여 각각 기량과 능력을 다하게 하소서. 고과를 쓰게 하자는 청이 시행된다면 태평성대를 기대할 수 있을 것입니다.”⁵⁰

정개부(鄭介夫)⁵¹는 형벌과 상〔刑賞〕에 대해 다음과 같이 논하였다.

“옛날에 국가에서 관리가 죄를 지었을 때 법을 왜곡한 왕법(枉法)과 법을 왜곡하지는 않은 불왕법(不枉法)에 대한 처벌 규례를 제정하였다. 지금은 법을 왜곡한 자는 관적(官籍)에서 이름을 삭제하고 서용하지 않으며, 법을 왜곡하지는 않은 자의 경우는 모두 3년 간 고과에서 전(殿, 고과의 최하 등급)을 준다. 이처럼 법제는 비록 분명하지만 법을 어기는

---

**49** 앞으로: 저본에는 '今復'로 되어 있는데 『송명신주의(宋名臣奏議)』 등에 근거하여 '復'를 '後'로 수정하여 번역하였다.

**50** 나라를 ⋯⋯ 것입니다: 송나라 태조(太祖) 건덕(乾德) 2년(964) 조보(趙普)가 문하시중평장사(門下侍中平章事) 집현전태학사(集賢殿大學士)로 있을 때 올린 「상태조청행백관고적(上太祖請行百官考績)」의 일부로 『송명신주의(宋名臣奏議)』 권72와 『역대명신주의(歷代名臣奏議)』 권171에 수록되어 있다.

**51** 정개부(鄭介夫): 북송(北宋)의 정치인 정협(鄭俠)으로 개부는 그의 자이다. 생몰년은 1041~1119년. 평생 동안 높은 관직에 오른 적은 없지만 뛰어난 충성심으로 직간(直諫)을 많이 하였다. 왕안석(王安石)의 변법(變法)에 반대하는 상소로 신종(神宗)의 마음을 움직여 마침내 왕안석을 정승직에서 물러나게 하고 신법도 폐지하게 하였다.

자가 그치지 않아 끝내 만에 하나도 금하지 못하고 있다. 과거에는 장오죄(贓汚罪)를 지은 관리에 대해 얼굴에 자자(刺字)하고 유배하며 가산을 적몰(籍沒)하는 법이 있었다. 얼굴에 글씨를 새기면 종신토록 향리에서 사람 축에 끼지 못하고 가산을 적몰하면 온 집안이 굶주림과 추위를 면치 못한다. 그러니 장리(贓吏)를 다스리는 데는 이 법보다 더 좋은 법이 없다. 조정에서는 얼굴에 자자하고 유배하며 가산을 적몰하는 법이 없었던 적이 없었으니 역대 조정에서 재상이나 집정(執政) 등 근신(近臣)들이 죄를 입어 적몰된 사례가 많았다. 이 법을 어찌 유독 조정에서만 시행하고 외직에게는 시행할 수 없겠는가. 또 아울러 강도죄를 지은 자는 이마에 자자를 하고 절도죄를 지은 자는 팔뚝에 자자하는 법이 있었다. 장리가 백성에게 끼치는 해는 한 집이나 한 개인에 그치는 강도나 절도의 해보다 더욱 심하니 이 법을 어찌 유독 강도나 절도에게만 시행하고 장리에게는 시행할 수 없겠는가. 저들이 거리낌 없이 뇌물을 받는 것은 장차 그것으로 자신을 살찌우고 자기 집을 이롭게하며 자기 처자를 돌보기 위함일 뿐이다. 그러나 만약 불법을 저지를 경우 자신은 형륙(刑戮)을 당하고 전택(田宅)은 텅 비고 처자는 보호받지 못하게 한다면 비록 관적에서 제명하지 않고 3년 간 고과에서 전을 주지 않더라도 함부로 금령을 범하지는 않을 것이다. 앞으로는 내직과 외직, 직위의 고하를 구분하지 말고 뇌물을 받은 상황이 분명히 드러나기만 하면 아전[吏]은 얼굴에 자자하고 유배하여 노역을 시키고 관원[官]은 자자를 하지 않고 유배시키며, 소유한 집안의 재물과 전택과 노비를 모두 관에 몰수해야 한다. 그렇게 한다면 아마도 장리가 두려워할 줄을 알아서 법을 어기는 자가 드물어질 것이다."[52]

---

52 정개부(鄭介夫) …… 것이다: 『역대명신주의(歷代名臣奏議)』 권67에 보인다.

풍응경(馮應京)[53]은 다음과 같이 말하였다.

"한나라의 제도에서는 6개의 조항으로 수령의 치적을 살폈는데, 백성을 침탈하고 가렴주구하며 농간을 부리는 것을 첫 번째에 두었습니다. 효문제는 청렴결백한 자를 상 주고 탐오(貪汚)한 자를 천하게 여겨서 장오에 연루된 자는 모두 금고(禁錮)하여 관리가 되지 못하게 하고, 경우에 따라서는 곧바로 주벌을 시행하기도 하였습니다. 순제(順帝) 때에는 사신을 보내어 탐오한 관리를 살피게 하여 죄가 있을 경우 자사(刺史)와 이천석(二千石, 군현의 수령)은 역마를 띄워 서울에 보고하고 묵수(墨綬)[54] 이하는 곧바로 관직을 몰수하게 하였으니 법이 지극히 엄하였습니다. 우리나라의 조종조에서는 관리의 치적을 자세히 조사하며 법을 왜곡하고 뇌물을 받은 자에 대한 처벌 규정이 매우 엄중하였습니다. 그런데 후대로 가면서 점점 인순고식(因循姑息)하여 인심이 태만하게 여겨 드디어 염우(廉隅)가 닳아 없어지고 명검(名檢)이 실추되며 조금씩 자라나던 조짐이 점차 풍습으로 굳어져 갈수록 더욱 휩쓸려 따르게 되어 금지할 수 없는 지경에 이르렀습니다. 그러므로 선신(先臣) 하당(何塘)은 받은 뇌물의 액수가 법에서 정한 범위 이상[55]이면 자산을 적

---

53 풍응경(馮應京) : 생몰년은 1555~1606년, 자는 가대(可大), 호는 모강(慕岡)이다. 명나라 신종(神宗) 만력(萬曆, 1573~1620) 연간에 호부주사(戶部主事)·호광안찰첨사(湖廣按擦僉事) 등을 역임했다. 세감(稅監) 진봉(陳奉)의 횡포에 순무(巡撫) 이하 관리들이 모두 복종했지만, 그는 법으로 제지하다가 무고를 받아 투옥되었는데 옥중에서 저술에 몰두하였다. 『육가시명물소(六家詩名物疏)』, 『월령광의(月令廣義)』, 『경세실용편(經世實用編)』 등의 저서를 남겼다. 사후 태상소경(太常少卿)에 증직되고 공절(恭節)이란 시호가 내렸다.

54 묵수(墨綬) : 수령을 말한다. 한나라 때 관리의 직급에 따라 인신(印信)의 재질과 그것을 묶어 차는 인끈의 색깔을 달리했는데, 수령은 동(銅)으로 된 인신을 검은 색 인끈으로 묶어서 찼기 때문에 생긴 명칭이다.

55 받은 뇌물의 …… 이상 : 원문은 '受臟滿貫以上'인데 滿貫이란 규정된 관수(貫數) 즉 액

몰해야 한다고 하였고, 근래에 태학사 장거정(張居正) 역시 뇌물을 받아
사욕(私慾)을 채우면 소급하여 모두 몰수하는 법을 엄격하게 시행할 것
을 청하였으니, 그 말이 모두 시무(時務)의 핵심을 통렬하고 핍절하게
지적한 것입니다."[56]

　우리나라의 정치는 역대 여러 왕조에 비해 매우 뛰어나고 백성을
보호하는 정사에 대해서는 더욱 정성스러웠다. 수령은 백성을 직접 다
스리는 관리로서 민생의 고통이 그에게 매여 있다. 그러므로 제수할
때마다 정밀하게 살펴서 뽑도록 신신당부하고 하직 인사를 하는 날에
는 여섯 가지 일[六事][57]을 왕이 직접 물어서 잘 알고 있는지를 살핀
다. 또 고적(考績)을 엄격히 하여 매년 2차례 포폄(褒貶)을 하고 그 치적
을 제목으로 달아서 유임시키기도 하고 물러나게 하기도 하니 옛날 3
년에 한 번 고적하던 것에 비해 더욱 상세하고 치밀하다. 또 상급 관서
의 담당자가 개인적인 친분에 따라 고적을 엄격하게 하지 않을 것을

　수를 채운다는 뜻이다. 『대명률(大明律)』 권23, 「형률(刑律) 수장(受贓)」조에 관리가 뇌
　물을 받았을 경우 받은 액수에 따라 장형(杖刑)부터 교형(絞刑)까지의 처벌 규정이 있다.
56　한나라의 …… 것입니다 : 『황명경세문편(皇明經世文編)』 권310에 보이는데, 거기에는
　진이근(陳以勤)이 올린 상소로 되어 있다.
57　여섯 가지 일[六事] : 은(殷)나라 탕(湯) 임금이 7년의 대한(大旱)을 만나 상림(桑林)에
　서 기우제를 지낼 때 '정불절(政不節)·사민질(使民疾)·궁실영(宮室營)·여알성(女謁
　盛)·행포저(行苞苴)·참부창(讒夫昌)'의 여섯 가지 실정(失政)에 대해 자책한 데서 나
　온 말이다. 그러나 이는 조선시대 수령의 정사와 직접적인 관계는 없다. 조선시대에는
　수령이 하직 인사를 하고 임소(任所)로 갈 때 계판(啓版) 앞에서 수령이 힘써야 할 7가
　지 일, 곧 수령칠사(守令七事)를 외게 하였는데 그 조목은 '농업과 잠업의 번성[農桑
　盛], 호구의 증가[戶口增], 학교의 진흥[學校興], 군정의 정돈[軍政修], 부역의 균등
　[賦役均], 사송의 간략[詞訟簡], 간활의 금지[奸猾息]'이다. 여기 여섯 가지 일은 이
　수령칠사를 말하는 듯하다.

염려하여 고적에서 폄하(貶下)를 받은 사람이 없을 경우 상급 관서의 담당자를 문책하는 법[58]을 제정하였으니 가히 지극히 엄격하게 살피고 문책한다고 하겠다.

그런데 지금은 수백 년 동안 평화롭고 안락하여 조야(朝野)에 일이 없으므로 상하가 인순고식하여 이치(吏治)를 유희로 여기고 군읍(郡邑) 다스리는 것을 예삿일로 여겨서 양리(良吏)는 구습(舊習)을 답습하며 미봉하는 것을 능사로 여기고 그 이하의 관리들은 거리낌 없이 백성들의 고혈(膏血)을 짜낸다. 출척(黜陟)의 정사는 점점 해이해져 상급 관리는 사실에 근거하여 논제(論題)하지 못하고 하급 관리 또한 기염을 부리며 믿고 의지하는 데가 있다.

대개 상급 관리라고 하여 반드시 모두가 존엄한 것은 아니고 하급 관리라고 하여 반드시 다 복종해야만 하는 것은 아니다. 그러나 무릇 상급 관리는 대부분 구경(九卿)에서 나간 사람들이므로 일명(一命)의 벼슬아치에 비하면 현저히 높은 신분이고, 또 출척과 진퇴가 그의 조정 여하에 달렸으니 하급 관리는 상급 관리를 받들기에 겨를이 없어야 마땅하다. 그런데 상급자에게 굽히지 않고 거만하게 처신하는 수령이 있으니 그의 생각은 '나의 문벌이 이러하고 나의 친인척이 이러한데 저의 작위야 말할 가치가 무에 있겠는가.'라는 것이다. 그리하여 왕조의 작위는 불초한 자에게로 돌아간다. 오직 문호(門戶)를 신분으로 삼고 기세

---

**58** 또 상급 …… 법 : 조선시대에 매년 6월과 12월 두 차례에 걸쳐 각 도의 감사와 병사가 관하의 수령과 변장(邊將)들의 근무 성적을 평가한 포폄계본(襃貶啓本)을 작성해 보고 하였는데, 근무 태도를 요약하여 수령에 대해서는 8자, 변장에 대해서는 4자로 된 제목을 붙이고 성적을 상고(上考)·중고(中考)·하고(下考)의 3등급으로 나누어 매겼다. 그런데 매 포폄에서 하고를 준 수령이나 변장이 한 사람도 없을 경우 해당 감사나 병사가 문책을 당했다.

를 면목(面目)으로 삼아서 공공연하게 으스대고 공공연하게 깔보는데 【근래에 한 감사가 장부를 살펴보는 기회에 수령을 문책한 일이 있었다. 수령은 음관(蔭官)으로서 문벌이 높은 자였는데 공식 석상에서 성을 내어 삿대질을 하며, "사또의 지위가 비록 중하지만 양반 대접을 어찌 감히 이렇게 하시오?"라고 감사를 질책하자 감사가 겁을 내며 위축되어 사과해 마지않았다.】 사람들도 당연하게 여기고 괴이하게 생각하지 않는다. 상관 또한 '저들은 본래 저러하니 내가 저들을 어찌할 수 없다.'라고 하여 도리어 조심하며 한결같이 뜻을 받들 뿐이니 어찌 출척을 논할 수 있겠는가.

비록 백성을 해치고 아전을 학대하며 집안을 해치고 나라를 망치는 자가 있어도 누구도 감히 사실대로 제목을 쓰지 못하고 모두 공수(龔遂)·황패(黃覇)[59] 같은 훌륭한 관리로 인정해 버린다. 어쩌다가 자구(字句) 사이에서 평범한 인물로 지목하기라도 하면 노하여 눈을 부릅뜨고 책망과 꾸중이 쇄도하여 이웃에서 허물하고 인척들이 비난하며 심한 경우에는 대대로 혐의하여 말도 나누지 않는다. 그러니 상급 관리가 하급자에 비해 문벌이 조금 처지는 경우에는 하급자를 두려워하고, 세력이 같을 경우라면 겁을 내어 피하지는 않지만 또한 무엇 때문에 애써서 대족(大族)과 원한을 맺으며 인척과 껄끄러운 일을 만들려고 하겠는가.

오늘날 우리나라에서 벼슬하는 자들은 모성(某姓) 모족(某族)의 몇몇 집안에 불과하여 모두가 그들의 이웃이 아니면 친인척이다. 그들은 수백 년 이래로 먼 선조부터 후손까지 함께 조정의 반열에 있으면서 대대로 함께 일을 해 온 사람들이다. 어느 집안이고 그러하지 않은 집안이 없으니 실로 의리가 두텁지 않다고 할 수 없으며, 다음 대의 내 아

---

59 공수(龔遂)·황패(黃覇) : 둘 다 한(漢)나라 때의 순리(循吏)이다.

들 내 손자 수백 대 아래에 이르기까지 또한 반드시 대대로 함께 일을 해 나갈 것이다. 그들이 가까운 이웃에 살면서 혼인으로 거듭 인연을 맺는 것은 또한 그 세력을 만만히 볼 수 없기 때문이다. 이렇기 때문에 상하가 서로 보호하여 오로지 덮어 가려 주기만을 일삼으니 이른바 폄목(貶目)이라는 것은 형식일 뿐이다. 어쩌다가 규례에 따라 한두 고을의 수령이 포폄 결과로 파직되는 경우가 있지만 그것은 모두 먼 지방의 한미한 족속으로 위세가 없는 사람들이다. 그러나 이런 사람은 원래 많지가 않고 있더라도 반드시 한두 곳의 잔약한 고을일 뿐인데, 형세상 규례에 따르지 않을 수 없어서이고 그 사람이 잘 다스리는지 아닌지는 논할 바가 아니다. 그래서 세속에 '유월 도목의 흥덕 수령〔六月都目興德倅〕'이라는 노래가 있는 것이다. 생각해 보면 진실로 매우 한심한 일이다.

내 생각은 이러하다.

각 도에 어사대(御史臺)를 설치하여 열읍(列邑)의 이병(利病)을 채집하고 아울러 감사의 치적과 출척 과정을 조사하여 사적인 감정에 따르고 사실에 의거하지 않는 경우에는 그 제도를 엄격하고 분명하게 적용하며, 다시 신하들이 그 때문에 서로 척지지 못하게 하는 법을 제정해야 할 것이다. 관리들이 직무에 대해 서로 잘못을 충고하여 바로잡아 주는 것은 삼대부터 내려오는 훌륭한 법이다. 지금 누군가가 누군가를 논하고 아무개가 아무개를 폄하는 것은 모두 관리들끼리 직무에 대해 서로 충고하여 바로잡는 것이고 사적인 일이 아닌데 어찌 그것 때문에 척이 질 수 있겠는가. 게다가 임금에게서 명을 받고 임금을 대신하여 정사를 하는 것이니 이 정사는 임금이 시킨 것이다. 또한 논박하고 폄출(貶黜)할 때에는 임금에게 고하고 임금이 그것을 허락하니 이 또한 임금이 벌하는 것이다. 물어보자. 임금의 정사와 임금의 책벌(責罰)에 불만이 있다고 하여 임금과 척을 질 수 있겠는가. 비록 지극히 완악하고 지극히 우둔한 자라도 필시 임금과 척질 마음은 조금도 없을 것이다. 지금 말하기를 '이것 때문에 척이 졌다.'라고 하는 자는 이는 임금과 척진 것이니, 예(禮)에 어긋날 뿐 아니라 중벌을 받아 마땅한 일로서 법률에 정해져 있다.

이제 옛 제도를 거듭 밝혀서 출척을 엄격하게 하되 매년 도목정사를 행하는 6월과 12월이 되면 먼저 5월과 11월 말일에 감영에서 포폄 구(句)를 쓰는 예(例)에 따라 부사가 관내 수령과 변장들의 잘잘못에 대해 포폄 제목을 쓰고 단자(單子)를 작성하여 밀봉해서 감영에 바친다. 반드시 6월 1일과 12월 1일에 모두 거두어서 감사는 부사가 단 제목을 기초로 자신이 들은 내용을 참고하여 다시 8자의 포폄 제목을 짓고 계목(啓目)을 작성하여 임금에게 보고하는데 포폄 구의 아래에 해당 부(府)의 제목을 주석으로 밝혀서 득실을 참고할 수 있게 한다. 그런 다음 지금의 예에 따라 15일에 개봉한다. 이리하여 성실히 하도록 힘쓰고 상과 벌을 미덥게 하며 왜곡되게 용서하는 일이 없으면 사람들은 자애(自愛)할 것을 생각하고 감히 경솔하게 행동하지 않을 것이니 성취를 책임 지우는 방도에 아마도 효과가 있을 것이다.

## 6

**어사(御史)**

진(秦)나라 때에는 어사(御史)를 보내 여러 군을 감리(監理)하게 하고 그 직책을 감찰어사(監察御史)라고 하였다. 한(漢)나라 혜제(惠帝) 3년에는 어사를 파견하여 삼보(三輔) 지역의 군을 감찰하고 사송(詞訟)을 살피게 하였다. 감찰하는 일은 모두 9개 조목이고 감찰 담당자는 2년마다 교체되었는데, 항상 10월에는 일을 아뢰고 12월에는 감찰하는 지역으로 돌아갔다. 그 후 여러 주에 다시 감찰어사를 두었다. 문제(文帝) 13년에 어사가 법을 지키지 않고서 아래에서 직무를 제대로 수행하지 못하자 이에 승상사(丞相史)[60]를 자사로 내보내어 감찰어사를 감독하는 일을 겸하게 하였다. 무제(武帝) 원봉(元封, 기원전 110~기원전 105) 원년에 어사 파견을 중지하고 더 이상 감찰하지 않게 되었다. 【어사(御史)는 주(周)나라 때에 설치하였는데 감찰(監察)이라는 이름을 더한 것은 진(秦)나라에서 시작되었고 한(漢)나라가 그것을 이어받았다. 대체로 이 관직을 설치한 것[61]은 군읍(郡邑)을 감리(監理)하고 관리들을 감찰하기 위해서였다. 무제가 부자사(部刺史)를 두면서부터 다시 감(監)을 두지 않게 되었지만 부자사가 바로 어사이다.】

무제 원봉 5년에 자사(刺史)를 설치하여 조서에서 지시한 6개 조항에 대해 모두 13개 부(部)의 정사를 살피는 일을 관장하게 하였다. 그래서 부자사(部刺史)라고 부르게 되었다. 한나라 제도에서 자사는 6개 조목의 일을 조사하고 조사할 조목에 포함되지 않은 일은 살피지 않았다. 1조는 강성한 호족(豪族)이 전택(田宅)을 규정 이상으로 많이 점유하며 강

---

**60** 승상사(丞相史): 한나라 무제(武帝) 때 설치한 관직 이름이다. 승상부(丞相府) 소속이며 직급은 질(秩) 사백석(四百石), 정원은 20명이었다.

**61** 대체로 …… 것: 저본에는 '蓋謂此官'으로 되어 있는데 『대학연의보』에 근거하여 '謂'를 '設'로 수정하여 번역하였다.

자가 약자를 능멸하고 다수의 힘으로 소수에게 횡포를 부리는 것이다. 2조는 이천석(二千石)【태수로서, 곧 지금의 감사(監司)이다.】이 조서를 받들지 않고 법제를 따르지 않으며, 공무를 저버리고 사욕을 채우며, 불법적인 방법으로 이익을 도모하며, 백성을 침탈하고 가렴주구(苛斂誅求)하는 간악한 짓을 하는 일이다. 3조는 이천석이 의심스러운 옥사를 살피지 않고 사나운 기세로 사람을 죽이며, 성이 나면 마음대로 형벌을 시행하고 기쁘면 마음대로 상을 주며, 번거롭고 가혹하게 하여 백성을 착취하여 백성들의 원성을 사며, 산이 무너지고 돌이 쪼개진다고 하는 등의 요망한 유언비어가 떠돌게 하는 일이다. 4조는 이천석이 사람을 발탁하는데 공평하지 못하여 자기가 좋아하는 사람과 구차하게 영합하며 어진 이를 막고 완악한 자를 총애하는 일이다. 5조는 이천석의 자제가 세력을 믿고 으스대며 감찰 내용에 대해 청탁하는 일이다. 6조는 이천석이 공리(公理)를 어기고 아랫사람과 결탁하며 강성한 호족에게 아부하고, 뇌물을 받고 정령을 훼손하는 일이다.[62]

또 연말에는 역마를 타고 가서 조정에 보고하게 하였다. 이들은 직급은 낮지만 사명은 높고 관직은 작으나 권한은 무거웠으니 이는 큰 것과 작은 것이 서로 제어하고 안과 밖이 서로 이어지게 하려는 취지였다. 【『원성어록(元城語錄)』[63]에 다음과 같은 내용이 있다. "한나라 원봉 5년에 처음으로 13개의 주에 자사부를 설치하여 가을에 군국을 나누어 순행하게 하였는데, 육백석의 직급으로 이천석의 불법 행위를 살필 수 있었으니 그 권한이 매우 무거웠다. 직급이 낮은 만큼 그 사람의 의기는 높고 권한이 무거운 만큼 의지를 제대

---

62 진(秦)나라 …… 일이다: 『대학연의보』 권19에 보인다.
63 『원성어록(元城語錄)』: 송나라 유안세(劉安世, 1048~1125)의 어록(語錄)으로, 모두 3권과 행록(行錄) 1권으로 구성되었다.

로 실행할 수 있었다."】

성제(成帝) 때에 적방진(翟方進)과 하무(何武) 등이 아뢰기를, "『춘추』의 의리는 존귀한 사람을 등용하여 비천한 사람을 다스리게 하는 것이지 지위가 낮은 자를 등용하여 존귀한 이 위에 군림하게 하지는 않습니다. 자사는 지위가 대부보다 아래인데 이천석의 위에 군림하니 경중이 걸맞지 않습니다. 청컨대 자사 제도를 폐지하고 다시 질(秩) 이천석의 주목(州牧)을 두소서."라고 하였다. 【유소(劉昭)는 다음과 같이 논하였다. "자사가 법에 어긋나는 일을 감독·규찰한 것은 6개 조항에 불과하였고, 수레를 타고 두루 돌아다니며 일정한 진(鎭)이 있는 것도 아닌데다가 직급도 겨우 육백석이어서 상급자를 능멸하는 흔단(釁端)은 생기지 않았는데 성제가 제도를 고치면서 비로소 말썽의 싹이 커졌다."】[64]

애제(哀帝) 건평(建平, 기원전 6~기원전 3) 2년에 주박(朱博)이 또 아뢰기를, "한나라가 군현의 제도를 설치하고 부자사가 황제의 사명(使命)을 받들어 각 주의 정무(政務)를 맡아서 군국(郡國)을 감독·감찰하게 하자 관리와 백성이 편안하였습니다. 고사(故事)에 지방의 부에서 9년 동안 근무한 사람을 발탁하여 수상(守相, 수령)으로 삼고 그중에서 남다른 재주가 있고 공적이 뚜렷이 드러난 사람은 높이 발탁하였으며, 직위가 낮은 관리에게도 후한 상을 내리니 모두가 권면되어 즐거이 공을 세우고자 하였습니다. 지금은 직위를 높여 주목(州牧)으로 삼고 녹봉을 진이천석(眞二千石)으로 하며 직위는 구경(九卿)의 다음에 두어 구경에 결원에 생기면 치적이 뛰어난 주목 중에서 차례로 뽑아 보임(補任)합니다. 그러나 중등 재목의 관원은 구차하게 스스로를 지킬 뿐이니 공효는 점차 없어지고 간사함을 금하지 못할까 두렵습니다. 청컨대 주목을 폐

---

64 또 연말에는 …… 커졌다:『일지록』권9에 보인다.

지하고 옛날 제도처럼 자사를 두소서."[65]라고 하자, 황제가 이 의견을 따라 주었다.

【『후한서』, 「유언전(劉焉傳)」에 다음과 같은 기록이 있다. 영제(靈帝)의 정치 교화가 쇠미해져 사방에서 병란(兵亂)이 일어나자 유언은 자사의 권위가 가벼워서 제지하기 어렵다고 여겨, 자사를 목백(牧伯)으로 고치고 중신(重臣) 중에서 신중하게 선발하여 목백의 직임을 맡기자고 건의하였는데, 황제가 그 건의를 따라 주었다. 이때부터 주목의 지위가 중요해지게 되었다. 또 『신당서(新唐書)』에는 다음과 같은 내용이 있다. 이경백(李景伯)이 태자우서자(太子右庶子)가 되어 태자사인(太子舍人) 노보(盧俌)와 의논하기를, "지금 천하의 여러 주를 도독에게 나누어 예속시켜서 생살권(生殺權)과 상벌(賞罰)의 권한을 전적으로 맡기고 있다. 만약 적임자가 아닌 사람을 도독으로 임명한다면 권한이 무거운 만큼 흔단이 생길 것이니 줄기를 강하게 하고 가지를 약하게 하는 의리가 아니다. 바라건대 도독을 폐지하고 어사(御史)를 두어 수시로 안찰(按察)하게 하면 자급은 낮고 임무는 중하니 간사함을 제어하기에 편리할 것이다."라고 하였다. 이로 말미암아 도독이 폐지되었다.】

후한 순제(順帝) 한안(漢安, 142~143) 원년에 두교(杜喬)·주거(周擧)·주익(周栩)·풍선(馮羨)·난파(欒巴)·장강(張綱)·곽준(郭遵)·유반(劉班)을 파견하여 주군을 나누어 순행(巡行)하면서 현량(賢良)하고 충근(忠勤)한 관리를 표양(表揚)하게 하고, 탐오의 죄를 지은 자가 있을 경우 자사와 이천석은 역마를 보내 서울에 보고하고 묵수(墨綬) 이하는 곧바로 관직을 몰수하게 하였다.[66]

당나라 태종(太宗) 정관(貞觀, 627~649) 20년에는 대리경(大理卿) 손복가(孫伏伽)와 황문시랑(黃門侍郎) 저수량(褚遂良) 등 22명을 파견하여 사

---

65 애제(哀帝) …… 두소서 : 『대학연의보』 권19에 보인다.
66 후한 순제(順帝) …… 하였다 : 『대학연의보』 권19에 보인다.

방을 순찰하며 6개 조항의 치적을 살피게 하고 관리를 출척(黜陟)하는 일은 황제가 직접 임어하여 결정하였다. 그리하여 주목(州牧)과 군수(郡守) 이하의 관원 중에서 현능하다고 하여 발탁된 사람이 20명, 죄를 지어 사형을 당한 사람이 7명, 유죄(流罪) 이하 및 면직(免職)되어 파출당한 사람이 수백 명이었다. 이후로도 자주 사신을 파견하였는데 그 명칭을 안찰(按察)이라고도 하고 순무(巡撫)라고도 하였다.

현종(玄宗) 개원(開元, 713~741) 23년에는 10개 도에 채방처치사(採訪處置使)를 두었다. 【어떤 사람이 수령을 잘 가려서 뽑고 채방사를 폐지할 것을 청하자 요숭(姚崇)이 "10개 도의 채방사를 뽑으려 해도 모두 적임자를 얻지 못하는데 천하에 300여 개의 주가 있고 현은 그보다 몇 배나 많으니 어떻게 모두 직책에 걸맞은 수령을 얻을 수 있겠습니까."라고 아뢰었다.】

천보(天寶, 742~756) 5년에는 예부상서(禮部尚書) 석예(席豫) 등에게 명하여 도를 나누어 천하의 풍속을 순찰해 살펴서 관리를 출척하게 하고, 그 명칭을 순안사(巡按使)라고 하였다.[67]

덕종(德宗) 때에 유하(庚何) 등 11명을 출척사(黜陟使)로 파견하여 천하를 순행(巡行)하게 하였는데 육지(陸贄)가 사자들에게 5술(術)로 풍속을 살피고, 8계(計)로 관리의 치적을 판별하고, 3과(科)로 빼어난 인재를 등용하고, 4부(賦)로 재부(財富)를 다스리고, 6덕(德)으로 빈궁한 백성을 보호하고, 5요(要)로 정무(政務)를 검사하게 하자고 청하였다.

5술은 '백성들이 부르는 노래를 들어서 그들의 고락을 살핌〔聽謠誦審其哀樂〕', '시중의 물가를 수집하여 백성들이 좋아하고 싫어하는 것을 관찰함〔納市價觀其好惡〕', '송사에 관한 문서를 살펴서 그 쟁송을 상고함〔訊簿書考其爭訟〕', '수레와 복식을 보고 사치와 검소함을 균등하게

---

67 당나라 태종(太宗) …… 하였다:『일지록』권9에 보인다.

함〔覽車服等其儉奢〕', '하는 일을 살펴서 백성들의 추향(趨向)을 관찰함
〔省作業察其趣舍〕'이다. 8계는 '호구의 증감을 계산하여 관리가 백성을
잘 어루만지는지를 고찰함〔計戶口豊耗以稽撫字〕', '전답의 개간 상태를
시찰하여 농업과 상업의 비중을 고찰함〔視墾田嬴縮以稽本末〕', '부역의
경중을 시찰하여 관리의 청렴 정도를 고찰함〔視賦役厚薄以稽廉冒〕', '공
문서가 얼마나 번잡한지를 시찰하여 송사의 판결 정황을 고찰함〔視案
籍煩簡以稽聽斷〕', '감옥에 수감된 죄수의 수를 시찰하여 옥사의 지체
여부를 고찰함〔視囚繫盈虛以稽決滯〕', '간사한 도적의 유무를 시찰하여
금령의 실행 실태를 고찰함〔視姦盜有無以稽禁禦〕', '등용한 인재가 얼마
나 되는지를 살펴서 풍속의 교화 상황을 고찰함〔視選擧衆寡以稽風化〕',
'학교의 흥폐를 살펴서 교육 행정을 고찰함〔視學校興廢以稽教導〕'이다.
3과는 '남달리 뛰어난 인재〔茂異〕', '덕행이 있는 사람〔賢良〕', '경험과
재능을 갖춘 인재〔幹蠱〕'이다. 4부는 '작황을 살펴서 세금을 정함〔閱稼
以奠稅〕', '생산량을 헤아려서 세금을 줄여 줌〔度産以衰証〕', '장정의 수
를 헤아려서 요역을 계산함〔料丁壯以計庸〕',**68** '물화의 매매 실태를 점
검하여 이익을 균등하게 함〔占商賈以均利〕'이다. 6덕은 '노인 공경〔敬
老〕', '어린이 보호〔慈幼〕', '질병 구료〔救疾〕', '고아·과부를 보살핌〔恤
孤〕', '빈민 구호〔賑貧窮〕', '실업자 고용〔任失業〕'이다. 5요는 '불필요한
군대의 감축〔廢兵之冗食〕', '백성을 동요하게 하는 법의 폐지〔蠲法之撓
人〕', '불요불급한 공무의 간소화〔省官之不急〕', '불필요한 기물 폐기〔去
物之無用〕', '긴요하지 않은 사업 폐지〔罷事之非要〕'이다.

　송 인종(仁宗) 경력(慶曆, 1041~1048) 연간에 구양수(歐陽修)가, "천하

---

**68** 장정의 …… 계산함〔料丁壯以計庸〕 : 저본에는 '科丁壯以計庸'으로 되어 있는데, 『신당
　　서』, 「육지열전(陸贄列傳)」과 『대학연의보』에 근거하여 '科'를 '料'로 수정하였다.

에 폐단이 너무 많이 쌓여 마치 엉킨 실타래처럼 두서(頭緒)를 잡을 수 없다. 일마다 모두 고치려니 힘이 두루 미치지 못하여 번거롭고 시끄럽기만 할 뿐 실행하기 어렵고, 조금씩 바로잡아 나가자니 고질적인 폐단이 이미 극도에 이르러서 빠른 효과를 기대할 수 없다. 힘은 적게 들이면서 많은 이익을 얻고 백성들에게 효과가 미치게 하려면 무엇보다 강단 있는 조신(朝臣) 10여 명을 정밀하게 선발하여 천하를 나누어 순행하면서 관리들의 능부(能否)를 모두 기록하게 하였다가 그에 따라 승진시키거나 파출시켜야 할 것이다."라고 하였다.

그러나 당시 조정에서는 별도로 사신 파견하는 것을 어렵게 생각하여 오직 전국에 조서를 내려 전운사(轉運使)가 안찰(按察)을 겸하게 하였다. 그러자 구양수가 또 아뢰기를, "신의 논의는 본래 한나라의 자사나 당나라의 출척사(黜陟使)처럼 사자를 사방으로 내보내어 천하 사람들로 하여금 선한 이에게 상을 주고 악한 이에게 벌을 주는 조정의 뜻을 분명히 알게 하며, 문서를 보고 실적을 따져서 백성들의 다급한 고충을 구제하자는 것이었습니다. 오래 묵었던 땅은 반드시 먼저 무성하게 자란 잡초를 제거한 뒤에야 때맞추어 김을 맬 수 있습니다. 특별히 파견하는 사신은 오래 묵은 땅에 무성하게 자란 잡초를 제거하는 것과 같고 전운사가 안찰을 겸하는 것은 바로 때맞추어 김을 매는 것과 같은 일입니다."라고 하였다.[69]

원나라 때에는 풍헌(風憲)의 제도가 있었다. 중앙의 여러 관서에 법을 어기는 자가 있으면 감찰어사(監察御史)가 탄핵하고, 지방의 여러 관서에 법을 어기는 자가 있으면 행대어사(行臺御史)가 탄핵하는 제도이다. 행대어사는 매년 8월에 순행을 나갔다가 다음해 4월에 치소

---

69 덕종(德宗) 때에 …… 하였다 : 『대학연의보』 권19에 보인다.

(治所)로 돌아왔다.

『금사(金史)』에, "희종(熙宗) 때부터 사신을 파견하여 관리들의 정사의 잘잘못을 조사하게 하였다. 세종(世宗)이 즉위하고 나서는 몇 년마다한 번씩 사신을 파견하여 조사하고 출척하였다. 때문에 세종 대정(大定, 1161~1189) 연간에는 군현의 관리들이 모두 법을 준수하고 인구가 증가하였으므로 그 시대를 소강(小康)이라고 일컬었다."라고 하였다.

명나라의 어사는 모두 내대(內臺)에 소속된 관리들로서 명을 받들고나가서 안찰하였다. 이는 자사를 파견한 한나라의 법과 같으니 대개 옛사람의 뜻을 깊이 이해한 것인데 더욱 좋은 점은 매년 교체된다는 데있었다. 무릇 수령은 자리를 오래 맡겨야 하지만 감찰하는 직임은 오래맡겨서는 안 된다. 오래 맡으면 감찰하는 관원이 감찰 대상과 친해져서폐단이 생기고 감찰 대상자가 감찰하는 사람을 가볍게 보아서 법을 희롱한다. 그러므로 매년 교체하는 제도는 한나라 법보다 나은 점이다. 【당나라 때 이교(李嶠)가, 10개 주에 어사 1명을 두되 임기를 1년으로 하고 어사가직접 속현(屬縣)이나 마을로 들어가서 불법적인 일이 있는지 감독·감찰하고 풍속을 살피게 하자고 청하였는데, 이 법이 바로 명나라에 와서 시행된 것이다.】 세력을 믿고 위세를 부리며 뇌물을 받고 법을 어기는 것은 그 사람이 그직임에 걸맞지 않은 것일 뿐이다. 수령이 탐욕스럽다는 이유로 군현을폐지할 수는 없으니, 어찌 순방이 혼탁하고 어지럽다고 하여 어사의 파견을 정지할 수 있겠는가.[70]

우리나라의 어사 제도는 명나라의 제도와 같다. 매번 대내(大內)에서명을 받고 나가서 직접 마을을 순행하며 안찰한다. 그러므로 암행(暗行)

---

70 『금사(金史)』에 …… 있겠는가 : 『일지록』 권9에 보인다.

이라고 일컫는다. 그러나 때때로 특별히 파견하는 것은 명나라 제도와 다른 점이다.

내 생각은 이러하다.

여러 법을 함께 취하여 시행하되, 각 도의 관원 중에서 도사(都事)가 어사의 직함을 겸하게 하여 암행의 일을 행하게 한다. 도사는 매년 정월 초부터 관내를 순행하여 6월 15일에 복명(覆命)하고 다시 7월 초부터 관내를 순행하여 12월 15일에 복명하며, 서계(書啓)하는 것까지 암행어사의 법과 같이 하되 임기를 1년으로 한다.

또 각 도에서 보고하는 포폄(襃貶) 등급에 대해 전조(銓曹, 이조와 병조)에서 등급을 올리거나 내려 조정하는데, 그것을 해당 도의 어사에게 이속(移屬)하고 개좌(開座)하여 복계(覆啓)하게 한다. 도에서 올라온 포폄 등급을 조정하는 것은 대체로 치적을 바탕으로 등급을 올리거나 내려서 개인적인 생각이 개입되는 것을 방지하기 위한 의도이다. 그런데 서울에 있는 인사 담당관[銓官]이 어떻게 먼 지방 고을 수령의 치적을 알아서 평가 등급을 올리고 내리겠는가. 그러므로 등급을 올리거나 내리는 조정은 포폄 제목[71]에 따라 논란하여 평가하는데 그런 식이라면 논란하지 않는 것이나 마찬가지이다.

무릇 각 도에서 제목을 보고할 때 이미 치적에 대해 상·중·하의 등급을 매겨서 기록하는데 그것을 반드시 조정하게 하는 데에는 오히려 감사의 평가를 의심하는 뜻이 있다. 그러므로 감사가 상의 등급을 준 사람에 대해 중이나 하의 등급으로 조정하는 사례가 있는 것이니,

---

71 포폄 제목 : 지방의 경우 각 도의 감사와 병사(兵使)가, 서울의 경우 각 관서의 장관이 소속 수령이나 관원의 업무 성적을 짧은 문구로 요약 정리한 것을 포폄 제목이라고 한다. 수령 등의 행정 담당 관원에 대해서는 8자, 첨사(僉使)나 만호(萬戶) 등 군정(軍政) 담당자에 대해서는 4자로 된 제목을 작성하여 보고한다.

이는 상·하의 평가 등급을 의심하는 것이다. 의심하면 본래 믿지 말아야 한다. 그런데 지금 제목의 자구를 가지고 논하는 것은 그 제목을 믿는 것이다. 그 제목을 믿는다면 의당 그 평가 등급을 의심하지 말아야 하고, 그 평가 등급을 의심한다면 그 제목을 믿어서는 안 된다. 그런데 지금 등급을 조정하는 방식은 바로 반만 믿고 반은 믿지 않는 것이다. 이는 이른바 믿음이 믿음을 이루지 못하고 의심도 의심을 이루지 못하는 것이니 어찌 이런 이치가 있겠는가.

그만둘 수 없다면 응당 제목까지 아울러서 고쳐야 할 것이다. 즉 '아무개는 정치를 잘한 것 같으니 이렇게 폄하〔貶〕해서는 안 되고, 아무개는 정치를 잘못한 것 같으니 이런 칭찬〔襃〕이 있어서는 안 된다.'라고 하고, 그에 따라 평가 등급을 조정한다면 비로소 일의 체모가 설 것이다. 그러나 그 사람이 정치를 잘했는지 잘못했는지 어떻게 알 수 있단 말인가. 그래서 이렇게 구차한 정사가 있는 것이다.

내 생각은 이러하다.

평가 등급을 조정하는 업무를 전조에 맡기지 말고 어사에게 맡기자는 것이다. 어사에게 맡기면 어사는 일찍이 관내를 안찰했기 때문에 그 사람이 정사를 어떻게 했는지 이미 알고 있다. 따라서 감영에서 그와 상반되는 제목을 단 것을 본다면 당연히 사실에 근거하여 논제(論題)하고 조정하도록 의견을 제시할 것이다. 이렇게 한다면 평가 등급을 조정하는 일에 체모가 서고 요행의 문도 막아서【감사가 사적인 감정에 이끌려 제목을 잘못 쓸 수 없게 된다.】 아마도 실효가 있을 것이다. 또한 영구적인 자리로 만들어서 결원이 생기는 대로 보충하되 반드시 평소 공정하다는 명망이 있는 사람을 선발하여 맡기도록 법률로 정해야 할 것이다.

## 7

**하급 실무 관료〔吏胥〕**

나라가 있으면 반드시 백관이 있어야 하고 백관이 있으면 반드시 이서 (吏胥)가 있어야 한다. 다스림은 백성을 가까이하는 데서 시작하는데 백성을 가까이하는 사람으로는 이서가 백성과 가장 가깝다. 그러므로 치도(治道)는 이서에서 시작하여 나라 전체에 이르니 어찌 중요하지 않겠는가. 좋은 이서를 얻으면 그 정사가 다스려지고 그 백성이 편안하며, 좋지 못한 이서를 얻으면 그 정사가 혼란해지고 그 백성이 고통스럽다. 그러나 예부터 훌륭한 이서를 많이 얻지는 못하였으니 이것이 정치의 수준이 날로 하락하는 이유지만 그 또한 사람을 알아보기에 달렸고 사람을 어떻게 쓰느냐에 달렸을 뿐이다.

섭적(葉適)이 다음과 같이 말하였다.

"이서의 해독은 예로부터 우환거리로서 하루 이틀 된 일이 아니지만 지금처럼 심해진 것은 대체로 송(宋)나라 휘종(徽宗) 숭녕(崇寧, 1102~1106년) 시기에 시작되어 선화(宣和, 1119~1125년) 연간에 극에 달하였다. 사대부가 해야 할 일은 아무리 천한 자들도 더 이상 닦지 않고 오로지 분주하게 진퇴만을 일삼으며, 회계 장부를 작성하여 기일에 맞추어 보고하는 일 같은 것은 모두 이서들이 시키는 대로 따른다. 이서들은 깊은 굴혈(窟穴)에 뿌리를 단단히 내리고 권세를 누리며 규정을 벗어난 마구잡이 은사(恩賜)를 받고 스스로 많은 혜택을 누리고 있다. 송나라가 강남(江南)으로 천도(遷都)한 뒤에는 관청의 문서가 산일(散逸)되어 지난날의 법과 규례를 모두 기억에 의존하게 됨으로써 경중(輕重)·여탈(予奪)을 오직 이서들이 마음 내키는 대로 하였다. 그중 가장 교만하고 방자한 것은 삼성(三省)·추밀원(樞密院)·이부(吏部)·칠사(七司)·호부(戶部)·형부(刑部)의 이서들이니 다른 부서와 지방 관서의 이서들이 따라

서 오만하게 구는 것 또한 상정(常情)이다. 그러므로 지금 '공인세계(公
人世界)'[72]니 '관리에게는 봉건이 없는데 이서에게는 봉건이 있다[官無
封建而吏有封建].'[73]느니 하는 말들이 있는데, 이는 모두 사실을 지적한
말이다. 게다가 공경대신의 자리에는 직무를 감당할 능력이 없는 사람
이 앉아 있다. 국가 대사에 대해 논할 때는 고개를 숙인 채 깔고 앉은
자리만 만지작거리고 국가의 조령과 헌법에 대해서는 아무것도 모르니
이서에게 의탁하는 것이 실로 당연한 일이다. 그러나 비록 옛날의 이른
바 이윤(伊尹)이나 부열(傅說) 같은 적임자를 얻어서 그 자리에 앉혔다
하더라도 세부적인 조령과 헌법 등은 모르는 만큼 이 이서들과 함께
일해야 할 것이니 또한 결국 안 될 것이다. 그렇다면 지금 이서들의 폐
해는 관리로 적임자를 얻었는지 얻지 못했는지 하는 문제와는 상관없
는 일이니, 요컨대 혁파해야 할 뿐이다.

관부의 이서는 국가 제도가 생긴 이래 공통적으로 있었던 것이다.
그러나 반드시 위로는 관리의 권한을 침범하지 않고 아래로는 백성을
괴롭히지 않으면서 자신이 맡은 일을 수행하며 명에 따라야 한다. 그
런데 진(秦)·한(漢)의 몹쓸 법이 천하의 호걸을 굽히고 도필리(刀筆吏)
에서 선발하여 삼공(三公)에까지 이르게 하였다. 지금은 다행히 품류(品
類)를 분명하게 구별하지만 그 폐단의 영향이 완전히 제거되지는 못하
였다.[74] 게다가 또 천하에서 일어나는 일상적인 사무들을 곧바로 문서

---

72 공인세계(公人世界): 공인은 서리 중 지위가 비교적 높은 부류를 일컫는 말이다.
73 관리에게는 …… 있다: 송나라 때에는 봉건제도(封建制度)가 없어졌으므로 관리들은
  자신의 직위를 세습하지 못하였다. 이 점은 이서 역시 마찬가지였으나 일부 세력 있는
  이서들은 자신들의 직위를 실질적으로 봉건 영지(領地)처럼 누렸으므로 이런 말이 나왔
  다. 저본에는 '官無封建'으로만 되어 있는데 『역대명신주의』에 근거하여 '而吏有封建'
  을 보충하였다.
74 폐단의 …… 못하였다: 저본에는 '餘敝盡去'로 되어 있는데 『역대명신주의』 등에 근거

로 작성하여 저들에게 맡기니 이서들은 그 내용을 알 수 있지만 관리들은 알지 못한다. 이 때문에 그들의 폐해는 또한 진·한 때보다 심한 것이다.

왜 그렇게 되었는가. 지금 여러 관서의 이서들이 사대부가 감히 바랄 수도 없는 작위(爵位)와 녹봉을 누리는 일이 종종 있다. 한나라 때에는 공부(公府)의 연리(掾吏)와 제경(諸卿)의 주사(主事)로 모두 천하의 명사(名士)를 불러서 임명했기 때문에 그들의 권한이 족히 수상(守相)을 흔들 정도였다. 지금의 이른바 도록[都錄, 녹사(錄事)]75·행수(行首)·주사(主事) 같은 부류들이니, 이들은 단지 업무를 잘 수행하도록 편달하고 과오가 있으면 처벌하는 것으로 대우해야 할 뿐인데 이와 같이 높은 작위와 후한 녹을 주는 것은 어째서인가. 지금은 관리가 무능해져서 그들을 처치할 수가 없기 때문이다. 사대부는 국가와 대각(臺閣)의 고사(故事)를 익히지 않은 채 어느 날 갑자기 그 직위에 올라 이서들에게 모욕을 당한다. 지금 어찌하여 신진 사류(新進士類)와 벼슬하고자 하는 임자[任子, 음보(蔭補)]76들에게 이서의 직책을 번갈아 맡기고 세 번의 고과(考課)를 채우게 하여 평상의 관리로 선발하되 그때에는 먼저 주현(州縣)의 관리로 내보내고 그중에서 재능이 탁월한 자가 있을 경우 드디어 녹용(錄用)하는 법을 쓰지 않는가.

이렇게 한다면 세 가지 이로운 점이 있을 것이다.

---

하여 '盡' 앞에 '未'를 보충하여 번역하였다.

75 도록(都錄): 저본에는 '都祿錄'으로 되어 있는데 『역대명신주의』 등에 근거하여 '祿'은 연문(衍文)으로 보아 삭제하고 번역하였다.

76 임자(任子): 저본에는 '仕子'로 되어 있는데 『역대명신주의』 등에 근거하여 수정하였다. 임자는 부조(父祖)의 공훈을 보아 자제들에게 관직을 주는 제도로, 음관(蔭官)과 비슷한 말이다.

사인(士人)은 몸을 아끼므로 종신토록 법을 두려워하고 의를 숭상하며 뇌물을 받고 옥사를 그릇되게 처리하는 일은 반드시 크게 감소할 것이니 이서들이 깨끗해지고, 그렇게 되면 모든 업무가 제대로 이루어진다. 또 인하여 사대부의 일을 익혀 재능을 갖추게 하면 지금같이 나태한 지경에 이르는 일이 없게 될 것이다. 이것이 첫 번째 이로운 점이다. 번갈아서 시키면 굴혈에 뿌리를 단단히 내리는 우환이 없어지고 사명(私名)을 보증하여 끌어 주는 폐단이 없어져서 봉건 영주와 같은 세력은 그로 인하여 제거될 것이다. 이것이 두 번째 이로운 점이다. 100여 자리를 증원하여 무능한 관리의 우환을 제거해 나가면 빈자리가 날 때마다 좋은 지위를 차지하기 위해 싸우고 틈을 엿보는 풍조도 점점 지식될 것이다. 이것이 세 번째 이로운 점이다.

세 가지 이익을 얻고 세 가지 폐해를 제거할 수 있는데다가 또 백성을 수고롭게 하고 대중을 동요시키는 문제가 있는 것도 아니다. 서울은 기강의 본보기가 되어야 하는 곳이니 중앙 관서의 이서들이 깨끗해지면 여러 관서와 주현의 부패한 이서들도 반드시 지금과는 조금 달라질 것이다. 대체로 결탁하고 청탁하는 짓을 하지 않고 내가 모든 일을 결정하며 부서(簿書)를 정리하는 데 있어 희롱당하지 않는다면 아래에서도 두려워할 줄을 알 것이기 때문이다."[77]

사조제(謝肇淛)는 다음과 같이 말하였다.

"종래로 오늘날처럼 사환(仕宦)의 법망이 치밀한 적은 없었다. 그러나 위로는 재보(宰輔)로부터 아래로 역리[78]와 창고지기에 이르기까지

---

77 섭적(葉適)이 …… 때문이다 : 『역대명신주의』 권55와 『수심집(水心集)』 권3에 보인다.
78 역리 : 저본에는 '縣遞'로 되어 있는데 『속문헌통고(續文獻通考)』에 근거하여 '驛遞'로 수정하여 번역하였다.

모두가 형식적으로 서로 수응하고 있다. 경관(京官)은 그래도 괜찮은 편이지만 지방의 이서는 더욱 심하다. 대체로 관리들은 정사에 신경을 쓰지 않고 모든 것을 이서들에게 맡기는데, 이서들이 받드는 것은 지나간 옛 문적과 역대의 성규(成規)에 불과하고 감히 터럭만큼도 어기지 못한다. 윗사람이 이미 아랫사람에게 이것을 요구하니 아랫사람 역시 지나간 사례의 형식적인 내용으로 대응하지 않을 수 없고, 한 번이라도 대응하지 못하면 상급 이서들이 또 틈을 타 법으로 규제한다. 그러므로 군현의 이서들은 오직 시간이 부족하다고 여기며 밤낮으로 죽을 힘을 다해 그것을 익힌다. 이치(吏治)가 끝내 진작되지 않는 것은 바로 이 때문이다."[79]

우리나라에서 이서들이 백성에게 끼치는 폐해는 열읍(列邑)에서 더욱 심하다. 오늘날 백성들이 보존할 수 없는 지경에 이른 것은 모두 이서들의 해독 때문이지만 실은 윗사람이 그들을 몰아서 해독을 끼치도록 만든 것이다.

그 까닭은 네 가지가 있다.

첫째는 봉록이 적은 것이다. 지금 이서들의 봉록은 위로는 관리에 미치지 못하고 아래로는 농민에 미치지 못하면서 조금의 여가도 없이 아전(衙前)에서 분주하게 종종걸음을 친다. 부모처자를 넉넉히 보살피는 일이 한 몸에 의탁되어 있지만 애당초 입미(粒米)의 봉록이 없으니 턱도 없이 일만 하는 것이다. 그들이 손꼽아 바라는 것은 사일(仕日)을 쌓아서 자리를 얻는 것인데, 이른바 얻는 자리라는 것은 이방(吏房)이나 도서원(都書員) 등의 명목이다. 그러나 그 자리 역시 넉넉한 봉전(俸

---

79 사조제(謝肇淛)는 …… 때문이다 : 『속문헌통고』 권44에 보인다.

錢)이나 요미(料米)가 있는 것은 아니기 때문에 모두가 문서에 농간을 부리고 농지의 등급을 올려서 세금을 더 징수함으로써 백성의 고혈을 빨아내는 것이다. 그러고도 오히려 제 몸을 가리기에 부족하다. 이에 남을 죄에 빠뜨리고 사람을 사주하여 송사를 하도록 중간에서 종용하고는 위복(威福)의 권한을 빌려서 자그마한 이익을 얻고자 하며, 심한 경우에는 공화(公貨)를 가로채기도 한다. 하지만 온갖 짓을 다해 봤자 자신도 보존하지 못하고 해는 모든 백성에게 미친다. 이런 여러 가지가 모두 봉록이 적어서 자기 앞가림도 할 수 없기 때문에 일어나는 것이다.

둘째는 인원이 지나치게 많은 것이다. 한 고을의 방임(房任)이라는 것은 몇 자리에 불과한데 수많은 사람이 돌아가며 맡다 보면 몇 년이 지나야 비로소 한 자리를 얻을 수 있을지 모르는 상황이다. 그렇기 때문에 각자 스스로 계책을 세워 백방으로 구멍을 찾아서 이 사람 저 사람에게 청탁하여 한 자리를 차지하고자 한다. 하지만 그 사이에 들어간 비용이 얻은 자리에서 원래 받을 수 있는 봉록보다 더 많다. 이러니 어떻게 직업으로 삼겠는가. 하는 수 없이 법에 어긋나는 간특한 짓을 하여 재화를 가로챌 방법을 찾을 수밖에 없고 백성은 목숨을 부지하기 어려운 상황이 되는 것이다. 이것은 인원은 지나치게 많고 자리는 적기 때문에 일어나는 현상이다.

법으로 정해진 지방 이서의 정원은 영부(營府)가 34명, 대도호부(大都護府)와 목(牧)이 각각 30명, 도호부가 26명, 군(郡)이 22명, 현(縣)이 18명이다. 이것이 정례(定例)이다. 그런데 지금은 지극히 작은 현이라도 8, 9십 명을 밑돌지 않고 큰 부가 있는 곳에는 6, 7백 명이나 된다. 한 고을의 이서가 전부 백성에게서 취하여 먹고 살기만 해도 백성들은 오히려 부족하다고 여길 것인데 하물며 단지 먹고 사는 데서 그칠 뿐만이 아니니 어찌하겠는가. 모두가 장차 토호들처럼 돈을 펑펑 쓰며 사치를 부리고자 하는데 그 모든 것을 백성들에게서 취하고자 하여 극에 달한다.

셋째는 관의 주구(誅求)이다. 자리를 얻으려면 뇌물을 바쳐야 한다. 또한 뇌물을 바칠 뿐 아니라 만약 세력가와 굳게 결속하지 않으면 누구도 가진 것을 보존할 수가 없다. 그러므로 반드시 한두 군데 서울 사대부 중에 비호해 주는 힘이 있어야 한다. 그런 뒤에야 권세 있는 이서[權吏]라고 칭하며 사람들이 그를 감히 어쩌지 못하는 것이다. 그러므로 세시(歲時)의 선물과 다달이 바치는 것이 그 자리에 비례하여 많아지고 상관 또한 그 자리에 비례하여 주구하는데 조금이라도 마음에 차지 않으면 죄과(罪過)가 가볍지 않다. 그러므로 여기저기에서 변통하여 힘껏 받드는데 그것이 어디에서 나오는지를 따져 본다면 백성이 상하지 않을 수 있겠는가.

넷째는 명예와 절조를 아까워하지 않는 것이다. 일단 아전붙이가 되면 사람들이 모두 천시한다. 비록 외진 마을의 한미한 서생이라도 모두 그에게 군림하며 몰아붙이고 매질을 하며 마치 종처럼 대하고 그 자신도 매우 천하게 여겨서 스스로 신분을 무시하는 데로 귀결되니 예의염치(禮義廉恥)는 논할 것도 없는 일이다. 예의염치에 구애받지 않는데 장차 무엇으로 격려하고 권장하겠는가.

오늘을 위한 방도는 오로지 이 네 가지를 제거하는 데 달려 있을 뿐이니 내 생각은 이러하다.

바라건대 먼저 일체 국법에 정해진 숫자대로 인원을 줄이고 나머지는 모두 돌아가 농사를 짓게 한다. 그런 다음 녹봉을 후하게 주어 집안을 보호할 수 있게 하고, 부지런히 일한 사람을 자리에 차임하여 사적인 친분에 따라 등급을 뛰어넘지 못하게 하며, 뇌물이 통하는 길을 끊고 품행이 뛰어난 자를 선발하여 등용한다. 그리고 섭적의 논의와 같이 적당한 자리를 맡겨 시험해 본 다음 조정에 천거하여 일체 수용한다는 내용으로 법을 제정한다. 저들이 이미 녹봉을 받으므로 안으로는 집안을 돌보지 못할 걱정이 없으니 또한 명예를 아끼고자 할 것이요, 밖으로는 벼슬에 나아갈 계제가 생긴다. 그렇다면 비록 청렴 공정하지 않고자 하여도 할 수 없을 것이요, 몽둥이로 때려서 간특한 짓을 하라고 하여도 하지 않을 것이다. 이렇게 하고도 백성이 아전을 우환거리로 여기겠는가. 필시 그럴 리는 없을 것이다.

# 『고문비략』

## 권4

**과거(科擧)**

『주례』, 「지관(地官)」에 "대사도(大司徒)의 직분은, 향(鄉)에서 세 가지 일〔三物〕[1]로 향의 모든 백성을 가르치고 그중 어진 사람과 유능한 사람을 빈객의 예를 갖추어 추천하는 것이다. 향대부(鄉大夫)의 직분은 각기 그 고을의 정사와 교육과 금령(禁令)을 관장하는 것이다. 정월 초하루에 사도(司徒)에게서 교법을 받고 물러나와 향리(鄉吏)에게 반포하고, 향리로 하여금 각기 자기가 다스리는 지역의 사람을 교육하여, 덕행과 도예(道藝)를 고찰하게 한다. 3년이 지났을 때 대비(大比)하여 덕행과 도예를 살펴보고 현자(賢者)와 능자(能者)를 추천하면 향로(鄉老)와 향대부가 소속 관리와 중과(衆寡)를 거느리고 향음례(鄉飲禮)를 하여 현자와 능자를 빈(賓)으로 예우한다. 그 다음날 향로 및 향대부와 여러 향리가 현자와 능자의 명단을 적어 왕에게 바치면 왕은 두 번 절하고 받아서 천부(天府)[2]에 올린다."라고 하였다.

　『예기』, 「왕제(王制)」에 "향(鄉)에 명하여 덕행과 도예가 있는 선비[3]들을 평가하여 사도(司徒)에게 올려 보내게 하고, 이들을 선사(選士)라고 하였다. 사도에게 명하여 선사들을 평가하여 그중 뛰어난 사람을 태학으로 올려 보내게 하고, 이들을 준사(俊士)라고 하였다. 사도에게 올려 보낸 사람은 향의 부역을 면제해 주고, 태학에 올려 보낸 사람은 사도

---

1 세 가지 일〔三物〕: 지(知)·인(仁)·성(聖)·의(義)·충(忠)·화(和)의 여섯 가지 덕〔六德〕과 교(教)·우(友)·목(睦)·인(姻)·임(任)·휼(恤)의 여섯 가지 행실〔六行〕, 예(禮)·악(樂)·사(射)·어(御)·서(書)·수(數)의 여섯 가지 기예〔六藝〕를 삼물이라고 한다.
2 천부(天府): 조묘(祖廟)의 보장(寶藏)을 맡아 관리하는 관직이다.
3 덕행과 도예가 있는 선비: 저본에는 '秀才'로 되어 있는데 『고금사문유취(古今事文類聚)』전집(前集)과 『예기』원문에는 '秀士'로 되어 있다. 『예기』정현(鄭玄)의 주에 "秀士, 鄉大夫所考有德行道藝者."라고 하였다.

의 부역을 면제해 주므로 이들을 조사(造士)라고 하였다."라고 하였다.

한(漢)나라 고조(高帝)는 천하에 조서를 내려, 명덕(明德)이 있다고 일컬어지는 사람이 있으면 어사중승(御史中丞)과 군수가 반드시 직접 수레에 타도록 권하여 승상부(丞相府)로 보내게 하였다.[4]

무제(武帝)는 조서를 내려 이민(吏民) 중에 당대의 사무를 잘 알고 선대 성현의 학술을 익힌 자가 있으면 불러서, 각 현에서 잇따라 여비를 대주고 계자(計者)[5]와 함께 올려 보내게 하였다. 또 다음과 같이 말하였다.

"대체로 특별한 공이 있으면 반드시 특별한 사람으로 대우해야 한다. 말 중에는 서 있을 때는 발길질을 하며 난폭하게 굴지만 사람이 타면 곧바로 천 리를 내달리는 말이 있고, 선비 중에는 더러 세상의 기롱을 받기도 하지만 큰 공을 세우는 사람이 있다. 수레를 엎어 버리는 거친 말이나 세상의 법도를 따르지 않는 방자한 선비도 어떻게 다루느냐에 따라 달라지는 것이다. 주현으로 하여금 이민(吏民) 중에 탁월한 재주를 지녀서 장수나 정승, 먼 나라에 보낼 사신으로 삼을 만한 인재가 있는지를 살피게 하라."

또 "공경대부가 해야 할 일은 방략(方略)을 총괄하여 모든 일을 통일하고 널리 교화를 펴서 풍속을 아름답게 하는 것이다. 인과 의를 근본으로 하고 덕이 있는 사람을 표창하고 어진 사람에게 녹을 주며[6] 선을

---

4 『주례』, 「지관(地官)」에 …… 하였다 : 『고금사문유취(古今事文類聚) 전집(前集)』 권26에 보인다.

5 계자(計者) : 군국(郡國)의 회계 장부를 중앙 정부에 보고하는 사신이다. 각 군국에서 매년 한 차례 파견하였다.

6 어진 …… 주며 : 저본에는 '錄賢'으로 되어 있는데 『한서』에 근거하여 '祿賢'으로 수정하여 번역하였다.

권장하고 포악함을 처벌하는 것이 오제삼왕(五帝三王)의 정치가 창성한 까닭이다. 짐은 이른 아침부터 밤늦게까지 부지런히 일하며 천하의 선비들과 함께 이런 길로 나아가고자 한다. 그래서 노인에게 은혜를 베풀고 효도하고 공경하는 사람을 우대하며, 뛰어난 인재를 선발하여 문학을 강습케 하며, 정사(政事)를 강구하여 민심을 진작시키며, 집사들에게 엄한 조칙을 내려 청렴한 사람과 효성스러운 사람을 천거하게 하여, 그런 일이 풍속을 이루어 선대 성현들의 아름다운 공업(功業)을 계승[7]하고자 한다. 10가구가 사는 작은 고을에도 반드시 충신(忠信)한 사람이 있고 세 사람이 함께 가면 그중에 내 스승이 있게 마련이다.[8] 그런데 지금 간혹 고을 전체에서 한 사람도 추천하지 않은 곳이 있으니 이는 교화가 백성들에게까지 미치지 않고 덕행을 쌓은 군자가 위에 알려지는 길이 막힌 것이다. 이천석의 관장은 인륜을 총괄하여 다스리는 책임이 있는데 이러고서야 장차 어떻게 '숨어 있는 이들을 밝게 드러내며[燭幽隱] 백성들에게 선을 권장하며[勸元元] 만백성을 권장하며[厲烝庶] 향당을 숭상하라[崇鄕黨]'는 짐의 훈계를 보좌하겠는가. 더구나 어진 이를 추천하면 큰 상을 받고 어진 이를 은폐하면 주륙(誅戮)하여 여러 사람에게 돌려 보이는 것이 옛날의 법도였다. 중이천석(中二千石)·예관(禮官)·박사(博士)들과 의논하여 효렴(孝廉)을 천거하지 않은 자의 죄를 물을 것이다." 하였다. 【이것이 한나라에서 효렴을 천거하게 된 시초이다.】

---

7 선대 …… 계승: 저본에는 '紹休其緒'로 되어 있는데, 『고금사문유취 전집』과 『한서』 원문에는 '紹休聖緒'로 되어 있다.
8 세 사람이 …… 마련이다: 저본에는 '闕有我師'로 되어 있는데, 『고금사문유취 전집』과 『논어』에는 '必有我師'로 되어 있다.

또 조서를 내려, "현량(賢良)은 고금 왕사(王事)[9]의 체제를 잘 아는 사람들이다. 간책(簡策)에서 제기한 문제에 대해 모두 서면으로 답하게 하고 그것을 책으로 엮어 올리게 해서 짐이 직접 살필 것이다."라고 하였다. 【이것이 정권(呈券)의 시초이다.】 또 조서를 내려 현량문학(賢良文學)의 선비를 천거하게 하고, 또 조서를 내려 현량방정(賢良方正)하여 능히 직언극간(直言極諫)할 수 있는 선비를 천거하게 하였다.

후한(後漢) 순제(順帝)는 군국(郡國)에 효렴을 천거하도록 명하였는데, 40세 이상인 자로 제한하여 유자(儒者)는 장구(章句)에 능통하고 문리(文吏)는 장주(章奏)에 능통해야 선발에 응할 수 있게 하되 안연(顔淵)이나 자기(子奇)[10]같이 뛰어난 재능과 특별한 행실이 있는 사람이면 나이에 구애받지 않게 하였다.

한나라에서 처음으로 사책(射策)과 대책(對策)의 제도를 두었다. '사(射)'는 난문(難問)과 의의(疑義)를 간책(簡冊)에 쓰고 문제의 대소를 헤아려서 갑과(甲科)와 을과(乙科)로 정하고 문제를 공개하지 않은 상태에서 응시하는 사람이 임의로 하나를 뽑아서 해석하게 하는 방법을 말한다. '대(對)'란 정사(政事)와 경의(經義)를 드러내 놓고 물어서 대답한 글의 내용을 보고 고하(高下)를 정하는 방법을 말한다.

진사과(進士科)는 수(隋)나라 양제(煬帝) 대업(大業, 605~616) 연간에 시작되어 당(唐)나라 태종(太宗) 정관(貞觀, 627~649),[11] 고종(高宗) 영휘

---

9  왕사(王事) : 저본에는 '正事'로 되어 있는데 『한서』에 근거하여 '王事'로 수정하여 번역하였다.

10  안연(顔淵)이나 자기(子奇) : 안연은 공자의 제자로 덕행이 으뜸으로 꼽혔으나 요절하였다. 자기는 춘추시대 제(齊)나라 사람으로, 18세 때 제나라 임금의 명으로 아현(阿縣)을 다스리게 되었는데, 아현에 도착하여 무기를 녹여 농기구를 만들고 창고를 열어 빈민을 구제하자 아현이 크게 다스려졌다고 한다.

11  정관(貞觀) : 저본에는 '正觀'으로 되어 있는데 『구당서』와 『고금사문유취』 등에 근거

(永徽, 650~655) 때에 성행하였다. 당시 사대부들은 최고의 지위에 오른 신하라도 진사를 거치지 않았으면 훌륭하게 여기지 않았다.

당나라의 인재 선발 과목으로는 수재과(秀才科)·명경과(明經科)·진사과(進士科)·명법과(明法科)·명자과(明字科)·명산과(明算科)·준사과(俊士科)·일사과(一史科)·삼사과(三史科)·개원례과(開元禮科)·도거과(道擧科)·동자과(童子科)가 있었다. 명경과에는 다시 오경과(五經科)·삼경과(三經科)·이경과(二經科)·학구일경과(學究一經科)·삼례과(三禮科)·삼전과(三傳科)·사과(史科)의 구별이 있었다. 이것이 매년 상례(常例)로 선발하는 과거였다. 【『곤학기문(困學紀聞)』[12]에 따르면 당나라의 과거 명칭은 86개나 있었다고 한다.】[13]

매년 중동(仲冬, 동짓달)에 군현(郡縣)과 감관(館監)에서 학업이 성취된 사람을 시험하였다. 시험이 끝나면 장사(長史)가 요속(屬僚)을 모아서 빈주(賓主)의 자리를 마련하고 조두(俎豆)를 늘어놓고 관현(管絃)을 갖추고 소뢰(少牢)의 희생을 마련하여 향음주례(鄕飮酒禮)를 베풀면서 「녹명(鹿鳴)」의 시를 노래하였다. 이때에는 노인들을 불러서 나이 순서에 따라 자리에 앉아서 관람하게 하였으며, 연회를 마치고 나서 계자(計者)와 함께 서울로 올려 보냈다. 관학(館學)에 소속되어 공부하지 않고서 천거된 자[14]를 향공(鄕貢)이라고 하였다.[15]

---

하여 '貞觀'으로 수정하였다.

12 『곤학기문(困學紀聞)』: 남송(南宋) 왕응린(王應麟, 1223~1296)이 경사(經史)에 관한 연구에서 얻은 바를 기록한 필기류의 저작으로, 모두 20권으로 되어 있다.

13 당나라의 …… 한다: 『일지록』 권16에 보인다.

14 관학(館學)에 …… 자: 저본에는 '其不在館學者'로 되어 있는데 '選擧不由館學者'라 한 『신당서』, 「선거지(選擧志)」의 기록과 '其不在館學而擧者'라 한 『고금사문유취』 등의 기록을 참고하여 내용을 보충하였다.

15 매년 중동(仲冬)에 …… 하였다: 『고금사문유취 전집』 권26과 『통전(通典)』 권15에 보

당나라 제도에서는 천자가 직접 시험 보이는 것을 제거(制擧)라고 하였는데, 특별한 인재를 대우하는 방법이었다. 『당지(唐志)』[16]에, "제거라는 것은 그 유래가 오래되었다. 한나라 이후 천자는 항상 제조(制詔)라는 명칭으로 자신이 묻고자 하는 문제를 제출하여 직접 시험을 보였다. 당나라는 건국 이래 대대로 유학을 숭상하였는데, 비록 각 시대 임금들의 현우(賢愚)와 호오(好惡)가 같지는 않았지만 선을 즐거워하고 현자를 구하려는 뜻은 처음부터 조금도 태만하지 않았다. 그래서 경사(京師)에서부터 주현(州縣)에 이르기까지 유사(有司)는 정기적으로 선비를 선발하여 그때그때 천거하였고, 천자 또한 사방에서 덕행·재능·문학이 뛰어난 선비, 세속을 벗어나 은거하는 사람, 자기 힘만으로는 현달할 수 없는 사람에서부터 아래로 군사 계책이 뛰어난 사람, 관문(關門)을 들어 올리고 산을 뽑을 정도의 힘을 지닌 사람, 빼어나거나 특별한 재주가 있는 사람을 모두 선발하였다. 그 명목은 시기마다 임금이 바라는 바에 따라 달라졌지만 정기적인 과거에 들어간 것으로는 현량방정하여 바른 말로 극간할 수 있는 사람을 뽑는 과목〔賢良方正直言極諫〕, 여러 전적에 박통하여 교화에 통달한 사람을 뽑는 과목〔博通墳典達於教化科〕, 군사 모략이 원대하여 장수의 직임을 감당할 수 있는 사람을 뽑는 과목〔軍謀弘遠堪任將帥科〕, 정치 방법을 상세히 알아서 백성을 다스릴 수 있는 사람을 뽑는 과목〔詳明政術可以理人科〕 같은 종류가 가장 두드러진 것이다."라고 하였다.

송나라 초기에는 후주(後周)의 태조(太祖) 현덕(顯德, 954~960) 때의

---

인다.

**16** 『당지(唐志)』: 『신당서』를 말한다. 아래의 내용은 『신당서』 권44, 「선거지(選擧志) 상(上)」에 보인다.

제도를 이어받아 3개 과(科)를 설치하고, 전·현직 관리와 초야의 선비를 한정하지 않고 모두 과거에 응시할 수 있도록 허락하였다. 진종(眞宗) 경덕(景德, 1004~1007) 연간에 6개의 과로 늘렸고, 신종(神宗) 희령(熙寧, 1068~1077) 이후로는[17] 누차 폐지했다가 복구하였다. 송나라에서는 그것을 대과(大科)라고 불렀다.[18]

또 송나라 초기에는 굉사발췌과(宏詞拔萃科)를 만들었고, 철종(哲宗) 소성(紹聖, 1094~1098) 연간에 복근사학과(服勤詞學科)를 설치했는데 휘종(徽宗) 대관(大觀, 1107~1110) 연간에 사학겸무재과(詞學兼茂才科)로 고치고 고종(高宗) 소흥(紹興, 1131~1162) 연간에 박학굉사과(博學宏詞科)로 고쳤다.[19]【박학굉사과는 『신당서』, 「선거지(選擧志)」에 보인다.】

송나라 서도(徐度)의 『각소편(卻掃編)』[20]에 다음과 같이 되어 있다.

"국조(國朝)의 과거 제도는 초기에는 당나라 제도를 인습하여 현량방정능직언극간(賢良方正能直言極諫), 경학우심가위사법(經學優深可爲師法), 상명이리달어교화(詳明吏理達於教化)의 3개 과를 두고 전·현직의 내외 관원들과 초야에 있는 선비들을 모두 응시하게 하였다. 아울러 여러 주와 해당 관서에서 응시할 사람들을 뽑아 이부(吏部)로 올려 보내게 하여 전시(殿試)에서 대책(對策) 1통을 지어 올리게 하되 3천 자 이상으로 제한하였다. 또 진종(眞宗) 함평(咸平, 998~1003) 연간에는 문신들에게 조서를 내려 내외의 막직〔幕職, 지방관의 속리(屬吏)〕과 주현의 관원 및

---

**17** 희령(熙寧) 이후로는 : 저본에는 '熙寧'으로만 되어 있는데 『일지록』에 근거하여 '以後'를 보충하였다.
**18** 당나라 제도에서는 …… 불렀다 : 『일지록』 권16에 보인다.
**19** 또 송나라 …… 고쳤다 : 『고금사문유취 전집』 권27에 보인다.
**20** 『각소편(卻掃編)』 : 조정의 구전(舊典)이나 기구(耆舊)들의 일사(軼事)를 기록한 책으로, 모두 3권으로 되어 있다.

초야의 인재 중에서 현량방정한 사람을 각 1명씩 천거하게 하였다. 경덕(景德, 1004~1007) 연간에는 다시 조서를 내려 현량방정능직언극간(賢良方正能直言極諫), 박통분전달어교화(博通墳典達於敎化), 재식겸무명어체용(才識兼茂明於體用),[21] 무족안변통명도략(武足安邊洞明韜略), 운주결승군모굉원재임변기(運籌決勝軍謀宏遠材任邊寄), 상명이리달어종정(詳明吏理達於從政) 등 6개 과를 설치하였다. 인종(仁宗) 천성(天聖, 1023~1032) 7년에는 다시 조서를 내려 내외 경조관(京朝官) 중에 대성(臺省)과 관각(館閣)의 직무를 맡고 있지 않은 사람으로서 장오죄(贓汚罪)를 지은 적이 없는 사람 및 사죄(私罪)를 지었으나 정상이 가벼운 자들을 응시하게 하였는데, 소감(少監) 이상까지 모두 응시를 허락하고 천거를 받거나 혹 스스로 글을 올려 위의 6개 과에 응시할 것을 청할 수 있게 하였다. 이어 먼저 자신이 익힌 내용으로 책론(策論) 10권을 매 권 5통씩 작성하여 바치게 하고 도착하면 양성(兩省)에 내려주어 상세히 살펴서 그중 글의 내용이 뛰어나서 제과(制科)에 응시할 만한 사람이 있으면 이름을 아뢰게 하였다. 그런 다음 시관(試官)을 차출하여 논(論) 6수(首)를 짓는 것으로 고시(考試)하여 합격하면 책 1통을 짓는 것으로 황제가 직접 시험하였다. 또 높은 지조를 지니고 시골에 있는 사람을 뽑는 고도구원(高蹈邱園), 초야에 묻혀 있는 인재를 뽑는 침륜초택(沈淪草澤), 뛰어난 수재(秀才)를 뽑는 무재이등(茂才異等)의 3개 과를 설치하였다. 이들 과거에는 초야에 묻혀 있는 사람 및 공거인(貢擧人)들 중 공업이나 상업에 종사하는 잡류(雜類)가 아니면 모두 현지의 전운사와 각 주의 장리(長吏)가 천거하거나 혹은 본관(本貫)에 글을 바쳐 응시를 청할 수 있도록 허락하

---

21 재식겸무명어체용(才識兼茂明於體用): 저본에는 '才識兼茂明於治體'로 되어 있는데 『송사』와 『일지록』 및 『각소편』에 근거하여 수정하였다.

였다. 그리고 주현(州縣)에서 자세히 살펴서 행동거지에 별다른 하자가 없는 자는 자신이 익힌 내용으로 책론 10권을 매 권 5통씩 작성하여 바치게 한 다음 그것을 자세히 검토하여 내용이 우수하면 전운사에게 올려 보낸다. 전운사는 향리에서의 명성을 자세히 살핀 다음 부내(部內)에서 문학이 있는 관원을 선발하여 재차 자세히 살펴서 문학과 행실이 모두 일컬을 만하면 문권(文卷)을 예부로 보낸다. 예부에서는 주판관(主判官)에게 맡겨서 자세히 살피게 하여 글의 내용이 우수한 사람을 선발하여 이름을 갖추어 황제에게 보고한다. 나머지 현량방정 등 6개 과는 희령 연간에 모두 폐지하였고 진사과의 정시(廷試)에서 3제(題)를 시험하던 것을 폐지하고 책 1통을 짓는 것으로 시험하게 하였다. 고종 건염(建炎, 1127~1130) 연간에는 조서를 내려 현량방정과 하나만을 복구하였다."

철종(哲宗) 원우(元祐, 1086~1094) 초에 사마광(司馬光)이 다음과 같이 아뢰었다.

"10개의 과를 설치하여 높은 지위에 있는 관원들에게 각기 자기가 아는 사람을 천거하게 하소서. 10개 과는 첫째 행의가 순수하고 확고하여 사표가 될 만한 사람을 뽑는 과〔行義純固可爲師表科〕【관직이 있는 사람이나 없는 사람 모두 천거할 수 있다.】, 둘째 절의와 지조가 방정하여 충언(忠言)을 할 수 있는 사람을 뽑는 과〔節操方正可備獻納科〕【관직에 있는 사람만 천거한다.】, 셋째 지혜와 용맹이 남달리 뛰어나서 장수가 될 수 있는 사람을 뽑는 과〔智勇過人可備將帥科〕【문무 관원만 천거한다.】, 넷째 공명정대하고 총명하여 감사가 될 만한 사람을 뽑는 과〔公正聰明可備監司科〕【주지사 이상의 품계에 있는 사람만 천거한다.】, 다섯째 경술에 정통하여 강독을 맡길 만한 사람을 뽑는 과〔經術精通可備講讀科〕【관직이 있는 사람과 없는 사람 모두 천거할 수 있다.】, 여섯째 학문이 해박하여 고문에 대비

할 수 있는 사람을 뽑는 과〔學問該博可備顧問科〕【위와 같다.】, 일곱째 문
장이 전아하고 아름다워서 저술에 대비할 수 있는 사람을 뽑는 과〔文章
典麗可備著述科〕【위와 같다.】, 여덟째 옥사를 잘 처리하여 공정하게 사실
을 밝혀낼 수 있는 사람을 뽑는 과〔善聽獄訟盡公得實科〕【관직에 있는 사람
만 천거한다.】, 아홉째 이재(理財)를 잘하여 공사 모두를 편리하게 할 수
있는 사람을 뽑는 과〔善治財賦公私俱便科〕【위와 같다.】, 열째 법령을 잘
익혀서 의심나는 죄를 결단할 수 있는 사람을 뽑는 과〔鍊習法令能斷請讞
科〕【위와 같다.】입니다. 상서(尙書)부터 급사중(給舍中)·간의(諫議) 등에
이르는 직사관(職事官),[22] 개부의동삼사(開府儀同三司)[23]에서 대중대부(大
中大夫)[24]에 이르는 기록관〔寄祿官, 계관(階官)〕, 관문전태학사(觀文殿大學
士)[25]에서부터 대조(待詔)에 이르는 직책에 있는 사람은 매년 10개 과
중에서 3개 과의 인재를 천거하고 이어서 자기가 추천한 사람을 보증
하는 글을 올리게 하여 중서성(中書省)에서 그 내용을 장부에 기록해 둡
니다. 그런 다음 천거한 과목대로 관직을 제수하고 고명(誥命)이 내리면
천거한 관원의 성명까지 함께 보고하여 천거받은 사람이 관직에서 일
을 제대로 하지 못하면 잘못 천거한 죄로 연좌시킵니다. 중요한 것은

---

22 직사관(職事官) : 송나라 관제(官制)에서 관직을 계관(階官)과 직사관으로 구분하였다.
  계관은 품계만 있고 실제 직무는 없는 관원 즉 산관(散官)을 말하고, 직사관은 실제
  직무를 담당하는 관원을 말한다. 예를 들어 이부상서 동중서평장사(吏部尙書同中書平
  章事)라는 관직의 경우 이부상서가 계관명이고 동중서평장사가 직사관명이 된다. 직사
  관은 품계와 담당 직무의 고하에 따라 품계보다 담당 직무가 한 품(品) 이상 높으면
  행직(行職), 한 품이 낮으면 수직(守職), 2품 이하로 낮으면 시직(試職)으로 구분하였다.
23 개부의동삼사(開府儀同三司) : 문관(文官) 산관(散官)의 종1품 품계이다.
24 대중대부(大中大夫) : 문관(文官) 산관(散官)의 종4품 상계(上階)이다.
25 관문전태학사(觀文殿大學士) : 저본과 『일지록』에는 모두 '觀文殿學士'로 되어 있는데
  『송사』 권160, 「선거지(選擧志)」에 근거하여 수정하였다.

사람마다 모두 신중하게 생각하여 적합한 인재를 천거하게 하는 것입니다."라고 하였다.[26]

명나라 초에는 현량방정(賢良方正)·총명정직(聰明正直)·효제역전(孝弟力田)·통경효렴(通經孝廉)·재식겸인(才識兼人) 등의 과목을 설치하였다. 송렴(宋濂)[27]의 주의(奏議)에 "인재를 얻는 데 있어 향거이선(鄉擧里選)[28]보다 좋은 방법은 없습니다."라고 하였다. 황제가 옳게 여기고 실행하여 효과를 보자 유신(儒臣)들이 제과(制科) 설치를 청하였는데 황제가 시의(試義)를 보고는 그 글에 염증을 느꼈다. 그리하여 다시 설치했다가 폐지하고 폐지했다가 다시 설치하곤 하였으나 처음부터 끝까지 천거와 벽소(辟召)를 중시하였는데 후대로 가면서는 점점 제과를 중시하게 되었다. 그러므로 곽도(霍韜)[29]는 "국초에는 천거를 중시하고 공거는 그 다음이고 과거는 경시하였는데, 지금은 과거를 중시하고 공거가 다음이며 천거는 행해지지 않고 있다. 그 때문에 행실은 도척(盜跖) 같고 심보는 장사치보다 못한 자들이 붓을 놀려 글을 쓸 수만 있으면 모

---

26 원우(元祐) 초에 …… 하였다: 『일지록』 권9에 보인다.
27 송렴(宋濂): 생몰년은 1310~1381년. 명(明)나라 절강(浙江) 포강(浦江) 사람으로, 자는 경렴(景濂), 호는 잠계(潛溪), 시호는 문헌(文憲)이다. 원(元)나라 말기 전란을 피해 동명산(東明山)에 은거하였으나, 뒤에 명나라 조정에 나아가 강남유학제거(江南儒學提擧)로 태자에게 경서를 가르치고, 한림학사가 되어 『원사(元史)』를 편찬하였으며, 명나라의 예악(禮樂)을 제정하였다.
28 향거이선(鄉擧里選): 주대(周代)에 고을마다 향대부(鄉大夫)를 두고 각 고을의 자제들을 가르쳐 3년마다 현능한 사람을 뽑아 중앙에 천거하던 일이다.
29 곽도(霍韜): 생몰년은 1487~1540년. 명나라 광동(廣東) 남해(南海) 사람으로 자는 위선(渭先), 호는 올애(兀厓)·위애(渭厓), 시호는 문민(文敏)이다. 세종(世宗) 때에 병부주사(兵部主事)·예부상서(禮部尙書)·이부(吏部)의 좌우시랑(左右侍郎)을 역임했다. 처음에 대례(大禮)에 대해 논한 것이 황제의 뜻에 맞아 특별히 발탁되기도 했으나 지나친 경쟁심 때문에 황제의 총애를 잃고, 남경예부상서(南京禮部尙書)로 나가서 예교(禮敎)를 지키는 것을 요점으로 행정을 폈으나 공론과 맞지 않는 경우가 많았다.

두 벼슬을 하니, 이것이 선비의 기풍이 더욱 투박(偸薄)해지는 이유이다."라고 한 것이다.[30]

헌종(憲宗) 성화(成化, 1465~1487) 연간에 제학(提學)에게 명하여 각각 소속 관리의 근무 성적과 경력을 기록한 장부를 살펴보고 유생(儒生)의 덕과 학업을 3등급으로 구분하여 기록하게 하였다. 덕행·학문·업무 능력이 모두 우수한 사람을 상등(上等), 덕행은 있으나 학문과 업무 능력이 조금 떨어지는 사람은 그 다음 등급, 학문과 업무 능력은 우수하나 덕행에 결함이 있는 사람은 하등(下等)으로 하여, 매달의 성적과 매년의 성적을 평가하여 상등이 아니면 공거(貢擧)에 응하지 못하게 하였다.[31]

양두휘(梁斗輝)[32]는 다음과 같이 말하였다.

"성조(聖祖)께서 호수(濠水) 가에서 일어나 중원(中原)을 소탕하실 때 호종(扈從)하는 사람들은 모두가 매 같고 범 같은 용사(勇士)들로서 헤아릴 수 없이 많았다. 그런데도 오히려 자리를 비워 두고 은사(隱士)를 구하여, 때로는 조정의 신하를 파견하여 찾게 하고 때로는 유사(有司)에게 훌륭한 인재를 찾아 부름에 응하도록 권유하게 하기도 하였다. 그리하여 그들이 부름에 응하여 오면 예현관(禮賢館)[33]에 머물게 하였다. 당시에 비록 제과(諸科)가 설치되어 있었으나 성조께서는 오직 천거와 벽

---

30 명나라 초에는…… 것이다: 『대학연의보』권85에 보인다.

31 헌종(憲宗) 성화(成化)…… 하였다: 청(淸)나라 학자 손승택(孫承澤)이 찬(撰)한 『춘명몽여록(春明夢餘錄)』권55에 보인다.

32 양두휘(梁斗輝): 자는 충려(忠旅)로 명나라 때 신회(新會) 사람이다. 저서에 『경세실용(經世實用)』, 『황하의(黃河議)』, 『천벽인물고(薦辟人物考)』, 『마정서(馬政書)』, 『임관고(任官考)』, 『십삼경역주소(十三經繹註疏)』, 『성학정종(聖學正宗)』 등이 있다.

33 예현관(禮賢館): 명 태조 지정(至正) 23년(1363) 5월에 예현관을 지어 학자들에게 그곳에 거처하며 경사(經史)를 강론하게 하였다고 한다.

소를 중시하였다. 그러므로 처음으로 홍무(洪武, 1368~1398) 3년에 과거를 설행했다가 6년에는 폐지하라는 조칙을 내리고 별도로 유사에게 지시하여 현재(賢才)를 살펴서 천거하게 하였으며, 천거받은 사람에게 관직을 제수한다는 조서를 한 해에 두 번이나 내리기도 하였다. 이런 일을 한 해 걸러 한 번은 꼭 시행하였다. 17년 봄에는 과거 제도를 반포하였고, 겨울에는 재주가 뛰어난 인재를 선발한다는 조칙을 내렸다. 18년에는 다시 효렴(孝廉)을 천거하라는 조칙을 내렸고, 19년에는 경학에 밝고 행실이 닦인[經明行修] 사람과 시무에 숙련된 노성한[練達老成] 사람을 천거하라고 명하였다. 이런 점을 보면 성조께서 참으로 무엇을 중요시하였는지를 알 수 있다. 선신(先臣) 최선(崔銑)이 '과목(科目)을 통해 사람을 얻기란 도박에서 돈을 따는 것만큼이나 어렵고 사람을 잃기란 도박에서 돈을 잃기만큼이나 쉽다. 그것은 대개 상세한 비교도 신뢰할 만한 관찰도 있지 않기 때문이다.'라고 하였다. 세공(歲貢)[34]의 경우 전에는 지방 고을의 선비들이 성균관에서 학업을 닦았으므로 모두가 인재를 얻었다고 일컬었다. 그런데 지금의 인재 선발 방식은 옛 제도를 시행했다가 폐지하며 자주 바꾸어 세월만 보내다가 막판에 가서는 자급에 따라 선발하여 교직(敎職)을 주었기 때문에 뛰어난 인재가 성균관에 들어가는 일이 드물게 되었다."라고 하였다.

무거(武擧)는 당나라 측천무후(則天武后) 때에 시작되었다. 장안(長安, 701~704) 2년에 처음으로 무거를 설치했는데, 그 제도에 장타(長垜)·마사(馬射)·보사(步射)·통사(筒射)가 있고 또 마창(馬鎗)·교관(翹關)·부중(負重)·신재(身材)를 뽑는 과목을 두어 병부에서 주관하였다. 시험하

---

34 세공(歲貢) : 지방 고을에서 천거를 받아 국자감(國子監)에 입학하는 생원을 말한다.

는 방법은 문과 시험의 제도와 같은데, 신체가 건장하고 묻는 말에 상세하고 명쾌하게 대답하며 날래고 용감하며 재주가 있어 여러 사람을 통솔할 만한 사람을 뽑았다. 문관이 무과에 응시하고자 할 경우에는 신장이 6척 이상이고 40세 이하인 사람으로서 강하고 용감하여 다른 사람을 통솔할 수 있는 사람을 뽑았다.

송나라에는 무거(武擧)와 무선(武選)의 두 과목이 있었다. 인종(仁宗) 때에 처음으로 친시(親試)에서 무거를 보였는데, 먼저 말타기와 활쏘기를 본 뒤에 응시하게 하였다. 경력(慶曆, 1041~1048) 6년에는 무거에 책문(策問)을 도입하여 책문으로 선발 여부를 결정하고 궁술과 기마술로 고하의 등급을 매겼다.

범중엄(范仲淹)이 주청(奏請)하기를, "군무를 관장하는 신료들에게 지략과 용맹이 있는 사람을 널리 찾아서 각기 1명씩을 천거하게 하여, 장교(將校)와 장행(長行, 병사)을 불문하고 무예를 시험하거나 담략을 관찰하여 출중한 사람이 있으면 변경의 임무를 맡겨서 파견하소서. 그리하여 그가 장차 뚜렷한 전공(戰功)을 세우면 천거한 사람에게 상을 주고 혹 거듭해서 군무에 실패하면 역시 천거한 사람까지 연좌하소서."라고 하였다.

또 부필(富弼)이 주청하기를, "태공묘(太公廟)에 무학(武學)을 설치하여 문무 관원과 백신(白身, 관직이 없는 사람)에게 매년 들어올 수 있게 허락하고, 고래(古來)의 병서(兵書)를 모아 학관에 비치해서 마음대로 익히는 것을 금지하지 마소서."라고 하였다. 그리하여 희령 5년에 비로소 무성왕묘(武成王廟, 태공묘)에 무학(武學)을 설치하고 문무 관원 중에 군사 업무를 잘 아는 자를 선발하여 교수로 삼고, 입학하는 사람에게는 양식을 대주고 제가(諸家)의 병법을 익히게 하였다. 교수는 역대 용병(用兵)의 성패와 교훈이 될 수 있는 전 시대의 충의(忠義)의 사적을 편찬하여 학생들을 가르쳤다. 또 진법(陣法)을 시험해 보고 싶어하는 사람이 있으면 적당한 숫자의 병사를 제공해 주었다. 재학한 지 3년이 지나면 그동안 익힌 것을 시험하여 등급을 매겨 시상하고, 입격(入格)하지 못한 자는 1년 후 다시 시험을 보게 하였다.[35]

명나라 태조 홍무 31년에 호거관(虎踞關)에 무학을 설치하고 유사(儒士) 10명을 선발하여 옛 무신의 자제들 중 금의위(錦衣衛)[36]로 양성할 사람들을 가르치게 하였다. 영종(英宗) 정통(正統, 1436~1449) 6년에는 무학을 세우고 중앙 관부의 유학(儒學) 제도처럼 교수와 훈도를 설치하였다. 대종(代宗) 경태(景泰, 1450~1457) 연간에 무학을 폐지했다가 영종 천순(天順, 1457~1464) 8년에 다시 설치하고 무거를 열었다. 헌종 성화 4년과 효종(孝宗) 홍치(弘治, 1488~1505) 17년에 각각 조례(條例)를 정하였다. 세종(世宗) 가정(嘉靖, 1507~1567) 연간에 이르러서는 이 길이 점점 중시되어 무거를 통하지 않고는 승진할 수 없게 되었다.

우리나라의 과거 제도는 쌍기(雙冀)[37]로부터 시작되었다. 큰 틀은 중국과 비슷하지만 전적으로 부문(浮文)만으로 인재를 선발하고 애당초 덕행이나 치도(治道)에 대해서는 묻지 않았다. 오직 글솜씨만을 선택 기

---

**35** 무거(武擧)는 당나라 …… 하였다: 『대학연의보』 권130에 보인다.

**36** 금의위(錦衣衛): 금의친군도지휘사사(錦衣親軍都指揮使司)의 준말로 세기(緹騎)라고도 부른다. 명 태조 때 황제의 시위(侍衛)와 정부의 청렴 여부 및 국내 정세의 시찰을 위해 설립한 기구이다.

**37** 쌍기(雙冀): 후주(後周) 사람인데 대리평사(大理評事)로 고려 광종(光宗) 7년(956)에 봉 책사(封冊使)를 따라왔다가 병이 생겨 돌아가지 못하고 고려에 정착하였다. 광종의 눈에 들어 한림학사(翰林學士)에 제수되었고, 다시 1년도 못 되어 문병(文柄)을 잡았다. 광종 9년에 중국 제도에 의한 과거를 건의하여 그해 5월에 처음으로 과거를 실시하고 지공거(知貢擧, 主試官)를 맡았다(『高麗史』, 「雙冀傳」 참조).

준으로 삼기 때문에 항상 좋은 인재를 얻기 어려웠지만 오늘날에 와서는 글솜씨 또한 신뢰할 바가 못 된다. 글솜씨가 뛰어난 사람이 반드시 모두 선발에 드는 것도 아니고 글솜씨가 처지는 사람도 반드시 모두 축출되지 않는 점에서 폐단은 극에 달하였다.

또한 명경(明經)으로 선발하는 과목도 있지만 이 과거에 응시하는 사람은 세속에서 수치로 여겨 현양(顯揚)하지 않으므로 사람들이 모두 숭상하지 않는다. 이것은 실학(實學)이 부문(浮文)보다 못한 것이다. 또 향리에서 천거하는 사례도 있지만 높은 품계에는 오르지 못하고 겨우 군현의 수령에 그친다. 이것은 향공(鄕貢)이 과목(科目)만 못한 것이다. 이것이 선비들의 습성이 날로 부화(浮華)한 데로 치닫고 실효를 기대하지 못하는 이유이다. 양두휘(梁斗輝)가 이른바 '지금 위에서는 공허한 문자로 선비를 얻으려 하고 선비들은 공허한 문자로 발탁되기를 원한다. 그러나 관의 추천을 받지 않고 직접 글을 올려 응시하는 것은 선비들이 스스로를 경시하는 것이고, 과거장의 경비를 엄격하게 하는 것은 위에서 선비를 경시하는 것이다. 그러니 사풍(士風)이 진작되어 관직에 문(文)과 질(質)을 조화롭게 갖춘 훌륭한 인재가 많기를 바라더라도 어떻게 이루어질 수 있겠는가.'라고 한 것과 같은 상황이 벌어지고 있는 것이다.

옛사람들은 인재를 구할 때 반드시 먼저 향곡(鄕曲)에서의 명성을 채집한 다음에 주군(州郡)에 추천하고 주군에서 명성을 얻은 다음에 5부(府)에 추천하며 5부에서 재능을 발휘한 뒤에 조정에 올렸다. 이는 한 사람을 등용하기 위해 매우 상세하게 살펴서 선택한 것이며, 한 선비를 발탁하기 위해 매우 많은 경험을 쌓게 한 것이다.

주자(朱子)는 일찍이 「공거사의(貢擧私議)」[38]에서 다음과 같이 말했다.

---

[38] 「공거사의(貢擧私議)」: 정식 명칭은 「학교공거사의(學校貢擧私議)」이다. 주희가 당시

"옛날 학교에서 인재를 선발하는 법은 향당에서 시작하여 국도(國都)에 이르기까지 덕행과 도예(道藝)를 가르쳐서 그중 현자(賢者)와 능자(能者)를 추천하였다. 사는 곳이 다르지 않고 벼슬을 임명하는 방법이 다르지 않고 선발하는 길이 다르지 않았기 때문에 선비들은 뜻을 확고하게 하여 다른 길을 생각하지 않고 밤낮으로 부지런히 노력하였다. 그들은 오직 덕업(德業)을 닦지 못할까 걱정하였을 뿐 작록(爵祿)이 이르지 않는 것을 걱정하지 않았다. 공자가 이른바 '말에 허물이 적고 행동에 후회가 적으면 녹은 그 가운데에 있다.'라고 한 것과 맹자가 이른바 '천작(天爵)을 잘 닦으면 인작(人爵)은 따라온다.'라고 한 것이 대체로 이를 두고 한 말이다. 지금의 법은, 가르치는 것은 덕행의 실제에 근본하지 않으며 기예(技藝)란 것도 모두 쓸데없는 공언(空言)이다. 그 폐단으로 말하면 이른바 공언이란 것이요 또 모두 황당무계하여 배우는 자들의 심지를 괴란시키기에 알맞은 것들일 뿐이다. 이렇기 때문에 인재는 날로 감소되고 풍속은 날로 경박해져서 조정이나 주현에서 한 가지라도 의심스러운 일이 생기면 공경대부에서부터 일반 관리와 서리에 이르기까지 모두가 깜짝 놀라서 서로 얼굴만 쳐다볼 뿐 어찌할 줄을 모르니 여기에서도 교육의 잘잘못을 징험할 수 있다. 그런데 의논하는 자들은 그 병의 근원을 모르고서 도리어 과거 목적의 공부에 숙달되지 못한 것을 우환으로 여긴다. 무릇 공언은 본래 사람을 가르치는 방법이 아니고 또한 인재를 취하는 방법이 될 수도 없거니와 시부(詩賦)는 또 공언 중에서도 심한 것이니 그것이 교육과 인재 선발에 아무런 보탬이 되지 않을 것은 너무도 분명하다."

---

의 학교 행정과 관리 선발의 문제점을 지적하고 스스로 개선안을 만든 것으로, 공식적으로 나라에 올린 것이 아니고 개인적으로 자기의 생각을 정리한 것이다.

나는 주자의 이 말이 지금의 병통에 딱 들어맞는 것이라 여긴다. 과거 제도는 반드시 크게 경장해야 할 것이니, 공거(貢擧)와 과제(科制)의 두 방법을 병행하되 반드시 방면(坊面)에서 천거하여 마지막에 시취(試取)하며 거기에 거주(擧主)를 연좌시키는 제도를 더하여야 할 것이다. 그 방법은 식년시(式年試)·향시(鄕試)·한성시(漢城試)의 규례를 보존하되 약간 보완하면 될 것이다.

경시(京試)의 경우에는 각 부(部) 관하 매 방(坊)의 방장(坊長)이 해당 방의 인사 중에서 10명이나 수십 명【방의 규모와 인재의 다과에 따라 정하고 숫자에 구애받지 않는다.】을 천거하여 부로 올려 보낸다. 그러면 부관(部官)이 그 사람의 덕행(德行)·기국(器局)과 신(身)·언(言)·서(書)·판(判)【『신당서(新唐書)』, 「선거지(選擧志)」에, "사람을 취하는 방법에 네 가지가 있다. 첫째는 몸〔身〕으로, 체격이 우람하고 건장한 사람〔體貌豊偉〕을 뽑는다. 둘째는 말〔言〕로, 말을 조리 있게 잘하는 사람〔言辭辨正〕을 뽑는다. 셋째는 글씨〔書〕로, 서체가 힘이 있으면서 아름다운 사람〔楷法遒美〕을 뽑는다. 넷째는 판단력〔判〕으로 문리가 뛰어난 사람〔文理優長〕을 취한다."라고 하였다.】을 시험해서 직접 관찰하고 그 사람의 됨됨이가 들은 바와 부합하는지를 살펴서 부족한 사람은 돌려보내고 모든 조건을 충분히 갖춘 사람을 선발하여 각 방의 방장들까지【방장들은 전에 이미 공정하게 천거한 사람이기 때문에 그대로 천거하는 것이다.】 아울러서 함께 한성부(漢城府)로 올려 보낸다. 부관은 또 스스로 각 방에서 누락된 인재가 있는지를 살펴서 각 방의 인사나 부의 하속을 막론하고 통틀어 한두 사람을 뽑아 추천하여 함께 한성부로 올려 보낸다. 그러면 한성부에서는 여러 방에서 추천한 사람들을 모아서 부에서 하는 것과 같은 방법으로 시험하고, 다시 경세제민의 기량을 시험하고 재주를 시험하여 정해진 인원【서울의 5부(部)는 80명, 경기도는 40명, 충청도와 전라도는 각 50명씩, 경상도는 60명, 강원도·황해도·함경·평안도는 각 30

명씩이다.]을 선발한다.

향시의 경우는 각 현(縣)에 소속된 각 면(面)의 면정(面正)이 해당 면의 인사 중에서 1명이나 2명[면의 규모와 인재의 다과에 따라 정하고 숫자에 구애받지 않는다.]을 천거하여 현으로 올려 보낸다. 그러면 현의 관원이 덕행·기국과 신·언·서·판을 시험해서 직접 관찰하고 그 사람의 됨됨이가 들은 바와 부합하는지를 살펴서 부족한 사람은 돌려보내고 모든 조건을 충분히 갖춘 사람을 선발하여 각 면의 면정, 시임(時任) 향소(鄕所)까지[면정과 향소는 전에 이미 공정하게 천거한 사람이기 때문에 그대로 천거하는 것이다.] 아울러서 함께 부로 올려 보낸다. 현의 관원은 또 직접 각 면에서 누락된 인재가 있는지 살펴서 각 면의 인사와 현의 속리(屬吏)·장교에 구애받지 않고 통틀어 한두 사람을 뽑아 추천하여 함께 부(府)로 올려 보낸다. 그러면 부에서 여러 현에서 천거한 사람들을 모아서 현에서 하던 것과 같은 방법으로 시험하여 부족한 사람은 돌려보내고 모든 조건을 충분히 갖춘 사람을 선발하여 도(道)로 올려 보낸다. 부사(府使) 또한 경내에서 각 면의 인사와 부의 속리 및 장교를 현에서 하는 것과 같은 방법으로 천거하고, 또 각 현에서 누락된 인재가 있는지를 살펴서 각 면의 인사와 아전 장교에 구애받지 않고 통틀어 한두 사람을 뽑아서 천거한다. 또한 자신이 데리고 있는 막비(幕裨)와 장교 중에서 한두 사람을 천거하여 함께 도로 올려 보낸다. 그러면 도에서 여러 부에서 천거한 사람을 모아서 위의 방법에 따라 시험하고, 다시 경세제민의 기량을 시험하고 재주를 시험하여 정해진 인원을 선발한다. 이렇게 하여 서울과 지방에서 선발한 사람을 합치면 모두 400명이 된다.

여기에 또 서울 각 관사의 관원이 직접 소속 관아의 이원(吏員) 및 자신이 알고 있는 서울과 지방의 인재 가운데 재주와 덕을 모두 갖춘 사람 한두 명을 추천한다. 8도의 도신도 자신이 데리고 있는 막비와 장교 및 영문 소속의 아전과 장교, 도내 인사와 아전·장교 중 누락된 인재들을 살펴서 5, 6명을 선발하여 천거한다. 서울 각 관사의 관원과 8도의 도신이 직접 천거한 사람이 100명이 된다. 이상 서울과 지방에서 선발하여 추천하는 인재가 모두 500명이다.

이들을 모두 국자시(國子試)에 응시하게 하는데, 성균관의 지사(知事)·동지사(同知事)·대사성(大司成)이 함께 시취하되 경세제민의 기량을 시험하고 재주를 시험하여 200명을 뽑아서 예위시〔禮闈試, 회시(會試)〕에 응시하게 한다. 예조에서는 임금께 아뢰어 시관(試官)을 뽑는다. 주공거(主貢擧, 시관)가 200명 모두에게 자신이 익힌 학업을 가지고 면전에서 대답하게 하여 33명을 뽑고 나머지는 돌려보낸다. 이런 내용을 법으로 제정한다. 과시(課試)의 정식(程式)은 시정(時政)의 득실, 경세제민의 편의 여부에 대해 대책(對策)을 작성하되 할 말을 다하게 하고, 죄가 되는 말이 아니면 비록 해괴망측한 말이 있더라도 말을 허물하지는 않는다. 말이 쓸 만하면 채용하고 쓸 수 없는 말이면 버리면 그뿐이다.

또 옛날에는 인재 선발하는 길을 문과와 무과의 두 갈래로 나누지 않았다. 그러므로 예로부터 명장(名將)은 대부분 명사(名士) 가운데서 배출되었으니 시서(詩書)를 돈독히 익히고 예악(禮樂)을 좋아하고 고사(古事)에 해박하며 시무(時務)에 깊이 숙달된 사람이 아니면 불가능하였다. 활을 쏘고 말을 달리며 주먹과 봉(棒)을 휘두르고 치고 찌르고 내달리는 따위는 재관(材官, 무관)이나 기사(騎士)로 선발하기에 합당할 뿐이지 장수에게 요구되는 재주가 아니다.

내 생각은 이러하다.

무과는 폐지하여 설치하지 말고 단지 이 33인 중에서 재능에 따라 선발하여 쓰면 될 것이다. 또 거인(擧人)의 이름 아래에 천주(薦主)의 성명을 주로 달아서 관직에 제수되어 정사를 보게 되었을 때 그 잘잘못에 따라 상벌이 천주에게까지 미치게 하면 반드시 공정하게 천거할 것이다. 국가에서는 매년 이 33인을 얻어서 위로 삼공구경(三公九卿)으로부터 아래로 일명(一命)에 이르기까지 모두 이들 가운데서 취한다면 여러 가지 사무가 잘 처리되지 않을 걱정을 무엇 때문에 하겠는가. 또 이로 인하여 요행의 문을 막을 수 있어 실제 행실과 진짜 재능이 있는 사람이 아니면 저절로 희망을 버릴 것이고, 포부가 있는 사람은 숨고 싶어도 숨을 수가 없을 것이다. 그리하여 초야에는 버려진 어진 인재가 없고 사람들은 모두 덕을 닦을 것이며 인재의 배양은 더없이 성대해질 것이니 실로 만세를 위한 장구한 계책이 될 것이다.

　　**인재(人材)**

『주례』에 "태재(大宰)는 구량(九兩)³⁹을 두어 방국(邦國)의 백성을 결속시
킨다. …… 셋째로 사(師, 교육 담당관)를 두어 덕행을 가르쳐 백성들의
마음을 얻고, 넷째로 유(儒)⁴⁰를 두어 도덕을 가르쳐 백성의 마음을 얻
으며, …… 여덟째로 우(友)⁴¹를 두어 임무를 주어 백성의 마음을 얻는
다."라 하고, "사씨(師氏)는 삼덕(三德)으로 귀족의 자제를 가르치는데,
첫째는 지덕(至德)이니 그것을 도의 근본으로 삼고, 둘째는 민덕(敏德)
이니 그것을 행실의 근본으로 삼으며, 셋째는 효덕(孝德)이니 그것을 통
해 역(逆)과 악(惡)을 알게 한다. 또 삼행(三行)을 가르치는데, 첫째는 효
행(孝行)이니 그것을 통해 부모를 친애하게 하고, 둘째는 우행(友行)이
니 그것을 통해 현량(賢良)한 사람을 존중하게 하고, 셋째는 순행(順行)
이니 그것을 통해 스승과 어른을 섬기게 한다. 사씨는 호문(虎門)⁴²의
왼쪽에 거처하면서 국자(國子)들을 가르치니 귀유자제(貴遊子弟)가 모두
그에게서 배운다.[귀(貴)는 경사(卿士)를 말하고, 유(遊)는 일반 백성[凡民]을 말
한다.]"라고 하였으며, "보씨(保氏)는 도(道)로써 국자(國子)를 양성한다.
곧 그들에게 6예(藝)를 가르치는데, 첫째는 오례(五禮), 둘째는 육악(六

---

**39** 구량(九兩) : 정현(鄭玄)의 주에 '량은 우(耦)와 같은 말로, 만민과 짝을 이루어 돕는 것이
　　다[兩 猶耦也 所以協耦萬民].'라 하였다.
**40** 유(儒) : 정현(鄭玄)의 주에 '유는 제후의 보씨(保氏)이다.'라 하였는데, 가공언(賈公彦)의
　　소(疏)에 천자의 보씨와 구분하기 위해 '유'라고 한다고 하였다.
**41** 우(友) : 정현(鄭玄)의 주에 '우는 같은 들에서 서로 협심하여 농사를 돕는 사람[友 同井
　　相合耦鋤作者]'이라고 하였다.
**42** 호문(虎門) : 정현(鄭玄)의 주에 '호문은 노침문이다. 왕은 매일 노침문 밖에서 조회를
　　보는데 그 문에 호랑이를 그려서 용맹을 드러내 보였다[虎門 路寢門也 王日視朝於路寢
　　門外 畫虎焉以明勇猛].'라 하였다.

樂), 셋째는 오사(五射), 넷째는 오어(五馭), 다섯째는 육서(六書), 여섯째는 구수(九數)이다. 또 6의(儀)를 가르치는데, 첫째는 제사 지낼 때의 몸가짐〔祭祀之容〕이고, 둘째는 빈객을 접대할 때의 몸가짐〔賓客之容〕이고, 셋째는 조정에서의 몸가짐〔朝廷之容〕이고, 넷째는 장례를 지낼 때의 몸가짐〔喪紀之容〕이고, 다섯째는 군대에서의 몸가짐〔軍旅之容〕이며, 여섯째는 수레나 말을 탈 때의 몸가짐〔車馬之容〕이다."라고 하였다.[43]

또 "대사도(大司徒)는 이 오물(五物)[44]과 백성들의 일상에 따라 12가지의 가르침을 베푼다. 첫째 제사의 예로 공경을 가르치면 백성이 구차하지 않다〔以祀禮敎敬則民不苟〕. 둘째 향사례(鄕射禮)와 향음례(鄕飮禮)로 사양을 가르치면 백성이 다투지 않는다〔以陽禮敎讓則民不爭〕. 셋째 혼인(婚姻)의 예로 친애를 가르치면 백성이 원망하지 않는다〔以陰禮敎親則民不怨〕. 넷째 연회와 음악 연주의 예로 조화를 가르치면 백성이 도리에 어긋나지 않는다〔以樂禮敎和[45]則民不乖〕. 다섯째 의식으로 귀천의 등급을 분변하면 백성이 분수를 넘지 않는다〔以儀辨等則民不越〕. 여섯째 풍속으로 편안함을 가르치면 백성이 경박해지지 않는다〔以俗敎安則民不偸〕. 일곱째 형벌로 중도를 가르치면 백성이 사나워지지 않는다〔以刑敎中則民不虣〕. 여덟째 서약(誓約)으로 서로 구하고 보살피는 것을 가르치면 백성이 태만하지 않는다〔以誓敎恤則民不怠〕. 아홉째 법도로 절제를 가르치면 백성이 만족할 줄을 안다〔以度敎節則民知足〕. 열째 대대로 이어 온 가업(家業)으로 잘하는 것을 가르치면 백성이 일을 즐겁게 여긴다〔以世事敎能則民樂事〕. 열한째 능력으로 작위를 제정하면 백

---

43 『주례』에 …… 하였다 : 『대학연의보』 권68에 보인다.

44 오물(五物) : 산림(山林)·천택(川澤)·구릉(丘陵)·분연(墳衍)·원습(原濕)의 다섯 지역에서 생산되는 물건을 말한다.

45 和 : 저본에는 '化'로 되어 있는데 『주례』 원문과 『대학연의보』에 근거하여 수정하였다.

성이 조심하여 덕행을 닦는다〔以賢制爵則民愼德〕. 열둘째 공로로 녹봉을 제정하면 백성이 공업(功業)을 힘써 일으킨다〔以庸制祿則民興功〕."라 하였다.

『예기』, 「왕제(王制)」에 "사도(司徒)<sup>46</sup>는 6례를 닦아서 백성의 성품을 절제하고〔修六禮以節民性〕, 7교를 밝혀서 백성의 덕을 흥기시키시고〔明七敎以興民德〕, 8정을 가지런히 하여 음란함을 막고〔齊八政以防淫〕, 도덕을 순일하게 하여 풍속을 같게 하고〔一道德以同俗〕, 노인을 봉양하여 효도를 이루고〔養耆老以致孝〕, 부모 없는 아이와 자식 없는 노인을 구휼하여 부족한 것을 채워 주고〔恤孤獨以逮不足〕, 현자를 숭상하여 덕을 높이고〔尙賢以崇德〕, 불초한 자를 골라내어 악을 축출한다〔簡不肖以黜惡〕."라고 하였다. 또 "악정(樂正)은 4술(術)을 숭상하고 4교(敎)를 세우며 선왕(先王)의 시(詩)·서(書)·예(禮)·악(樂)의 가르침에 따라 선비를 양성하는데, 봄과 가을에는 예와 악을 가르치고 겨울과 여름에는 시와 서를 가르친다."라고 하였다.<sup>47</sup>

탕(湯)이 이윤(伊尹)에게 "삼공(三公), 구경(九卿), 27대부(大夫), 81원사(元士)를 알아보는 데에 방법이 있는가?"라고 물으니 이윤이 다음과 같이 대답하였다. "옛날에 요(堯)는 사람을 보기만 하고도 알아보았고, 순(舜)은 그 사람에게 관직을 맡겨 본 뒤에 알아보았고, 우(禹)는 공을 이룬 사람을 등용하였습니다. 세 임금이 현자를 등용하는 방법은 달랐지만 모두 공을 이루었습니다. 그런데도 오히려 잘못된 경우가 있었는데, 하물며 법도도 없이 임용하고 마음대로 사람을 쓴다면 반드시 크게 잘

---

**46** 사도(司徒) : 저본에는 '大司徒'로 되어 있는데 『예기』 원문과 『대학연의보』에 근거하여 수정하였다.
**47** 또 "대사도(大司徒)는 …… 하였다. : 『대학연의보』 권67에 보인다.

못될 것입니다. 그러므로 임금은 신하에게 스스로 능력을 바치게 해야 하니 그렇게 하면 만에 하나도 잘못되지 않을 것입니다."[48]

『서경』, 「열명(說命)」에, "저 부열(傅說)이 공경히 받들어서 빼어난 인재들을 널리 구하여 여러 직위에 나열하겠습니다."라고 하였다.

『서경』에 "사람을 아는 데에 달렸고 백성을 편안하게 해 주는 데에 달렸습니다."라 하고, "사람을 아는 것은 명철함이니 훌륭한 사람을 벼슬 시킬 수 있고, 백성을 편안히 해 주는 것은 은혜로움이니 모든 백성이 그리워할 것이다."라고 하였다.

당(唐)의 위사립(韋嗣立)은 "옛날에는 높은 관작(官爵)으로 선비를 대우했기 때문에 오직 재주 있는 사람만이 관직을 얻었습니다. 만약 재주도 없는 사람을 임용한다면 재주 있는 사람이 나아올 길이 막힙니다. 그 때문에 현인군자가 자취를 감추고 소리를 죽인 채 항상 한탄을 품고 있는 것입니다. 또한 현인군자는 바르고 곧은 길을 지키고 요행의 문을 멀리하기 때문에 만약 요행의 문이 열리면 현자는 다시 나오지 않을 것입니다. 현자가 물러나면 백성이 안정되고 교화가 무젖기를 바라더라도 다시는 이룰 수 없습니다. 백성이 안정되지 않으면 장차 나라가 위태로워집니다."라고 하였다.[49]

남송(南宋)의 사마광(司馬光)은 "국가에서 여러 신하들을 제어하는 방법을 보건대 근무 기간이 쌓이면 자급(資級)을 올려 주고 관직의 이력

---

**48** 탕(湯)이 …… 것입니다: 한(漢) 유향(劉向)이 찬(撰)한 『설원(說苑)』 권1에 보인다.
**49** 『서경』에 "사람을 …… 하였다: 이 두 단락은 모두 당 중종(中宗) 때 병부상서 위사립(韋嗣立)이 직관(職官)이 너무 많은 것을 논한 상소 중에 나오는 말로 『역대명신주의』 권131에 보인다. 앞 단락에서 인용한 『서경』의 내용은 「고요모(皋陶謨)」 제2장에 있는 우(禹)와 고요의 대화를 발췌한 것이다. 『서경』의 이 부분 내용은 다음과 같다. 皋陶曰: "都, 在知人, 在安民." 禹曰: "吁, 咸若時, 惟帝其難之. 知人則哲, 能官人: 安民則惠, 黎民懷之."

에 따라 직책을 맡기고 있습니다. 즉 근무 기간이 오래 쌓이기만 하면 그 사람의 현우(賢愚)를 가리지 않고 높은 자리에 두며 이력이 맞기만 하면 능력은 따지지도 않고 중요한 자리에 앉히는 것입니다. …… 폐하 께서 진실로 직위에 둘 적임자를 널리 구하신다면 처음 어떻게 관직에 나오게 되었는지 또 그의 자급과 이력이 해당되는지는 따지지 말고 덕행이 있는 사람이 교화를 관장하게 하고 문학이 있는 사람이 고문에 대비하게 하고 다스리는 방술이 있는 자가 수령을 맡게 하고 용기와 지략이 있는 사람이 장수가 되게 하고 예(禮)에 밝은 사람이 예를 담당하게 하고 법에 밝은 사람이 법을 주관하게 하소서. 아래로 의복(醫卜) 과 백공(百工)에 이르기까지 모두 재주를 헤아려 직임을 주고 능력을 헤아려 직책을 주시며, 공이 있으면 자급을 높이고 상을 주어 그 관직을 옮기지 않게 하시고, 죄가 있으면 유배하고 주벌하여 너그러이 용서하지 마소서."[50]라고 하였다.

양두휘(梁斗輝)의 「취사의(取士議)」에 "한나라는 고대와 멀지 않았기에 군국에 명을 내려 효렴(孝廉)·현량(賢良)·무재〔茂才, 수재(秀才)〕·명경(明經)을 천거하게 하였고, 6개 군의 양가 자제들에게도 각기 재주와 역량에 따라 벼슬을 주었다. 당·송대에는 진사과(進士科)와 제과(制科)로부터 그 밖에 간간이 대신이 여러 사람을 불러서 임명하거나 천거하는 것을 허락한 적이 있다. 그러나 향거이선(鄕擧里選)의 취지는 겨우 100분의 1 정도나 보존되고 결실(缺失)된 것이 많다. 내가 역사책을 두루 상고해 보니 삼대 이전에는 사장(詞章)을 논한 적이 없었다. 사장은 수(隋)나라 양제(煬帝) 때부터 시작되어 당나라 말엽에는 더욱 부박(浮

---

**50** 국가에서 …… 마소서 : 사마광(司馬光)이 송 인종(仁宗)에게 올린 「논치치지도(論致治之道)」에 나오는 말로 『송명신주의』 권1과 『역대명신주의』 권32에 보인다.

薄)해졌다. 대대로 녹은 주어도 대대로 관직에 등용하지 않는 것은 아마도 대대로 녹을 받는 집안의 자손이라고 해서 반드시 훌륭하다고 확신할 수는 없기 때문일 것이다. 그런데 한나라 장제(章帝) 때부터 벌열(閥閱)을 숭상하기 시작하여 위(魏)나라 문제(文帝)가 9등급의 품계를 정하였고 오대(五代) 때에 그대로 인습하였다. 당나라에서도 여전히 고치지 않아서 귀족의 자제들은 한갓 문벌과 자급만으로 좋은 자리를 얻으니 세상의 풍속이 일변(一變)하고 선비들의 습성은 갈수록 저하되어 비록 위표(韋彪)·유의(劉毅)·육지(陸贄)·양관(楊綰)·구양수(歐陽修)·범중엄(范仲淹) 같은 사람들도 그 말류의 폐단을 만회시키지 못하였다."라고 하였다.

남북조(南北朝)시대 위(魏)나라의 한현종(韓顯宗)은 "주군(州郡)에서 인재를 추천하는 데 있어 '수재'니 '효렴'이니 하는 이름만 있지 수재·효렴의 실제 행적은 없고, 조정에서는 문벌만 조사하고 더 이상 재주를 논하지 않습니다. 이렇게 하려면 별도로 문벌만으로 추천을 받아 선비를 서용하면 되지 무엇 때문에 수재니 효렴이니 하는 명목을 빌리겠습니까. 문벌이란 것은 그 부조(父祖)가 남겨 준 공적이니 국가에 무슨 도움이 되겠습니까. 현 시대에 보탬이 되는 것은 어진 인재일 뿐입니다. 진실로 재주가 있으면 비록 백정이나 낚시꾼, 종이나 포로로 잡힌 오랑캐라도 성왕(聖王)은 신하 삼는 것을 수치로 여기지 않았고, 적합한 인재가 아니면 비록 삼황(三皇)의 후예라도 조례(皂隷)로 추락하였습니다. 혹자는 말하기를, '지금 세상에는 특별히 뛰어난 인재가 없으니 문벌로 선비를 뽑느니만 못하다.'라고 하는데 이 또한 잘못된 말입니다. 어찌 세상에 주공(周公)·소공(召公) 같은 인물이 없다고 하여 재상의 직위를 폐지할 수 있겠습니까. 다만 그 재주를 비교하여 조금이라도 나은 사람을 먼저 서용한다면 어진 인재들이 버려지는 일이 없을 것입니다."[51]라고 하였다.

섭적(葉適)은 "천하 사람들이 공경대부의 자제들이 배우지 않고 능력도 없으면서 대부분 천자의 작록을 차지하는 것을 우환으로 여깁니다. 그러나 그들을 모두 버릴 수 없는 것이 의리이고 그들 또한 떠날 수 없는 것이 의리입니다. 모두 버릴 수가 없어서 임자관[任子官, 음관(蔭官)]을 만들었지만 많으면 수용할 수가 없기 때문에 항상 법을 제정하여 억제하기를, '너그럽게 보임(補任)하되 출사(出仕)를 엄격히 제한한다. 아들이나 손자를 관직에 임명하되 비록 존귀한 대신이라도[52] 그 형제의 자손은 임명할 수 없다.'라고 하였습니다."[53]라고 하였다.

또 다음과 같이 말했다.

"법령이 날로 번다해지고 제도가 날로 주밀해져서 사람을 꼼짝 못하게 금지하고 속박하면 사람의 지혜와 생각도 자연 그 제약에서 벗어나지 못합니다. 그러므로 인재 또한 떨쳐 일어나지 못하니, 지금 사람들에게 예상하지 못한 일에 대해 조금만 언급하면 번번이 손을 저으며 감히 말을 하지 못하는 것입니다. 한나라는 능히 인재를 모두 등용하였는데도 진탕(陳湯)은 오히려 문묵리(文墨吏)에게 울분을 품었으니[54]

---

51  주군(州郡)에서 …… 것입니다: 한현종(韓顯宗)이 위(魏)나라 고조(高祖)에게 상언(上言)한 내용으로 『자치통감』권139, 「제기(齊紀) 5」에 보인다.

52  비록 존귀한 대신이라도: 저본에는 '難貴大臣'으로 되어 있는데 『역대명신주의』에 근거하여 '雖貴大臣'으로 수정하여 번역하였다.

53  천하 사람들이 …… 하였습니다: 송 효종(孝宗) 때 섭적(葉適)이 황제의 구언 조칙에 응하여 올린 상소 중의 내용으로 『역대명신주의』권55에 보인다.

54  진탕(陳湯)은 …… 품었으니: 진탕은 한나라 때 산양(山陽) 하구(瑕丘) 사람이다. 원제(元帝) 때 서역부교위(西域副校尉)로서 흉노(匈奴)인 질지선우(郅支單于)를 베어 죽이고 그 공으로 관내후(關內侯)에 봉작된 인물이다. 그는 젊을 때 독서를 좋아하여 학식이 깊고 사리에 통달하였으나 집안이 한미하여 벼슬에 나아갈 길이 없었는데, 뒤에 부평후(富平侯) 장발(張勃)의 천거를 받고 관직에 나아갈 날을 기다리고 있었다. 때마침 아버

하물며 오늘날의 상황이야 어떠하겠습니까. 호걸스러운 인재들이 스스로 떨쳐 일어나지 못하고 모두가 용렬하고 나약해지는 것도 당연한 일입니다."

명나라 선종(宣宗) 선덕(宣德, 1426~1435) 연간에 황제가 학사 양부(楊溥) 등에게 "관리들을 선발하는 데 있어서 어떤 방법을 쓰면 모두 적임자를 얻을 수 있겠는가?"라고 물었다. 양부가 "천거를 엄격하게 하고 고과(考課)를 정밀하게 한다면 적임자를 얻지 못할 게 무슨 걱정이겠습니까."라고 대답하자 황제가 "근대에 거주(擧主)를 벌하는 법이 있는데 천거한 한 마디 말 때문에 종신토록 보증하라고 하는 것도 곤란하지 않겠는가. 짐은 가르쳐 배양하는 데에 법도가 있으면 인재는 절로 배출될 것이라 여긴다. 한나라 동중서(董仲舒)가 평소에 선비를 양성하지 않으면서 어진 인재를 구하고자 하는 것은 옥을 쪼아 다듬지도 않고서 문채를 얻으려는 것과 같다고 하였는데 이는 근본을 아는 논의이다. 3년 만에 고적(考績)한다는 글만 따르고 삼물(三物)로 백성을 가르치는 법을 시행하지 않는다면 비록 요순이라도 훌륭한 다스림을 이룰 수 없을 것이다."라고 하였다.[55]

구준(丘濬)은 "태학(太學)을 설립한 것은 생도를 가르치고 양성하여 국가에 유용한 인재로 길러내기 위한 것이니 그 관계된 바가 지극히 중요하다. 장재(張載)가 '인재가 배출되면 나라가 장차 창성하고 자손이 재주 있으면 종족이 창대해진다. 국가에 어진 인재가 있는 것은 집안에 훌륭한 자손이 있는 것과 같으니 배양하는 방법에 어찌 신경을 쓰지

---

지의 상을 당하였으나 분상(奔喪)도 못한 채 대기하였는데, 사례(司隷)가 이 일로 그를 불효하다고 탄핵하여 결국 옥에 갇히기까지 하였다. 진탕이 문묵리(文墨吏)에게 울분을 품었다는 것은 이 일을 말하는 듯하다.

55 법령이 …… 하였다:『일지록』권9에 보인다.

않을 수 있겠는가.'라고 하였다.”라고 했다.[56]

옛날부터 다스림을 이루는 방도로는 반드시 어진 인재를 구하는 데 급급하였다. 나라의 보배는 실로 인재이다. 그러나 인재는 많지 않으니 어진 인재를 구하는 임금들이 그것을 걱정하였다. 서한(西漢)의 성대한 시절에도 무제(武帝)는 조서를 내려 군(郡) 전체에서 한 사람도 추천하지 않는 관장(官長)에게는 죄를 준다고 하였다. 이로 본다면 그 당시에도 많은 인재를 얻을 수는 없었다는 것을 알 수 있다. 전국시대 제나라 선왕(宣王)이 순우곤(淳于髡)에게, “과인이 듣기론 천 리에 한 명의 선비만 있어도 어깨가 서로 부딪칠 정도로 많은 인재가 있고 백 대에 한 명의 성인(聖人)만 나와도 발꿈치가 서로 닿을 정도로 많은 성인이 있을 것이라고 하였소.”[57]라고 하였다. 하지만 넓은 군국에서 한 사람을 천거하지 못하고 천 리나 되는 땅에서 한 사람의 선비를 얻기 어려우니 인재가 배출되기란 또한 드문 일인가 보다.

지금 우리나라의 사방 면적은 한나라의 1개 군에도 미치지 못하니 모든 땅을 남김없이 다 이어 붙인다 해도 사방 천 리를 넘지 못한다. 전국 방방곡곡을 빗자루로 쓸 듯이 샅샅이 뒤지더라도 적합한 인재를 얻을 수 있다고 확신할 수가 없으니 혹 한 세대에 한 사람이라도 얻는다면 다행일 것이다. '이 작은 천 리의 땅에서도 인재는 얻을 수 있다.' 라고 말할 수도 있지만 그것이 가능할지 알 수 없다.

그러나 이것은 그래도 천 리의 땅을 통틀어서 말하는 것이다. 그런데 오늘날 선비를 구하는 대상 지역은 천 리도 되지 않는다. 국가의 땅

---

56  태학(太學)을 …… 했다 : 『대학연의보』 권70에 보인다.
57  제나라 선왕(宣王)이 …… 하였소 : 『전국책(戰國策)』 권10, 「제책(齊策) 3」에 보인다.

사방 8도 안에서 평소 대관(大官)으로 등용하지 않는 서북 3도의 사람들을 제외하고 나머지 5도의 인사 중에서도 대관으로 등용되는 사람은 없다. 혹 한둘 두드러진 자가 있어도 그것은 모두 그 지역에 흘러가 살고 있는 경화사족(京華士族)이니 그 지방의 인사라고 할 수는 없다. 그러니 오늘날 찾아서 거두어 등용하는 것은 오직 경기도 한 도의 인재일 뿐이다.

하지만 경기도 한 도조차도 모두 그러하지는 못하다. 오직 기전(畿甸)의 5부(部) 내에만 해당될 뿐이니 천 리의 땅을 통틀어서 300분의 1이다. 그러나 그 300분의 1조차도 모두 그러하지는 못하니 오직 대대로 벼슬을 한 사대부에만 해당될 뿐이고, 대대로 벼슬해 온 사대부 중에서도 오직 귀족 대성(大姓)에만 해당될 뿐이다. 그러니 그 300분의 1분 중에서도 겨우 100분의 1이나 1천분의 1에 해당될 뿐이다. 그렇다면 천 리의 땅에서 인재를 구하는 지역은 1리도 되지 않는다. 다행히 산악의 신이 신경을 써서[嶽降有意]58 모든 인재를 이 지역에 모아 두었다면 괜찮겠지만 어쩌다가 지방 고을에 떨어지거나 기전에서 태어났지만 평범한 집안에 떨어졌다면 어찌 매우 통탄스러운 일이 아니겠는가.

옛날부터 인재가 많기로는 서주(西周)를 일컬었다. 그래서 『시경』에 "하 많은 선비들이여, 문왕이 이들 때문에 평안하도다[濟濟多士 文王以寧]."59라고 하였다. 그러나 주나라는 천하의 3분의 2를 차지하고도[백

---

58 산악의 …… 써서[嶽降有意] : 훌륭한 인재를 내는 것은 산악의 신이 주관한다는 뜻에서 이렇게 말한 것이다. 『시경』, 「대아(大雅)」, 숭고(崧高) 첫 장의 "우뚝 높은 산악이 하늘까지 닿았네. 산악이 신을 내려 보후(甫后)와 신후(申后)를 낳았네[崧高維嶽 駿極于天 維嶽降神 生甫及申]."라고 한 데서 유래한 말이다.

59 하 많은 …… 평안하도다 : 『시경』, 「대아(大雅)」, 문왕(文王) 제3장 7·8구로, 문왕이 많은 인재를 배출한 것을 찬미한 내용이다.

이(伯夷)는 북해(北海)에서 왔고 태공(太公)은 동해(東海)에서 왔으니 인재가 배출된 지역은 3분의 2에 국한되지 않는다.】 혼란을 다스릴 수 있는 신하(亂臣) 10 인이 있었을 뿐이다. 그나마도 공자는 '부인이 거기에 끼어 있으니 9인 뿐이다.'[60]라고 하였다. 크나큰 천하에서 9명의 훌륭한 인재가 있는 것을 가지고 제제다사라고 하였으니 인재가 배출되기란 얼마나 어려운지 알 만하다. 더구나 천 리의 땅을 뒤져서 999리의 인재를 모두 들어내어서 버리고 논하지 않으니 더 말할 필요가 있겠는가.

혹자는 '한미한 종족과 먼 시골의 사람은 견문이 넓지 않고 학술이 엉성하여 높은 자리에 등용해도 스스로 감당하지 못한다.'라고 하는데, 이는 너무도 모르는 말이다. 하늘이 인성(人性)을 부여할 때 원래 누구에게만 후하고 누구에게는 박하게 하는 차별을 두지 않는데 어찌 귀천과 지역의 차별을 두었겠는가. 단지 한미한 종족과 먼 시골 사람들은 스스로 분계(分界)를 지어 포기하고 일찍이 배양하지 않은 채 학업을 쓸모없는 것으로 여기고 경세제민의 공부를 우활(迂闊)한 것으로 여겨서 신분을 만들지 않고 명예를 도모하지 않을 뿐이다. 이것이 뛰어난 인재가 없고 용렬하고 나약한 풍조가 자라나며 심지어 예에 어둡고 의에 어두워서 점점 악습에 물들어 풍습이 무너지기에 이르며, 혹자는 한을 안고 독을 품은 채 하늘을 원망하고 사람을 탓하다가 옳지 않은 짓을 하여 형벽(刑辟)에 빠지는 일까지 생기는 까닭이다.

이러고서야 어떻게 인재가 성취되기를 바라겠는가. 나라를 다스리는 도는 방략을 총괄하여(總方略) 모든 일을 통일하고(壹統類) 선을 권장하고(勸元元) 풍속을 변화시켜(移風俗) 백성들로 하여금 악을 버리고

---

**60** 혼란을 …… 9인뿐이다 : 『논어』, 「태백(泰伯)」에 보이는데, 마융(馬融)의 주에 따르면 부인은 문왕의 어머니인 태임(太任)이다.

날로 선으로 나아가게 해야 한다. 그러므로 관작과 상으로 권장하고 형벌로 두렵게 하여 모두 성인의 영역으로 귀속되게 하고자 하는 것이다. 그런데 지금은 스스로 분계를 짓고 있는 사람들이 이미 공부하지 않고 스스로 덕 있는 이에게 나아가 본업을 닦지 않아서 본성을 모두 버리고 날로 악습에 물들어 가는 잘못에 빠져서 모두가 쫓기듯 악으로 돌아가고 있다. 이것이 악인이 날로 많아지는 까닭이고 풍속이 날로 퇴패하고 교화가 무젖어들지 않는 것이 여기에 연유한다.

또한 한미한 종족만 인재를 성취하지 않는 것이 아니다. 귀족 대성(大姓)도 인재의 성취를 힘쓸 일로 여기지 않는다. 대체로 성씨에 따른 종족이 정해지고 나면 한미한 종족이 스스로 포기할 수밖에 없는 것과 마찬가지로 귀족을 높이 등용하지 않을 수 없게 된다. 그 사람의 재능이 있고 없고는 상관하지 않게 되는데 무엇 때문에 몸과 마음을 괴롭히며 성취를 위해 애쓰겠는가. 간혹 나라를 위해 크게 쓸 만한 대인군자가 나오기도 하지만 그것은 바로 하늘이 낸 현재(賢才)이지 배양해서 성취된 인재가 아니다. 이는 우연일 뿐인데 어찌 항상 그런 사람이 나올 수 있겠는가. 장차 온 나라에서 인재를 양성하지 않아서 나라가 그 병폐를 받게 될 것이니, 이것이 오늘날 씨족의 폐단이다.

자고로 씨족을 높이게 된 것은 한나라 장제(章帝) 때에 시작되어 육조(六朝)시대에 극에 이르렀다. 그러나 청류(淸流)·청의(淸議)로써 고하를 구별했지 작위(爵位)로 한정한 적은 없었다. 그러므로 진실로 적합한 인재라면 비록 한미한 문호, 천한 종족이라도 모두 높이 등용하였으니, 예를 들면 기승진(紀僧珍) 같은 사람은 높은 지위에 이르러 이름을 떨쳤고 다만 사대부가 되는 것을 허용하지 않았을 뿐이다.[61] 청류와 작위는

---

61 기승진(紀僧珍) …… 뿐이다: 紀僧珍은 紀僧眞의 오류인 듯하다. 그에 관한 이야기가

별개의 문제여서 청류가 아니라고 하여 드디어 버리고 등용하지 말아야 하는 것은 아니지만, 여기에는 그래도 관직은 오직 어진 이에게만 맡긴다는 뜻이 있었다.

적서(嫡庶)를 구별하는 것은 더욱 특이한 점이 있었다. 비록 문벌을 따지던 육조시대의 풍습에서도 일찍이 서얼(庶孽)을 그르게 여긴 적이 없었다. 그러므로 그 당시 높은 덕망에 의거하여 청류의 의논을 주도한 사람 중에는 비첩의 몸에서 태어난 사람이 많았다. 어찌 오늘날과 같이 그들을 버리고 배척하였겠는가. 아, 원통하다, 오늘날의 서얼들이여. 서얼이라고 하여 어찌 유독 아들이 아니며 손자가 아니겠는가. 그런데도 심지어 평소에 아비라 부르는 것을 금하고 사후에도 배척하여 가문을 잇는 것을 허락하지 않아서 자기 소생을 버리고 동성(同姓)의 타인을 구하여 아들로 삼기까지 한다. 인륜을 끊어 버리는 행위가 이보다 심할 수는 없을 것이니 어찌 이것이 사람의 정리이겠는가. 단지 벼슬길이 막힌 한 가지 때문에 드디어 아버지를 아버지로 여기지 못하고 아들을 아들로 여기지 못하는 지경에 이른 것이다. 아버지를 아버지로 여기지 못하고 아들을 아들로 여기지 못하는데 어찌 인재를 논하겠는가. 이것이 오늘날 인재들이 벼슬에 나아갈 길이 막히고 벼슬을 하는 즐거움은 드디어 귀족들의 가물(家物)이 되어 버린 까닭이다.

그러나 귀족 중에서도 이 즐거움을 얻는 자는 많지가 않다. 귀족이

---

『남사(南史)』 권36, 「강효열전(江斅列傳)」에 전한다. 기승진은 군교(軍校)에서 시작하여 벼슬이 중서사인(中書舍人)에까지 이르러 무제(武帝)의 총애를 받았는데 딸의 혼사를 앞두고 사대부가 되고 싶어 무제에게 청하였지만 무제가 "강효와 사약(謝瀹)을 통해야지 내가 마음대로 할 수 없다."라고 하였다. 그래서 두 사람을 찾아갔으나 홀대를 받고 실망하여 돌아와 무제에게 "사대부는 본디 천자가 명하는 것이 아닌가 봅니다."라 했다고 한다.

라도 이 때문에 괴로워하는 사람이 대부분인데 그 괴로움은 도리어 한미한 종족보다 더 심하다. 귀족이 업으로 삼는 바는 오직 벼슬에 나아가는 한 가지 길뿐이어서 그 길이 아니면 삶을 영위할 방도가 없고 나아가 제 몸을 가눌 방책이 없다. 오직 과거 시험에 매진하며 세월을 다 흘려보내지만 종신토록 한 자리를 얻지 못하고 노년에 가서 온갖 괴로움을 맛보며, 백수포의(白首布衣)로 술지개미 같은 하찮은 음식도 제대로 잇대어 먹지 못하다가 길에서 죽고 구렁텅이에서 나뒹구는 일이 비일비재 모두가 그러하다. 그러니 순탄한 행로를 걸으며 영예로운 길을 차지하여 높은 절개를 세우고 후한 녹을 받아서 족당(族黨)이 그에게 의지하여 살아가며 이웃이 영광을 나누어 받으며 자신의 도를 행하고 이름을 날려서 만족감을 느끼는 자가 얼마나 되겠는가. 그 외에는 모두가 여전히 땟거리조차 궁핍하여 풍년에도 굶주림에 부르짖고 겨울에는 추위를 호소하는 자가 또 즐비하다. 그러니 어쩌다가 수령 한 자리라도 손에 넣게 되면 그것으로 일생을 위한 계책을 세우지 않을 수 없는 형편이므로 백성의 고혈을 빼는 짓을 공공연히 행하는데 그것이 어찌 그의 초심(初心)이었겠는가. 국법에 따른 처벌은 말할 것도 없지만 마음을 돌이켜 조용히 생각해 볼 때 과연 스스로 편안하겠는가. 진실로 상등의 현인이나 성인이 아닌 보통 사람으로는 그런 짓을 하지 않을 수 있는 사람이 드물 것이다. 이것이 오늘날 귀족들이 괴로워하는 점이다. 벼슬에 나아가는 즐거움은 사람들이 다 같이 흠모하는 일이지만 이것에 얽매여서 사람의 평생을 그르치고 또한 옆길로 살길을 도모하는 것조차 허용하지 않으니 이는 관작으로 사람의 평생을 금고(禁錮)하는 것이다. 이것은 또 귀족의 괴로움이다.

『한서』, 「식화지(食貨志)」에 다음과 같이 되어 있다.

"5가가 린(隣)이 되고, 5린이 리(里)가 되고, 4리가 족(族)이 되고, 5

족이 당(黨)이 되고, 5당이 주(州)가 되고, 5주가 향(鄕)이 되니 향의 인구는 1만 2천500호이다. 인장(隣長)의 지위는 하사(下士)이고 이로부터 올라가면서 1등급씩 높아져서 향의 수장은 경(卿)이 된다. 리에는 서(序)를 두고 향(鄕)에는 상(庠)을 둔다. 서에서는 교화를 밝히고 상에서는 예를 실행하여 교화를 보인다.[62] 봄에는 모든 백성을 들로 내보내고 겨울에는 마을로 들어오게 한다. 이렇게 하여 음양(陰陽)에 순응하고 도적을 방비하며 예문(禮文)을 익히게 한 것이다. 봄에 백성을 들로 내보낼 때에는 이서(里胥)가 이른 아침 동구(洞口)의 오른쪽에 있는 당(堂)에 앉고 인장은 왼쪽에 있는 당에 앉아서 나가도록 독려하고 백성들이 모두 나간 뒤에 돌아온다. 저녁에도 그와 같이 한다. 마을로 돌아올 때에는 반드시 땔나무를 갖고 와야 하는데 무게를 따져서 서로 공평하게 나누어 들고, 머리카락이 희끗희끗한 늙은이는 나뭇짐을 들지 않게 한다. 겨울에 백성들이 모두 마을로 돌아온 뒤에는 부인들이 한 곳에 모여 함께 밤 길쌈을 하여 한 달에 밤낮을 합쳐 45일 분의 실적을 낸다. 반드시 함께 모여서 하는 것은 불을 밝히는 비용과 난방비용을 줄이며 솜씨를 같게 하고 습속을 화합하게 하기 위한 것이다. 남녀 모두 제 살 곳을 얻지 못하면 서로 노래를 불러 자신의 아픔을 표현한다. 이 달에 부역에 나가지 않는 남자는 역시 학교에 들어가는데 8세에는 소학(小學)에 들어가고 15세에는 대학(大學)에 들어간다."

이것이 선대의 왕이 토지를 통제하여 백성을 살아갈 수 있게 하고 부유해지면 교육을 시행한 제도의 대략이다. 지금도 부유하게 해 준

---

62 리에는 서(序)를 …… 보인다: 저본에는 '於里有序而國有庠 序以明教 則行禮而視化焉'으로 되어 있는데, 『한서』, 「식화지(食貨志)」 원문에 따라 '國'을 '鄕'으로 수정하고, '則' 앞에 '庠'을 보충하였다.

다음에 교육하는 법에 의거하여, 모든 관리는 반드시 앞에서 논한 대로 선발한 사람 가운데서 가려 쓰고, 나머지는 모두 돌려보내 농사나 장사 혹은 방기(傍歧)에 종사하게 하면 생업이 이루어질 것이다. 거기에 다시 농사나 장사 혹은 방기에 종사하면서 재주와 덕을 아울러 닦아 일컬을 만하게 되면 스스로 향시(鄕試)에 응시하거나 추천을 받아서 출사(出仕)하게 하되 그렇지 않으면 다시 돌려보내 농사나 장사 혹은 방기에 종사하여 생업을 영위하게 한다. 그렇게 되면 벼슬하는 사람은 반드시 모두 귀족일 필요가 없고 농업·상업·방기에 종사하는 사람이라고 반드시 모두 한미한 종족일 필요는 없다. 이에 백성들은 모두 항산(恒産)과 항심(恒心)을 갖게 되고 귀족과 한미한 종족 모두 괴로워하는 바가 없으며 또한 인재가 왕성하게 일어나 국가가 그 이익을 누리게 될 것이다.

### 3   학교(學校)

『예기』, 「명당위(明堂位)」에, "미름(米廩)은 유우씨(有虞氏)의 학교이고, 서(序)는 하후씨(夏后氏)의 학교이고, 고종(瞽宗)은 은(殷)나라의 학교이며, 반궁(頖宮)은 주(周)나라의 학교이다."라고 하였다.

「문왕세자(文王世子)」에는 "학교에서는 봄에 관에서 선사(先師)에게 석전(釋奠)을 올리며 가을과 겨울에도 그렇게 한다." "처음 학교를 세우면 반드시 선성(先聖)과 선사에게 석전을 드리는데, 제사를 지낼 때에는 반드시 폐백을 쓴다."라고 되어 있다.

삼국시대 위(魏)나라 제왕(齊王) 정시(正始, 240~249) 7년에 태상(太常)에 명하여 석전제를 올리고 태뢰(大牢)를 써서 벽옹(辟雍)에서 공자에게 제사하고 안연(顏淵)을 배향(配享)하게 하였다. 【한나라 이후 석전례(釋奠禮)를 올린 것은 여기에 처음 보인다. 이전에 공자를 제사할 때에는 모두 궐리(闕里)에서 했는데 이때에 와서 처음으로 태학(太學)에서 행하였다.】

남북조시대 진(晉)나라 무제(武帝) 태시(太始, 265~274) 3년에는 태학에 조서를 내려 4계절에 삼생(三牲, 소·양·돼지)을 써서 공자를 제사하게 하였다.

북제(北齊) 때에는 매달 초하루에 제사하는 제도를 만들어, 좨주〔祭酒〕가 박사 이하부터 국자(國子)의 학생들을 거느리고 태학에 올라가고, 사문박사(四門博士)는 당(堂)에 오르고, 조교(助敎) 이하 태학의 학생들은 섬돌 아래에서 공자에게 배례(拜禮)하였다.

수(隋)나라의 제도는, 국자학(國子學)에서는 매년 사계절의 중월(仲月) 상정일(上丁日)[63]에 선성(先聖)과 선사(先師)에게 석전제를 올리고, 주현

---

63 상정일(上丁日): 정일은 그날의 일간지에 정(丁)이 드는 날로서 상정일은 각 달의 상순

의 학교에서는 봄가을의 중월에 석전제를 올렸다.

당나라 고조(高祖) 무덕(武德, 618~626) 2년에 조서를 내려 국자학(國子學)에 주공(周公)과 공자의 사당을 각 하나씩 세우고 사철에 제사를 올리게 하였다.

태종(太宗) 정관(貞觀, 627~649) 2년 좌복야(左僕射) 방현령(房玄齡) 등의 주의(奏議)에, "무덕 연간에 조서를 내려 태학에서 석전제를 거행하게 하였는데, 주공을 선성으로 하고 공자를 배향하였습니다. 신들이 생각하기에 주공과 이보(尼父, 공자에 대한 존칭)는 모두 성인으로 일컬어지는 분들이지만 태학에서 석전제를 올린 것은 본래 공자에서 연유하였습니다. 그러므로 진(晉)·송(宋)·양(梁)·진(陳) 및 수나라에서 모두 공자를 선성으로 모시고 안회(顔回)를 선사로 모셨습니다. 바라건대 주공에 대한 제사를 정지하고 공자를 선성으로 올리고 안회를 배향하소서."라고 하여 황제가 그 의견을 따라주었다.[64]

명나라 태조 홍무(洪武, 1368~1398) 17년에, 조칙을 내려 매달 초하루와 보름에 좨주 이하는 석채례(釋菜禮)를 행하고, 군현의 장관 이하는 학교에 나아가 행향(行香)하게 하였다.[65]

한나라 동중서(董仲舒)의 대책(對策)에, "왕자(王者)는 남면(南面)하여 천하를 다스림에 있어 무엇보다도 교화를 중대한 일로 여깁니다. 그러므로 서울에는 태학을 설립하여 교육하고 지방 고을에는 상서(庠序)를 설립하여 교화하였습니다."라고 하고, 또 "인재를 양성하는 곳으로 태학보다 중요한 곳이 없습니다. 태학이란 어진 선비를 배출하는 관문으

---

에 드는 정일이다.
64 「문왕세자(文王世子)」에는 …… 따라주었다 : 『대학연의보』 권65에 보인다.
65 명나라 태조 홍무(洪武) …… 하였다 : 『대학연의보』 권66에 보인다.

로서 교화의 근본입니다. 바라건대 폐하께서는 태학을 일으키고 밝은 스승을 두시어 천하의 선비를 기르고 자주 고문(考問)함으로써 그 재주를 다하게 하소서. 그러면 영명한 준재를 얻을 수 있을 것입니다."라고 하였다. 그리하여 비로소 공손홍(公孫弘)을 학관(學官)으로 삼고, 제자 50인을 두고 그들의 신역(身役)을 면제해 주었으며, 태상(太常)에서는 18세 이상 된 백성으로 용모 단정한 자를 뽑아 박사제자(博士弟子)에 보임(補任)하였다.

당나라 태종은 국학(國學)에 학사(學舍) 1천200칸을 증축하고 태학(太學)과 사문(四門)에도 생원의 정원을 늘렸으며, 서(書)와 산(算) 등의 과목에도 각각 박사 모두 360원(員)을 두었으며 둔영(屯營)의 비기〔飛騎, 우림군(羽林軍)〕에게도 박사를 주어 경학(經學)을 수업하게 하였다.

송나라 신종(神宗) 원풍(元豊, 1078~1085) 2년에 학령(學令)을 반포했는데, 그 내용은 다음과 같다. 태학에 재사(齋舍) 80재(齋)를 설치하고 각 재에 30명씩을 받아들이는데, 외사생(外舍生)이 2천 명, 내사생(內舍生)이 300명, 상사생(上舍生)이 100명으로 총 2천400명이다. 이들에 대해 매월 1차례 사시(私試)를 치르게 하고 매년 1차례 공시(公試)를 치르게 하여 내사생으로 보임하고, 2년에 1차례 사시(舍試)를 치르게 하여 상사생으로 보임하는데, 시험의 봉미(封彌)[66]와 등록(謄錄)은 공거법(貢擧法)과 같이 한다. 상사시(上舍試)에서는 학관(學官)은 채점에 참여하지 못한다. 공시에서는 외사생 중 제1등과 제2등을 입격시키고 그들의 학업 성적과 품행을 기록한 장부와 대조한 다음 내사로 올려 보낸다. 내사시에서는 우(優)와 평(平) 2등급을 입격시키고 행의(行義)를 참작하여

---

66 봉미(封彌): 과거 응시자가 답안지의 오른쪽 상단에 성명·생년월일·주소·사조(四祖) 등의 인적 사항을 적고 풀로 봉하여 제출하는 것이다.

상사로 올려 보낸다. 상사에서는 3등급으로 나누어 품행과 학업 성적에서 모두 우를 받으면 상, 하나는 우 하나는 평을 받으면 중, 모두 평을 받거나 하나는 우를 받고 하나는 부(否)를 받으면 하가 된다. 상등급을 받은 사람은 관리로 임명하고 중등급을 받은 사람은 예부에서 치르는 시험을 면제해 주고 하등급을 받은 사람은 해직한다.[67]

학교를 설립한 것은 선성과 선사에게 제사 지내는 곳이요 어진 인재를 양성하는 장소로 삼기 위해서이다. 그러므로 역대로 반드시 실로 도덕이 높은 사람을 선발하여 학관으로 삼았고, 이후로도 실학을 하는 선비들이 조석으로 서로 더불어 정학(正學)을 강명(講明)하였다. 그 방법은 반드시 인륜에 근본을 두고 사물의 이치를 밝혔으며, 그 가르침은 소학(小學)인 쇄소응대(灑掃應對)로부터 나아가 효제충신을 닦고 예악을 주선하여 점점 성취하게 하였다. 이리하여 향인(鄉人)으로부터 성인의 도에 이르게 하여 다 함께 덕을 성취하는 데로 귀결되었다. 그러므로 학교에서는 제사 지내는 일〔俎豆之事〕과 덕을 닦고 학업을 익히는 가르침〔進修之敎〕 외에는 들을 수 없었다.

우리나라의 학교에 관한 법은 역대의 제도에 비해 매우 우수하다. 태학의 관원은 경(卿)·대부(大夫)·사(士) 및 산림(山林)의 유현(儒賢) 중에 숙덕(宿德)과 청망(淸望)이 있는 사람이 차지하고, 대소 군현에 이르기까지 모두 향교를 설립하여 많은 선비를 배양하고 예우를 지극히 하였다. 그러므로 동방에서 인재의 성대함을 말할 때에는 우리 왕조를 일컫게 되었다. 그런데 과거에서 사부(詞賦)를 중시하고 실학을 경시하면서부터 세상에서 경술(經術)을 숭상하지 않게 되고 그로 인해 글을 읽

---

67 동중서(董仲舒)의 대책(對策)에 …… 해직한다 : 『대학연의보』 권70에 보인다.

고 도를 강마하는 선비가 있다는 말이 들리지 않게 되었다. 학관(學官) 또한 생도들을 직접 대면하여 문난(問難)하는 일이 없게 되어 사도(師道)도 폐기되었다. 이 때문에 오늘날 학교에 성덕(成德)을 기대할 수 없게 된 것이다.

또한 정령의 득실과 백성의 선악은 생도들이 미리 들어야 할 바가 아니다. 옛날에는 백공(百工)이 자신이 맡은 직무에 대해 간하는 법이 있었다. 간(諫)은 상소하여 일을 말하는 것이니 말할 수 없는 일이 없었고, 백성의 선악에 대해서는 담당 관서에서 주관하였으니 학교와 무슨 상관이 있었겠는가. 그런데 지금 먼 지방의 향촌에서는 학교에서 패를 내어 법을 두려워하는 백성들을 잡아들이고는 유죄라고 하며 사사로이 위세를 부리고 심한 경우 뇌물을 받고서야 그만두니 이것이 어찌 학교를 설립한 뜻이겠는가. 지목하는 죄는 '강상을 범한 것〔犯綱常〕'이요 '풍속의 교화를 가로막는 것〔關風化〕'인데, 그들로 하여금 강상을 어기고 풍속의 교화를 가로막는 죄를 짓게 한 것은 대개 학교의 교육이 이루어지지 않아서 풍속을 교화시키지 못했기 때문에 비롯된 것이다. 그것은 족히 학교의 수치가 되는 것인데 어찌 굳이 관청을 대신하여 백성을 벌한단 말인가.

학교의 벌에는 선비들이 서로 규계(規戒)하는 의리가 있으므로 잘못을 저지른 사람에 대해서는 북을 쳐서 성토하며 공격하는 벌이 있으니 이는 동학(同學) 안에서 행할 수 있는 것이다. 그런데 지금에 와서는 공의(公議)를 가탁하여 개인적인 원한을 갚고자 하는 자들이 서로 해를 끼쳐서 마침내 향전(鄕戰)이 벌어지기까지 하니 이 또한 염려하지 않을 수 없다.

내 생각은 이러하다.

무릇 서울과 지방의 학교에서는 선성에게 제사하고 생도들에게 강학하는 일 외에는 모두 폐지하고, 모든 것은 옛날 학교를 세워 선비를 양성하던 의리에 따르도록 법령을 제정하여 학문이 밝고 덕이 높은 이를 뽑아 스승으로 삼는다. 그런 다음 재주와 식견이 밝고 통달하여 선으로 나아갈 수 있는 사람을 뽑아서 날마다 수업을 받게 하고 매년 그중 인품이 훌륭한 자와 능력이 뛰어난 자를 조정에 천거하여 후일 국가를 위해 쓸 수 있는 인재로 삼는다. 그런 뒤에야 학교를 일으킨 효과를 얻을 수 있을 것이다.

옛날부터 선현(先賢)에 대한 제사는 반드시 국학(國學)에서 하였다. 공자
는 백대 제왕의 사표인데 궐리(闕里)에서 제사를 지내고 있었다. 때문에
한나라 고제(高帝)는 태뢰(太牢)를 써서 공자를 노(魯)나라에서 제사하게
하였고, 후한 안제(安帝) 연광(延光, 122~125) 3년에는 공자와 72제자를
궐리에서 제사 지냈다. 그러다가 남북조시대 위(魏)나라에서 처음으로
공자를 벽옹(辟雍)에서 제사하여 국가에서 지내는 제사로 만들고, 또
안연(顏淵)을 배식(配食)하여 백대의 제현(諸賢)을 국학(國學)에서 제사하
는 법을 만들었다.

당나라 태종 정관(貞觀) 21년에는 좌구명(左丘明)·복자하(卜子夏)·공
양고(公羊高)·곡량적(穀梁赤)·복승(伏勝)·고당생(高堂生)·대성(戴聖)·
모장(毛萇)·공안국(孔安國)·유향(劉向)·정중(鄭衆)·두자춘(杜子春)·마
융(馬融)·노식(盧植)·정강성(鄭康成)·복자신(服子愼)·하휴(何休)·왕
숙(王肅)·왕보사(王輔嗣)·두원개(杜元凱)·범녕(范甯)·가규(賈逵) 등 22
명을 공자의 사당에 배향하였다.

고종 총장(摠章, 668~669) 원년에는 안자(顏子)에게 태자소사(太子少
師)를 증직(贈職)하고 증자(曾子)에게 태자소보(太子少保)를 증직하여 모
두 공자의 사당에 배향하였다.[68]

현종(玄宗) 개원(開元, 713~741) 8년에 사업(司業) 이원관(李元瓘)이
"공자의 사당에 안자를 배향하는데 그 상(像)은 입시(立侍)하고 있습니
다. 예(禮)에 따르면 '앉아서 주면 서서 받지 않고 서서 주면 꿇어앉아

---

**68** 공자의 사당에 배향하였다: 저본에는 '配享孔子'로 되어 있는데 『대학연의보』에 근거
하여 뒤에 '廟'를 보충하였다.

서 받지 않는다[授坐不立 授立不跪].' 하였으니 이 예문(禮文)에 의거하여 좌시(坐侍)하는 것이 합당할 것입니다. 또 사과(四科)의 제자인 민자건(閔子騫) 등은 비록 사당에 상을 세웠지만 향사(享祀)에는 참여되지 않고 있습니다. 삼가 사령(祠令)을 보니 하휴(何休) 등 22현(賢)도 오히려 제사를 받도록 하였는데 어찌 승당입실(升堂入室)한 제자들만 유독 배향을 받지 못한단 말입니까. 바라건대 22현의 윗자리에 모시고 배향하게 하며, 증자는 효도가 높일 만하니 22현에 준하여 종향(從享)하게 하소서."라고 하였다. 이에 조서를 내려 안자 등 10철(哲)에 대해서는 의당 좌상을 모시고 모두 종사하게 하며, 증자는 따로 좌상을 만들어 10철의 다음에 앉히게 하였다. 또 조칙을 내려 72제자를 모두 종사(從祀)하게 하였다.[69]

송나라 신종(神宗) 원풍(元豐, 1068~1077) 7년에는 맹자를 안자와 함께 선성(宣聖, 공자)에게 배식(配食)하게 하고, 순황(荀況, 순자)·양웅(楊雄)·한유(韓愈)를 아울러 종사하였다.

이종(理宗) 순우(淳祐, 1241~1252) 원년에는 주돈이(周惇頤)·장재(張載)·정호(程顥)·정이(程頤)에게 봉작(封爵)하고 주희(朱熹)까지 아울러 모두 공자의 묘정(廟庭)에 종사하였다. 경정(景定, 1260~1264) 2년에는 장식(張栻)과 여조겸(呂祖謙)에게 백작(伯爵)의 작위를 주고 공자의 묘정에 종사하였다.

도종(度宗) 함순(咸淳, 1265~1274) 3년에 안자·증자·자사·맹자를 모두 공자에 배향하고, 전손사[顓孫師, 자장(子張)]를 10철의 반열로 승격하며, 소옹(邵雍)과 사마광(司馬光)을 배향하였다.

원나라 인종(仁宗) 황경(皇慶, 1312~1314) 2년에는 허형(許衡)을 공자

---

69 한나라 고제(高帝)는 …… 하였다 : 『대학연의보』 권65에 보인다.

의 사당에 배향하였다.

문종(文宗) 지순(至順, 1330~1333) 원년에는 동중서(董仲舒)를 공자의
사당에 배향하였다.

명나라 영종(英宗) 정통(正統) 연간에 송나라의 호안국(胡安國)·채침
(蔡沈)·진덕수(眞德秀)·오징(吳澄)을 배향하였다.

헌종(憲宗) 성화(成化, 1465~1487) 초에 유정지(劉定之)의 의론에 따라
진호(陳澔)를 배향하였다.

세종 가정(嘉靖) 연간에는 구양수(歐陽脩)와 육구연(陸九淵)을 배향하
였다.

웅화(熊禾)[70]가 다음과 같이 말했다.

"서울에서 교화의 근원으로 삼아야 할 곳〔首善之地〕으로 천자의 태학
(太學)보다 앞설 것이 없고, 태학에서 올리는 천자의 사전(祀典)은 복희
(伏羲)·신농(神農)·황제(黃帝)·요(堯)·순(舜)·우(禹)·탕(湯)·문왕(文
王)·무왕(武王)에서 시작해야 합니다. 그들의 도(道)·덕(德)·일〔功〕·
말〔言〕은 육경(六經)에 실려 만세토록 전해지고 있으니 복희를 도의 비
조(鼻祖)로 삼고 신농·황제·요·순·우·탕·문왕·무왕을 각각 차례
대로 배열해야 합니다. 고요(皋陶)·이윤(伊尹)·태공망(太公望)은 모두
그분들의 도를 직접 보아서 안 사람[71]들입니다. 주공(周公)은 천하에 모

---

70 웅화(熊禾) : 생몰년은 1247~1312년, 자는 위신(位辛)·거비(去非), 호는 물헌(勿軒)·
   퇴재(退齋), 남송 건양(建陽) 사람이다. 젊을 때 염락관민(濂洛關閩)의 학문에 뜻을 두어
   주희(朱熹)의 제자인 보광(輔廣)에게 수학하였다. 도종(度宗) 함순(咸淳) 10년(1274)에
   진사가 되고 정주(汀州) 사호참군(司戶參軍)의 벼슬을 하였으나 송나라 멸망 후에는 벼
   슬하지 않고 고향으로 돌아가 무이산(武夷山)에 오봉서당(鰲峯書堂)을 세우고 학생들
   을 가르쳤다. 저서에 『삼례고이(三禮考異)』, 『춘추논고(春秋論考)』, 『물헌집(勿軒集)』
   이 있다.
71 보아서 안 사람 : 동시대에 살아서 실제로 그들을 만나 볼 수 있었던 사람이란 뜻이다.

범이 되어 『역(易)』, 『시(詩)』, 『서(書)』에 기록되었을 뿐 아니라 『주례(周禮)』, 『의례(儀禮)』 같은 책들과 함께 모두 후세에 전할 만하였습니다. 인도(人道)의 표준을 세우고 오상(五常)을 편 후직(后稷), 인륜을 밝히고 오교(五敎)를 편 설(契), 예(禮)를 내려준 백이(伯夷), 임금이 덕을 이루도록 도운 익(益), 학문을 논한 부열(傅說), 홍범(洪範)을 진술한 기자(箕子) 같은 분들은 모두 선왕의 사당에 함께 제향할 만한 분들이니 이분들을 천자의 태학에서 공경히 제사하는 것이 예에도 마땅할 것입니다." 【송렴(宋濂)은 다음과 같이 말했다. "옛날 주나라가 천하를 차지한 다음 사대(四代)의 학교를 세웠는데, 거기에서 말하는 선성(先聖)들로 우상(虞庠)에서는 순(舜)을, 하학(夏學)에서는 우(禹)를, 은학(殷學)에서는 탕(湯)을, 동교(東膠)에서는 문왕(文王)을 제사하고, 다시 네 성인을 보좌하여 그 덕업(德業)을 이루게 했던 사람들을 취하여 선사(先師)로 삼아 배향하였다. 이것이 실로 천자가 학교를 설립한 법이다. 만약 웅화의 말과 같이 한다면 도통(道統)이 더욱 존중되어 삼황(三皇)은 의원으로 추락하지 않고 태공은 무부(武夫)에게 모욕을 당하지 않을 것이다."】

웅화는 또 다음과 같이 말했다.

"별도로 한 실(室)을 설치하여 제국공(齊國公) 숙량흘(叔梁紇)을 중앙에서 남면(南面)하게 하고, 안로〔顔路, 안자(顔子)의 아버지〕·증석〔曾晳, 증자(曾子)의 아버지〕·공리〔孔鯉, 자사(子思)의 아버지〕·맹손씨〔孟孫氏, 맹자(孟子)의 아버지〕는 서향(西嚮)하여 유식(侑食)하게 하고 봄가을의 제사와 선성에 대한 작헌(酌獻)을 할 때가 되면 나이가 많고 덕이 높은 이를 분헌관(分獻官)으로 삼아 제국공 앞에서 제사를 올리게 하고 그 배위에

---

『맹자』, 「진심하(盡心下)」에 "요·순에서 탕까지가 500여 년인데, 우와 고요는 그들의 도를 보아서 알았고, 탕은 그들의 도를 들어서 알았다〔由堯舜至於湯 五百有餘歲 若禹 皐陶則見而知之 若湯則聞而知之〕."라고 한 데서 온 말이다.

도 제사를 올리게 합니다. 이렇게 하면 또 존중해야 할 대상이 있음을 보여 주어 백성들에게 효를 가르칠 수 있을 것입니다."

또 다음과 같이 말했다.

"제갈공명(諸葛孔明)은 남양(南陽)에서, 관유안(管幼安)은 동해(東海)에서, 장구령(張九齡)은 곡강(曲江)에서, 양성지(陽城之)는 진비(晉鄙)에서 큰 업적을 남겼으니 삼대 이후 천하의 인물을 논한다면 또한 으뜸으로 일컬어야 할 분들입니다. 또 촉(蜀)의 문옹(文翁),[72] 민(閩)의 상곤(常袞)은 처음으로 한 지방에 문치(文治)를 열었습니다. 이런 부류들에 대해서는 군국에 조서를 내려 옛 기록을 살펴서 그중 두드러진 사람들을 찾아서 모두 올려 보내게 해서 여러 제사에 배향해야 할 것입니다."

구준(丘濬)은 이렇게 말했다.

"지금 주·군·현의 학교에 왕왕 향현사(鄕賢祠)를 두지만 대부분 사사롭게 제사를 지내는 것이지 조정의 사전(祀典)에 등록된 것이 아닙니다. 바라건대 웅화의 의론대로 시행하소서."[73]

이를 보면 비록 사사롭게 제사를 지내는 향현사라도 반드시 학교에다 설치하여 학교의 생도들에게 제사를 모시게 하였고 향촌에 별도로 사당을 건립하고 별도로 생도들을 모아서 제사를 받들게 한 것은 아님을 알 수 있다. 역대의 현사(賢士)와 군자로 도덕과 학술이 두드러져 제사를 올리는 분들의 경우를 두루 살펴보면 모두 학교에서 제사를 지냈다. 공자의 사당에 배식되지 않은 경우는 천자의 학교에서 질사(秩祀)하

---

72 문옹(文翁): 서한(西漢) 경제(景帝) 때의 인물로, 촉(蜀)의 군수가 되어 교화를 펼치고 학교를 일으켜 문풍(文風)을 크게 떨쳤다. 이를 계기로 무제(武帝) 때에 와서 온 천하에 학교를 설립하게 하였다(『漢書』 卷89, 「循吏傳」, 文翁 참조).
73 신종(神宗) 원풍(元豊) …… 시행하소서: 『대학연의보』 권66에 보인다.

거나【웅화가 말한 복희 이하 여러 성현과 같은 경우이다.】별도로 사당을 건립하였고, 또 계성사와 같이 별도로 사당을 세우더라도 국학에다 세우고 제사를 올렸지 향촌에서 제사를 지내거나 향촌에 학교를 설립하는 경우는 없었다.【옛날에 가숙(家塾)·당상(黨庠)·술서(術序)가 있었지만 그것은 제사를 올리기 위해 세운 학교와 같은 종류는 아니었다.】

오직 우리나라에서만 선현을 제사하는 곳을 서원이라고 일컬으며 학교와 똑같이 유생을 모으고, 향촌이든 열읍이든 구애받지 않고 곳곳에 모두 설립하고 있다. 비록 그분들이 살았던 옛 터가 있거나 혹은 그분들의 유적지가 있어 그에 따라 그렇게 하는 것이지만 곳곳의 촌야에 산재하는 것은 아무래도 존경하는 예에 흠이 된다. 게다가 원우(院宇)를 새로 짓는 데 소모되는 비용이 적지 않고 별도로 생도를 모으는 바람에 문장(門墻)이 나누어지니 오도일관(吾道一貫)의 가르침이 아닌 듯하다.

내 생각은 이러하다.

각 부와 현의 학교 안에 별도로 하나의 큰 원무(院廡)를 지어서 경내의 모든 서원에 있는 선현들의 위판(位版)을 차례로 그곳으로 옮겨 봉안(奉安)한다. 제사를 올리는 일과 행향하는 예는 학교의 유생들이 담당하게 하고 별도로 담당자를 둘 필요는 없다. 유생들은 앞으로 다시 응당 제사를 모셔야 할 향현(鄕賢)이 나오면 사제(私祭)든 질사든 따질 것 없이 모두 그곳에 봉안하고 굳이 다시 원우를 건립할 필요는 없다. 그렇게 하면 토목공사를 하는 번거로움이 없어지고 학도(學徒)는 순일해지며 또한 조정에서 선현을 예우하는 아름다운 뜻이 될 것이다.

**당여(黨與)**

아래에서 당여를 결성하는 것은 국가에서 당연히 금해야 할 일이다. 아래에서 당여가 결성되면 위로 임금의 위세(威勢)가 떨어지고 국법은 수시로 굽혀지게 되며, 심하면 기강을 어지럽히고 부당한 짓을 하는데도 윗사람이 어찌할 수 없는 지경에까지 이른다. 역사에서는 도척(盜跖)이 무리 수천 명을 모아 천하를 횡행하면서 날마다 죄 없는 사람을 죽이고 사람의 간을 꺼내 먹었는데도 결국 타고난 수명을 누렸다고 기록하였다.[74] 이는 당시의 임금이 어찌할 수가 없었기 때문이었다. 임금이 어찌하지 못하는데 어떻게 화란(禍亂)이 일어나지 않겠는가.

근래 당여를 결성하는 풍조는 하속(下屬)들이 더욱 심하다. 예컨대 서울의 궁중과 관부(官府)【액정서(掖庭署) · 각 궁방(宮房) · 승정원(承政院) · 규장각(奎章閣) · 옥당(玉堂) · 비변사(備邊司) · 태복시(太僕寺) · 장악원(掌樂院) · 형조(刑曹) · 한성부(漢城府) 등이다.】의 조례(皁隷) 및 반촌인(泮村人) · 견마부(牽馬夫) · 한산인(閑散人) · 검계(劍契) · 사촌계(四寸契) 같은 부류가 모두 국가를 배신하고 사당(私黨)을 위해 목숨을 걸면서 스스로는 높은 의리라고 여긴다. 또 지방의 부상청(負商廳) · 고공청(雇工廳) · 화랑(花郎) · 재인(才人) · 역촌(驛村) · 백정촌(白丁村)과 같은 부류들이 서로 단합해 곳곳에서 봉기하여 사사로이 법령을 집행하고, 마을에서 판을 치고 고을에서 권세를 부리며 힘으로 지방 장관을 굴복시키곤 한다. 그런데도 관청에서는 그 당여가 많은 걸 두려워하여 매양 곡진히 어루만지고 달래기만 한다.

그 결과 지금에 와서는 관의 명령은 점점 시행될 곳이 없어지고 국

---

**74** 역사에서는 …… 하였다 : 『사기(史記)』 권61, 「백이열전(伯夷列傳)」에 보인다.

가의 금령은 거의 시행되는 곳이 없어지게 되었으니 장차 당이 더욱 견고해지고 간이 더욱 커져서 어디까지 가야 끝이 날지 알 수 없는 노릇이다. 그때에 가서는 비록 혁파하고자 하여도 할 수 있겠는가. 단단히 굳어지기 전에 미리 뻗어나갈 곳이 없도록 조치하여 크게는 그들의 세력이 커져서 제어하지 못하게 되는 우환을 없애고 작게는 당여의 힘을 믿고 죄를 짓는 화를 없애야 할 것이다.

그 방법은 당여를 흩어 버리고 각자 편안히 생업에 종사하게 하는 것뿐이다. 지금부터 법령을 제정하여 백성을 부리는 것은 관의 일과 공적인 일로 한정하고 그 외에 함께 모이는 자는 처벌하여 감히 사사로이 문서를 보내고 사사로이 지휘하며 사사로이 서로 의논하지 못하게 해야 한다. 명령을 따르지 않는 자가 있으면 관부에서 다각적으로 기찰하고 이웃에서 금하며, 금해도 되지 않으면 관에 고발하게 하고 고발하지 않으면 그 마을이 벌을 받게 한다. 이렇게 한다면 힘은 점점 덜 들이고도 내려오는 폐습을 제거할 수 있을 것이다.

서울과 지방에서 걸인들이 마을을 마음대로 휘젓고 다니면서 백성들에게 해를 끼치는 것은 실로 오늘날의 큰 병통이다. 예전에는 사람이 밥을 구걸할 때에는 말을 구슬프게 하고 모습을 처량하게 하여 최대한 공손한 태도를 지으며 다 죽어 가는 가련한 정상을 보인 뒤에야 사람들이 자기 것을 덜어서 한 끼를 먹여 주었다. 그런데도 구걸하는 자는 오히려 베풀어 주는 사람의 마음에 들지 않을까 두려워하였다. 그런데 지금의 걸인들은 도리어 스스로 무리를 짓고 당여를 만들어서 가는 곳마다 큰소리치며 미친 듯이 날뛰면서 한껏 행패를 부리고 이어 욕을 하고 꾸짖는다. 달라고 하는데도 주지 않거나 주어도 풍족하지 않은 경우에는 걸핏하면 구타하고 거리낌 없이 인명을 해치며 심지어 그 집에 불을 지르고 가산을 부수기까지 한다. 그 때문에 사람들이 모두 겁을 내어 그들의 환심을 사지 못하여 모욕을 당하고 구타를 당할까 두려워하며 기꺼이 준다. 이리하여 그들이 가는 곳마다 난리를 치른 듯하니 이보다 더 심하게 상리(常理)에 어긋나는 일은 없을 것이다.

대체로 이들 구걸하는 자들은 병들어 쇠약하거나 돌봐 줄 사람이 없는 늙은이나 의탁할 데 없는 어린아이들이 아니다. 모두가 건장한 체격에 나이 젊고 또 호협한 자들로서 세사(世事)를 싫어하는 자들이다. 이들은 모두가 힘써 일하는 것이 싫어서 고향을 등지고 떠나와서 당여에 투탁(投託)해 무리를 짓고 선량한 사람에게 위협과 모욕을 가함으로써 의식(衣食)을 편안하게 해결하려는 자들인데 그들이 악행을 부리는 데 있어 믿는 것은 역시 당여가 많다는 사실이다. 이들이 하는 짓은 명색은 구걸이지만 실제로는 약탈이니 오래지 않아 남의 가산을 부수고 집을 겁탈하며 여러 고을을 섭렵하는 데에 이르지 않겠는가. 더욱 두려운 것은 이들은 모두 가정이 없고 근거가 없는 사람들로서 동가식서가숙하면서 순식간에 종적을 숨기는 것이다. 이들은 관부의 법망을 장난쯤으로 여겨서 사람을 죽이고 도적질을 하여 무거운 죄를 짓게 되면 체포되어 형을 받아도 두려울 것이 없다. 그렇지 않으면 크게는 명령을 거역하고 작게는 달아나서 국경을 넘어 뿔뿔이 도망치는 것 또한 어려운 일로 여기지 않는다. 이때가 되면 이웃 나라에 화를 초래하게 되어 변경의 정세에 틈이 생길지도 모르는 노릇이니, 나라를 다스리는 방도에 있어 어찌 깊이 염려하지 않을 수 있겠는가.

지금의 계책으로는 즉시 서울과 지방에 고시하여 부현(府縣)의 방면(坊面)과 향촌(鄕村)·도리(道里)·점사(店舍) 곳곳을 수색하되 이달 15일로 날짜를 정하여, 그날 중에 각 촌리(村里)에서 해당 마을에 있는 걸인들을 찾아내어 많든 적든 모두 장부에 기재하게 한다. 나이와 폐질(廢疾)이 있는지 여부를 기록한 장부를 작성하되 반드시 2건을 만들어서

1건은 관부에 바치고 1건은 해당 마을에 보관한다. 그런 다음 해당 마을에 사는 사람들이 인구수대로 곡식을 거두어 장부에 기록된 걸인들이 죽을 때까지 거르지 않고 돌아가면서 그들을 먹여 주며, 장부에 기록된 걸인들도 죽을 때까지 그 마을에서 얻어먹고 다른 마을로 옮겨가는 것을 허락하지 않는 내용으로 법령을 제정한다. 이렇게 되면 유리걸식하는 자들이 무리를 지어 백성을 소요케 하는 폐단이 제거될 수 있을 것이다. 늙고 병들어 의지할 데 없는 자들은 봉양받을 데가 있게 되고, 젊은 사람과 건장한 사람은 그 지역에 붙어살면서 오랫동안 편안히 지내다 보면 그대로 마을 사람이나 마찬가지가 될 것이다. 그렇게 되면 저절로 놀면서 구걸할 수만은 없게 되어 형세상 장차 농민으로 돌아가 점점 얼마간의 곡식을 수확하게 될 것이니 그 마을의 촌로(村老)가 되지 않으리라고 어찌 장담하겠는가. 그 뒤로는 고을마다 농부 몇 사람이 늘어나 백성들이 그 이익을 얻게 되고 전야(田野)는 점점 개간되고 백성은 점점 많아질 것이니, 국가의 복을 부르고 태평시대를 이룰 기틀이 여기에 달려 있을 것이다.

『주례』에 "사사(士師)의 직책은 향(鄕)의 연대를 주관하는 것이다. 주(州)·당(黨)·족(族)·려(閭)·비(比)로 연대하여 백성을 10명이나 5명 단위로 묶어서 서로 도와 편안하게 하고 함께 도적을 추적하여 체포하며 형벌을 시행하고 상을 내리게 한다."라 하였다.

또 "사려(司厲)는 도적들이 사용하던 무기와 그들이 훔친 장물을 관장한다. 그 물건들을 구분하고 모든 물건의 수량과 가격을 헤아려서 군무(軍務)를 담당하는 사병(司兵)에게 주어 군용으로 쓰게 한다."라 하고, "사오씨(司寤氏)는 야간의 치안을 관장한다. 별의 위치를 보고 밤의 시각을 구분하여 순라꾼들에게 알려 통행을 금지하게 하는데, 이른 새벽이나 한밤중에 다니는 것을 금지하고 밤에 놀이하는 것을 금지한다."라고 하였다.

한나라 무제(武帝) 천한(天漢, 기원전 100~기원전 97) 연간에 동쪽 지역에서 도적이 더욱 많이 일어나자 황제가 어사중승(御史中丞)과 승상장사(丞相長史)를 시켜 단속하게 하였지만 금하지 못하였다. 이에 광록대부(光祿大夫) 범곤(范昆) 등에게 비단옷을 입게 하고 호부(虎符)를 주어 정식으로 군대를 동원하여 도적을 토벌하게 하고 가는 곳마다 이천석 이하에 대해서는 독단적으로 목을 벨 수 있게 하였다. 그들이 주살(誅殺)한 도적이 한 군에서 많게는 1만여 명이나 되기도 하였다. 그리하여 몇 년 만에 대부분의 도적 괴수들을 잡았으나 흩어져 달아난 졸개들이 다시 당을 모아 산천을 점거하고 곳곳에 무리지어 살아서 어찌할 수가 없었다. 이에 침명법(沈命法)을 만들어 "도적이 발생했는데도 적발하지 못하거나 적발하여 포획했으나 일정한 숫자를 채우지 못할 경우에는 이천석 이하부터 말단의 관리에 이르기까지 담당자를 모두 사형에 처한다."라고 하였다. 그 뒤로는 말단 관리들이 처벌을 두려워하여 도적이 발생해도 감히 발설하지 못하였고 잡지 못하면 벌이 부(府)에까지 연루될까 겁이 나서 부에서도 말하지 못하게 하였다. 그래서 도적이 더욱 많아졌지만 상하가 서로 감추며 말을 꾸며서 법을 피하였다.[75]

선제(宣帝) 때에 발해(渤海)와 교동(膠東)에서 도적이 한꺼번에 일어나자 장창(張敞)이 그곳을 다스리겠다고 자청하여 교동군을 깨끗하게 다스렸다. 또 승상이 공수(龔遂)를 천거하였는데 공수가 발해태수로 부임하여 대우패독(帶牛佩犢)[76]의 무리를 모두 논밭으로 돌려보내자 마침내 관리들은 그 직책에 걸맞게 처신하고 백성들은 생업을 편안히 영위하였다.

선제의 법 시행은 무제보다 너그러웠지만 효과는 훨씬 컸다. 이렇게 볼 때 천하를 다스리는 도리는 법만 믿고 시행할 수 없는 것이니 책을 끼고 문서나 주무르는 인사들과는 함께 의논할 수 없는 일이다.

후한 광무제(光武帝) 건무(建武, 25~56) 연간에 군국에 도적떼가 곳곳에서 일어나 백성을 위협하여 재물을 빼앗고 장리(長吏)를 살해하였다. 군현(郡縣)에서 추적하여 토벌하려 해도 군대가 도착하면 흩어지고 물러나면 다시 모였다. 이런 현상은 청주(靑州)·서주(徐州)·유주(幽州)·기주(冀州)에서 더욱 심하였다. 이에 황제가 군국에 사자를 내려보내어, 도적들이 서로 규찰하여 검거하는 것을 허락하고, 도적 5명이 합심하여 1명의 목을 벨 경우 그들의 죄를 사면해 주게 하였다. 또 관리들 중 비록 도적 잡는 것을 머뭇거리고 회피하거나 일부러 놓아 주었던 자들

---

75 『주례』에 …… 피하였다 : 『대학연의보』 권136에 보인다.
76 대우패독(帶牛佩犢) : 무기를 휴대한 도적떼를 말한다. 공수(龔遂)가 발해태수(渤海太守)로 부임하여 무기를 들고 봉기한 농민군들에게 무기를 팔아서 소와 송아지를 사도록 설득하면서 "어째서 소를 휴대하고 송아지를 차고 다니느냐?"라고 한 데서 온 말이다.

이라도 과거의 죄를 묻지 않고 도적을 잡기만 하면 공으로 인정해 주었으며, 주·군·현의 장관이 경내에 도적이 발생했는데도 잡지 못했거나 강도가 두려워서 성을 버리고 지키지 못한 일이 있었더라도 모두 처벌하지 않고 단지 도적을 잡은 실적만으로 근무 성적을 평가하게 하고, 다만 도적을 숨겨 준 자만 처벌하게 하였다. 이리하여 각 지역의 관부에서 경쟁적으로 도적을 추격하여 체포하자 도적들이 모두 흩어졌다. 이에 도적의 괴수를 다른 지방으로 옮겨서 토지와 식량을 지급하고 편안히 생업에 종사하게 하였다. 이로부터 마소를 방목하고 성문을 닫지 않게 되었다.

광무제는 이사(吏事)에 정통했기 때문에 도적을 다스리는 방법도 이와 같았던 것이다. 천하의 일은 너그럽게 하면 이루어지고 지나치게 깐깐하면 잘못되는 법이니 대체로 모든 일이 다 그러하다.[77]

북위(北魏) 효문제(孝文帝)가 이숭(李崇)을 연주자사(兗州刺史)로 삼았는데 연주는 예로부터 도적이 많이 발생하는 지역이다. 이숭은 마을마다 누대 하나씩을 설치하고 누대마다 북을 매달아서 도적이 발생한 곳에서는 마구 치고, 이웃 마을에서 그 소리를 처음 들은 자는 북을 한 번 치고 다음에 들은 자는 두 번, 또 그 다음에 들은 자는 세 번 치도록 규칙을 정하였다. 그리하여 잠깐 동안 북소리가 멀리까지 퍼져 나가고 북소리를 들은 사람들은 모두 나와서 험한 길목을 지켰다. 이렇게 하고부터는 도적이 발생했을 때 잡지 못하는 일이 없어졌다. 그 후 여러 주에서 모두 이를 본받았으니 이는 이숭에서 시작되었다.

후주(後周) 세종(世宗) 때에 두엄(竇儼)이 상소하여 "도적들이 스스로 서로 규찰하여 고발하면 그 고발당한 자의 자산의 반을 고발한 자에게

---

[77] 광무제(光武帝) 건무(建武) …… 그러하다:『일지록』권12에 보인다.

상으로 주고, 혹 친척을 위해 대신 자수하는 경우에는 그 무리를 논죄(論罪)하고 자수한 자를 용서하소서. 그렇게 하면 도적들이 모일 수 없을 것입니다. 또 신정(新鄭)의 향촌에 의영(義營)을 조직하여 각 의영에 장수와 부장(副將)을 세워서 1가구가 도적이 되면 마을 전체를 연루시키고 1가구가 도적의 침입을 받으면 한 명의 장수에게 벌을 주었습니다. 도적이 발생할 때마다 북을 치고 횃불을 올려서 장정들을 도적이 발생한 곳으로 모이게 하니 도적의 숫자는 적고 백성의 숫자는 많아서 빠져나갈 수 없게 되었습니다. 이로부터 이웃 현에는 도적이 들끓었으나 신정현 경내만은 깨끗하였습니다. 청컨대 다른 고을에서도 모두 이를 본받게 하면 역시 도적을 지식시키는 한 방법이 될 것입니다."라고 하였다.

구준은 다음과 같이 논하였다.

"두엄이 말한 신정에 의영을 설치하는 법은 이숭이 마을에 고루(鼓樓)를 설치한 것과 합하여 하나로 만들 수 있다. 진실로 그렇게 된다면 향촌에는 도적이 발 디딜 곳이 없어질 것이다. 도적들이 스스로 서로 규찰하여 고발하게 하고 고발한 자에게 상을 주는 법이 진실로 실행된다면 도적의 무리가 서로 의심하여 무리가 오래 유지될 수 없을 것이다. 옛날 최안잠(崔安潛)[78]은 창고의 돈 1천500꿰미를 내어 3군데의 저자에 나누어 유치하고 그 위에 '능히 도적 1명을 잡아서 고하는 자에게는 돈 500꿰미를 상으로 줄 것이다. 도적질은 단독으로 할 수 없고 반드시 무리가 있게 마련인데 도적 무리 중에서 다른 도적을 잡아서 고하

---

**78** 최안잠(崔安潛) : 당 의종(懿宗)·희종(僖宗) 때 관찰사·충무군절도사(忠武軍節度使) 등을 지냈고 황소(黃巢)의 난과 왕선지(王仙之)가 주동한 농민 봉기의 진압에도 공을 세웠다. 본문의 일화는 사천(四川) 절도사로 재직할 때 있었던 일이다.

는 자가 있으면 자신의 죄를 용서하고 평민과 똑같이 상을 줄 것이다.'
라고 방(榜)을 붙였다. 얼마 후 한 도적이 다른 도적을 잡아 왔는데 잡
힌 도적이 승복하지 않고 '네가 나와 함께 17년 동안 도적질을 하였고
장물도 모두 공평하게 나누었는데 네가 어찌 나를 체포할 수 있느냐.
나는 너와 함께 죽을 뿐이다.'라고 하였다. 그러자 최안잠이 '너는 내가
방을 붙였다는 사실을 알고 있었을 것인데, 어째서 저놈을 잡아 오지
않았느냐. 그랬다면 저놈이 죽고 네가 상을 받았을 것이다. 너는 이미
기회를 놓쳤는데 다시 무슨 변명거리가 있겠느냐?'라 하고는 그 자리
에서 잡아 온 자에게 돈을 지급하라고 명하여 도적이 보게 하였다. 그
런 다음 저자에서 도적을 사형시키고 그 가족까지 모두 멸하였다. 이렇
게 되자 도적 무리가 서로를 의심하여 발붙일 곳이 없어져 다른 지역으
로 달아났다. 이 법은 비록 훌륭하지만 관의 돈을 사용하는 것이므로
잠깐 동안은 시행할 수 있어도 오래 시행할 수는 없다. 고발하는 자에
게 고발당한 자의 자산의 절반을 상으로 주어 지속적으로 시행할 수
있는 두엄의 방식만 못하다." [79]

　도적을 금하는 일을 조금도 느슨하게 할 수 없는 이유는 진실로 도
적은 국가의 가장 큰 우환거리이고 인류에게 가장 큰 해악이 되기 때문
이다. 그러므로 한 고조가 진(秦)나라의 가혹한 법을 폐지할 때에도 도
적에 관한 법은 폐지하지 않고서 약법삼장(約法三章)에 '사람을 죽인 자
는 사형에 처한다. 사람을 상하게 하거나 도적질을 하는 자는 처벌한다
〔殺人者死 傷人及盜抵罪〕.'라고 한 것이다.
　그러나 지금의 상황을 말하면 도적에게 적용하는 법이 살인보다 무

---

79 북위(北魏) 효문제(孝文帝)가 …… 못하다 : 『대학연의보』 권137에 보인다.

거위야 할 것이다. 대체로 도적은 크게는 흉악한 무리를 불러 모아 난역(亂逆)을 일으키고 작게는 재물을 약탈하기 위해 거리낌 없이 살상을 저지른다. 심지어는 남의 집 안방까지 쳐들어가 예와 분의를 함부로 범하고 한밤중에 마구 돌아다녀서 무슨 일을 저지를지 알 수 없으니 어찌 처벌만 하고 말겠는가. 가라지가 곡식의 성장을 방해해도 오히려 모두 속히 제거하는데, 하물며 선량한 사람들에게 해를 끼치는 이런 악한 무리들이야 말해 무엇하겠는가. 나라를 다스리는 방도에 있어 반드시 법을 엄격하게 확립해서 기어이 도적을 뿌리 뽑아야 한다. 그러나 일이 벌어진 뒤에 문책하는 것과 일이 발생하기 전에 미리 대비하는 것을 비교하면 어느 쪽이 더 낫겠는가.

이제 서울과 지방 곳곳에 이숭이 썼던 방법처럼 고루(鼓樓)를 설치하되 반드시 큰 길의 모퉁이에 두고 간격을 헤아려서 서로 소리를 들을 수 있고 서로 볼 수 있는 거리를 기준으로 설치하여 감시하게 한다. 그리고 약간의 좌경군(座更軍, 순라군)이 순번을 정해 돌아가며 지키는데 반은 고루 위에 있고 반은 고루 아래에서 지킨다. 고루 위에는 북 하나, 흰 깃발 하나, 봉화 하나를 설치하여 도적이 나타나면 고루 위에 있는 좌경군이 즉시 북을 치고 봉화를 올리며 흰 깃발로 도적이 달아난 방향을 알려 주고, 고루 아래에 있는 좌경군은 무기를 갖고 추격하여 어디로 달아나든 반드시 끝까지 도적들을 쫓아간다. 이렇게 한다면 굳이 엄격하게 독려하고 문책하지 않아도 도적은 저절로 없어질 것이다.

낙담하여 원망에 찬 호활(豪猾)한 무리들이 가뭄·홍수 같은 재해가 들거나 부역이 무거운 때에 백성들이 참지 못하는 것을 기화로 원근에서 무리지어 도적이 되는 일이 있는데, 이 역시 미리 다스려서 사단이 일어나기 전에 그 우환을 없애야 한다. 저들도 모두 나라의 신민(臣民)

이니 비록 존귀한 벌열(閥閱)은 없더라도 취할 만한 약간의 재주는 있을 것이다. 그런 자를 제때에 거두어 쓴다면 후일 그의 도움을 받지 않으리라고 어찌 장담하겠는가.

송나라 부필(富弼)이 인종(仁宗)에게 "많은 흉험(兇險)한 무리들에게 물어보면 처음 글공부를 시작할 때에는 과거에 응시할 생각이었다고 합니다. 하지만 장성할 때까지 학업은 성취되지 않고 비록 글을 조금할 수 있어도 과거 공부와는 멀어집니다. 그렇게 되면 역사서를 제법 읽어서 흥망의 이치를 조금 알게 되고 이로 인해 간이 커져서 드디어 권모(權謀)를 꾸미게 됩니다. 그들은 매양 이름을 숨기고 성을 바꾸며 형적을 숨긴 채 무리들과 은밀히 결탁하니, 비록 모책이 성공하지 못하더라도 그 역시 화근이 될 수 있습니다. 요는 그런 자들을 찾아서 묶어두어 계획이 성공하지 못하게 해야 합니다. 바라건대 임무를 감당할 만한 신하에게 명하시어 다양한 방법으로 수소문해 찾아서 그런 사람이 있으면 재야의 은사(隱士)로 만들어 조정에 천거하게 하고 능력에 따라 헤아려 은명(恩命)을 내리소서."라고 하였다.

그리고 소식(蘇軾)은 송 신종(神宗)에게 "옛날에는 문사(文詞)만으로 인재를 취하지 않았으므로 선비를 얻는 방법이 다양하였습니다. 왕자(王者)의 인재 등용은 강하(江河)와 같아야 합니다. 강하가 향하는 곳에 온갖 냇물이 흘러들고 교룡(蛟龍)이 생겨납니다. 그러나 그곳을 떠나 다른 곳으로 가게 되면 어별(魚鼈)이 몸을 숨길 데가 없어서 도롱뇽이나 미꾸라지 같은 것들에게 제어당하게 됩니다. 바라건대 당나라의 옛 제도를 채택하여 오로(五路)의 감사와 군수들에게 함께 인재를 선발하게 하고 그 재주와 심력(心力)이 남보다 뛰어나지만 과거 공부에 종사할 수 없는 자들은 그 재주를 천거하여 임자(任子, 음관)와 똑같이 벼슬에 나아올 수 있게 하고 품류(品類)에서 벗어난다고 하여 그들이 오는 것을 제한하지 마소서. 조정에서 그들의 뛰어난 점을 살펴서 몇 사람을 발탁해 등용한다면 호걸스럽고 뛰어난 선비들이 점점 이 길로 나오고 간사하고 교활한 무리를 막을 수 있을 것입니다."라 하였다.

또, "신이 삼가 조정을 위해 생각해 보니 그 당여를 궁지에 몰아서 떠나게 하는 것은 그 재주에 따라 등용하느니만 못하였습니다. 왜냐하면 그 당여는 이루 다 제거할 수 없지만 그 재주는 그것대로 쓸 만한 점이 있기 때문입니다. 당 현종(玄宗) 천보(天寶, 742~756) 이후 하북(河北)의 여러 진(鎭)에서 잇따라 난리가 일어났습니다. 헌종(憲宗)께서는 비록 영무(英武)하셨지만 또한 평정하지 못하였습니다. 그 주동이 된 장수를 살펴보면 모두가 군오(軍伍)의 용렬한 자들이었는데도 능히 6, 7십 년 동안이나 조정과 서로 대치할 수 있었던 것은 한갓 화란을 일으키기 좋아하는 자들과 국가를 등지고 자기 당을 위해 목숨을 거는 인사들이 서로 나아가 보필했기 때문이었습니다. 신은 바라건대 폐하께서는 청주(靑州)와 운주(鄆州)에서 두 명의 장수를 선발하여 서울 동·서쪽 지역의 치안을 맡기소서. 그리고 서주(徐州)·기주(沂州)·연주(兗州)·단주(單州)·유주(濰州)·밀주(密州)·치주(淄州)·제주(齊州)·조주(曹州)·복주(濮州)[80]의 지사에게 이 뜻을 유시(諭示)하여 부내에서 호활한 인사, 집안이 부유하면서 권모가 많은 사람, 혹은 술수(術數)에 통달하고 군무(軍務)를 잘 아는 사람, 혹은 집안이 부유하고 베풀기를 좋아하는 사람, 이런 부류를 은밀히 찾아서 모두 불러 권장하게 하고, 그들로 하여금 도적을 체포하는 공을 세우게 하고 그 성명을 기록하여 조정에 보고하게 하소서. 그리하여 도적을 잡은 실적에 따라 경중을 헤아려 상을 주

---

80 서주(徐州) …… 복주(濮州) : 이 주(州)들이 모두 송(宋)나라 수도의 동서쪽에 위치한 지역이다.

는데, 만약 진짜 도적이나 큰 간적을 잡으면 즉시 녹용(錄用)하고, 그저 예사로운 불한당〔劫賊〕을 잡으면 그가 잡은 도적의 숫자를 합산하여 한 관직에 임명하는 것으로 보상하소서. 그렇게 함으로써 그들로 하여금 그 이익을 부러워하게 하며 공명을 이룰 수 있게 하여 능히 몇 사람만 발탁하면 한 도의 도적들을 다투어 조정에 귀의하도록 권장할 수 있을 것입니다. 공거(貢擧) 외에 별도로 이런 과목을 설치한다면 지난날에 버려졌던 인재들이 모두 우리에게 유용한 인재가 될 것이니 설사 간웅(姦雄)이 불러 모으는 일이 있더라도 저절로 따르는 무리가 없어질 것입니다."라고 하였다.

구준은 "신이 살펴건대 조종조(祖宗朝)의 인재 등용 방법에는 과거와 공거 외에 따로 현량방정한 사람을 뽑는 과목〔賢良方正〕, 재능과 학식이 모두 풍부한 사람을 뽑는 과목〔才識兼茂〕, 경학에 밝고 행실을 닦은 사람을 뽑는 과목〔經明行修〕 등 여러 과목이 있어서 아래로 부호(富戶)의 노인들에 이르기까지도 등용되는 반열에 두었습니다. 그런데 근래에는 권력을 쥔 자들이 그것들을 슬금슬금 모두 없애고 어느덧 과거와 공거의 두 가지만 쓰고 있으니 조종의 뜻과는 매우 어긋납니다. 신은 바라건대 옛날 제도에 있었던 여러 과목을 복구하여 천하의 버려진 인재를 거두어들이소서. 또 유사를 신칙하여 선비 중에 과거 공부를 익히지는 않았으나 일컬을 만한 다른 재능이나 기예가 있는 사람은 모두 추천하여 아뢰도록 하소서. 그리하여 그들의 재능에 따라 시험해 본 다음 헤아려서 하나의 관직을 주고, 변경의 사정을 잘 알고 군무에 해박하거나 완력과 기능이 뛰어난 사람이 있으면 그 역시 이름을 보고하게 하여 헤아려 등용해서 도지휘사사(都指揮使司)의 막관(幕官)으로 삼기도 하고 장수로 삼기도 하며 한 방면의 책임자로도 삼으소서. 그렇게 하면 국가에서는 버리는 인재가 없이 모두 등용할 수 있고, 뜻밖의 화란이 발생하는 우려도 없어질 것입니다. 그렇게 했다면 황소(黃巢)[81]는 필시 사사로이 소금을 판매하지 못했을 것이고, 장영(張榮)은 필시 천능(阡能)[82]을 위해 초서로 된 격문(檄文)을 짓지 않았을 것이며, 번약수(樊若水)[83]는 필시 강남(江南)[84]을 헤아리지 않았을 것이며, 장원(張元)과 오호(吳昊)[85]는 필시 하인(夏人)에게 쓰이지 않았을 것이며, 황사복(黃師宓)[86]은 필시 농씨(儂氏)를 위한 모책을 주창하지 않았을 것이며, 서백상(徐伯祥)[87]은 필시 교지국(交趾國) 사람들이 쳐들어오게 만들지 않았을 것입니다."[88]라 하였다.

또 "먼 지역의 주현(州縣)에서는 좋은 현령〔良令〕 한 사람을 얻는 것

---

81 황소(黃巢) : 당나라 희종(僖宗) 때 산동성(山東省)에서 일어난 농민 반란의 두목이었던 황소는 대대로 소금 파는 일에 종사했던 집안의 후예였다.

82 장영(張榮)·천능(阡能) : 천능은 당(唐)나라 희종(僖宗) 때 성도(成都) 서부에서 일어난 농민 봉기의 수령이다. 장영은 진사시(進士試)에 여러 차례 낙방하고 천능에게 가담하여 문서 담당관인 공목관(孔目官)이 되어 모책을 주관하고 격문을 지었다.

83 번약수(樊若水) : 오대(五代) 때 남당(南唐) 사람이었는데 남당을 배반하고 송 태조에게 부교(浮橋)를 만들어 장강(長江)을 건너는 방책을 건의하여 남당을 멸망시키는 데 결정적인 역할을 하였다. 나중에 송 태조가 '지고(知古)'라는 이름을 하사하여 번지고로 불린다.

84 강남(江南) : 저본과 『대학연의보』에 모두 '江面'으로 되어 있는데 『송사』 권276, 「번지고열전(樊知古列傳)」을 참고하여 수정하였다.

85 장원(張元)과 오호(吳昊) : 두 사람 모두 송 인종(仁宗) 연간의 사람이다. 호협(豪俠)한 기질을 가졌으나 과거에 낙방하여 송조(宋朝)에서 뜻을 펴지 못하였다. 그 후 서하(西夏)의 경종(景宗) 조원호(趙元昊)가 반란을 일으켰을 때 그의 모신(謀臣)이 되었다.

86 황사복(黃師宓) : 송 인종(仁宗) 연간의 사람이다. 과거에 여러 차례 낙방하여 뜻을 펴지 못하다가, 월남(越南) 지역에서 반란을 일으킨 농지고(儂智高)의 참모가 되었다.

87 서백상(徐伯祥) : 송 신종(神宗) 때 광서(廣西)의 진사로 흠주(欽州)·염주(廉州)·백주(白州)의 순검(巡檢)을 맡아 일대를 소란하게 하던 교지인(交趾人) 토벌에 공을 세웠으나 자신의 계책이 채택되지 않는 것에 불만을 품고 도리어 교지 국왕에게 '먼저 중국을 공격하면 자신이 안에서 내응하겠다.'는 내용의 글을 보내 도발을 부추겼다.

88 송나라 부필(富弼)이 …… 것입니다 : 『대학연의보』 권138에 보인다.

이 뛰어난 병사 3천 명을 얻는 것과 맞먹고, 좋은 군수[良守] 한 사람을 얻는 것이 뛰어난 병사 3만 명을 얻는 것과 맞먹으며, 좋은 부사[良部使] 한 사람을 얻는 것이 뛰어난 병사 30만 명을 얻는 것과 맞먹습니다. 바야흐로 평안무사한 때에는 사방 수천 리 지역의 번(蕃)이나 군(郡)이나 현(縣)에 2, 3십 명의 훌륭한 수장(守長)만 얻으면 족히 안정시킬 수 있습니다. 그러나 불행히도 백성들이 곤궁해져 들고일어나 도적이 되어 난리를 일으킬 경우에는 수십만의 인마와 돈과 군량을 얻지 못하면 쉽게 평정하지 못합니다. 아, 정권을 맡은 대신과 인재 선발을 관장하는 사람은 무엇이 괴로워서 나라와 지방을 위한 계책을 세우지 않고 오로지 벼슬아치를 위한 계책만 세우며, 경중과 완급을 저울질하지 않고 자잘하게 원근과 내외를 따지는 데에만 얽매인단 말입니까. 이는 지혜롭지 못할 뿐만이 아니니 대체로 충성스럽지 못하기 때문입니다."[89]라고 하였다.

---

[89] 먼 지역의 …… 때문입니다 : 『대학연의보』 권137에 보인다.

**사치(奢侈)**

사치에 관해서는 옛날부터 황제와 성현들이 경계하여 그 책이 한우충동(汗牛充棟)할 정도이니 그 내용을 모르는 사람이 없다. 또한 경계한 말을 알고 있을 뿐 아니라 사치가 나쁘다는 것을 모르는 사람이 없다. 아무리 어리석은 사람이라도 능히 근면하고 검소했던 옛사람의 일을 들으면 반드시 마음으로 기뻐하고 입으로 그 일을 말하며 간절하게 되새기고 사모하며 외우기에도 겨를이 없다. 그러나 극도로 사치를 부렸던 자들의 일을 들으면 마음으로 비난하고 입으로 기롱하며 반드시 '그러고서 망하지 않은 자는 없다.'라고 말한다.

이는 비단 지나가는 말일 뿐 아니라 마음으로도 사치가 상서롭지 못한 일임을 틀림없이 알고 있으며, 옛사람에 대해서만이 아니라 지금 사람에 대해서도 그런 마음은 마찬가지이다. 분수에 넘치게 걸맞지 않은 복색을 한 자를 보면 비록 저잣거리의 아이들처럼 구경하면서 부러워하는 것 같지만 속으로는 필시 훌륭한 일로 여기지는 않을 것이다. 그러나 검소하여 낡은 흑초(黑貂)를 입은 사람을 보면 그 처가 길쌈에 게으른가 보다고 여겨 업신여기는 것 같지만 마음으로는 저절로 그 맑은 덕에 경복(敬服)하게 마련이다. 한 경우는 겉으로는 비록 좋아하지만 마음으로는 실로 그릇되게 여기고 또 한 경우는 겉으로는 비록 업신여기지만 마음으로는 실로 경복하는 것이다. 그런데 사람들은 어째서 나에게 경복하게 할 수 있는 일을 싫어하고 마음으로 나를 비난하게 만드는 짓을 달가워하는가. 설사 사치를 부리면 사람들이 나를 공경하고 검소하면 사람들이 나를 그르게 여긴다 하더라도 맑고 고결한 사람은 오히려 사치에 빠지지 않으며 복을 아끼는 사람 또한 제멋대로 사치하지는 않을 것이다. 하물며 검소하면 사람들이 공경하고 사치하면 사람들이 비난하며, 검소하면 복을 누리고 사치하면 복을 잃고 화를 초래하게 되는 데야 더 말할 것이 있겠는가.

복을 누리고 잃는 데에는 확실한 이치가 있다. 혹 캄캄하여 보기 어렵다고 의혹하는 사람이라면 어째서 당장 눈앞에 벌어지고 있는 일에서 찾아보지 않는가. 어떤 사람이 있다고 비유해 보자. 그는 집안의 재산이 매우 넉넉하지만 절약할 줄을 몰라서 하루의 식사에 1만 전을 쓰고 갖옷 한 벌을 만드는 데 여우 1천 마리의 겨드랑이 털을 사용한다. 이처럼 소비는 매우 많은데 재력에는 한정이 있으니 결국 집안이 몰락하기에 이른다. 그러면 굶주리고 헐벗는 지경에 이를 것은 당연한 형세이다. 이것이 어찌 복을 잃고 화를 초래하는 명백한 증거가 아니겠는가. 그러나 검소하면 이와 반대이니 어찌 복을 누리는 명백한 증험이 아니겠는가. 이는 사람이 반드시 경계해야 할 일이고 국법에서 더욱 통렬히 금해야 할 일이다.

그러나 법으로 금지하는 것은 가르쳐서 바로잡게 하느니만 못하다. 그럼 어떻게 가르치는가. 거처와 견문을 통해 깨닫게 하는 방법뿐이니 이것이 바로 '바른 사람과 함께 거처하고 바른 말만 듣고 바른 일만 행한다.'라는 것이다. 거처와 견문이 이미 바르면 습관과 성품이 형성되어 백성들로 하여금 누가 그렇게 만드는지도 모르는 가운데 날로 선으로 옮겨가게 할 수 있다. 백성은 나라의 근본이다. 근본이 견고해야 나라가 평안한 법이니 근본을 어찌 하루라도 소홀히 하며 바른 데로 가게 할 방도를 생각하지 않을 수 있겠는가.

세가구족(世家舊族)은 또한 백성의 근본이다. 세가가 바르게 되면 백성들의 습속이 저절로 바르게 되고 백성의 습성이 바르게 되면 세가도 저절로 바르게 되며 조정에는 전후좌우에 모두 바른 사람만 있게 된다. 국가가 바르게 되고 바르지 못하게 되는 것은 전적으로 세가에 달려 있으니, 세가의 흥망은 바로 국가의 흥망인 것이다. 그렇다면 세가의 흥망에 대해 국가에서 어찌 잠시라도 신경을 쓰지 않을 수 있겠는가.

예로부터 풍속이 사치스럽고 퇴폐하게 되는 데 대해 말하는 사람은 반드시 그 원인을 교화로 귀결시켰으니, '윗사람이 뭔가를 좋아하면 아래에는 그것을 더욱 좋아하는 사람이 있게 마련이다.'[90]라고 하였다. 그러나 지금의 사치 풍조를 살펴보면 매양 아래에서 위로 영향이 미치는 듯하다. 현재 남자와 여자 중 옷차림을 가장 사치스럽게 하면서도 부끄러운 줄을 모르는 사람은 창기(娼妓)와 빈둥거리며 멋이나 부리는 젊은 한량들이다. 이들은 세가의 법도를 지키기 위해서 당연히 금지시키기에도 겨를이 없어야 할 것인데 도리어 사랑하여 받아들인다. 호사를 부리는 젊은이들을 문하에 머무르게 하여 겸인(傔人)이라 부르면서 가까이 두고 신임하며, 동서의 이웃에서도 경쟁적으로 끌어들여 호사를 다투는 것으로 고귀한 체를 한다. 그러므로 오늘날 남의 겸종(傔從)이 되는 자들은 매양 부박하고 경솔한 사람들이 대부분인데, 조금이라도 진실하고 맑고 고결한 사람이 있으면 동료들이 그를 수치스럽게 여기고 주인집에서 쫓아내어 발을 붙일 수 없게 만든다. 그러니 부득이 모두가 사치에 쏠릴 수밖에 없는 것이다. 생각해 보면 이 겸종들은 실로 뒷날 이서(吏胥)의 직임을 맡을 사람들이다. 옛사람이 '국가의 정령(政令)은 이서로부터 시작된다.'라고 하였는데 이서들이 이처럼 스스로를 배양하지 않으니 뒷날 훌륭한 정령이 나올 것이라 어찌 기대하겠는가.

다른 사람의 문하에 있는 겸종들에 대해 주인집에서 그들을 편애하며 사치스러운 복장과 요염한 태도를 즐거워하므로 젊은 공자들 또한 그것을 고매한 사람의 일로 보고 본받는다. 화려하게 꾸민 비단옷이나

---

90 윗사람이 …… 마련이다 : 『맹자』, 「등문공상(滕文公上)」에 보인다.

털옷을 평상복으로 여기고, 소매 긴 옷을 입고 꽉 끼는 버선을 신고 언제나 아슬아슬하게 걸으며 요염한 말투를 구사한다. 사치와 기교(奇巧)를 능사로 여기고, 정도를 지키며 성실하고 조촐한 것을 수치로 여긴다. 생각해 보면 이 공자들은 뒷날 재상이 될 그릇이라서 국가의 안위를 책임지며 하늘을 대신하여 교화를 행하며 백성들을 인도하고 풍속의 모범이 되어야 할 자들인데 젊을 때부터 익힌 버릇이 오래되어 성품을 이루니 뒷날 사치하는 버릇을 버리고 검소한 데로 들어가며 습속을 바꾸어 모두 바른 데로 돌아갈 것을 어찌 기대하겠는가. 이렇게 된 데에는 다른 이유가 없고, 실로 올바른 도리를 지키지 않는 겸종들에게 점점 물든 결과이다.

창기들이 외모를 꾸미고 복색을 화려하게 하는 것은 그들에게는 당연한 일이어서 족히 나무랄 것도 없으니 그저 그렇게 하도록 내버려 둘 뿐이지 가까이 해서는 안 된다. 그러므로 집안을 잘 다스리는 사람은 집안의 자제와 부녀들에게 그들의 행태를 엿보지 못하게 하니, 그것은 그들이 부러워하여 따라할까 염려해서이다. 그런데 지금의 습속은 기첩(妓妾) 두는 것을 훌륭한 일로 여겨서 곳곳에서 모두가 경쟁적으로 기첩을 끌어들인다. 생각해 보면 이런 무리는 다른 기능은 없고 오로지 요염함으로 남을 기쁘게 하고 현란한 의상으로 겉모습을 꾸밀 뿐이다. 그들이 베갯머리에서 속삭이는 말은 모두가 남의 골육을 이간시키는 말이고 집안에서 투기를 일으켜 오로지 사람을 함정에 빠뜨리는 독수(毒手)이다. 따라서 일단 기첩을 집안에 들이고 나면 완전히 딴 사람으로 돌변하여 패가망신하지 않는 자가 없다.

또 가장 두려운 일이 있다. 이런 부류는 일단 가속(家屬)이 되고 나면 내외를 구분하지 않고 밤낮으로 한 방에서 거처한다. 그 때문에 나이 어린 자제들은 보고 들은 것에 버릇이 되어 호방(豪放)한 마음을 키워서 매양 밖으로만 나돌며 올바른 길로 돌아올 줄을 모르게 되는 일이다. 또 부녀들은 그들의 아름다움을 부러워하여 경쟁적으로 본을 받기 때문에 기첩과 매우 친근해질 수 있다. 오직 주모(主母) 한 사람 외에는 딸과 며느리들이 모두 그의 환심을 얻기 위해 나긋나긋한 말로 아양을 떨고 좋은 옷으로 정성을 바친다. 그러므로 서로 사랑하고 서로 사모하여 경쟁적으로 유행을 따라서 한 자나 되는 머리장식을 하고 3치가 넘는 궁혜(弓鞋)를 신고 고름이 없는 적삼과 코가 뾰족한 버선, 박쥐〔蝙蝠〕 배자(背子), 대모(玳瑁) 쇄구(鎖釦)로 장식하니 사치 풍조는 여기에 이르러 극에 달한다. 규문(閨門)의 사치 풍조는 실로 이들이 길을 낸 것이다. 다만 오늘날 기첩을 두는 집에서 반드시 집집마다 모두 그런 것은 아니지만 염려스러운 것은 이 무리가 제가 하고 싶은 대로 다하여 그 제도를 확산시킨다면 사치 퇴폐한 풍조가 끝 간 데 없이 번질까 두려운 것이다. 그러므로 남녀의 사치 풍조는 실로 겸종과 기첩이 열어 놓았다고 하는 것이다.

그 폐단을 바로잡고자 한다면 그 역시 심하게 어렵지는 않다. 겸종은 조촐하고 성실한 사람을 선택하여 가까이 두고 신임하며 경조부박한 버릇을 일삼지 못하게 한다면 비단 자제들이 보고 듣는 것이 올바를 뿐 아니라 겸종 자신에게도 배양하여 성취하는 이로움이 있어 뒷날 국가에서 필요로 하는 인재가 될 것이다. 기첩의 경우 첩을 고를 때 반드시 양가의 딸을 선택하고 예의범절을 가르쳐서 조심스럽고 간정(簡靜)하게 처신하게 한다면 저들은 양가의 딸인 만큼 비록 잉첩이라도 그 덕행과 절개가 정실부인과 다름이 없을 것이다. 자녀를 낳으면 반드시 총명하고 효성스러운 자식이 될 것이고, 집안을 다스리면 반드시 부모께 효도하고 남편을 공경하여 내외에 비난하는 말이 없으며, 오로지 청렴하고 검소함을 법도로 삼을 것이니 자제와 부녀들도 장차 청정(清靜)

함을 편안히 여겨 사치하고 싶은 마음을 키울 수 없을 것이다. 이렇게 되면 규문 내에도 일조(一助)가 될 것이다. 그런데 무엇이 어려워서 이렇게 하지 않는가. 창기는 그저 일시적으로 나에게 즐거움을 제공하는 자일 뿐 두고두고 부부의 의를 지속할 사람은 아니다. 창기 중에도 조촐하고 성실하며 부화함을 일삼지 않는 자가 있다면 실로 첩 삼는 데 방애될 것이 없다. 그러나 이 경우에도 오직 충분히 신중하게 선택하여 기필코 사치와 퇴폐가 풍습을 이루어서 집안사람들이 보고 듣는 데에 이르지 않게 해야 한다.

이것이 이른바 오늘날의 사치 풍조는 매번 아래에서 위로 영향을 미친다고 하는 이유이다. 이 두 가지 일을 통렬히 금단한다면 사치 퇴폐의 풍조는 날로 제거되고 장차 모두가 올바른 데로 돌아갈 것이다.

『주례』에 "정월 초하루가 되어 화기(和氣)가 퍼지기 시작하면 제후의 방국(邦國)과 대부의 도비(都鄙)에 정령을 선포하고, 상위〔象魏, 궐문(闕門)〕에 치상(治象)의 법을 걸어 두어 만민이 치상[91]을 보게 하다가 열흘이 지나면 거두어 보관한다."라 하였다.

또 "사사(士師)의 직분은 국가의 5가지 금법(禁法)을 관장하여 백성들이 잘못을 저지르지 않도록 금하는 정사를 보좌하는 것이다. 금법은 첫째 궁금(宮禁), 둘째 관금(官禁), 셋째 국금(國禁), 넷째 야금(野禁), 다섯째 군금(軍禁)이다. 목탁을 쳐서 이 금법들을 조정에서 알리고 글로 써서 전국의 성문과 마을의 문에 게시한다. 또 5가지 경계로 형벌을 보좌하여 백성을 죄에 빠지지 않게 한다. 첫째 서(誓)는 군대에서 사용하고, 둘째 고(誥)는 회동(會同)에서 사용하고, 셋째 금(禁)은 사냥〔田役〕에서 사용하고, 넷째 규(糾)는 천자의 도성에서 사용하며, 다섯째 헌(憲)은 도비에서 사용한다."라 하였다.

또 "사형(司刑)은 5가지 형벌에 관한 법을 관장하여 만백성의 죄를 처벌한다. 묵죄(墨罪)가 500가지이고, 의죄(劓罪)가 500가지이고, 궁죄(宮罪)가 500가지이고, 비죄(剕罪)가 500가지이며, 살죄(殺罪)가 500가지이다. 사구(司寇)가 옥송(獄訟)을 결단할 때에는 사형이 다섯 가지 형벌에 관한 법으로 죄에 맞는 형벌을 분별하여 죄의 경중을 판단한다."라 하였다.

또 "사약(司約)은 방국과 만민의 약속에 관한 문서〔約劑〕를 관장한다.

---

91　치상(治象) : 두 군데 치상이 저본과 『대학연의보』에는 '刑象'으로 되어 있는데 『주례』 원문에 따라 수정하였다.

신과의 약제가 가장 중요하고, 백성과의 약제가 그 다음이고, 토지에
관한 약제가 또 그 다음이고, 공(功)에 관한 약제가 또 그 다음이고, 기
물에 관한 약제가 또 그 다음이며, 폐백에 관한 약제가 또 그 다음이
다.”라 하였다.

『서경』, 「여형(呂刑)」에 “묵벌(墨罰)에 해당하는 죄가 1천 가지이고,
의벌(劓罰)에 해당하는 죄가 1천 가지이고, 비벌(剕罰)에 해당하는 죄가
500가지이고, 궁벌(宮罰)에 해당하는 죄가 300가지이고, 대벽(大辟, 사
형)에 해당하는 죄가 200가지로 오형에 해당하는 죄가 3천 가지이다.
이 법에 비추어 죄의 경중을 결정하며, 죄수의 어지러운 말에 현혹되지
말며, 지금 시행하지 않는 법을 쓰지 말며, 오직 죄수의 말을 정확하게
듣고 오직 법을 따르며, 신중히 살펴서 심리하라.” 하였다.

춘추시대에 정(鄭)나라가 정(鼎)을 주조하여 형서(刑書)를 새겨 넣으
려 하자 진(晉)나라 대부 숙향(叔向)이 정나라 대부 자산(子産)에게 다음
과 같은 편지를 보내 충고하였다.

“옛날에 선왕(先王)은 사정을 헤아려서 죄를 판단하고 미리 형법을
제정하지 않았는데, 그것은 백성들이 쟁송(爭訟)하려는 마음을 갖게 될
것을 두려워했기 때문입니다. 백성들은 형벌이 있다는 것을 알면 윗사
람을 두려워하지 않고 모두 쟁송하려는 마음이 생겨 형서에서 증거를
찾아 요행히 성공하기를 바랄 것이니 나라를 다스릴 수 없게 됩니다.
하(夏)나라 때에 정령을 어지럽히는 자가 생기자 우형(禹刑)을 만들었
고, 상(商)나라 때에 정령을 어지럽히는 자가 생기자 탕형(湯刑)을 만들
었으며, 주(周)나라 때에 정령을 어지럽히는 자가 생기자 구형(九刑)을
만들었습니다. 이처럼 세 가지 형법이 생긴 것은 모두 말세의 일입니
다. 그런데 지금 그대는 정나라의 정승이 되어 세 가지 법을 제정하고
형서를 주조하여 그것으로 백성을 안정시키려 하지만 아무래도 어렵지

않겠습니까. 백성이 쟁송할 꼬투리가 있다는 것을 알게 되면 장차 예(禮)를 팽개치고 형서에서 증거를 찾아서 송곳 끝처럼 자잘한 일까지 모두 쟁송하려 할 것이므로 어지러운 옥사가 더욱 많아지고 뇌물 수수가 아울러 유행하여 그대가 죽을 때쯤이면 정나라는 패망할 것입니다. 내가 들으니 나라가 망하려면 반드시 법제가 많아진다고 하였는데 지금 정나라와 같은 경우를 두고 한 말인 듯합니다."

또 진(晉)나라가 형정(刑鼎)을 주조하여 범선자(范宣子)가 지은 형서를 새겨 넣었다. 이에 대해 중니(仲尼)는 다음과 같이 말하였다.

"진나라는 망할 것이다, 법도를 잃었구나. 진나라는 당숙(唐叔)이 받은 법도를 지켜서 백성을 다스리고 경(卿)·대부(大夫)는 자신의 지위를 지켜야 할 것이다. 이렇게 해야 백성이 윗사람을 존중할 수 있고 윗사람은 그들의 본분을 지킬 수 있어 상하가 어긋나지 않으니 이것을 법도라고 한다. 그런데 지금 그 법도를 버리고 형정을 만들었으니 백성은 그 솥에 얽매일 것이다."

전국시대 위(魏)나라 이회(李悝)가 『법경(法經)』6편을 지었으니 첫째 도법(盜法), 둘째 적법(賊法), 셋째 수법(囚法), 넷째 포법(捕法), 다섯째 잡법(雜法), 여섯째 구법(具法)이었다.

한나라 고조(高祖)는 처음 함양(咸陽)에 들어갔을 때 백성들에게 '살인자는 죽이고, 다른 사람을 상해한 자와 도적질한 자는 처벌한다〔殺人者死 傷人及盜抵罪〕.'라는 약법 삼장(約法三章)을 제시하고, 나머지 진(秦)나라의 가혹한 법을 모두 제거하였다. 그러나 뒤에 가서 삼장의 법으로는 간악함을 막을 수 없다고 하여 소하(蕭何)에게 명하여 진나라의 법을 뽑아내어 율령(律令)을 정하게 하였는데 삼족을 멸하는 연좌법(連坐法)을 삭제하고 부주견지(部主見知)[92]의 조항을 추가하며 이회가 제정한 6편에 천흥률(擅興律)·구율(廐律)·호율(戶律)[93] 3편의 사율(事律)을 더하여 도합 9편으로 만들었다. 숙손통(叔孫通)은 율문에 포함되지 않은 방장(傍章) 18편을 더하였다.[94]

무제 때에 군대 징발이 매우 빈번해져 백성의 힘이 고갈되었는데, 궁핍한 백성들이 법을 어기면 혹리(酷吏)가 처단하는 과정에서 이루 말할 수 없는 부정이 자행되었다. 이에 장탕(張湯)·조우(趙禹)의 무리를 등용하여 조목별로 법령을 확정하여 견지고종(見知故縱)·감림부주(監臨部主)[95]의 법을 만들어서, 관리가 법을 가혹하게 적용한 죄에 대해서는 너그럽게 다스리고 죄인을 검거하지 않고 놓아준 죄에 대해서는 엄하게 처벌하였다. 그 뒤로 간활한 관리들이 법을 교묘하게 농락하는 일이 갈수록 더욱 심해지고 금망(禁網)은 더욱 조밀해져서 율령이 모두 359장이나 되었는데, 그중에 사형에 해당하는 죄가 409조목에 1천882가지 사항, 사형에 준하는 사항[96]이 1만 3천472가지나 되었다.

선제(宣帝) 때에 정창(鄭昌)이 상소하여, "성왕(聖王)이 법을 제정하고 형벌을 분명하게 하는 것은 그것으로 치세(治世)를 이루기 위해서가 아니고 국가가 쇠약해져 혼란이 발생하는 것을 구제하기 위해서입니다.

---

92 부주견지(部主見知) : 관리가 다른 사람의 범죄 사실을 알고도 고하지 않으면 고의로 풀어준 것으로 처벌하는 법이다.

93 천흥률(擅興律)·구율(廄律)·호율(戶律) : 천흥률은 왕명이 없이 함부로 군대를 동원하는 것을 처벌하는 법이고, 구율은 우마(牛馬)의 관리와 관련하여 세금을 거두는 법이며, 호율은 전택(田宅)·호적에 관한 법이다.

94 『주례』에 …… 더하였다 : 『대학연의보』 권102에 보인다.

95 견지고종(見知故縱)·감림부주(監臨部主) : 견지고종은 관리나 일반 백성이 다른 사람의 범법 사실을 알고도 고발하지 않으면 범인을 일부러 놓아준 것으로 간주하여 처벌하는 법이고, 감림부주는 관할하의 하급 관서나 부하가 부정을 저질렀을 경우 그 상사를 연좌시키는 법이다.

96 사형에 준하는 사항 : 저본과 『대학연의보』에는 '決事比'로 되어 있는데 『한서』, 「형법지(刑法志)」에 근거하여 '決' 앞에 '死刑'을 보충하여 번역하였다. 『한서』 안사고(顏思古)의 주에 '比, 以例相比況也.'라 하였다.

지금은 현명한 임금이 직접 옥안(獄案)을 분명하게 판결하시는 만큼 비록 정평(廷平)[97]을 두지 않더라도 옥사는 절로 바루어질 것이니 후손에게 올바른 길을 열어 주려면 율령을 산정(刪定)하는 편이 나을 것입니다. 율령이 일단 정해지고 나면 백성들은 피할 줄을 알게 되며 간사한 아전들은 법을 무시하고 농간을 부리게 됩니다. 그런데 지금 그 근본을 바로잡지는 않고 정평을 두어서 말단만 다스리려 하시는데, 정령이 쇠퇴하고 덕을 닦는 데 게을러지면 정평은 장차 권력을 움켜쥐고 난을 일으키는 괴수가 될 것입니다."라고 하였다.

원제(元帝)는 다음과 같은 조서를 내렸다.

"율령이란 것은 강포한 자를 억제하고 약한 자를 부축하는 것이니 어기기는 어렵고 피하기는 쉽게 해야 하는 것이다. 그런데 지금은 율문이 번잡하게 많기만 하고 간명하지 못하여 법문을 담당하는 자부터도 분명하게 알지 못하여 백성을 제어하고자 해도 자신의 지식이 미치지 못하니 이것이 어찌 형법을 합당하게 하는 뜻이겠는가. 율령 중 줄이거나 가볍게 할 수 있는 항목들을 의논하여 조목별로 아뢰되 오로지 백성을 편안하게 해 주는 데 초점을 맞추도록 하라."

후한 광무제(光武帝) 때에 환담(桓譚)이 상소하여, "지금 법률에 따라 사건을 판결하는 데 있어 양형(量刑)의 경중이 고르지 않아서 한 가지 사건에 대해 법을 달리 적용하는 경우도 있고 같은 죄에 대해 다르게 판결하는 경우도 있습니다. 그러므로 간교한 형리들이 이를 기화로 거래를 하여 살리고자 하는 사람에 대해서는 살릴 수 있는 법을 적용하고 죽이고자 하는 사람에 대해서는 사형에 처하는 법을 적용하여, 형정(刑

---

**97** 정평(廷平): 한나라 선제(宣帝) 때 설치한 관직으로 옥사(獄事)을 관장하였다. 정창(鄭昌)의 이 상소는 정평의 설치를 반대하여 올린 것이다.

政)의 기준이 두 갈래로 나뉘고 있습니다. 지금 의리에 통달하고 법률을 잘 아는 자에게 명하여 법령의 기준을 통일하게 하고 그것을 군군(郡國)에 반포하여 시행하고 예전의 조례들은 폐지하소서. 이렇게 하면 천하 사람들이 법을 정확하게 알아서 억울한 옥사와 법의 남용이 없어질 것입니다."라고 하였다.

수(隋)나라는 율령을 정하면서 십악(十惡)의 조목을 두었는데 대부분 제(齊)나라의 제도를 채택하여 가감하였다. 십악은 첫째 모반(謀反), 둘째 모대역(謀大逆), 셋째 모반(謀叛), 넷째 악역(惡逆), 다섯째 부도(不道), 여섯째 대불경(大不敬), 일곱째 불효(不孝), 여덟째 불목(不睦), 아홉째 불의(不義), 열째 내란(內亂)이다. 십악에 해당하는 죄 및 살인을 저질러 옥사가 성립된 경우에는 사면령이 내리더라도 사면 대상에서 제외되었다.

당나라 때에는 방현령(房玄齡) 등이 율(律)·령(令)·격(格)·식(式)[98]을 다시 확정하였다. 고종(高宗) 때에는 장손무기(長孫無忌) 등에게 조서를 내려 법규와 칙령을 가감하게 하여 유사격(留司格)과 산반격(散頒格)[99]을 만들었다. 무후(武后) 때에는 수공격(垂拱格)이 있었고, 현종(玄宗) 때에는 개원격(開元格)이 있었고, 헌종(憲宗) 때에는 개원격후칙(開元格後敕)이 있었고, 문종(文宗) 때에는 태화격(太和格)이 있었고 또 개성상정격(開成詳定格)이 있었다. 선종(宣宗) 때에는 형률을 분야별로 나누고

---

98 율(律)·령(令)·격(格)·식(式): 율은 당대의 법전으로 죄명과 형벌 등을 규정하고, 령은 황제의 명령으로 귀천의 등급과 같은 중요한 제도를 규정하고, 격은 관리가 관장하는 업무 규칙에 대한 규정이며, 식은 관서 사이에 통용되는 문서에 관한 규정이다.
99 유사격(留司格)·산반격(散頒格): 유사격은 해당 관청에서만 적용하는 업무 규정이고, 산반격은 천하에 통용되는 규정이다. '散頒格'이 저본에는 '散分格'으로 되어 있는데 『대학연의보』와 『구당서』, 「형법지(刑法志)」에 근거하여 수정하였다.

격과 칙(勅)을 덧붙여서 『대중형률통류(大中刑律統類)』를 만들었다.

송나라의 법제는 당나라의 율·령·격·식을 이어받아 시의에 맞게 가감하였는데 그때그때 변화·증감한 사항은 황제의 칙령을 엮은 『편칙(編敕)』에 수록하였으며, 각 사(司)·로(路)·주(州)·현(縣) 별로 『편칙』을 따로 작성하였다. 신종(神宗)은 율만으로는 모든 정황을 포괄하기에 부족하다고 하여 율문에 수록되지 않은 사안은 모두 칙에 따라 판단하게 하였다. 이에 따라 법률의 조목을 칙(敕)·령·격·식으로 고치고 율문의 조항은 항상 『편칙』에서 제외하였다. 일이 발생한 다음에 금지하는 것을 칙이라 하고, 발생하기 전에 금지하는 것을 령이라 하고,[100] 하나의 법규를 설치하여 어떤 종류의 일에 대처하는 것을 격이라 하며, 사람들이 따라야 하는 규정을 식이라 하였다.

명나라의 율문은 당나라의 구문(舊文)을 그대로 따랐다. 태(笞)·장(杖)·도(徒)·류(流)·사(死)는 후세의 오형(五刑)인데, 이는 수나라에서 시작되고 당나라에서 채용하여 오늘에 이르기까지 만세토록 바꿀 수 없는 법이 되었다.[101]

우리나라의 율문은 전적으로 대명률(大明律)을 따르되 간간이 참작하여 시의에 맞게 조정하는 것은 장차 공경에 머무르고 간결함을 행함[居敬而行簡]으로써 백성에게 임하고자 함이니, 그 근본 취지는 민심을 바르게 하고 풍속을 돈후하게 하려는 데에 있을 뿐이다.

태사공[太史公, 사마천(司馬遷)]이 "옛날에 천하의 법망이 촘촘했지만 간사함과 거짓이 끝없이 발생하여 결국에는 상하가 서로 기만하여 국

---

100 일이 발생한 …… 령이라 하고: 저본과 『대학연의보』에 모두 '禁於未然之謂敕 禁於已然之謂令'으로 되어 있는데, 여기서는 『송사』, 「형법지(刑法志)」에 따라 번역하였다.
101 무제 때에 …… 되었다: 『대학연의보』 권103에 보인다.

가가 쇠퇴하는 지경에 이르렀다.”라고 하였다. 그렇다면 나라를 다스리는 사람은 수많은 법과 금령에 의지하여 다스려서는 안 되니 이 때문에 법은 많은 것이 중요하지 않고 신뢰가 중요한 것이다. 법이 있어도 믿지 못하면 비록 진(秦)나라의 상앙(商鞅)처럼 지극히 세밀하게 법을 만들더라도 소용이 없다. 법으로 백성의 마음을 통제하려면 한갓 요행을 바라는 버릇만 만들어서 법을 어기는 자가 끊이지 않을 것이니 도리어 법을 제정하지 않는 편이 더 나을 것이다.

섭적(葉適)은 황제의 조칙(詔勅)을 받고 올린 상소에서 다음과 같이 말하였다.

“형법이란 천하의 죄지은 자에 대처하는 방법이므로 비록 지극히 가깝고 대단히 존귀한 사람이라도 번번이 편사(偏私)를 둘 수는 없습니다. 【법의 신뢰성을 말한다.】 비록 지극히 가깝고 대단히 존귀한 사람이라도 죄가 없을 수 없으니 그들에게도 형법을 적용하지 않을 수 없습니다. 그러나 임금은 신하들로 하여금 임금을 범하지 못하게 할 수 있어야 하지 형법으로 신하를 제어하려 해서는 안 됩니다. 【법을 제정하지 않는 것이 더 낫다는 뜻이다.】 무릇 임금은 너불어 국가를 지킬 사람인 새상 이하 일명(一命)의 벼슬아치들까지 모두 반드시 천하의 어진 인재를 얻어서 등용해야 하니, 법을 어기는 자들이 없을 수야 없지만 그런 자들이 자리를 차지하게 해서는 안 됩니다.[102] 순(舜) 임금 때에 공공(共工)·곤(鯀)·환두(驩兜)·삼묘(三苗)의 무리를 추방하고 나서 신하와 악목(岳牧)으로 삼은 사람들은 모두 충성스럽고 공경스러우며 온화하고 은혜로우며 현명하고 성실하며 독실한 인사들이었습니다. 그러므로 정치와 교

---

102 자리를…… 안 됩니다: 저본에는 ‘不得君也’로 되어 있는데 『역대명신주의』 권54에 근거하여 ‘君’을 ‘居’로 수정하여 번역하였다.

화가 이루어져 평범한 백성들도 오히려 법을 어기는 자가 없었으니 하물며 관리들[103]이야 말할 필요도 없었습니다. 그 후 주나라의 문왕과 무왕은 능히 천하에서 가장 어진 인재를 얻어 등용하고 믿음과 두터운 덕으로 대우하고 예악(禮樂)으로 주선하였습니다. 그러므로 시에서 문왕의 덕을 찬미하여 '아름다운 임금님 좌우에서 장찬(璋瓚)을 받들어 올리네. 장찬을 높이 받들어 올리니 준걸스러운 선비의 마땅한 일이로다〔濟濟辟王 左右奉璋 奉璋峩峩 髦士攸宜〕.'라 하였던 것입니다. 무릇 어진 인재들을 조정에 모아들여서 백관(百官)의 사무를 분담시키고, 화려한 문양을 수놓은 옷을 입히고 방울과 깃발을 단 수레를 타게 하며, 천신(天神)에게 제사를 올릴 때와 같이 희생과 제물을 받들어 제사하고 종묘(宗廟)에 고하였습니다. 그처럼 성대하니 형구(刑具)를 쓰고 내쫓길 자나 무서운 육형(肉刑)을 당하고 사형되어야 할 자들이 어찌 그 사이에 끼어들 수 있었겠습니까. 양웅(楊雄)이 '주나라의 선비는 귀하였다.'라고 하였는데, 무릇 선비가 귀해진 뒤에 관리가 귀해지고 관리가 귀해진 뒤에 나라가 귀해지며 나라가 귀해진 뒤에 임금이 존귀해집니다. 그런 만큼 주 문왕과 무왕은 선비를 귀하게 대하고 신하들을 예우함으로써 그들로 하여금 능히 법을 어기지 않을 수 있도록 하였고 형법으로 그들을 제어한 적은 없었습니다. 법을 어길 수밖에 없는 사람을 뽑아서 높은 지위에 두면 법으로 제어해야 하는 상황을 피할 수 없습니다. 형법으로 신하를 제어하려는 마음이 생기면 어전에 나아와 '네, 네' 하며 굽실거릴 때에는 총애하여 높은 지위를 맡겨 장차 심복으로 삼을 듯이 하지만 어느 순간 형구(刑具)를 씌워 쫓아내며 가혹한 육형(肉刑)을 가

---

103 관리들 : 저본에는 '官司'로 되어 있는데 『역대명신주의』 권54에 근거하여 '司'를 '師'로 수정하여 번역하였다.

하고 죽여서 관대하게 용서하지 않으니 그 신하 역시 스스로 끝까지 총애를 받을 것이라 기필하지 못합니다. 그러므로 쉽사리 간사한 짓을 하고 법을 어기는 일이 많아지는 것입니다. 아, 이것은 국가에 이로운 일이 아닙니다."[104]

　『서경』에서 "형벌을 쓰되 형벌이 없는 경지에 이를 것을 기약한다 〔刑期于無刑〕."라 한 데에는 이런 도리가 있는 것이며, 또 "실수나 불행으로 저지른 죄는 용서하여 놓아주고, 그것을 믿고 재차 죄를 지으면 사형에 처한다〔眚災肆赦 怙終賊刑〕."라고 한 것은 대소의 옥사에 반드시 정상을 헤아려서 처리하라는 것이며, "옥사가 이루어지면 백성이 믿고 위에 보고하면 군주가 믿을 것이다〔成而孚 輸而孚〕."라 하였으니 참으로 옳은 말이다.

---

104　섭적(葉適)은 …… 아닙니다 : 섭적이 응조(應詔)하여 올린 상소 중 일부로 『역대명신주의』 권54에 보인다.

# 부록

# 『고문비략』 서문

聖人生知, 固不待問學. 然舜自耕稼陶漁, 無非取諸人. 孔子曰: "吾嘗終日不食, 終夜不寢以思, 無益, 不如學也." 是知生而知者, 乃道德·性命之原, 天人相與之理, 至於因革之宜·事物之變, 必待思辨而審問也歟. 恭惟我憲宗大王, 以天縱之姿, 督時敏之工, 明習國家典故, 日親賢士大夫, 使萬物之情, 畢達於上, 咨訪治道, 將以大造於東方, 蓋亦大舜之取諸人, 孔子之日夜以學也.

往者, 崔君瑆煥, 以渺末一郎署, 被召前席, 天語諄諄, 自平朝至于日隅中. 旣而諭敎, 若曰: "惟爾學問有素, 予所深知. 時務·經濟, 必有所講究, 如有可述, 嗣後登對, 其悉以聞." 崔君惶恐辭謝而退. 乃敍述當時政法, 所以年久而爲弊者, 及民隱之未及上徹者, 援據經史, 體驗人情, 略附矯救之方. 書未成而龍馭賓天, 廢閣者久矣. 近致官東歸, 耕於嘉陵山下, 古簏中, 得舊日草本, 仍復撰次繕書, 名曰『顧問備略』, 要余弁卷.

余讀之卒業, 喟然曰: "王荊公, 以新法見敗, 後世士大夫, 鮮言變法, 因循而頹墮, 害孰大焉? 本朝立國, 垂五百年, 歷世永貞, 綱紐漸弛, 乃時之弊, 非法之弊也. 『易』曰: '損益盈虛, 與時偕行.' 又曰: '隨時之義, 大矣哉!' 苟不齊之以禮, 念厥終始, 其何能祈天休而續景命乎? 雖然, 法者, 待人而行. 故程子曰: '有「關雎」·「麟趾」之意, 然後可以行『周官』之法度.' 向使天假歲月, 聖算靈長, 崔君復得曘侍陛衛, 挾是書也, 仰塵黈纊, 則事之利害·言之得失, 畢燭於淵鑑之下, 芒刃淬礪, 琴瑟更張, 安知無取材於斯乎?『書』曰: '斯謨斯猷, 惟我后之德.' 夫然則是書也, 有不敢自有矣. 天之不弔, 弓釼已邈, 是書卽先王未了之志也. 非獨不逮之慟, 抑環海生靈, 不祿之恨, 是書之編, 烏可以已?"

余遂不辭, 拜手敬書, 所以丕彰我先王好問求治, 卽大舜·孔子之志也.

咸豊戊午春月上元日, 玉山張之琬謹書.

# 『고문비략』 권1

## 1　都鄙

「王制」: "千里之外, 設方伯. 五國以爲屬, 屬有長; 十國以爲連, 連有帥; 三十國
以爲卒, 卒有正; 二百一十國以爲州, 州有伯. 八州, 八伯・五十六正・百六十
八帥・三百三十六長. 八伯各以其屬, 屬於天子之老二人, 分天下, 以爲左右,
曰「二伯」. 土分爲三, 公・侯百里, 伯七十里, 子・男五十里. 天子之邦國, 都鄙
有六鄉・六遂; 諸侯之國, 大國三鄉・三遂, 次國二鄉・二遂, 小國一鄉・一
遂."【鄉・遂, 視後世之州・郡; 鄉・遂大夫, 視後世之牧・守】

秦幷天下, 以其地爲三十六郡, 置守・尉・丞各一人. 漢置十三部, 部各有郡・
國. 唐因山川形便, 分道爲十. 宋爲十五路, 爲十八路, 後析爲二十三路. 大明制
爲十三布政司, 各隷以府・州・縣. 其制大同而小異, 此中國州郡之沿革也.
東國, 自檀君都平壤爲朝鮮, 箕子・衛滿皆因之. 至漢武帝時, 置四郡, 以江陵
地爲臨屯, 平壤地爲樂浪, 咸興地爲玄菟, 遼東地爲眞蕃. 昭帝時, 改置二部,
以平那・玄菟等郡爲平州都督府, 臨屯・樂浪等郡爲東府都督府. 馬韓居金馬
郡【卽今益山郡】, 統五十餘國【卽今京畿・忠淸・黃海等道地】; 辰韓・弁韓, 各統
十二國【辰韓卽今慶尙道地, 弁韓卽今全羅道地】. 北扶餘之立國, 在訖骨城【卽今成
川府】; 東扶餘之立國, 在卒本州【卽今扶餘縣】; 高句麗之立國, 在馬韓地; 新羅之

立國, 在辰韓地; 百濟之立國, 在弁韓地; 伽倻【卽六伽倻之一, 或稱大駕洛國】之立國, 在新沓坪【卽今金海府】. 新羅, 至景德王時, 置五京, 置九州, 爲都督府. 高麗, 成宗二年, 改置十二牧, 十五年, 改置十二節度使軍. 顯宗三年, 倂作四都護府, 九年, 改置八牧. 此東國州縣之沿革也.

至我朝, 邑制大都依倣中國, 官制亦多類大明. 如今之分爲八道, 置監司, 卽中國之布政司, 官制同, 政事同. 縣有縣監, 卽中國之知縣, 官制・政事亦同. 惟州牧・府使・郡守, 卽如中國之知州・知府・太守等號, 而政事不同. 中國之府, 統所屬州縣, 知其政治, 與我國之州・府・郡・縣之各自爲政者, 不同也.

夫大爲州・爲府, 小爲郡・爲縣, 小隷大, 大統小, 古制卽然. 乃今牧使・府使・郡守・縣監, 各治其境, 不相統攝【今之鎭府, 亦有管郡縣之義, 而無與其政】. 如楊州鎭管之爲高陽・交河者, 而政治得失, 猶秦・越肥瘠之視. 且府・縣勢均, 皆自達于監司. 夫以監司一人之身, 徧閱數十百州縣, 察其治否, 考其殿最, 豈能盡詳明? 遐陬辟邑之離臬司, 有千百里者, 聲聞不及, 巡按不到, 卽有賊發, 上司申告, 動經旬日, 其有犯罪, 逮捕證驗, 文書詰訊, 跨月終歲, 繩憲未加, 或遇赦宥. 是以賊盜公行, 姦宄不絶.

卽州縣所屬鄕村, 有去治三四百里者, 有縣衙外卽爲隣境者, 遠治之坊面如廢棄, 近衙之隣境如僑寓. 此猶縣小・府大之異勢然也. 乃今縣又未必盡小, 府又未必盡大, 且均是縣, 而縣之大小不同, 均是府, 而府之大小亦殊. 如京畿道之陽川縣, 東西三十里, 南北二十里; 江原道之歙谷縣, 東西二十三里, 南北二十五里; 咸鏡道之茂山府, 東西三百四十里, 南北三百五里; 平安道之江界府, 東西四百四十里, 南北七百七十里. 其絶懸幾相三二十倍. 此猶縣・府異也.

均是府, 而如全羅道礪山府, 東西止四十里, 南北止二十五里, 比茂山・江界, 復何如也? 此猶道異也.

同在一道, 而如咸從府之東西三十五里・南北四十里者之於江界也, 德源府之東西三十七里・南北四十一里者之於茂山也, 羅州牧之東西四十里・南北一百二十里者之於礪山也, 平康縣之東西八十里・南北一百二十里者之於歙谷也, 龍仁縣之東西五十里・南北七十五里者之於陽川也.

楊州牧之東西一百二十里・南北一百三十里, 與富平府之東西四十五里・南北三十五里者之同在京畿道也; 忠州牧之東西一百四十里·南北九十三里, 與淸風府之東西五十五里·南北八十里者之同在忠淸道也; 奉化縣之東西四十五里·南北四十五里, 與義城縣之東西八十里·南北七十里者之同在慶尙道也. 或多幾倍, 或少幾分. 此猶縣·府同比也.

至於黃海道之安岳郡之東西六十里·南北七十里者之於豐川府之東西三十五里·南北七十里, 而郡大於府; 興陽縣之東西二十里·南北一百十里者之於礪山府, 縣大於府. 此猶不相管下也.

至若鐵原府之東西六十里·南北七十里者之於平康縣, 府小於縣, 而又是鐵原鎭管下也. 諸如此類, 不勝枚擧.

唐制, 近畿之州爲四輔, 其餘爲六雄·十望·十緊及上中下之差. 縣有赤縣·畿縣·望縣·緊縣·上縣·中縣·下縣, 七等之差. 宋定天下, 諸縣除赤縣·畿縣外, 四千戶以上爲望縣, 三千戶以上爲緊縣, 二千戶以上爲上縣, 千戶以上爲中縣, 不滿千戶爲中下, 五百戶以下爲下.

大明丘濬獻議請: "分府爲上中下三等, 州縣之等亦如之. 上縣以編民百里爲率, 中縣五十里以上, 下縣四十里以下. 其縣之過百里者, 或陞以爲州, 或析以爲一二縣. 縣之人民少者, 割附近里民益之. 州之人民少者, 或降以爲縣, 或益之以近民, 而府亦然. 如此則官吏之所莅者, 有繁·簡, 以此次其殿最; 土地之所出者, 有厚·薄, 以此科其財賦; 人民之所聚者, 有衆·寡, 以此定其徭役." 今以我國州縣之制言之, 必如丘議, 正疆域而後, 百廢可興, 務令從時制宜. 府有府制, 縣有縣制, 更申府·縣·鎭管之制而稍加焉. 先自部內始, 達于八方, 部內則漢城府爲主鎭, 統五部. 外邑之制, 亦如部內, 而大率以五縣爲度, 如一道置若干府, 府有府使; 一府有若干縣, 縣有縣監【有郡名者, 稱郡守, 如縣監例】. 諸縣隷於府, 諸府隷於道, 自近及遠, 日親民而利病易知.

『周禮』'職方氏掌制邦國之地域而正其封疆.' 臣愚謂宜亟命有司之臣, 正其封疆之制, 使八道之府·郡·縣, 必相聯屬【如部內之漢城府統五部】, 無使疏漏. 如京畿道, 建八府. 曰楊州府【原牧, 今改府】, 統加平郡·永平郡·抱川縣·積城縣; 曰坡州府【原牧, 今改府】, 統高陽郡·交河郡【并原楊州鎭管, 今移屬】; 曰長湍府, 統朔寧郡·麻田郡·漣川縣; 曰喬桐府; 曰驪州府【原牧, 今改府】, 統利川郡

【原府, 今改郡】・楊根郡・砥平縣; 曰竹山府【原驪州鎮管, 今陞鎮】, 統果川縣・陽智縣・陰竹縣【并原驪州鎮管, 今新屬】; 曰南陽府, 統安山郡・安城郡・陽城縣・振威縣・龍仁縣・始興縣; 曰通津府【原南陽鎮管, 今陞鎮】, 統富平郡【原府, 今改郡】・仁川郡【原府, 今改郡】・金浦郡・陽川縣【并原南陽鎮管, 今新屬】.

忠淸道, 建八府. 曰公州府【原牧, 今改府】, 統林川郡・韓山郡・定山縣・全義縣・燕岐縣・扶餘縣; 曰連山府【原公州鎮管縣, 今陞鎮府】, 統恩津縣・石城縣・魯城縣・鎮岑縣・懷德縣【并原公州鎮管, 今新屬】; 曰洪州府【原牧, 今改府】, 統沔川郡・瑞山郡・泰安郡・海美【原縣, 以堂上窠, 今陞郡】・唐津縣・德山縣; 曰靑陽府【原洪州鎮管縣, 今陞鎮府】, 統舒川郡・庇仁縣・藍浦縣・保寧縣・結城縣・鴻山縣【并原洪州鎮管, 今新屬】; 曰溫陽府【原洪州鎮管郡, 今陞鎮府】, 統大興郡・禮山縣・新昌縣・牙山縣・平澤縣【并原洪州鎮管, 今新屬】; 曰忠州府【原牧, 今改府】, 統淸風郡【原府, 今改郡】・丹陽郡・槐山郡・延豊縣・陰城縣・永春縣・堤川縣; 曰淸州府【原牧, 今改府】, 統天安郡・稷山縣・木川縣・鎮川縣・淸安縣; 曰沃川府【原淸州鎮管郡, 今陞鎮府】, 統報恩郡・文義縣・懷仁縣・靑山縣・黃澗縣・永同縣【并原淸州鎮管, 今新屬】.

慶尙道, 建十二府. 曰大邱府, 統密陽郡【原府, 今改郡】・淸道郡・靈山縣・昌寧縣・玄風縣・慈仁縣・慶山縣; 曰㳛谷府【原大邱鎮管, 今陞鎮】, 統仁同郡【原府, 今改郡】・河陽縣・新寧縣・義興縣【并原大邱鎮管, 今新屬】; 曰安東府, 統禮安縣・奉化縣・英陽縣・眞寶縣; 曰榮川府【原安東鎮管郡, 今陞鎮府】, 統順興郡【原府, 今改郡】・豊基郡・龍宮縣・醴泉縣【并原安東鎮管, 今新屬】; 曰義城府【原安東鎮管縣, 今陞鎮府】, 統靑松郡【原府, 今改郡】・寧海郡【原府, 今改郡】・盈德縣・軍威縣・比安縣【并原安東鎮管, 今新屬】; 曰慶州府, 統蔚山郡【原府, 今改郡】・興海郡・永川郡・淸河縣・延日縣・長鬐縣; 曰東萊府, 統梁山郡・彦陽縣・機張縣【并原慶州鎮管, 今移屬】; 曰尙州府【原牧, 今改府】, 統善山郡【原府, 今改郡】・開寧縣・聞慶縣・咸昌縣; 曰星州府【原尙州鎮管牧, 今改府, 陞鎮】, 統金山郡・知禮縣・高靈縣【并原尙州鎮管, 今新屬】; 曰晉州府【原牧, 今改府】, 統河東郡【原府, 今改郡】・昆陽郡・咸陽郡・泗川縣・丹城縣・安義縣・南海縣; 曰居昌府【原晉州鎮管, 今陞鎮】, 統陜川郡・草溪郡・宜寧縣・三嘉縣・山淸縣

【幷原晉州鎭管, 今新屬】; 曰金海府, 統昌原郡【原府, 今改郡】・巨濟郡【原府, 今改郡】・咸安郡・漆原縣・鎭海縣・固城縣・熊川縣.

全羅道, 建十一府. 曰全州府, 統礪山郡【原府, 今改郡】・益山郡・珍山郡・錦山郡・高山縣・龍安縣・金溝縣; 曰金堤府【原全州鎭管郡, 今陞鎭府】, 統咸悅縣・臨陂縣・沃溝縣・萬頃縣【幷原全州鎭管, 今新屬】; 曰古阜府【原全州鎭管郡, 今陞鎭府】, 統扶安縣・興德縣・井邑縣・泰仁縣【幷原全州鎭管, 今新屬】; 曰羅州府【原牧, 今改府】, 統靈巖郡・南平縣・咸平縣・務安縣; 曰光州府【原羅州鎭管牧, 今改府, 陞鎭】, 統長城郡【原府, 今改郡】・靈光郡・高敞縣・茂長縣【幷原羅州鎭管, 今新屬】; 曰南原府, 統潭陽郡【原府, 今改郡】・淳昌郡・雲峯郡【原縣, 以堂上窠, 陞郡】・谷城縣・玉果縣・昌平縣; 曰茂朱府【原南原鎭管, 今陞鎭】, 統龍潭縣・任實縣・鎭安縣・長水縣【幷原南原鎭管, 今新屬】; 曰順天府, 統樂安郡・興陽縣・光陽縣・求禮縣; 曰綾州府【原順天鎭管牧, 今改府, 陞鎭】, 統寶城郡・和順縣・同福縣【幷原順天鎭管, 今新屬】; 曰長興府, 統珍島郡・康津縣・海南縣; 曰濟州府【原牧, 今改府】, 統大靜縣・旌義縣.

黃海道, 建六府. 曰海州府【原牧, 今改府】, 統延安郡【原府, 今改郡】・白川郡・金川郡・康翎縣; 曰豊川府【原海州鎭管, 今陞鎭】, 統長淵郡【原縣, 以堂上窠, 陞郡】・松禾縣・殷栗縣【幷原海州鎭管, 今新屬】; 曰瓮津府; 曰黃州府【原牧, 今改府】, 統鳳山郡・瑞興郡【原府, 今改郡】, 遂安郡; 曰安岳府【原黃州鎭管郡, 今陞鎭府】, 統載寧郡・信川郡・文化縣・長連縣【幷原黃州鎭管, 今新屬】; 曰平山府【原黃州鎭管, 今陞鎭】, 統谷山郡【原府, 今改郡】, 新溪縣・兎山縣【幷原黃州鎭管, 今新屬】.

江原道, 建五府. 曰原州府【原牧, 今改府】, 統寧越郡【原府, 今改郡】・旌善郡・平昌郡・橫城郡【原縣, 以堂上窠, 陞郡】・洪川縣; 曰鐵原府, 統淮陽郡【原府, 今改郡】・伊川郡・【原府, 今改郡】・平康縣・安峽縣・金化縣・金城縣; 曰春川府, 統狼川縣・楊口縣【二邑, 原鐵原鎭管, 今移屬】・麟蹄縣【原原州鎭管, 今移屬】; 曰江陵府, 統三陟郡【原府, 今改郡】・平海郡・蔚珍縣; 曰襄陽府【原江陵鎭管, 今陞鎭】, 統高城郡・通川郡・扞城郡・歙谷縣【幷原江陵鎭管, 今新屬】.

咸鏡道, 建十六府. 曰咸興府; 曰永興府, 統定平郡【原府, 今改郡】・高原郡; 曰安邊府, 統德源郡【原府, 今改郡】・文川郡; 曰北青府, 統洪原縣・利原縣; 曰鏡城府, 統明川郡【原府, 今改郡】; 曰端川府; 曰甲山府; 曰三水府; 曰厚州府; 曰茂山府; 曰吉州府【原牧, 今改郡】; 曰會寧府; 曰鍾城府; 曰穩城府; 曰慶源府; 曰慶興府; 曰富寧府.

平安道, 建二十一府. 曰平壤府, 統中和郡【原府, 今改郡】・咸從郡【原府, 今改郡】・龍崗縣・甑山縣・順安縣・江西縣; 曰成川府, 統慈山郡【原府, 今改郡】・祥原郡・殷山縣・三登縣・江東縣・陽德縣; 曰德川府【原成川鎮管郡, 今陸鎮府】, 統价川郡・順川郡・孟山縣【并原成川鎮管, 今新屬】; 曰安州府【原牧, 今改府】, 統肅川郡【原府, 今改郡】・永柔縣; 曰寧邊府, 統雲山郡・熙川郡・博川郡・泰川縣; 曰江界府, 統閭延郡【舊府, 今改郡】・慈城郡・虞芮郡・茂昌郡【四邑舊廢, 今并復設】; 曰義州府; 曰楚山府; 曰定州府【原牧, 今改府】; 曰昌城府; 曰朔州府; 曰龜城府; 曰渭原府【原郡, 今陸府】; 曰碧潼府【原郡, 今陸府】; 曰寧遠府【原郡, 今陸府】; 曰嘉山府【原郡, 今陸府】; 曰鐵山府; 曰龍川府; 曰郭山府【原郡, 今陸府】; 曰三和府; 曰宣川府.

該八道・八十八府・一百郡・一百四十五縣. 道監司, 自正一品至從二品差; 府使, 自從二品至正三品堂上官差; 郡守, 自正三品堂上官至從五品差; 縣令・縣監, 自正三品堂下官至從六品差. 道監司, 摠督道內諸郡; 府府使, 按察管下諸郡・縣. 自此以下, 則縣以治其面, 面以治其里, 里以治其統, 統以治其戶.【法詳統甲】

京畿道之開城府・江華府・廣州府・水原府, 是爲四都, 作京官, 論置留守, 皆有軍營之重, 命貴大臣後之宜矣. 其經歷・判官, 則政治依郡・縣例, 隸於留相. 凡諸察訪・監牧官・僉使・萬戶・別將, 各以土斷, 隸於本府, 如郡縣例. 巡方則監司止於道內諸府, 府使止於管下諸邑, 郡縣止於境內諸面. 監司歲一度, 府使月一度, 郡縣無定數, 行必贏糧, 無擾民. 夫然後按部・考績・恤災・致賦・行農桑・問疾苦, 朝令而夕至, 家訓而戶喻, 以至於軍制關防, 無不精詳. 是所謂'上馬管軍, 下馬親民', 方便之術, 萬世之利也.


● 附錄－復四郡議

曰竊以四郡者, 故閭延・茂昌・慈城・虞芮是也. 蓋鴨綠水一帶, 西流經甲山・三水・厚州而北. 夾左茂昌, 遂至于北, 過閭延而折而西. 過虞芮, 復折而南. 過慈城然後, 復折而西, 過渭原等七邑, 而爲南北之天限. 此四郡者, 大抵皆在鴨綠水之左, 爲我地之內服. 其地據水曲處, 三面阻水, 如中國之河套, 而地廣千里, 天府之沃也.

始棄也, 其以緣鴨綠水逶迤千餘里, 難於河防而然歟. 故其設堡也, 東則自葛坡而南置七八所, 爲厚州之蔽; 西則自滿浦而南置七八所, 爲江界之藩. 是四郡之地, 看作異域也, 自葛坡西至滿浦六百餘里之間, 不置一卒防守. 其意以爲空其地千餘里, 曠無人居, 則雖有潛來者, 無所依附, 無從投足耶. 此又不然. 夫此地之美, 隣人之艷慕, 厥有舊矣. 是以日月而出入, 土居而木處, 潛採金蔘, 以自爲利, 而吾之防禁旣無, 地又空矣. 利之所在, 趨者日衆, 浸浸然安知不他日作王庭之漠南乎?

夫沿鴨綠水而劃界, 是謂天塹也. 棄天塹而不守, 割內地而畀敵, 地旣內縮, 塹自人毀, 第未知引水入墻, 能無汎濫之患乎? 且今朔野奸細之民, 投作巢窟, 妻子・田園, 儼成産業, 遁軍・逋囚, 萃爲淵藪. 金・銀・銅・鐵・蔘・茸・貂・獺, 利竇斯在, 弓矢・戈矛・藥丸・刀棒, 武備自衛. 至于今, 不下數十萬人戶, 所居成聚. 守土之臣, 禁之無奈, 任其自恣, 匿不以聞, 待到養成, 安知不漸次作賊乎? 卽使之不作賊, 旣棄其地, 又棄其民, 以理則不祥, 以計則不智, 何苦而爲此哉? 不如隨其土田, 因其民人, 已居者, 安輯之, 願入者, 招募之, 置官長, 設防守, 自然爲民生之樂土, 國家之佳郡縣. 一以化無賴爲良民, 消患於未成; 一以依鴨綠水之阻, 作我之天塹; 一以拓方千里, 歲課增益, 而內無吾民反側之禍, 外無隣寇侵軼之患, 一擧而二害去・三利成. 故曰四郡宜復.


2 **統甲**

『周禮』: "遂人, 掌邦之野, 以土地之圖, 經田野, 造縣鄙形體之法. 五家爲隣, 五隣爲里, 四里爲酇, 五酇爲鄙, 五鄙爲縣, 五縣爲遂, 皆有地域溝樹之."

"大司徒, 施敎法于邦國・都鄙, 使之各以敎其所治民. 令五家爲比, 使之相保;

五比爲閭, 使之相受; 四閭爲族, 使之相葬; 五族爲黨, 使之相救; 五黨爲州, 使之相賙; 五州爲鄉, 使之相賓."

陳梅曰: "比有長, 閭有胥, 族有師, 黨有正, 州有長, 鄉有大夫, 其間大小相維, 輕重相制, 綱擧目張, 周詳細密, 無以加矣."

而要之, 自上而下, 所治皆不過五人, 蓋於詳密之中而得易簡之意. 此周家一代良法·美意也. 後世人才, 遠不如古, 乃欲以縣令一人之身, 坐理數萬戶口賦稅, 色目繁猥, 又倍於昔時, 雖欲不叢脞, 其可得乎? 愚故爲之說曰, 以縣治鄉, 以鄉治保【或謂之都】, 以保治甲, 視所謂不過五人者而加倍焉, 亦自詳密, 亦自易簡, 此斟酌古今之一端也.

『管子』「首憲」曰: "分國以爲五鄉, 鄉爲之師; 分鄉以爲五州, 州爲之長; 分州以爲十里, 里爲之尉; 分里以爲十游, 游爲之宗. 十家爲什, 五家爲伍, 什·伍皆有長焉. 築障塞匿, 一道路, 博出入, 審閭閈, 愼筦鍵, 藏于里尉, 置閭有司, 觀出入者, 以復于里尉. 凡出入不時, 衣服不中, 圈屬群徒不順於常者, 閭有司見之, 復無時. 若在長家子弟·臣妾·屬役·賓客, 則里尉以譙于游宗, 游宗以譙于什伍, 什伍以譙于長家. 譙敬而勿復, 一再則宥, 三則不赦. 凡孝悌忠信·賢良儁材, 若在長家子弟·臣妾·屬役·賓客, 則什伍以復于游宗, 游宗以復于里尉, 里尉以復于州長, 州長以計于鄉師, 鄉師以著于士師. 凡過黨, 其在家屬, 及【坐也】于長家; 其在長家, 及于什伍之長; 其在什伍之長, 及于游宗; 其在游宗, 及于里尉; 其在里尉, 及于州長; 其在州長, 及于鄉師; 其在鄉師, 及于士師. 三月一復, 六月一計, 十二月一著. 凡上賢, 不過等, 使能不兼官. 罰有罪, 不獨及; 賞有功, 不專與."

後魏給事中李冲上言: "宜準古, 五家立一隣長, 五隣立一里長, 五里立一黨長, 長取鄉人强謹者. 隣長復一夫, 里長二, 黨長三, 所復復征, 戍餘若民, 三載無愆則陟用, 陟之一等."

孝文從之. 詔曰: "隣·里·鄉·黨之制, 所由來久矣. 欲使風敎易周, 家至目見, 以大督小, 從近及遠, 如身之使手, 榦之總條, 然後口算平均, 義興訟息." 史言: "立法之初, 多稱不便, 及事旣施行, 計省昔十有餘倍. 於是海內安之."

唐柳宗元之言曰: "有里胥而後有縣大夫, 有縣大夫而後有諸侯, 有諸侯而後有方伯・連帥, 有方伯・連帥而後有天子. 由此論之, 天下之治, 始於里胥, 終於天子, 其灼然者矣. 故自古及今, 小官多者, 其世盛; 大官多者, 其世衰. 興亡之塗, 罔不由此."

觀於陳梅之言, 而見周家一代之良法; 觀於柳宗元之言, 而知天下之治始於里胥; 觀於後魏之治, 而信始不便而終安之也. 爲治之道, 誠捨此不得. 要之, 於歷代之制, 擇其簡而易行者, 如後魏之五家爲隣・五隣爲里・五里爲黨者. 而我國, 部內則有坊・有契・有統, 外邑則有面【如部內之坊】・有里【如部內之契】・有統【卽部內之統】. 統有首, 里有尊, 面有正, 猶有古意也. 但未有成規, 名存而實無矣.

臣愚謂, 宜仍舊存而申明其制, 使五家爲統, 統有首【今之統首】; 十統爲里, 里有尊【今之尊位】; 十里爲面, 面有正【今之約正】, 取鄕人之强謹者爲之.【後周蘇綽作六條, 詔書曰: "非直州・郡之官, 皆須善人, 爰至黨族閭里正長之職, 皆當審擇, 各得一鄕之選, 以相監統.】統首復一夫, 里尊復二夫, 面正復三夫.【如魏之制】職任・賞罰, 幷依『管子』「首憲」之制. 至于賦稅・丁夫・糶糴之政, 官下之面, 面下之里, 里下之統, 統下之家. 家皆完于統, 統皆完于里, 里皆完于面, 面皆完于官, 完于府, 完于道, 完于朝. 如有獄訟事務, 五家公議, 讞于統, 統首決之. 決之不諧【誤決而不厭人心, 則聽其越訴, 勿咎. 下皆倣此】, 十統首公議, 讞于里, 里尊決之. 決之不諧, 十里尊公議, 讞于面, 面正決之. 決之不諧, 各面正公議, 讞于官, 官決之. 決之不諧, 讞于道, 道決之. 決之不諧, 讞于朝, 朝廷聽之, 其有自統至道, 有循私誤決者, 隨輕重, 以本罪罪之.【如統首誤決而里尊公決得當, 則里尊申告統首於面正論罪; 里尊誤決而面正公決得當, 則面正申告里尊於官論罪之類】非理而刁訟者, 待公決後, 隨輕重, 加倍論罪. 如此則無一夫之失所, 無一事之失宜, 平治之功, 於此焉在, 誠今日之急務乎.


### 3 軍伍

『周官』: "小司徒, 乃會萬民之卒伍而用之. 五人爲伍, 五伍爲兩, 四兩爲卒, 五卒爲旅, 五旅爲師, 五師爲軍. 以起軍旅, 以作田役, 以比追胥, 以令貢賦. 上地, 家七人, 可任也者家三人; 中地, 家六人, 可任也者家五人【二家十二人中之五人也】; 下地, 家五人, 可任也者家二人." 此教鍊之數也.

『司馬法』: "地方一里爲井, 四井爲邑, 四邑爲丘, 四丘爲甸. 甸六十四井, 有戎馬四匹・兵車一乘・牛十二頭・甲士三人・卒七十二人." 此調發之數也.

教鍊則不厭其多. 故凡食土之毛者, 除老弱不任事之外, 家家使之爲兵, 人人使之知兵. 雖至小之國, 勝兵萬數, 可指顧而集也. 調發不厭其簡. 甸六十四井, 乃爲五百一十二家, 而所調者止七十五人, 是六家調發共出一人也. 每甸, 姑通以中地二家五人計之, 五百一十二家, 可任者一千二百八十人, 而所調者止七十五人, 是十七次調發, 方及一人也. 教鍊必多, 則人皆習兵革; 調發必簡, 則人不疲於征戰.

管仲相齊, 作內政, 以寓軍令制國. 五家爲軌, 軌爲之長; 十軌爲里, 里有司; 四里爲連, 連爲之長; 十連爲鄕, 鄕有良人焉. 五家爲軌, 故五人爲伍, 軌長帥之; 十軌爲里, 故五十人爲小戎, 里有司帥之; 四里爲連, 故二百人爲卒, 連長帥之; 十連爲鄕, 故二千人爲旅, 鄕良人帥之; 五鄕一帥, 故萬人爲一軍, 五鄕之帥帥之. 三軍, 故有中軍之鼓, 有國子之鼓, 有高子之鼓. 春以蒐振旅, 秋以獮治兵. 是故卒伍整於里, 軍旅整於郊. 內敎旣成, 令勿使遷徙. 伍之人, 祭祀同福, 死喪同恤, 福災共之, 人與人相疇, 家與家相疇, 世同居, 少同游. 故夜戰, 聲相聞, 足以不乖; 晝戰, 目相視, 足以相識. 其歡欣足以相死, 居同樂, 行同和, 死同哀. 是故守則同固, 戰則同彊. 君有此士也三萬人, 以方行於天下, 以誅無道, 以屏周室, 天下大國之君, 莫之能禦也.

秦孝公用商鞅, 初爲轅田, 遂破井田, 開阡陌. 漢參考秦法, 五戶爲伍, 十戶爲什. 百戶一里, 里有魁; 五里一郵, 郵有督; 十里一亭, 亭有長. 長有兩卒, 一爲亭父, 一爲求盜. 五亭一鄕, 鄕有牧・三老・游徼. 十於鄕曰聚, 聚有嗇夫. 十亭一縣, 縣有令・丞・尉, 不滿萬戶爲長.

唐置府兵. 其制, 凡天下十道, 置府六百三十四. 上府兵千二百人, 中府兵千人, 下府兵八百人. 府置折衝・都尉各一人, 左・右果毅都尉各一人, 長史・兵曹・別將各一人, 校尉六人. 士以三百人爲團, 團有校尉; 五十人爲隊, 隊有正;

十人爲火, 火有長, 火備六馱馬. 凡火, 具烏布幕·鐵馬盂·布槽·鍤·钁·鑿·碨·筐·斧·鉗·鋸皆一, 甲床二, 鎌二. 隊, 具火鑽一, 胸馬繩一, 首羈·足絆皆三. 人, 具弓一, 矢三十, 胡祿·橫刀·礪石·大觽·氈帽·氈裝·行縢皆一. 麥飯九斗, 米二斗, 皆自備【必官給之價也】, 并其介冑·戎具, 藏於庫, 有所征行, 則視其入而出給之. 其番上宿衛者, 惟給弓·矢·橫刀而已. 凡民, 年二十爲兵, 六十而免. 其能騎而射者, 爲越騎, 其餘爲步兵·武騎·排䙡手·步射. 每歲季冬閱武, 因縱獵獲. 凡發府兵, 皆下符契, 州刺史與折衝勘契乃發. 若全府發, 則折衝·都尉以下皆行, 不盡則果毅行, 少則別將行. 當給馬者, 官與其直市之.

有事征戰, 無事畊耨; 三時務農, 一時講武. 籍藏將府, 兵散田疇; 將不握兵, 兵不冗食. 及夫彍騎【募士宿衛, 皆下戶白丁, 號長從兵.】作, 而府士益多, 不補折衝將, 又積歲不得遷, 士人皆恥爲之. 於是府兵廢而唐室衰矣.

宋慶曆二年, 籍河北强壯, 爲義勇, 且籍民丁, 以補其不足, 河東亦如之. 議者以爲'義勇, 爲河北伏兵, 以時講習, 無待儲廩, 得古寓兵於農之意'. 治平初, 宰相韓琦言: "古者, 藉民爲兵, 數雖多, 贍至薄. 唐置府兵, 最爲近, 後廢不能復. 今之義勇, 河北幾十五萬, 河東幾八萬, 勇悍純實, 出於天性, 而有物力資産·父母妻子之所係, 若稍加鍊簡, 與唐府兵何異? 陝西嘗刺弓手, 爲保捷. 河北·河東·陝西, 皆控西北, 事當一體. 請於陝西諸州, 亦點義勇, 止涅手背, 一時不無少擾, 終成長利." 天子納其言. 於是三路鄉兵, 義勇最盛.

丙寅, 南牧. 宣司檄召諸處兵, 與湖北義勇俱往救. 諸郡兵不待見敵而潰, 所過鈔略, 甚于戎寇, 獨義勇, 隨其帥進退, 不敢秋毫犯, 蓋顧其室家門戶故也.

蘇軾言: "河朔西路, 被邊州軍, 自澶淵講和以來, 百姓自相團結, 爲弓箭社, 不論家業高下, 戶出一人. 又自相推, 擇家資武藝衆所服者, 爲社頭·社副·錄事, 謂之頭目. 帶弓而鋤, 佩釰而樵, 出入山阪, 飮食長技, 與敵國同, 私立賞罰, 嚴於官府. 分番巡邏, 鋪屋相望, 若透漏北賊及本土强盜, 不獲, 其當番人, 皆有重罰. 遇有警急, 擊鼓聚衆, 頃刻可致千人, 器甲·鞍馬, 常若寇至. 蓋親戚·墳墓所在, 人自爲戰, 敵甚畏之. 先朝名臣帥定州者, 韓琦·龐籍, 皆加意撫循其人, 以爲爪牙耳目之用, 而籍又增損其約束·賞罰. 今雖名目具存, 責其實用, 不逮往日. 欲乞朝廷立法, 少賜優異, 明設賞罰, 以示懲勸."

此宋時弓箭社之法. 雖承平廢弛, 而靖康之變, 河北忠義, 多出於此. 有國家者, 其可於閑暇之時, 而爲此寓兵於農之計也.

熙寧初, 王安石變募兵而行保甲, 帝從其議. 三年, 始聯比其民, 以相保任, 乃詔畿內之民. 十家爲一保, 選主戶有幹力者一人爲保長; 五十家爲一大保, 選一人爲大保長; 十大保爲一都保, 選爲衆所服者爲都保正, 又以一人爲之副. 應主・客戶兩丁以上, 選一人爲保丁, 附保; 兩丁以上有餘丁而壯勇者, 亦附之; 內家資最厚・材勇過人者, 亦充保丁, 兵器非禁者, 聽習. 每一大保, 夜輪五人警盜, 凡告捕, 所獲以賞格從事. 同保, 犯強盜・殺人・放火・強姦・略人・傳習妖教・造畜蠱毒, 知而不告, 依律伍保法. 餘事, 非干己, 又非勅律所聽糾, 皆毋得告, 雖知情亦不坐, 若於法, 類保合坐罪者, 乃坐之. 其居停強盜三人經三日, 保隣雖不知情, 科失覺罪. 逃移死絶, 同保不及五家, 併他保. 有自外入保者, 收爲同保, 戶數足則附之, 俟及十家則別爲保, 置牌以書其戶數・姓名. 既行之畿甸, 遂行之五路, 以達于天下. 時則以捕盜賊・相保任, 而未肄以武事也. 四年, 始詔畿內保丁肄習武事. 歲農隙, 所隷官期日, 於要便鄕村, 都試騎・步射, 幷以射中親疎遠近爲等. 騎射, 校其用馬, 有餘藝而願試者, 聽. 第一等, 保明以聞天子, 親閱試之, 命以官使. 第二等, 免當年春天一月・馬藁四十・役錢二千, 本戶無可免或所免不及, 聽移免他戶而受其直. 第三・第四等, 視此有差. 藝未精, 願俟閱試, 或附甲單丁願就閱試者, 幷聽. 都・副保正, 武藝雖不及等, 而能整齊保戶無擾・勸誘丁壯習藝及等・捕盜比他保最多・弭盜比他保最少, 所隷官以聞, 其恩視第一等焉. 都・副保正有闕, 選大保長充. 都・副保正, 雖勸誘丁壯習藝, 而輒強率妨務者禁之. 吏因保甲事, 受賕斂, 掠加乞取, 監臨三等, 杖・徒・編管・配隷, 告者, 次第賞之. 命官犯者, 除名. 此保甲法之大略也.

歷代之制, 隨時沿革, 如賦兵・募兵・屯兵【漢之屯田】・府兵・寨兵【宋弓箭社】・保甲之類, 而爲今之計者, 屯兵・府兵・寨兵・保甲之制, 切中時宜.

而丘瓊山之獻議: "欲變軍衛指揮都司之制, 立里甲法. 其法, 每縣因其原設里社, 制爲隊伍, 一以所居・就產爲定. 里社丁戶有不足者, 移其少而就多, 使之整然有定數. 每一里百戶, 分爲二隊五十名, 立一總甲【視軍衛擯旗】; 每隊分爲五小甲, 甲十名【視軍衛小旗】. 又合十隊爲一都甲【視軍衛十百戶】而屬之州縣, 屬之府而又宜矣."

呂大忠之議曰: "漢之屯田・唐之府兵, 善法也. 弓箭社, 近於屯田; 義勇, 近於府兵. 擇用一焉, 兵屯可省矣." 信矣哉! 又如王氏之保甲, 元祐諸公, 皆言不便, 王巖叟・文潞公・蘇子瞻, 多譏之, 司馬君實則力沮而竟罷之. 蓋有激於當時新法之弊, 而並斥之歟. 夫善法之有弊, 固行法者之枉也, 觀其當而矯其枉而已, 幷謂法不善而棄之, 則是因噎而廢食也, 其亦過矣.

臣愚謂, 宜兼取上諸法, 擇宜矯枉, 務得於要道. 而惟是我朝軍制, 京營勿論【各營之制, 又皆不同.】, 卽鄕兵之制, 有束伍・上番・正兵・牙兵・陞戶・保人等號, 不一其名目, 旣非賦兵, 又非募兵, 又非屯兵・府兵・寨兵・保甲・里甲之制. 而只隨其名, 責納軍布而已, 初無爲意於軍政・武備, 不幸有萬一之虞, 則調發無地【今之軍丁, 多白骨・黃口, 虛名生徵者.】, 所在土崩, 觀於壬南・丙北之事, 而豈不寒心哉! 前車之覆, 後車之戒, 宜於今日治平之時, 預爲陰雨之備, 此聖人安不忘危者也.

爲今之軍者, 亦唯依統甲法, 五家爲統【餘戶爲統, 餘待滿五後爲統.】, 統有首; 十統【統數, 或過十, 或不及, 幷隨本里之數而立.】爲里, 里有尊; 五里【里則或過五, 或不及五, 幷隨本面戶數而立.】爲面, 面有正, 各以其屬治如上法. 條例, 一依保甲法, 而稍簡官點, 私立賞罰, 如弓箭社. 旣不妨農, 又肄武事, 則又是屯田法也. 其始於『管子』之「內政」, 而今日所必行者也.【調發時, 十統作五分, 論二統, 行八統, 留以爲輪調. 但統內之伍, 必全伍而行, 如「內政」之夜戰聲相聞・晝戰目相識之義.】

甚矣! 今日軍政之又違國典也. 如『通編』所載「免役條」, 父子三人編伍者, 除其父; 兄弟四人編伍者, 除其兄, 官定其代; 又四父子以上良役, 勿論同居與否, 從自願一人除減. 乃今日之民, 雖十父子・十兄弟, 徒無有一人免者. 又年滿六十者免, 篤疾・廢疾者免, 又篤疾・廢疾者之一子, 及年七十以上者之一子, 及年九十以上者之諸子, 幷免役. 然則軍士年滿六十者, 自己免; 七十者, 幷其一子而免; 九十者, 幷其諸子而免. 蓋朝家優老之典, 旣施恩於六十以上者身, 又許以七十以上者, 一子歸養, 九十以上者, 諸子歸養之德意也. 乃今, 非直其諸子之不得免也, 卽一子亦不得免; 非直其子, 卽九十・七十之老者亦不得免. 自身九十・七十之不得免, 而何有於六十也? 且無論篤疾・廢疾而免, 卽一喘不絶, 苟委床席者, 亦不得免; 非直一喘不絶者, 卽已死者; 死而經十百年者, 亦不得免.【是謂白骨徵布.】

又如「成籍條」, 黃口・兒弱充定, 守令徒配, 監色刑配. 黃口者, 五歲以下者; 兒弱者, 十四歲以下者. 此非惟其人之不成丁也, 蓋亦字幼之盛德也. 乃今, 非直兒弱・黃口, 卽落草而不女則籍.【近有關東某邑民有生孩者, 官命充定. 民抱其孩入訴曰: "此生不踰三日." 官曰: "女否?" 民曰: "男也." 官曰: "男則已矣. 何論三日?" 民曰: "然則男之過也, 不男則可乎?" 於是乎, 摘嬰孩之陰, 獻于官. 議者謂: "狠毒哉! 此民罪不容誅也." 然愛子之心天性也, 誰獨少哉? 而乃忍然自戕, 其怨恨之深, 有深於愛子也.】非直男也, 卽女而亦不免.【又有關東某邑民生女者, 官命充定. 民抱其女而入訴曰: "此女也." 官怒曰: "爾生男, 吾廉之審矣. 爾敢以他人之女來眩乎? 是欺罔也・奸詐也, 不可以不治." 乃決杖四十, 充定後放送. 諸如此類, 無邑不然. 於是, 民不樂於生育, 而稍有多生者, 則曰'冤乎! 天也! 天之使我窮也!' 父母讎其子而疾之者有之, 甚或始生而棄之, 甚又始生而不擧, 有或男女異處, 絶夫婦之歡者. 於是乎, 民皆不能保妻子, 而人民何得而蕃息, 戶口何得而不減乎?

『周禮』: "大司徒以保息【謂安其民而使之蕃息】, 撫養萬民, 一曰慈幼, 二曰養老." 又曰: "司民, 掌登萬民之數, 自生齒以上, 皆書于版. 三年大比, 以萬民之數詔司寇. 司寇獻于王, 王拜受之【敬之也】."

漢惠帝六年, 令民男女年十五以上至三十不嫁, 五算,【漢律, 人出一算, 今令不嫁之人出五算, 罪之也.】恐不蕃息也. 章帝元和二年春, 詔賜民胎養穀, 著爲令, 詔曰: "諸懷姙者, 賜胎養穀人三斛, 復其夫勿算一歲." 三年春, 詔嬰兒無親屬者及有子不能養者, 稟給之【丘濬曰: "漢之時, 去古未遠, 所以著之詔令, 以惠愛元元, 以蕃其生者, 猶有古意. 女子過時不嫁者, 有罪; 婦人懷姙者, 有養; 嬰兒失養者, 有給. 三代以下, 漢祚所以獨長, 旣失而復得者, 豈不以此哉?"】

此皆王者保民之政, 而尤汲汲於蕃息也, 如之何其令民愁苦之而至於不樂生育之至此耶? 悲夫! 痛矣! 此有司之安於違制, 而國典幾於寢廢也. 今夫民之所以怵於軍籍者, 徵布故也. 蓋一入軍籍, 年年出貰, 雖百十年而終無免者, 如此而民何以得保?

漢魯恭疏曰: "萬民者, 天之所生. 天愛其所生, 猶父母愛其子, 一物有不得其所者, 則天氣爲之舛錯, 況於人乎! 故愛民者, 必有天報." 唐馬周疏曰: "三代及漢, 歷年多者八百, 少者不減四百, 良以恩結人心, 人不能忘故也. 自是以降, 多者六十年, 少者纔二十餘年, 皆無恩於人, 本根不固故也. 臣觀, 自古百姓愁怨, 國未有不亡者, 人主當修之於可修之時, 不可悔之於旣失之後."

臣於是亦願及此未失之時, 嚴飭有司, 亟反謬政, 兼又別立制度, 勿徵軍布錢, 以結人恩, 以迓天報.

軍布錢, 稱以停番, 稱以雇立, 在處濫徵, 非惟彌縫, 下自里社吏胥, 以至官府上司, 莫不取給於此, 而適足爲貧民耗貲之地也. 貧民耗貲, 已不堪命, 卽不耗貲, 軍役之人, 人已賤之.【爲因今日之制, 士族人不充定也.】故論地閥者, 先問軍役與否. 是以稍力之人, 百計圖脫, 或投托紳家, 或納賂官府, 雖多費於軍布百十倍錢, 期於落籍, 而今日軍籍, 皆貧窮無告之民也, 家何以保生, 錢何以趁期乎? 鞭扑剝割, 所在愁苦, 賣兒鬻妻者有之, 離井背鄉者有之, 甚至有歹心票竊者・狠心自裁者, 悠悠蒼天, 此何人哉!

且古之養兵也, 官給緡錢, 人有賦祿. 故有國之費, 兵爲大.【宋陳襄論兵費有曰: "今天下所入財用大數, 都約緡錢六千餘萬, 養兵之費, 約五千萬, 乃是六分之財, 兵占其五. 禁兵之數, 約七十萬, 一夫錢糧賜予, 歲不下五十千, 則七十萬人, 有三千五萬緡之費. 廂軍之數, 約五十萬, 一夫錢糧賜予, 歲不下三十千, 則五十萬人, 有一千五百萬緡之費, 則是中外共費五千萬矣. 惟餘一千萬, 以備國家百用之費.】兵皆養於官, 未聞如今日之官皆仰給於兵也. 古人兵費之大, 豈不知惜之勿用之爲節財, 而不得不賜予, 且又以厚而不以薄者, 非素結其心, 則不可也. 是以重賞格以誘之, 厚施惠以恩之. 夫然後責其成效, 猶患不盡命. 夫何今日之軍, 平日責其錢, 臨敵責其死也? 數百年怨恨, 固結于中, 卽不之責其錢・責其死, 乃平日不爲之思亂, 臨亂不爲之樂禍者, 幾希矣, 何望乎其出力也? 衛懿公好鶴, 鶴有俸祿・有乘軒者, 狄之亂, 士曰: "何不使鶴戰?" 皆不用命, 遂至於滅. 夫以寵鶴之蹟於寵士, 而士猶如此, 況剝割其人, 怨恨其心乎?

今日聖化方新, 發政施仁, 必先於此. 所謂役布錢, 幷一切除去, 如古養兵之制而患賜予之不瞻者, 亦不須仰給於官, 使各自爲保. 惟統甲之制是成, 而民心可集, 兵力可得, 數百年痼弊, 一朝盡革, 所在人民, 平日樂君之惠, 臨亂衛國之忠, 擧將歸死之不暇矣.

議者或以虧損國課爲疑, 無已則有一於此. 今日之軍籍, 皆小民也, 旣已編伍, 三時歸農, 一時講武, 又有留防·點考及諸般赴役, 又責其布·錢, 是疊役也. 惟紳士與士族人, 則身旣免役, 又不責價布, 有同漏戶, 率土之濱, 孰非王臣? 君子勞心, 小人勞力; 君子役人, 小人役於人. 役人者, 雇人而代力; 役於人者, 受直而代人. 如治家者, 采樵除糞, 不可自力, 則必置雇工; 如坐輿者, 行脚走路, 不能自任, 則必貫轎夫. 彼雇工·轎夫, 卑且賤也, 人亦不辭於卑賤者, 受直也. 因於受直而卑賤可知也, 因於給價而尊貴可知也. 今日之尊如紳士·貴如士族者, 自應行尊貴之事. 尊貴者出直, 不可以自力也; 卑賤者赴役, 以身行也, 如是而後, 貴賤皆得本分矣. 於是反前習而爲之語曰'出直者貴族也, 應役者賤類也', 夫然則人皆以出直爲榮矣. 是所收布·錢者, 皆願納樂爲之錢, 而唯恐其不許納錢也. 夫人有此樂納之俗, 而更誰有愁苦之色, 愆期之患哉?

或又以貧士難辦爲疑, 殊不知貧士固難辦, 卽貧民更難辦. 貧民之業, 不過爲農·爲雇·爲工·爲商, 而樂歲終身苦, 凶年不免於死亡. 此今日之貧民也. 貧士之業, 亦不害於爲農·爲雇·爲工·爲商, 而更或有族親姻戚宦家之睦恤, 則比之貧民, 所業同而所資則加, 不猶有勝於彼乎? 故曰'貴族納錢, 賤民赴役, 庶今日之救弊.'


**4** 糶糴

諸邑倉所儲軍資穀·常平穀·賑恤穀及各色米穀, 定爲糶糴之法, 春貸于民, 折半留庫; 秋成而斂, 取耗什一. 美哉! 作法也. 法之善, 無以加焉. 夫以春窮艱食之時而貸民, 有補不足之意而寓賑濟之政, 折半留庫者, 使倉有見穀, 以備不虞之需. 秋成而斂者, 民易爲力也; 取耗什一者, 民輕其息. 官受涓滴, 又有陳穀換色, 不勞而成, 公私俱便, 宜其爲萬世之利也.

乃法不善守, 久而弊生. 至于今, 而以若利民之法反作害民之竇, 漸至爲民生徹骨之瘼. 以此而難保, 以此而破産, 以此而離散, 以此而死亡, 夫何善惡之相反, 如是耶? 蓋善而守之則固大善法也, 不善行之則爲大虐政也, 以其極善也, 故其變則爲極弊也.

今日之弊, 皆反於昔. 昔之分給也, 民皆願得, 今則民皆圖免而至於抑配. 昔之民, 得之也, 惟恐其不多, 今則惟懼其不少. 昔之民, 計口而給, 口不過石, 今則一人而或十百石. 昔之耗, 什之一, 今之耗, 什之百, 百之不足而爲生徵. 昔之留庫折半, 今則盡分. 昔之穀, 新舊相換, 今之穀, 幷新而盡無. 此今日之還弊.【糶糴, 俗稱還上. 故穀稱還穀, 政稱還政, 弊稱還弊.】

何以民昔願而今不願, 昔樂於得而今不樂也? 蓋昔之所得, 利也, 今則害也. 昔之穀, 斗斛而分, 其還上也如分, 例加耗什一而已. 故方春東作艱食之時, 得此而爲農糧, 得此而爲種子. 又是舊穀垂盡, 穀價稍多之時也, 及秋而償, 新穀旣登, 所在穀多, 又是價賤. 以此償彼, 其利如之加耗數倍, 猶不爲多, 況又什一而止乎? 此昔時之民願樂得者也.

自後, 隨時弊生, 月異歲不同. 始也, 分給所得, 斗斛平量, 及其秋償也, 斗上加一分厚, 斛上加一分厚, 幷耗什一而居然爲什二. 後又斗斛之一分者, 變而爲二·爲三·爲四·爲五, 以至于十分, 而斗上加斗, 斛上加斛. 故春得一石者, 秋捧時, 例以二石磨勘, 而猶少屈也. 今則非直以二償一也. 春之所得一石者, 皆糠粃實中, 虛充斗數, 而其實則不過一二斗也.【近有分給時, 以三十石作一駄而歸者.】以一二斗所得, 償之以一石計, 則已是十倍也. 此猶一二斗之有得, 而今有幷無一粒之受者.【近日遠村鄕里人, 到分給時, 許移給於邑中人, 使之受用. 蓋不滿爲道路之費也, 此不受一粒者也. 今日處處皆然.】而秋之所納, 依例一石, 又斗斛之加一倍, 又精實之費爲幾分, 又納上時, 監色以下邑屬誅求【俗稱人情】者爲幾分, 通共洽爲二三石之費而償此無一粒之本. 此止以一石計也. 若夫十石·二十石者, 則秋捧例爲五六十石白徵.【近聞有大戶八九十石抑配者, 秋納白徵, 無慮數百石云.】是今日之圖免而至於抑配者也.

又有以錢作還法. 假令春分時, 以每石價三錢或五六錢酌定, 而其中又除却官幾分·監色幾分·衙役幾分等項, 則一石所受, 不過一二錢而已, 而秋捧精實穀, 則依例以一石計納.

又有作錢之法. 如秋捧應納一石者, 以錢代捧, 而此係穀貴時, 所行者也. 蓋穀貴時, 一石價, 或五兩, 或七兩, 則謂之從時價而官定以十兩或十數兩捧上. 此皆從前無一粒所得, 而只錄簿書者與或一二錢受價者之穀也, 而未及一年, 至于數十兩之白徵.【非止一年而已, 年年又如是.】

因而有加作之法. 如京司耗作錢【有年例作, 有別作.】之下某道者, 如一萬石作, 則所下道, 以道內耗穀中一萬石作錢上納者也. 而謂以從時價, 出極高價, 收斂於民, 後依例以常定價納送京司, 而餘皆乾沒. 又於本道穀數假令十萬石, 內一萬石作錢, 則餘留穀該爲九萬石也. 乃今因此一萬石作錢時, 加以一萬石, 合二萬石, 以左道諸邑穀從時價作錢, 假令時價, 官定十兩, 則除京司上納一萬石價十萬兩【京司亦只捧常定價, 其餘差人乾沒.】, 外一萬石價十萬兩乾沒. 而該留穀九萬石, 自然爲八萬石, 則一萬石充數, 在所不已也. 於是, 以右道諸邑穀一萬石移給於左道【以今以左道穀作錢故先以右道穀充數】, 而美其名曰'移民移粟'【然則右道之穀, 縮者一萬石.】, 乃用以錢作還之法, 以每石價, 假令一兩式, 合一萬石價一萬兩, 分給于右道諸邑【一萬石已充數】. 右道守令, 爭願受去【以其受一兩而分給止一二錢, 其餘從中乾沒故也.】, 而甚又有申請以優數受去者. 嗟乎! 爲民之牧, 而爲此蠅頭涓滴, 爲吾民益禍, 民其可支保哉? 此又非今一年而止也. 明年則又用移民移粟之政, 以右道穀作錢, 以左道穀移給, 周以復始. 又逐穀貴邑, 加排其邑. 穀貴則其歉歲可知也, 卽不督責, 此穀已稱難保, 況有加於他邑乎? 此例, 道未必盡有, 而聞有已行之者, 第恐日後有幾多處行之, 幾多人行之, 亦未可知也.【以穀之斗量, 旣有術, 穀之價有高歇, 最易幻弄故也.】

今又有付托還法. 蓋始因某邑吏有逋還穀若干石者, 將梟首, 其吏蓋豪俠, 素得上下歡者也. 乃行乞于諸面鄉村人戶曰: "助我以若干斗・若干石, 則可以完逋, 可以免死." 人以無見穀爲辭, 則吏曰: "只移錄於還簿上則可乎!" 人皆許諾, 吏遂得免. 自後吏有逋穀者, 更無言及而輒向還簿上移錄於諸人戶之名下, 及其派定記有曰: "某人若干斗・若干石則固不知也." 到縣查問則曰: "某吏之逋穀, 依某吏之例, 付托於人戶者也." 人有辭枝吾, 則吏反怒曰: "均是吏也, 誰愛誰憎?" 於是人旣懼吏, 不敢拒逆, 卽自拒之, 亦不成拒. 以其秋捧時, 不甚督納,而來春還簿上, 并耗虛錄, 年深歲久, 月長而歲增, 畢竟盡徵而後已. 故寧在數少時磨勘也. 其或有官前呈訴者, 則吏旣操縱, 不成爲訴, 卽或得訴, 官亦利其吏之完逋也, 乃好言慰之曰: "十匙一飯, 且爲汝德." 又危辭懼之曰: "吾雖申汝, 江流石不轉." 人乃無如之何. 此法一開, 今年一吏, 明年一吏, 又或有故爲欠逋者, 將見邑邑皆然矣.

又有添還法. 如某色之還穀, 元摠一萬石, 則事當以其數依例給捧. 而乃邑有富吏 · 豪族, 出錢若干兩, 以每石幾錢例, 準一萬石, 合價付于監色, 待分給時添分, 待秋捧時, 以精實穀添捧. 乃一萬石元摠, 居然爲二萬石, 分給一萬石, 秋捧爲二萬石. 秋捧以是而推, 民之應食一石者, 爲二石, 應食一斗者, 爲二斗, 官簿一萬石并耗磨勘外, 盡歸私橐. 嗚呼! 以若公穀之多, 民已不堪, 況倍之乎?

又有臥還法. 如某邑之某面里, 有若干戶, 該里所分該穀爲若干石, 秋捧時, 只納耗穀而臥其本. 蓋因都無道里之費, 與夫空石受來精實納上, 及濫量索賂等弊也. 是以願臥還之里, 年年納耗之時, 以每石計三五兩人情條納上, 民猶以爲便, 百計請囑, 無限納賂, 惟恐不許, 得許之里, 室家相慶, 皆以爲'可以保生'云, 而年年白徵之每石三五兩人情之費, 在所不恤, 反榮之也.

又有防還法. 還穀廢痼, 旣爲民生莫保之端. 於是吏緣爲奸, 逐戶恐嚇曰: "今春, 分給爾戶, 當配幾多石." 民大恐乞免, 私自行賄, 謂之防還錢. 吏隨賂增減, 賂多者至全減, 如十面之邑, 賄者三, 不賄者七, 而十面之所配者, 萃於七面, 民逾不堪命, 則所萃之面, 懲於前鑑, 自次年, 行賄如三面. 始也, 賄之面什三, 次而爲什五, 終至擧邑皆賄. 於是吏亦不可以上下其手, 還是平排, 而竟無行賄之效. 或有一二知賄之無效而欲止不給, 則乃顯被其中傷. 是賄也, 已非見效之具, 適足爲免禍之端, 擧不得不給, 而只贏得新例賄賂而已.

大抵還穀之弊, 爲今日第一痼瘼, 此時更張在所不已, 苟救其弊, 不若永罷之爲愈也. 或者之說, 以經費與官吏所需爲疑, 殊不知三代盛際以及漢唐, 何嘗一分仰給於此乎? 有國之制, 節財用, 綽有餘術, 惟患不盡其利耳, 何必爭涓滴於剝割民生之地哉? 苟以涓滴之爲幸而剝割之不恤, 則法不當止此也. 財之聚上, 猶足以致民之散, 況剝割其民, 而能無惻怛拯救之心乎? 故曰永罷之爲宜也.【還法, 本寓陰雨之備. 故有半留 · 半分之制矣. 乃今爲民生目下必死之瘼, 則其陰雨之備,

有不暇論.】

無已則有一於此. 見今各邑所在還穀, 盡分在民間矣. 就其分給簿書見之, 則某面某里某某戶之派定者, 該若干石. 於是擧一里之該穀若干石, 仍留本里, 使之里分, 而待秋捧時, 只收其耗, 從時價納官, 而本穀, 則自本里收放, 可也, 不收放而仍留該戶, 亦可也. 此同於近日之臥還法, 而臥還, 則民於耗外用私情錢每石三五兩, 而民猶以爲便者也, 此乃只收其耗, 而更無他費者乎? 宜爲民生萬世之惠也.【里分給, 更有妙處. 今日之還戶, 皆無告之民也, 稍有勢力者, 則百計圖免, 或投托紳家, 稱謂廊戶幾・山直・墓直幾・校院所屬幾・納賂幾, 稱班戶, 如是等在在皆免. 故其害萃於如干孱戶, 而莫可支保也, 官亦難於分排矣. 里分, 則里中契人, 齊會公論, 隨大小戶分排, 務盡平均. 故里中之人, 不敢生圖免計, 至若上所云班戶與投托謀避之人, 皆無異心而咸受其節制矣. 蓋官分則人各以倖免爲能, 而里分則義不可獨免故也.】

又有一法. 如一邑之還穀該若干石, 則沒數作錢, 該錢爲若干兩, 又如一邑之田畓該結爲若干結, 則以該作錢若干兩分給於該田畓若干結上, 而收其利息. 如一結所得錢爲一兩, 則利息爲一錢也, 每年以此一錢添錄於元結錢而上納, 則依舊爲十一之耗也, 此分給錢, 亦爲仍留於田畓主人, 而年例只收其耗也. 蓋結卜者, 田畓之所附也, 有結卜者, 自然有田畓者也, 有田畓者, 則稍能有力, 易於爲地, 非若殘民之今日抑配, 他日生徵, 及徵無處之比也.

又有罷還爲屯之法. 以今各邑還摠之分給在民間者, 各有其數矣, 還上時, 以常定價三兩許納, 則爲惠莫大矣. 以其錢量給於各洞里, 隨其里之大小而多寡之, 使各該洞收買本地之田畓, 作爲公田, 自洞中擇立佃夫, 預定賭數, 及秋捧上, 賣其租得錢, 依十一之耗例, 自行納官. 如此則公耗之十一, 自在無缺也, 民則該畓之捧賭者, 用之十一之耗外, 必有羸餘矣. 留作洞錢, 或生殖或買田, 以備儉歲減賭之充, 若又有餘, 取爲洞中戶役之助, 則是又惠上之惠也.

又如留存半之義, 欲勿改還穀本意, 則當取漢耿壽昌常平倉・宋朱晦庵社倉之制, 兼而行之.【法俱見下】

魏文侯相李悝曰: "糴, 甚貴, 傷人; 甚賤, 傷農. 人傷則離散, 農傷則國貧. 故甚貴 與甚賤, 其傷一也."

漢宣帝時, 大司農中丞耿壽昌奏言: "令邊郡皆築倉, 以穀賤時, 增其價而糴, 以 利農; 貴時, 減其價而糶, 以利民, 名曰'常平倉'."

唐有和糴之法, 行之者凡四. 初, 唐都關中, 土地所入不足以供軍國之用, 歲不 登, 天子常幸東都以就食. 玄宗時, 用彭果之策, 行和糴於關中. 德宗時, 宰相陸 贄以關中穀賤請: "和糴, 可至百餘萬斛. 一年和糴之數, 當轉運之二年; 一斗轉 運之資, 當和糴之五斗. 減轉運以實邊, 存轉運以備時." 貞元四年, 詔京兆府, 於時價外, 加估和糴, 差淸强官, 先給價直, 然後收納, 續令所司自般運, 載至太 原. 憲宗初, 有司以歲豊熟, 請畿內和糴. 當時府縣, 配戶督限, 有稽違, 則迫蹙鞭 撻, 甚於稅賦, 號爲和糴, 其實害民.【白居易曰: "凡曰'和糴', 則官出錢人出穀, 兩和 商量, 然後交易. 今則配戶督限, 蹙迫鞭撻, 何名和糴? 今若令有司出錢, 開場自糴, 比時 價稍有優饒, 利之誘人, 人必情願."】

宋太宗淳化三年, 京畿大穰, 物價甚賤, 分遣使臣, 於京城四門置場, 增價以糴, 歲饑卽減價, 糶與貧民. 眞宗景德元年, 內出銀三十萬, 付河北經度, 貿易軍資 而爲市糴. 熙寧七年, 設博糴, 以歲用餘粮, 聽民博買, 秋成博糶. 八年, 設結糴, 爲體量川茶, 因便結糴. 又設俵糴, 爲俵散於民. 九年, 設兌糴, 爲及時兌糴. 元豊 二年, 設寄糴, 以權輕重. 政和元年, 設均糴, 以人戶家業·田土均敷. 元符元年, 設括糴, 爲括索蓄家, 量存其畜.【馬端臨曰: "平糴法, 豊則取之於民, 歉則捐以濟民, 凡以爲民, 而軍國之用, 未嘗仰此. 自唐, 始以和糴充他用, 至于宋, 而糴遂爲軍餉·邊儲 一大事, 推原其故, 蓋自眞宗·仁宗以來, 西北用兵, 糧儲闕乏也."】

如是等名目旣紛雜, 姦弊日滋, 始以爲惠民而設, 終反爲病民之具也. 惟常平之 法, 深得於李悝利人·利農之意, 而平糴之法, 此爲最切, 今日之所必行也. 法, 於諸縣邑下, 築倉二所, 一曰'常平倉', 一曰'年例倉'. 立主簿一員【以時鄕所 差定】, 涖其事【古專設官】. 每歲, 於收成之候, 不問是何種穀, 卽發官錢收糴, 貯 之於倉. 穀不必一種, 惟其賤而收之, 官不必定價, 隨其時而予之, 及春而糶,此法之大略也. 其餘條例, 則邑下擇殷戶勤實者十人, 差定爲倉主人, 專管貿易等事, 而定糶糴日期, 糴以每年十一月初一日, 糶以三月初一日. 倉主人, 於十月以前貿穀, 待十一月初一日納倉, 是日, 主簿與各面正會同捧上. 斗斛有定例, 精粗有定例, 依例納倉, 給其直, 每石於時價外, 加給一錢. 及至次年三月初一日, 主簿與各面正會同開倉, 查其實數, 查其斗斛出給. 倉主人, 捧其直, 每石於時價內, 減捧一錢, 以其直納倉貯封【十一月給價時, 主簿與各面正會同查稽.】, 著爲令. 此年例倉之制也.

其常平倉, 則穀賤時貿糴, 亦使倉主人擧行, 主簿面正會同莅事, 如上法, 納倉給直, 直外加給, 幷如上法. 但糶糴無定期, 隨貴而糶【待倉主人所報, 以爲之期.】, 捧價時, 每石於時價內, 減捧五錢. 以其直納倉貯封, 如上法.

常平倉, 則兼管貿布, 如貿穀法, 但給直時, 每疋於時價外, 加給一錢, 捧直時, 減捧二錢, 爲定例. 而其審勢之貴賤, 隨時而收放, 則幷專任於倉主人, 隨其所報而行之, 自官與主簿·面正, 不得操縱其期, 雖明知利害, 不得以己意斷之. 主簿面正, 只看檢而已, 官則摠督主簿以下, 考其成績.

京師, 則設倉於江頭, 擇都下江上殷戶勤實者數十人, 差定爲倉主人, 專管貿易等事, 使之私往外邑穀賤處貿穀, 私載上泊, 納于江倉. 戶曹, 計一歲支用穀若干石, 宣惠廳, 計一歲支用穀若干石, 合計捧上後, 從時直給之【宣惠廳則以大同錢給之】, 每石於時價外, 加給一錢. 小米·黃豆·綿布·麻布之屬, 亦如之. 幷定其日期, 以每年十月晦日·三月晦日·四月晦日納倉.

常平倉, 則待穀賤貿之, 亦使倉主人擧行, 不拘多少, 隨官錢收糴, 每石於時價外, 加給一錢, 如上法. 到穀貴時, 出給倉主人發放, 每石於時價內, 減捧五錢, 如外邑法. 小米·黃豆·綿布·麻布等, 亦隨貴賤收放. 年例倉, 則秋糴·春糶, 亦使倉主人擧行, 如外邑法.

**6**　社倉

隋度支尙書長孫平奏, 令民間, 每秋, 家出粟麥一石以下, 貧富爲差, 儲之當社,

委社司·檢校, 以備凶年, 名曰'義倉'.【是爲社倉之始】隋主從之.【胡氏曰: "賑饑,
莫要乎近民. 隋義倉, 取之於民不厚, 而置倉于當社, 饑民之得食也, 其庶矣乎. 後世義倉
之名固在, 而置倉于州郡, 一有凶饑, 無狀有司固不以上聞也, 良有司敢以聞矣, 比及報,
可委吏屬, 出而施之, 文移反覆, 給散艱阻, 監臨胥吏, 相與浸沒. 其受惠者, 大抵城郭之近
力能自達之人耳, 居之遠者, 安能扶老携幼, 數百里以就斂合之廩哉? 必欲有備無患, 當
以隋代爲法."】

宋乾道四年, 民艱食, 每春夏之交, 豪戶閉糴牟利, 細民發廩强奪, 動相賊殺,
幾至挺變. 朱文公, 帥鄉人, 置社倉, 請于府, 得常平米六百石賑貸, 夏受粟于倉,
冬則加息, 計米以償. 自後, 隨年斂散, 歉蠲其息之半, 大饑則盡蠲之. 凡十有四
年, 以元數六百石還府, 見儲米三千一百石, 以爲社倉, 不復收息, 每石止收耗
米三升, 以故一鄉四五十里間, 雖遇歉年, 民不缺食.

其法, 以十家爲甲, 甲推一人爲首, 五十家則推一人通曉者, 爲社首. 其逃軍及
無行之士與有稅糧·衣食不缺者, 并不得入甲. 其應入甲者, 又問其願與不願,
願者, 因具其家大小口若干, 大口一石, 小口五斗, 五歲以下者不預置籍以貸之,
其以濕惡不實還者, 有罰. 詔下其法於諸路. 然當時, 承王氏靑苗之弊, 議者,
或有以斂散出息爲疑. 故「金華社倉記」曰: "抑凡世俗之所以病乎此者, 不過以
王氏之靑苗爲說耳. 以予觀於前賢之論, 而以今日之事驗之, 則靑苗者, 其立法
之本意, 故未爲不善也. 但其給之也, 以金而不以穀; 其處之也, 以縣而不以鄉;
其職之也, 以官吏而不以鄉人士君子; 其行之也, 以聚斂亟疾之意而不以慘怛
忠利之心. 是以王氏能行之於一邑而不能行之於天下." 此謂社倉法之與靑苗
異也.

又「社倉規條」有云: "使各村管理, 收放卽於本鄉, 每年輪一公直敬實者, 以司
出納, 量與免其水火丁差, 以示酬勸. 如此則奸民不得以負騙, 官司不得以那移.
卽遇水旱凶災, 復有官穀以濟之, 自是貧者不患於阻饑, 富者可免於勸借, 而盜
賊亦因以潛消矣. 大凡當秋熟之時, 或每畝量出穀半升, 或通鄉各戶, 富者以石
計, 貧者以升斗計, 俱報數, 約正·副登簿, 保長收入社倉. 每春有闕食者, 量準
借與, 就於保長處, 會同約正·副批立合同, 登記簿籍, 候秋收之日, 加息二分
納還. 但借穀者, 亦不得多至十石以外, 恐一人奸頑無恥, 催收稍難, 則將并一

鄉之義擧而壞之也." 按, 此規條推廣隋義倉之制, 擧天下可行也, 擧天下可蒙惠也.

我國還法, 大略相似, 法之善者. 然至于今日之痼瘼者, 誠如「社倉記」所云'以縣而不以鄉, 以官吏而不以鄉人', 嗚呼! 此盡之矣. 爲今之計者, 擧一縣之還穀, 換作社倉穀, 依舊糶糴, 依舊取耗, 依舊爲還上之嘉法, 而只救得還上之近弊, 官無擾惱, 民受實惠, 又有舊逋刷淸之道.

其法, 置社倉於各面, 面正司之. 每年十一月晦日, 面正與各里尊會同捧糴, 取二分耗, 斗斛有定例, 精粗有定例, 時日有定例. 不謹者, 該里尊有罰, 該統首有罰, 該統戶有罰, 各以其屬鱗次責罰. 每於秋穫之後, 統戶先期備穀, 告完統首, 統首告于里尊. 及期而里尊率以倉底取齊, 面正與各里尊會同捧上, 其二分耗內一分, 從時價【時價, 則面正與里尊會議報鄉所, 鄉所與各面正取各面所報時價, 斟定施行, 必與年例倉貿穀價相準.】納官, 【官, 以其半本曹會錄, 留其半, 作官用.】一分, 留作社錢, 待稍足, 補戶役.【社錢, 取二分息, 如穀例收藏, 但耗不納官.】捧完後, 收入社倉, 一面該若干里, 里各標記; 一里十統, 統各標記; 一統五戶, 戶各標記. 【待分給時, 依標記還授次.】面正與各里尊會同封識, 具單報官. 至次年三月晦日, 面正與里尊會同開倉, 考其實數, 考其斗斛, 分給各里, 里分給各統, 統分給各戶, 必依標記還授, 無相亂次, 違者有罰.

顧問備略卷之一

# 『고문비략』 권2

## 1  貢賦

「禹貢」: "六府孔修, 庶土交正, 底愼財賦, 咸則三壤, 成賦中邦."

冀州: 厥賦, 惟上上, 錯. 兗州: 厥賦, 貞. 厥貢, 漆・絲, 厥篚, 織文. 青州: 厥賦, 中上. 厥貢, 鹽・絺・海物, 惟錯. 徐州: 厥賦, 中中. 厥貢, 惟土五色・夏翟・孤桐・浮磬・蠙珠暨魚. 厥篚, 玄・纖・縞. 楊州: 厥賦, 下上, 上錯. 厥貢, 惟金三品・瑤・琨・篠・簜・齒・革・羽・毛・惟木. 島夷, 卉服, 厥篚, 織貝. 厥包, 橘・柚, 錫貢. 荊州: 厥賦, 上下. 厥貢, 羽・毛・齒・革・惟金三品・杶榦・栝・柏・礪・砥・砮・丹・惟箘簵・楛. 包匭, 菁茅. 厥篚, 玄纁・璣・組. 納錫大龜. 豫州: 厥賦, 錯上中. 厥貢, 漆・枲・絺・紵. 厥篚, 織纊. 梁州: 厥賦, 下中, 三錯. 厥貢, 璆・鐵・銀・鏤・砮磬・熊・羆・狐・狸・織皮. 雍州: 厥賦, 中下. 厥貢, 球琳・琅玕.

『周禮』「太宰」: "以九貢致邦國之用, 一曰'祀貢', 二曰'嬪貢', 三曰'器貢', 四曰'幣貢', 五曰'材貢', 六曰'貨貢', 七曰'服貢', 八曰'斿貢', 九曰'物貢'."

夏之民, 畊五十畝, 而以五畞貢; 商之民, 畊七十畞, 而以七畞助, 皆什內之一. 周之民, 畊百畞, 以公田十畞徹, 十外之一. 『孟子』曰: "其實, 皆什一也."

秦人, 盡廢井田, 任民所畊, 不計多少, 而隨其所占之, 以制賦.

漢承秦業, 卒不能復三代之法, 而高祖, 約法省禁, 輕田租什五而稅一, 量吏祿度官用, 以賦於民.

唐初, 始定租・庸・調之法, 以人丁爲本. 一曰租, 丁男一人, 授田百畝, 但歲納租粟二石. 二曰調, 每丁隨鄕土所出, 歲輸絹或綾・絁共二丈, 綿三兩, 輸布者麻三斤. 三曰庸, 每丁定役二十日, 不役則日爲絹三尺. 代宗, 始以畝定稅, 而斂以夏秋.

魏文侯時, 租賦增倍於常, 或有賀者, 文侯曰: "今戶口不加, 而租賦歲倍, 此由課多也. 夫貪其賦稅, 不愛人, 是虞人反裘而負薪也, 徒惜其毛, 而不知皮盡而毛無所傅."

李翱作『平賦書』謂: "人皆知重斂之爲可以得財, 而不知輕斂之得財愈多也. 何也? 重斂則人貧, 人貧則流者不歸, 而天下之人不來, 地力有所遺; 輕斂則人樂其生, 人樂其生, 則居者不流, 而流者日來, 則土地無荒, 桑柘日繁."

我朝貢賦之制, 鑑於百代之興廢, 而以時制宜. 如田賦之以畝收稅者, 蓋井田廢後, 秦漢以下之制也. 如貢物之變作大同法, 收外邑之米・木・錢, 貯之京倉, 曰'宣惠廳', 以都下人, 作貢物主人, 受物價於宣惠廳, 京貿物種, 進貢物種, 旣極新鮮, 又以省道路飛騎之勞, 又省外邑許多冗費, 都下貢人, 又得生業, 一擧而三得, 誠法之善者也.

然外邑之納, 名目頗繁, 曰'田稅', 曰'大同', 又有'三手米', 皆從田結起.【我國量田之法, 以長廣若干尺爲一束, 十束爲一負, 百負爲一結, 一結量納米若干斗, 卽古以畝收稅之法.】每一結, 以忠淸道事例言之, 田稅以九等田遞加, 下下田稅米四斗, 以至上上田稅米爲二十斗, 大同米十二斗, 三手米一斗二升, 此皆於一結稅米中, 分名目者也. 以中中田計之, 則每一結, 該二十五斗二升, 分幾次完課, 如田稅而以某日期納, 大同而以某日期納, 三手米而以某日期納, 使之自輸于漕倉, 居遠之民, 往來負戴, 動費日月. 官吏誅求, 度度難當, 夫民之不欲對吏, 如遇豺虎, 以終年不接一面爲幸也, 豈肯數數相關乎?

此猶不過三四度也, 亦猶以一種米而論也. 乃今, 米又不盡米. 米而或作小米幾分, 或作黃豆幾分, 或準折, 作綿布, 作麻布, 或一變爲黃豆, 從黃豆而又作綿布, 作麻布. 又以米而作錢幾分, 變黃豆而作錢, 變綿布而作錢, 作錢而其規不一.

如米一石, 該計黃豆二石, 米一石, 該計綿布三疋半, 或三疋, 或二疋半, 或七斗而一疋, 或八斗而一疋. 從黃豆而作綿布, 一石而作二疋半, 或二疋, 或一疋半. 其作麻布者, 從米而爲一石, 而作三疋半, 或三疋, 或二疋半; 從黃豆而爲一石, 而作二疋半, 或二疋, 或一疋半. 以之作錢, 則米一石爲四兩五錢, 或五兩; 黃豆一石爲一兩七錢, 或二兩五錢; 小米一石, 三兩五錢, 或四兩; 綿布一疋爲二兩三錢, 或二兩五錢. 此外又有許多低昂, 難以枚擧, 然大抵皆從田一結稅米若干斗上, 變作許多名目也. 是一結之稅納, 而奔走輸運, 長在路上, 【蘇軾詩曰: "嬴得兒童語音好, 一年强半在城中"者, 此謂也.】如此而民何能不擾, 民何能安業乎? 一結之稅, 旣如是之細碎, 則其不滿一結, 或幾負・幾束之稅, 當復如何哉? 細碎之如此, 而文簿之錯雜, 名目之多端, 可知也. 雖有心計者, 難爲其地, 況鄕村純民能無眩惑乎? 於是吏緣爲奸, 舞文弄墨, 無所不至. 假量一石之稅, 而以數三石, 猶不能盡完也, 今之所謂賦重民困者, 皆由於此. 然國課則何嘗一分加徵哉? 適足以資官吏之作奸也.

臣愚謂, 宜更定稅法, 除許多名目, 幷以代錢捧上. 如一結之稅, 定以十五兩, 則一負爲一錢五分, 一束爲一分五里也. 如此則多自百千結, 少至一二束, 而其數甚簡易知, 民甚便之, 又官吏無以爲奸而民受其利. 乃以十五稅納內, 京師各衙門上納米價【每石, 元詳定價六兩外, 加一兩五錢, 定爲七兩五錢.】・木價【每疋, 元詳定價二兩外, 加二兩, 定爲四兩.】・黃豆價【每石, 元詳定價三兩外, 加一兩, 定爲四兩.】及京費等, 合假量十兩, 餘五兩作邑用【如需米及雜用】, 其無漕之邑及無穀納之邑, 量宜定結價, 務從簡便. 如此則國課倍收於前, 而省却許多煩擾, 是所謂民受其利也.

或疑其當完租之時, 使民納穀, 則易爲力, 而使之責錢, 則窮民何以辦得? 殊不知民旣有此可納之穀, 則何不賣穀以得錢, 況又此時, 所在常平倉, 方皆散錢貿穀, 則錢又不難得矣.

或又疑國典有防納之禁, 蓋欲以四方之穀以瞻京師也, 而今此幷停其穀, 則恐根本不瞻. 殊不知京司旣設常平倉之制, 以田稅・大同所捧錢, 授之倉主人, 從時價貿納, 則穀自遠方至, 無不瞻之理, 又兼貿小米・黃豆・綿布・麻布之類而足矣.

## 2 漕轉

「禹貢」: "冀州, 夾右碣石, 入于河; 兗州, 浮于濟漯, 達于河; 靑州, 浮于汶, 達于濟; 徐州, 浮于淮泗, 達于河; 揚州, 沿于江海, 達于淮泗; 荊州, 浮于江·沱·潛·漢, 逾于洛, 至于南河; 豫州, 浮于洛, 達于河; 梁州, 浮于潛, 逾于沔, 入于渭, 亂于河; 雍州, 浮于積石, 至于龍門西河, 會于渭·汭."

『管子』曰: "粟行三百里, 則國無一年之積; 粟行四百里, 則國無二年之積; 粟行五百里, 則衆有饑色."

漢興, 高祖時, 漕運山東之粟以給中都官, 歲不過數十萬石.

賈誼疏曰: "輸將起海上而來, 一錢之賦, 數十錢之費, 不輕而致也, 上之所得甚少, 人之所苦甚多也."

耿壽昌奏言: "故事, 歲漕關東穀四百萬斛以給京師, 用卒六萬人. 宜糴三輔·弘農·河東·上黨·太原諸郡穀, 足供京師, 可省關東漕卒過半."

陸贄以爲: "一年和糴之數, 當轉運之二年, 一斗轉運之資, 當和糴之五斗."

國家貢賦·米穀, 專仰船運, 官有漕船·水站船等名目. 然亦不盡漕於官船, 而有賃船之制. 田稅之漕船, 有牙山貢津倉十五隻, 咸悅聖堂倉十四隻, 靈光法聖浦倉二十五隻, 沃溝群山倉二十三隻, 昌原馬山倉二十隻, 晉州駕山倉二十隻, 密陽三浪倉十五隻, 而率以五年改槊, 十年新造, 所費甚鉅. 所屬漕軍, 治爲五六千名, 每名, 各給復二結, 漕船新造年, 則又各加一結【其中沙工·格軍則永定免身布】, 所費又甚鉅. 水站船, 則七年改槊, 十四年新造, 其費又多. 其外不屬漕倉之邑, 如京畿道坡州等二十四邑, 忠淸道公州等三十一邑, 全羅道礪山等二十五邑, 黃海道長山以南八邑, 江原道嶺西十一邑, 以上諸邑之田稅, 俱賃船上納.

各道大同, 則京畿道水原等二十二邑, 忠淸道洪州等三十三邑, 全羅道羅州等二十三邑, 黃海道長山以南七邑, 江原道嶺西十邑, 俱賃船上納, 則漕船·賃船之費有不量測者.

至或風濤之所激, 嶼草之所碍, 覆船者比比, 幷人命·米穀與官船, 盡屬烏有. 又有色吏·船人輩, 私自偸縮, 故令致敗者, 又比比. 以此計之, 其船運之所費,殆賈誼所謂'一錢之賦十錢之費'者, 不爲過矣.

臣愚謂, 宜自今, 無論田稅與大同, 幷以代錢上納, 著爲令, 可以省無限轉漕費而國收十倍之利矣. 其京師積貯之, 不必仰給於漕運而愈得其裕者, 見於「貢賦」條, 而「常平倉」法備有明證也.

今之議者, 動以取給京師一語爲藉口. 然殊不知取給之道, 此可倍多而又萬全無失矣, 何不思之甚耶?


## 3　濬川

濬川之文, 始見於「虞書」, 而河渠則又其流也.

蓋治水之法, 可疏通也, 不可堙塞也.. 疏通之道, 下之而已, 下之如何? 使之順其性也. 蓋水之性, 趨乎深者也, 赴乎底者也. 趨乎深·赴乎底, 故得其勢也便利, 是謂順其性也. 一或不得便利, 則必橫逸之·潰決之·汎濫之患, 莫可止遏. 此歷古治水之所同然, 而必待歲月而着工者, 以其旋疏通而旋陻塞也. 究其陻塞之由, 則沙泥·瓦礫·雜物之所聚也, 雜物之趨下, 亦與水同, 故日月而積累之. 又其源頭之山, 年久童濯, 每値急雨·長霖, 則崩壞者有之, 流澌者有之, 而所有沙泥, 勢必就聚於深底也. 故溝渠易滿, 川底易高, 每當水潦之時, 則溢而爲患矣. 欲除其患者, 必有濬之, 使溝渠常深廣, 使水有所歸着而已. 故歷有方略之可聞者, 而在我國亦有其法.

而外道姑勿論, 卽如都城內所有開川, 而水潦之時, 爲患頗甚. 考其勢, 則都城之制, 緣山而據高, 非若平原之方城. 故環四十里之內, 山岡居多, 平地實少, 人家之就平地者, 不過中衢而一片地而已, 稍南稍北, 則皆是阜陵閑地也. 一條開川, 中於中衢, 自西而東, 橫臥於人家所聚泊處, 而水潦則北西南之諸山谷也, 一遇急雨, 則諸谷之水, 爭赴於一線之開川. 試思此一線之開川, 其廣能幾而可容得如許百谷之所聚會也哉? 一線之外, 皆是人家之所瀕泊, 勢不得以廣之. 故惟有使之深之, 以爲容與之地. 至若五間水門之處, 則實爲一城內之水道也, 一城之水, 更無有他滲泄之地, 而只此一竅而已, 則尤宜疏之通之, 不使之中滿橫決之爲急也. 此朝家之所以作爲一大政也. 故粤在英廟朝時, 特設濬川司於開川之傍, 欲其日夕而臨省之, 建官置都提調・提調, 并以時任大臣・將臣兼行之, 又以備堂中有重望一員, 定爲專管, 可謂設始之惟勤, 而水土之功, 其任爲大, 其責爲重也.

年例濬川, 則有三年・五年之定式, 有小濬川・大濬川之名目. 每計濬川之所費, 三年則該入爲三萬兩, 五年則該入爲五萬兩. 故分而排之, 則每年洽爲一萬兩, 而只得以苟且彌縫而已. 若能以盡情深濬, 如庚辰地平, 或癸巳地平, 則所入必多幾倍於一萬兩矣. 此濬川之所以不能如古也.

又以三年・五年爲期, 故數年間, 流漸之沙, 至於與川邊陸地等而爲民之害不少. 又以多年積累之沙, 一日而擧而棄之於道路, 道路漸高, 人家漸低陷, 幾乎埋藏. 非惟埋藏也, 所棄之沙, 日夕隨人脚跟而散下之, 轉轉復聚於洼汚之地, 則畢竟復入於開川而後已. 是亦開川之所以易於塡實也, 此無地可以藏沙之故也. 苟不以也, 則必得一區地如開川者而移其沙, 然後可得也. 此古人所謂'得一梁山泊, 然後梁山泊之水可儲'云者也, 何可得也?

至若募人雇役之法, 有不可勝言者. 蓋三營門, 各其界限始役, 而本營將官摠督之, 將校檢察之, 牌將領率之, 等牌召募之, 丁夫赴役之. 每日錢物上下, 皆有等殺; 丁夫一之, 等牌倍之, 自牌將以上則皆有賞格. 故以日月爲功勞, 至於丁夫・等牌而以曠日爲度, 居其上者, 亦因循不加之董督, 一則勢有所無奈也, 一則故爲之縱玩之, 假量一夫之功, 而十夫之猶不足也.

蓋計其課程, 則一夫一日之工, 少不下五七十次運沙, 而今則多不過十數次而止. 卽其每次而言, 每次所運之沙, 不過一簣, 而徒有一簣之名, 實不及於半簣也. 卽其半簣而言, 亦係虛名而已. 爲是負此半簣者, 不爲之護持之, 起身之際, 故作搖動, 沙之流落者, 已其半矣; 起身之後, 步履不穩, 肩而舞之, 足而跋之, 沙之傾下者, 又其半矣. 以此言之, 十夫之力, 一夫之工者, 非過論也. 以若有限之財, 都歸於浪費之地, 豈不可惜哉? 緣此, 本司歲入之數, 已不足於萬一. 故自三營門有例用之物, 自廟堂有劃給之資, 而僅僅彌縫. 夫此營門之例用・廟堂之劃給, 亦已窘矣, 而濬川則豈有已時耶? 此雖似乎尋常之事, 而亦一萬世之患也.

已上數條, 實今日濬川之痼弊也, 究其弊之所自, 則爲是用公人·行公役·費公錢之故也. 目下矯捄之方, 惟有變公而爲私, 使人各自爲功而已.

其法, 募都下勤實幹事者十數人, 作爲貢契, 使之每年受價於濬川司, 而私自雇軍擧行也. 如此則彼爲貢人者, 自當躬行董督, 必無因循曠日之患, 而一夫之力, 可得十夫之功矣. 此理勢之固然. 而濬川之疏通, 必有十倍於今日公役矣. 何以言之? 夫此貢人輩, 旣已擔着爲自己事, 則必以物財之不多費爲私計, 以開川之常疏通爲己任, 又懼其上有官責, 下有民議, 勢不得不加意爲之矣.

設始之初, 自本司, 大加深濬, 必以庚辰地平, 或癸巳地平爲度, 然後分付於貢人曰: "今此之地平, 爾其見之乎? 從今以往, 必使之常常如此之地平也, 若有一日二日, 沙之浮於此地平者, 則實爾之罪也云云." 則貢人曰: "唯." 於是, 以那日所定之地平登記後, 日日看檢, 若有一番新雨後, 則看流澌之沙爲幾多寸尺也, 計其工而着丁夫運出, 則開川之內, 常自淨明, 無一日不疏通, 非若三年·五年之壅滯後, 始通之比也, 且隨下而隨除, 故易於爲力也.

如此則沙之區處, 亦有大便宜. 夫一城之內, 沙之爲用, 不爲不多矣. 種種公私之舍役也, 邊川人家之庭除布置, 無不仰給於開川之沙, 而只因三五年積累之旣多也, 故至於無處盡用也. 若隨下而隨除, 則一番所得, 不過分寸之厚, 而沙之不贍, 從可知矣. 其將應求之不暇, 豈有汗漫餘棄者哉? 設無求請之人, 彼所除之沙, 旣已不多矣, 雖使之盡輸棄於江邊逈野也, 亦非難事也. 藏沙之道, 此爲最便宜者也.

或曰: "流沙之爲患, 挽近尤甚, 豈沙有多於古而然歟? 與其旣流而除之, 豈若使之不流之爲愈乎?" 其言亦大有理. 夫此流沙之多於古, 亦有其故. 在中古以上, 人心猶淳, 令行而禁止, 斧斤不入, 山不童濯, 故無崩壞之沙矣. 今則隣山之民, 專仰山木, 盡一年所需柴草, 更不外求. 試思以有限之樹木, 供尾閭之泄, 其可得乎? 大而斧鉅, 小而笆箒, 日月而斫之, 朝夕而刮之. 樹則枝剪而孤露, 根斷而危立, 一遇風吹, 不推而自倒; 地則皮之旣刮, 毛無所附, 一經雨淋, 自然潰爛, 甚至有山崩川竭之境, 豈不寒心哉?

國家太平, 垂五百年之間, 禁網踈闊, 安於因循, 而四山參軍之任, 三營巡山之責, 其有闕職而然歟! 是有明驗, 見今三營之山禁, 惟禁衛營頗遵舊規, 譏訶備

至, 督責甚嚴. 南道之山, 皮毛不傷, 民亦知戒, 不易於犯禁也. 故今日開川之沙,
盡是西・北・東三道之所下者, 而南道之沙, 不滿於百十之一, 此可見禁養之
爲大有功焉. 是則在朝家嚴飭之所不可已也.

至於受價錢之上下於貢人者, 本司之歲入旣不敷, 從何而責出乎? 殊不知其難
則一也. 今以無從責出之故, 縱不爲之受價上下也, 然三年・五年之濬川, 庸可
已乎? 一有濬川, 則必有費錢矣, 試思此錢, 從何而責出乎? 先前濬川之時, 無不
仰朝家之割給, 爲今之計者, 得其所割給者, 而移給於貢人, 有何不可乎? 此法,
費財無加於前, 而得十倍之效者也. 又或難於年例上下, 則必爲之一番大割給,
限十萬兩, 擧而授之, 使貢人年年生殖, 以資其用, 則貢人者, 應無不願之端,
而在朝家, 雖有倉猝難辦之慮也, 苟得一番設施, 則永無更顧之患, 誠萬世之利
也, 何惜而不爲哉? 其至竟以難辦爲慮者, 則亦有使公家不費一文錢, 而自然有
好成就之道矣. 夫以堂堂千乘之國, 豈無生財之方乎? 見今各宮・各衙門之坐
受願屬而收其利者, 已徧國矣, 何獨於濬川司而無哉? 且於年前, 有付屬於本司
者, 自廟堂已有成憲, 而姑未擧行者在矣. 無已則只此一事, 亦足爲支用之有裕
矣.

或有爲濬川之說者曰: "今此行公役・費公錢, 果是事倍而功半也, 不如使民私
行之爲愈. 而夫此一條開川, 自西而東, 沿兩堤人家, 櫛比而無間斷也. 使沿堤
之人家, 各自爲濬而除其戶役, 或隨界疆之長短, 厚授之價錢, 而或月給, 或歲
給, 或一番大給, 使之生殖擧行, 都無不可云云."

是亦一策也, 猶賢於今日之濬川, 宜其必行之無疑也. 然亦不無難便之端, 夫以
除戶役而私濬, 則民必不肯也. 爲因今日城內之民, 業已百計圖免, 無一戶應役
之民也, 則所謂除役, 非其願也. 若夫給價者, 則役之大小, 價之多寡, 未可以分
明相當也, 易致紛紜之端, 且疆界, 雖因家址之長短而定也, 一尺一寸之間, 必
啓爭端矣. 此猶餘事. 若至水潦之後, 始役之際, 恐難乎一齊而出丁也, 或十家
之始役而一二家焉, 或有故未及赴役, 或無物力, 難於猝辦, 未及赴役, 則其將
擧十家而幷爲之停役乎? 將一二家之疆界, 而獨廢不濬乎? 又或有無良心者, 假
托有故, 故爲之不濬, 欲望其界內之沙, 自然流下於下端旣濬之處, 而坐收其便
宜者有之矣. 又或有疆界之分, 互相推諉, 以此界之沙, 偸移於彼界者有之. 如

此等爭端, 種種有不可勝言者矣.

且使之以厚價上下, 價有倍於役工也. 今人之情, 動必謂以勒役, 蓋其爲心也, 初無得失·利害之定見, 而只欲肆行也. 故渠所心肯者, 則謂之便也, 上所指使者, 則謂之不便也, 自不無怨望之心矣. 同一給價, 而何苦爲此也哉? 且分界戶排, 雖非白討人力, 而終係抑勒也, 爲民之心, 終是認作苦役, 而必不肯甘心樂赴也. 縱使之如期無違也, 終屬勉强, 到底塞責而已, 豈若作貢之貢人者之作爲己事, 日夕憧憧, 以必淨必深, 無有一毫未洽底道理之爲心之比哉? 此所以作貢擧行, 爲最勝算, 而今日之所斷斷不可已者也.


**4**    **財用**

「王制」: "冢宰, 制國用, 必於歲之杪, 五穀皆入, 然後制國用. 用地大小, 視年之豊耗, 以三十年之通制國用, 量入以爲出. 國無九年之蓄, 曰'不足'; 無六年之蓄, 曰'急'; 無三年之蓄, 曰'國非其國'也."

『周禮』「春官天府」: "祭天之司民·司祿, 而獻民數·穀數, 則受而藏之."

曾鞏曰: "用財有節, 則天下雖貧, 其富易致也; 用財無節, 則天下雖富, 其貧亦易致也. 漢唐之時, 天下之用, 嘗屈矣, 文帝·太宗能用財有節. 故公私有餘, 而致天下之富焉. 漢唐之盛時, 天下之用, 嘗裕矣, 武帝·明皇不能節以制度. 故公私耗竭, 而致天下之貧焉. 且以宋景德·皇祐·治平校之, 景德, 戶七百三十萬, 墾田一百七十萬頃; 皇祐, 戶一千九十萬, 墾田二百二十五萬頃; 治平, 戶一千二百九十萬, 墾田四百三十萬頃. 天下歲入, 皇祐·治平, 皆一億萬以上, 歲費亦一億萬以上. 景德, 官一萬餘員; 皇祐, 二萬餘員; 治平, 二萬四千員. 皇祐官數, 一倍於景德, 治平則三倍之矣, 其餘用財之端, 皆倍可知也. 誠詔有司, 按尋載籍而講求其故, 使凡入官之多門, 用財之多端, 皆可考而知之. 然後各議其可罷者罷之, 可損者損之, 使其所費皆如景德之數, 則所省者, 蓋半矣. 而又以類而推之, 天下之費, 有約於舊而浮於今者, 有約於今而浮於舊者, 其浮者, 必求其所以浮之由而杜之, 其約者, 必求其所以約之由而從之. 如是而力行, 以歲入一億萬以上計之, 所省十之三, 則歲有餘財三萬, 萬以三十年之通計之, 當有餘財九億萬, 可以爲十五年之蓄矣.

丘濬曰: "曾鞏此議, 以宋眞宗·仁宗·英宗三朝校之, 以見其財賦出入之數, 乞詔有司, 按尋載籍, 講求三朝所以費用其財者, 考知其數, 卽今比舊, 罷其所可罷, 損其所當損, 從其約而杜其浮. 其議卓然可行, 顧人君肯用與否耳. 竊惟我朝疆宇, 比宋爲廣, 戶口之數, 校之宋, 雖略相當, 而今日墾田, 則過之遠矣. 所入旣多, 而所費比之又少, 是宜國家儲積, 數倍於宋焉. 請自今爲始, 乞命有心計臣僚, 稽考洪武·永樂·宣德·正統以來戶口墾田及錢·糧·金·銀·絹帛之數, 每歲出入, 比今孰多孰少. 然後卽其見在, 據其歲之所入, 以計其歲之所出, 該用幾何, 餘積幾何, 以定今日出入之數, 庶幾曉然知祖宗之故實·府庫之虛實, 而不敢輕費焉."

又曰: "每歲戶部, 先移文內外諸司及邊方, 所在預先會計嗣歲一年用度之數, 某處合用錢穀若干, 某事合費錢穀若干, 用度之外, 又當存積預備若干, 其錢穀見在倉庫者若干, 該運未到者若干, 造爲帳籍, 一一開報. 又預行各處布政司, 幷直隷府分, 每歲於冬十月百穀收成之後, 摠計一歲夏·秋二稅之數, 其間有無災傷·逋欠·蠲免·借貸, 各具以知, 至十二月終旬, 本部通其內外新舊儲積之數, 約會執政大臣, 通行計算嗣歲一年之間, 所用幾何, 所存幾何, 用之之餘, 尙有幾年之蓄, 具其摠數以達上, 知不足則取之何所以補數, 有餘則儲之何所以待用, 歲或不足, 何事可從減省, 某事可以暫已. 如此則國家用度, 有所稽考, 得以預爲備, 而亦俾上之人, 知歲用之多寡, 國計之贏縮, 蓄積之有無云."

唐故事, 天下財賦, 惟歸左藏, 而太府以時上其數, 而比部覆其出入. 第五琦爲度支鹽鐵使, 請皆歸大盈庫, 供天子給賜, 主以中官. 自是, 天下之財爲人君私藏, 有司不得程其多少. 開成初, 歸融爲戶部侍郎兼御史中丞奏言: "天下一家, 何非君土, 中外之財, 皆陛下府庫."

宋乾德三年, 詔諸州, 支度經費外, 凡金帛悉送闕下, 無得占留. 自此, 一錢以上, 皆歸之朝廷, 而宋之所以愈弱而不可振者, 實在此【『宋史』言: "外州無留財, 天下支用, 悉出三司, 故其費寖多."】

元祐中, 蘇轍爲戶部侍郎言: "善爲國者, 藏之於民, 其次藏之州郡. 州郡有餘,則轉運司常足, 轉運司既足, 則戶部不困. 自熙寧以來, 言利之臣, 不知本末, 欲求富國而先困轉運司. 轉運司既困, 則上供不繼, 上供不繼, 而戶部亦憊矣. 兩司既困, 雖內帑別藏積如邱山, 而委爲朽壤, 無益於算也."

顧炎武曰: "財聚於上, 是謂國之不祥. 不知錢幣之本爲上下通共之財, 而以爲一家之物也, 乃歲歲徵數百萬, 貯之京庫, 而不知所以流通之術. 於是, 財之在下者, 至於竭涸, 而無以繼上之求, 然後民窮而盜起矣. 單穆公有言: '絶民用以實王府, 猶塞川原而爲潢汚也.' 自古以來, 有民窮財盡, 而人主獨擁多藏於上者乎? 『詩』曰: '不弔昊天, 不宜空我師', 有子曰: '百姓不足, 君孰與足', 古人其知之矣."

【已上, 節用之戒】

『周禮』: "司市, 掌市之治敎·政刑·量度·禁令. 以次敍分地而經市, 以陳肆辨物而平市. 大市, 日昃而市; 朝市, 朝時而市; 夕市, 夕時而市. 凡治市之貨賄·六畜·珍異, 亡者使有, 利者使阜, 害者使亡, 靡者使微." "泉府, 掌以市之征布. 斂市之不售貨之滯於民用者, 以其賈買之物, 揭而書之, 以待不時之買者. 買者, 各從其抵, 都鄙從其主, 國人·郊人從其有司, 然後予之. 凡賒者, 祭祀無過旬日, 喪紀無過三月. 凡民之貸者, 與其有司, 辨而授之, 以國服爲之息."

管仲相齊, 通輕重之權曰: "歲有凶穰, 故穀有貴賤; 令有緩急, 故物有輕重. 人君不理, 則畜賈游於市, 乘民之不給, 百倍其本矣. 民有餘則輕之, 故人君斂之以輕; 民不足則重之, 故人君散之以重. 凡輕重斂散之以時, 卽準平. 守準平, 使萬室之邑, 必有萬鍾之藏, 藏鏹千萬; 千室之邑, 必有千鍾之藏, 藏鏹百萬. 春以奉畊, 夏以奉耘, 耒耜器械, 鍾饟糧食, 必取瞻焉. 故大賈畜家, 不得豪奪吾民矣."

漢武帝元封元年, 用桑弘羊言, 置均輸官於郡國, 盡籠天下之貨, 貴則賣之, 賤則買之, 使富商大賈亡所牟大利而價不得騰踊. 故抑天下之物, 名曰'平準'.

齊武帝永明五年九月丙午詔: "以粟帛輕賤, 工商失業, 良由圜法久廢, 上幣稍寡. 可令京師及四方, 出錢億萬, 糴米穀·絲·綿之屬, 和其價以優黔首."

唐憲宗元和八年四月勅, 以錢重貨輕, 出內庫錢五十萬貫, 令兩市收買布帛, 每端匹, 視舊估, 加十之一. 十二年正月, 又勅出內庫錢五十萬貫, 令京兆府, 揀擇要便處開場, 依市價交易.

宋熙寧五年詔曰: "天下商旅物貨, 至京, 多爲兼幷之家所困. 宜出內藏庫錢帛, 選官於京師置市易務."

孝宗隆興二年, 臣僚言: "熙寧初, 創立市舶, 以通貨物, 舊法, 抽解有定數而取之不苛, 納其稅寬其期而使之待價, 懷意實寓焉."

【已上市糴之制】

『周禮』: 太宰, 九賦. 其七曰'關市之賦'. 大府, 掌九賦之貳, 以受其貨賄之入, 關市之賦, 以待王之膳服. 司關, 掌國貨之節, 以聯門市, 司貨賄之出入者, 掌其治禁與其征廛. 凡貨不出於關者, 舉其貨罰其人, 凡所達貨賄者, 則以節傳出之國, 凶札則無關之征猶幾. 委人, 掌斂野之賦, 斂薪‧芻‧凡疏材‧木材‧凡畜聚之物.

【已上關市之征】

齊桓公問管仲: "何以爲國?" 管仲曰: "海王之國, 謹正【音征】鹽筴. 十口之家十人食鹽, 百口之家百人食鹽, 計其種釜而給之." 於是, 說桓公, 伐菹薪煮海水爲鹽, 令北海之衆, 無得聚庸而煮鹽.

董仲舒曰: "漢承秦法, 鹽鐵之利, 二十倍於古."

唐劉晏爲鹽鐵使以爲'因民所急而稅之則國用足'. 於是上鹽法輕重之宜. 其始至也, 鹽利, 歲纔四十萬緡, 其後乃至六百餘萬緡, 天下之賦, 鹽居其半, 宮闈‧服御‧軍饟‧百官祿俸, 皆仰給焉.

宋雍熙以後, 以用兵乏饋餉, 令商人輸芻粟塞下, 增其直, 令江‧淮‧荊‧湖, 給顥‧末鹽. 端拱二年, 置折中倉, 聽商人輸粟京師, 優其直, 給江‧淮鹽.

宋初, 鹽鈔未行. 是時, 於建安軍置鹽倉, 乃以眞州發運. 是時, 李沆爲發運使運米, 轉入其倉, 空船回皆載鹽, 散於江‧浙‧淮‧廣諸路, 各得鹽資船運而民力寬.

【已上鹽鐵之利】

自古財用之道, 上所錄四法而盡矣. 四法之中, 惟節用一法, 必不可得已者, 雖百世, 無以廢之. 且其中摠計一歲之數, 上達預備, 亦俾上之人, 知歲用之多寡‧國計之贏縮‧蓄積之有無者, 乃大好法也. 如此則量入以爲出, 無冗費之患; 見虛而知懼, 生撙節之心. 以今戶・惠兩所之屈縮者見之, 皆因逋欠・借貸・先下等事是已, 苟行具數上達之法, 考其見在與文簿, 出入之應行與否, 則何逋欠・借貸・先下諸事之如是狼籍, 漫無紀極乎? 今以各處錢穀所簿見之, 則無非豐盈, 宜其貫朽・紅腐, 乃各司日以困悴者, 徒有紙上之空文, 而無庫中之實數也. 此皆朝家之寬於任人而無苛察之致歟!

至於市糴之制・關市之征・鹽鐵之利, 三代以來, 皆有定制, 於是而爲經費, 爲軍餉, 爲祿俸, 實有國之所仰給者也. 我朝惠政, 欲與庶民共山澤之利, 不甚徵稅矣. 今則收稅多端, 乃無不稅之物, 而其利盡歸於各官司從中消融, 而與國用無尺寸之補, 惜哉! 更俟後之爲國計之君子所措施爾.


<h2>5    度量衡</h2>

度, 本起黃鍾之長. 以子穀秬黍中者一黍之廣度之, 九十分黃鍾之長, 一爲一分, 十分爲寸, 十寸爲尺, 十尺爲丈, 十丈爲引, 而五度審矣. 其法, 用銅爲之, 高一寸, 廣二寸, 長一丈, 一丈之內, 有寸・分, 引用竹爲之, 高一分, 廣六分, 長十丈.

量, 本起黃鍾之龠. 其容以子穀秬黍中者千二百實其龠, 以井水準其槩, 合龠爲合, 十合爲升, 十升爲斗, 十斗爲斛. 其法, 用銅, 上爲斛, 下爲斗, 左耳爲升, 右耳爲合龠.

衡, 本起黃鍾之重. 一龠, 容千二百黍, 重十二銖. 兩之爲兩, 二十四銖爲兩, 象二十四氣; 十六兩爲斤, 三百八十四銖, 象『易』二篇之爻; 三十斤爲鈞, 重萬一千五百二十銖, 當萬物之數; 四鈞爲石, 重百二十斤, 象十二星.

『唐六典』: "凡度, 以北方秬黍中者一黍之廣爲分, 十分爲寸, 十寸爲尺, 一尺二寸爲大尺, 十尺爲丈. 凡量, 以秬黍中者容一千二百黍爲龠, 二龠爲合, 十合爲升, 十升爲斗, 三斗爲大斗, 十斗爲斛. 凡權衡, 以秬黍中者百黍之重爲銖,【應劭曰: "十黍爲絫, 十絫爲銖."】二十四銖爲兩, 三兩爲大兩, 十六兩爲斤. 凡積秬黍, 爲度・量・權衡者, 調鍾律・測晷景・合湯藥及冠冕之制, 則用之內外官司, 悉用大者." 按, 唐時權量, 是古今・小大幷行也.

度・量, 皆以十起, 惟衡則以一龠容千二百黍, 重十二銖, 兩之爲兩, 十六兩爲斤, 三十斤爲勻, 四勻爲石. 今人改銖爲錢, 而自量以上, 則絫百絫千以至於萬, 而權之數亦以十起矣. 漢制, 錢言銖金言斤, 其名近古. 古以二十四銖爲兩, 五銖錢十枚計重, 二兩二銖, 今稱得十枚, 當今之一兩弱. 又『漢書』「王莽傳」言: "天鳳元年, 改作貨布. 長二寸五分, 廣一寸; 首長八分有奇, 廣八分. 其圜好徑二分半; 足枝長八分, 間廣三分. 其文, 右曰'貨', 左曰'布', 重二十五銖." 近有富平民, 掊地得貨布一罌. 所謂長二寸五分者, 今鈔尺之一寸六分有奇, 廣一寸者, 今之六分有半, 八分者, 今之五分, 而二十五銖者, 今稱, 得四錢二分. 則今代之大於古者, 量爲最, 權次之, 度又次之.

陶隱居『名醫別錄』曰: "古稱, 爲有銖・兩而無分名. 今則以十黍爲一銖, 六銖爲一分, 四分爲一兩, 十六兩爲一斤." 李杲曰: "六銖爲一分, 卽今之二錢半也." 此又二錢半爲分, 則隨人所命而無定名也.

杜氏『通典』言: "六朝, 量三升, 當今一升; 秤三兩, 當今一兩; 度一尺二寸, 當今一尺." 『左傳』定公八年『正義』曰: "魏・齊斗量, 於古二而爲一; 周・隋斗稱, 於古三而爲一." 『隋書』「律曆志」言: "梁・陳依古斗, 齊以古升五升爲一斗. 周以玉升, 一升, 當官斗一升三合四勺. 開皇, 以古斗三升爲一升; 大業初, 依復古斗. 梁・陳依古稱, 齊以古稱一斤八兩爲斤, 周玉稱四兩, 當古稱四兩半. 開皇, 以古稱三斤爲一斤, 大業初, 依復古稱."

今考之傳記. 如『孟子』以擧百勻爲有力人, 三十斤爲勻, 百勻則三千斤.『晉書』「成帝紀」, '令諸郡, 擧役人能擧千五百勻以上者'.『史記』「秦始皇紀」, '金人十二, 重各千石', 百二十斤爲石則十二萬斤.『漢舊儀』, '祭天養牛, 五歲至二千斤'.『晉書』「南陽王保傳」, '自稱重八百斤', 不應若此之重.「考工記」, '爵一升, 觚三升. 獻以爵而酬以觚, 一獻而三酬則一豆矣'.『禮記』, '宗廟之祭, 貴者獻以爵, 賤者獻以觚; 尊者擧觶, 卑者擧角. 五獻之尊, 門外缶, 門內壺, 君尊瓦甒', 注, '凡觴一升曰爵, 二升曰觚, 三升曰觶, 四升曰角. 壺大一石, 瓦甒五斗',『詩』曰'我姑酌彼金罍', 毛說, '人君以黃金飾尊, 大一碩'; '每食四簋',『正義』, '簋, 瓦器, 容斗二升', 不應若此之巨.

『周禮』「舍人」, '喪紀其飯米', 注, '飯所以實口, 君用梁, 大夫用稷, 士用稻, 皆四升'.『管子』, '凡食鹽之數, 一月, 丈夫五升少半, 婦人三升, 嬰兒二升少半'. 『史記』「廉頗傳」'一飯斗米'. 『漢書』「食貨志」'食人月一石半', 「趙充國傳」'以一馬自佗負三十日食爲米二斛四斗・麥八斛', 「匈奴傳」'計一人三百日食, 用糒十八斛', 不應若此之多.

『史記』「河渠書」'可令畝十石'. 嵇康『養生論』'夫田種者一畝十斛, 謂之良田'. 『晉書』「傅玄傳」'白田收至十餘斛, 水田至數十斛', 今之收穫最多, 亦不及此數. 『靈樞經』'人食一日中五升'. 「旣夕禮」'朝一溢米, 莫一溢米', 注, '二十兩曰溢, 爲米一升二十四分升之一'. 『晉書』「宣帝紀」, '問諸葛公食可幾何. 對曰三四升'; 「會稽王道子傳」, '國用虛竭, 自司徒以下, 日廩七升'. 本皆言少而反得多, 是知古之權量, 比之於今, 大抵皆三而當一也.

『史記』「孔子世家」, '孔子居魯, 奉粟六萬', 『索隱』曰'當是六萬斗'. 『正義』曰, '六萬小斗, 當今二千石也', 此唐人所言三而當一之驗.

蓋自三代以後, 取民無制, 權・量之屬, 每代遞增. 至魏孝文太和十九年詔, 改長尺大斗, 依周禮制度, 班之天下. 【『魏書』「張普惠傳」: "神龜中, 上疏言: '高祖廢大斗・去長尺・改重稱, 所以愛萬姓, 從薄賦. 故海內之人, 歌舞以供其賦, 奔走以役其勤. 天子信於上, 億兆樂於下. 自玆以降, 漸漸長濶, 百姓嗟怨, 聞於朝野.'"】隋煬帝大業三年四月壬辰, 改度・量・權衡, 幷依古式, 雖有此制, 竟不能復古, 至唐時, 猶有大斗小斗・大兩小兩之名, 而後代不復言矣.

歐陽修『集古錄』: "有谷口銅甬, 始元四年, 左馮翊造其銘曰'谷口銅甬, 容十斗, 重四十斤'." 以今權量較之, 容三斗, 重十五斤, 斗則三而有餘, 斤則三而不足. 呂氏『考古圖』: "漢好畤官廚鼎刻曰'重九斤一兩'. 今重三斤六兩, 今六兩, 當漢之一斤." 又曰: "軹家釜三斗弱, 軹家甑三斗一升." 當漢之一石, 大抵是三而當一也.

『漢書』「貨殖傳」'黍十大斗', 師古曰: "大斗者, 異於量米・粟之斗也." 是漢時已有大斗也. 杜氏『通典』云: "貞觀中, 張文收鑄銅斛稱尺, 以今常用度量較之, 尺當六之五, 衡・量皆三之一." 宋沈括『筆談』曰: "予受詔, 考鍾律, 及鑄渾儀. 求秦・漢以來度量, 計六斗, 當今之一斗七升九合; 秤三斤, 當今十三兩." 是宋時量・權, 又大於唐也,

『元史』言: "至元二十年, 頒行宋文思院小口斛." 又言: "世祖取江南, 命輸米者止用宋斗斛, 以宋一石, 當今七斗故也." 是則元之斗斛, 又大於宋也.

『晉書』「摯虞傳」"將作大匠陳勰, 掘地得古尺. 尙書奏: '今尺長於古尺, 宜以古爲正.' 潘岳以爲: '習用已久, 不宜復改.' 虞駁曰: '昔聖人, 有以見天下之賾而擬其形容, 象物制器以存時用. 故參天兩地以正算數之紀, 依律計分以定長短之度. 其作之也有則, 故用之也有徵. 考步兩儀則天地無所隱其情, 準正三辰則懸象無所容其謬. 施之金石則音韻和諧, 措之規矩則器用合宜, 一本不差而萬物皆正, 及其差也, 事皆反是. 今尺長於古尺, 幾於半寸. 樂府用之, 律呂不合; 史官用之, 歷象失古; 醫署用之, 孔穴乖錯. 此三者, 度量之所緣生, 得失之所取修, 皆結閡而不得通. 故宜改今而從古也. 唐虞之制, 同律·度·量·衡; 仲尼之訓, 謹權審度. 今兩尺幷用, 不可謂之同; 知失而行, 不可謂之謹. 不同不謹, 是謂謬法, 非所以軌物垂則, 示人之極. 凡物有多而易改, 亦有少而難變; 有改而致煩, 亦有變而之簡. 度·量, 是人所常用, 而長短非人所戀惜, 是多而易改者也; 正失於得, 反邪於正, 一時之變, 永世無二, 是變而之簡者也. 憲章·成式, 不失其舊物, 季末苟合之制, 異端雜亂之用, 宜以時釐改, 貞夫一者也. 臣以爲宜如所奏.'"

『宋史』「律歷志」, 淳化三年詔曰: "書云'協時月·正日·同律度量衡', 所以建國經而立民極也, 國家萬邦咸乂. 九賦是均, 顧出納於有司, 繫權衡之定式, 如聞秬黍之制, 或差毫釐, 錘鉤爲姦, 害及黎庶. 宜令詳定稱法, 著爲通規."

「虞書」之'同律度量衡'者, 五歲而一正之; 『禮記』「月令」之'日夜分, 則同度·量·勻·衡·石, 角斗·甬, 正權·槪'者, 一歲而再正之; 大明洪武制, 則命三日一次, 較勘斛斗·秤·尺, 此王政之大者. 故關石和勻, 大禹以之興夏; 謹權量審法度, 而武王以之造周.

今我國之量·尺·衡, 所在不同. 邑異而家殊, 至有一家之內, 幷用大小三四等異樣者, 鄕邑官府, 亦皆如是. 制度之不一, 政令之不信, 職由於此. 至於民生日用百務, 皆於此需, 奸商·黠賈贪緣爲非, 大入小出, 眩惑耳目. 卽司市, 交易通有無, 先民用者, 豊啻莫識, 利病難辨.

如今近畿數十里, 場市之物價. 而今京市米一升, 直九分; 場市米一升, 止七分,宜若京市價之爲貴. 然乃場市之升, 比京市之十分升之六, 是場市價之反爲貴也. 場市之布, 每一兩得十尺; 京市之布, 每一兩得十一尺, 宜若場市價之爲貴. 然乃場市尺, 比京市尺, 十有二分加長, 是京市價之反爲貴也. 京市之木綿, 每一兩得七斤; 場市之木綿, 每一兩得八斤, 宜若貴賤有異. 然乃京市之衡, 準十六兩; 場市之衡, 爲十四兩【俗以新舊錢百介重爲一斤, 治爲十四兩.】重, 是其價同也. 如是而人安得而辨之? 近郊之地而猶如此, 至於遐邑外鄕, 升又不止於減四, 尺又不止於加二. 有十數樣, 大小等第之不一也, 從何而得實乎? 雖有心計之人, 術亦窮矣. 古人有云'剖斗折衡而民不欺', 此言固過矣. 乃今多斗・多衡而民逾欺, 則彼剖斗折衡之說, 亦未必盡過然也.

何可得乎? 有國之制, 宜如摯虞之議復古, 而惟是古制旣邈, 猶有異聞, 且習成耳目, 猝難遽更. 無已則宜準官府之制尺, 用戶部所鑄尺, 一樣而已.

斗・斛, 則依官斛一石所入者仍舊, 但斗則以十分斛之一爲度,【我國官斗, 以十五分斛之一爲度, 與古十斗一斛之制不同.】升以十分斗之一爲度, 合古斗十爲斛之制, 官計民用, 俱得便宜. 衡亦如天平稱之制, 以其樣頒行諸道, 及于府, 及于郡縣, 及于面, 及于里, 及于統, 及于家, 嚴其律, 無敢或違. 五歲【我國有式年校正之制】而大校徧一國【如「虞書」之制】, 年二度而校其邑, 如「月令」之制, 各鄕場市則自面里看檢, 無有異同. 此淳化制之所以著爲通規, 摯虞議之所謂'以時釐改, 貞夫一'者, 而亦爲今日之所急務乎!

虞官制, 有九官十二牧. 「周官」: "唐・虞稽古, 建官維百. 內有百揆・四岳, 外有州牧・侯伯, 庶政惟和, 萬國咸寧. 夏・商官倍, 亦克用乂, 明王立政, 不惟其官, 惟其人."

「周書・立政」: "王左右, 常伯・常任・準人・綴衣・虎賁."

「周官」: "立太師・太傅・太保, 惟玆三公, 論道經邦, 燮理陰陽, 官不必備, 惟其人. 少師・少傅・少保曰'三孤', 貳公弘化, 寅亮天地, 弼予一人. 冢宰, 掌邦治,統百官, 均四海; 司徒, 掌邦敎, 敷五典, 擾兆民; 宗伯, 掌邦禮, 治神人, 和上下; 司馬, 掌邦政, 統六師, 平邦國; 司寇, 掌邦禁, 詰姦慝, 刑暴亂; 司空, 掌邦土, 居四民, 時地利. 六卿分職, 各率其屬, 以倡九牧阜成兆民."

唐虞三代, 建官之制, 職事分于下, 而權綱合于上, 非泛然而無統也. 四岳, 通內外之官, 羲和之長也, 羲和則實聽于四岳; 百揆, 宰相之職, 百官之長也, 六官則實聽于百揆; 百揆, 統九官・四岳, 四岳統羲和四子, 比附聯絡. 天下之治, 雖非一二人爲之, 而實一二人能使之成. 周之制亦然, 三百六十屬, 聽命於六卿, 而六卿聽命於冢宰, 冢宰實三公兼之, 渙散分析之中而有比附聯屬之勢.

秦制爵二十等, 以賞功勞, 其帥人皆更率也, 有功賜則在吏之例, 自公大夫以上, 令丞與亢禮.

周官九命. 秦制爵二十等. 漢自中二千石至百石, 凡十六等. 後漢自中二千石至斗食, 凡十三等. 魏秩次, 多因漢制, 更制九品, 晉・宋・齊幷因之. 梁因之, 更制十八班, 班多爲貴, 陳幷因之. 後魏制九品, 品各置從, 凡十八品, 自四品以下, 每品分爲上下階, 北齊幷因之. 後內置九命, 每命分以爲上下, 凡十八命. 隋置九品, 品各有從, 自四品以下, 每品分爲上下, 凡三十階. 自太師始焉, 謂之流內. 【煬帝除上・下階, 惟留正・從各九品.】, 又置視正, 二品至九品, 各有從, 自行臺尙書令始焉, 謂之視流內. 唐自流內以上, 幷因隋制, 又置視正五品, 從七品, 以署降寶及正祓, 謂之視流內, 又置勳品九品, 自諸衛錄事及五省令・史始焉, 謂之流外. 自唐至大明, 大抵皆從十八等之制, 大明又有未入流階.

我國之制, 實類大明, 凡十八等, 正・從九品, 而但無未入流之稱. 又文階, 而明制則郎之階止正六品, 自從五品以上則大夫也; 我國自從四品以上, 始爲大夫階也. 武階, 而明制則將軍之階, 自正二品止從五品, 尉之階, 只正六品一階, 而自從六品以下, 無武階也; 我國自從九品以上至正五品, 爲尉之階, 自從四品以上至正三品, 爲將軍階, 自從二品以上則無武階. 此爲異.

然我國官制, 監於歷代, 深得治具, 疎密・詳略, 巨細周備. 但今治平日久, 士懷仕宦之樂, 人有競進之習. 在廷之臣, 除實職外, 閑散無祿者又百倍, 待窠積滯者又不知幾多, 武臣之選擧出身者, 幾半國矣. 朝家之多設軍啣與冗官之未能省倂者, 所以爲疏滯之具也. 近又加設武階若干窠, 而滯尤甚, 時議皆病之, 殊

不知官愈多而滯愈甚, 官愈多而競愈甚. 今若併省冗官, 又從時宜, 少加釐革,
則必無積滯之患, 又無競進之習, 官皆得人, 治有見效矣. 略擧一二最切時宜者.
曰漢城府, 古京兆府也. 治王畿庶政, 宜如監司之任; 五部, 臨民之官, 宜如守令
之任. 臣愚謂, 宜部內坊戶, 立統甲法【法見上】, 統首・契尊・坊長, 各以其屬,
屬於該部, 部官莅之, 達于漢城府. 部官, 階視守令秩, 每部置一員, 具僚屬如郡
縣吏, 治兵丁如郡縣, 內外一例, 無有異同. 以兵而若至調發時, 則將命於朝,
兵集於部, 部官自統內輪調聽命. 如是則京營勿須設, 除訓局兵馬爲御林軍, 外
諸營軍幷罷之, 鄉兵停番者, 幷永停勿徵.【京外旣有統甲兵制, 則所在皆京營】又
新增五衛都摠府之制, 以益親隨侍衛, 以諸營見罷兵精抄隷之, 作別侍衛親軍,
改都摠府爲摠管府. 合五衛軍職, 設官三百八十五員.

曰都摠管【正一品】一員, 上摠管【從一品】四員, 大摠管【正二品】五員, 摠管【從二
品】十員, 副摠管【正三品】十五員, 上護軍【正三品】十員, 大護軍【從三品】十員, 護
軍【正四品】十五員, 副護軍【從四品】十五員, 司直【正五品】二十員, 副司直【從五
品】二十員, 司果【正六品】二十五員, 副司果【從六品】二十五員, 司正【正七品】三
十員, 副司正【從七品】三十員, 司猛【正八品】三十五員, 副司猛【從八品】三十五
員, 司勇【正九品】四十員, 副司勇【從九品】五十員. 以宗親・忠勳・儀賓・敦寧
子孫承蔭人及有勳勞宰臣子孫蔭及人等, 選擬從九品副司勇, 受點付職. 仕滿
一年以上者, 擬正九品司勇, 正九品仕滿一年以上者, 擬從八品, 次次敍陞, 以
仕滿一年爲準, 必待隨缺而補.

堂上官, 除本府陞敍外, 又以宗親府堂上・忠勳府堂上・儀賓府堂上・敦寧府
堂上通擬除拜. 又於堂上官二品以上中, 擇一員爲勾管堂上, 領別侍衛親軍, 行
大將事, 都摠管行都提擧事, 其餘諸堂上幷行兼提擧事. 堂下官, 以本職兼外司
郎署, 如宗親府・忠勳府・儀賓府・敦寧府・尙瑞院・司饔院・尙衣院・司
僕寺・內資寺・內贍寺・禮賓寺・軍資監・濟用監・繕工監・司宰監・掌
樂院・典設司・宗廟署・社稷署・景慕宮・平市署・義盈庫・長興庫・氷
庫・掌苑署・司圃署・典牲署・造紙署・典獄署・活人署・瓦署等郎官, 幷
以堂下官. 每司二員式, 擬除察職, 帶本職兼行, 一年爲瓜期.

各陵・園・墓・永禧殿官員, 每所二員式, 以本府堂下官分參上・參外, 擬除

察職, 如各司兼行例, 亦以一年爲瓜期.

其外有提調諸各司, 除備邊司・宣惠廳・承文院幷機務重大, 奉常寺掌祭祀議諡, 宗簿寺掌撰錄璿源譜牒, 司饔院掌御膳, 內醫院掌御藥, 尙衣院掌御衣襨, 司僕寺掌輿馬, 內資寺・內瞻寺・司導寺幷掌內供, 掌樂院・觀象監・典醫監・司譯院幷試取人才, 宗廟署・社稷署・景慕宮・幷重地, 仍舊提調察任外. 其餘諸各司, 幷罷提調職, 各以其屬屬於六曹, 六曹勾管察任, 惠民署倂于典醫監.

奉朝賀, 原爲通政以上作散人付錄之職, 不必致仕後始付也, 自堂上官正三品以上至正一品, 爲五等階, 隨品付職曰‘以某官【隨遞解官】奉朝賀’, 制無定數.


## 7 禄科

『周禮』「天官」: “太宰以八柄, 詔王馭群臣. 一曰‘爵’, 以馭其貴; 二曰‘祿’, 以馭其富.”

「洪範」: “凡厥正人, 旣富, 方穀. 汝弗能使有好于而家, 時人斯其辜.”

「王制」: “諸侯之下士, 視上農夫, 中士倍下士, 上士倍中士, 下大夫倍上士.”

漢宣帝神爵三年, 詔曰: “吏不廉平則治道衰, 今小吏皆勤事而俸祿薄, 欲其毋侵漁百姓, 難矣. 其益吏百石以下俸十五.”【韋昭曰: “若食一斛則益五斗.”】

張敞・蕭望之奏曰: “倉廩實而知禮節, 衣食足而知榮辱. 今小吏, 俸率不足, 常有憂父母妻子之心, 雖欲潔身爲廉, 其勢不能.”

光武建武二十六年, 詔有司, 增百官俸, 其千石已上減於西京舊志, 六百石已下增於舊秩.

晉武帝泰始三年, 詔曰: “古者以德昭爵, 以庸制祿, 雖下士, 猶食上農, 外足以奉公忘私, 內足以養親施惠. 今在位者, 祿不代耕, 非所以崇化本也, 其議增吏俸.”

『漢書』言: “王莽時, 天下吏以不得俸祿, 各因官職, 爲姦受取賕賂, 以自共給.”

『五代史』言: “北漢, 國小民貧, 宰相月俸止百緡, 節度使止三十緡, 自餘薄有資給而已. 故其國中少廉吏.”

前代官吏, 皆有職田.【晉・魏・隋・唐書, 皆有官品第一至第九, 職田多少之數.】故其祿重, 祿重則吏多勉而爲廉. 如陶潛之種秫【『晉書』本傳】・阮長之之芒種前一日去官【『宋書』本傳】, 皆公田之證也. 『元史』世祖至元元年八月乙巳, 詔定官吏員數, 分品從官職【品, 如正一品・正二品; 從, 如從一品・從二品.】, 給俸祿, 頒公田. 大明洪武十年十月辛酉, 制賜百官公田, 以其租入, 充俸祿之數. 是至明代而猶有此制. 其後, 收職田歸之上, 而但折俸鈔其數, 復視前代爲輕, 始無以責吏之廉矣.

宋太祖詔曰: "吏員冗多, 難以求其治; 俸祿鮮薄, 未可責以廉. 與其冗員而重費, 不若省官而益俸. 州縣宜以口數爲率, 差減其員, 舊俸外, 增給五千."

明正統六年二月戊辰, 巡按山東監察御史曹泰奏: "臣聞之, 『書』曰'凡厥正人, 旣富, 方穀'. 今在外諸司文臣, 去家遠任, 妻子隨行, 祿厚者, 月給米不過三石, 薄者一石二石, 又多折鈔. 九載之間, 仰事俯育之資, 道路往來之費, 親故問遺之需, 滿罷間居之用, 其祿不贍, 則不免失其所守而陷於罪者多矣. 乞勅廷臣會議, 量爲增益, 俾足養廉, 如是而仍有貪污, 懲之無赦." 事下行在戶部, 格以定制, 不行.

漢世, 自中二千石至百石, 爲十六等, 百石之吏, 如今之從九品也. 後漢, 自中二千石至斗石, 斗石者月十一斛也, 最下至佐史, 則月八斛也. 唐十八班, 京官正一品, 七百石, 至從九品, 猶五十二石. 俸錢, 上州刺史八萬, 中下州七萬, 赤縣令四萬五千, 畿縣・上縣令四萬, 赤縣丞三萬五千, 畿縣上縣丞・赤縣簿尉三萬, 畿縣・上縣簿尉二萬. 玄宗天寶十四載, 制曰: "衣食旣足, 廉恥乃知, 至如資用靡充, 或貪求不已, 敗名冒法, 實此之緣. 簞穀之下, 尤難取給, 其在西京文武九品已上正員官【唐時, 官多有員外置者. 故分別言之.】, 今後每月, 給俸食・襟用・防閤・庶僕等, 宜十分率加二分, 其同正員官加一分." 仍爲常式. 而白居易爲盩厔尉, 詩云: "吏祿三百石, 歲晏有餘糧." 其「江州司馬廳記」曰: "唐興, 上州司馬, 秩五品, 歲廩數百石, 月俸六七萬, 官足以庇身, 食足以結家." 大明制, 月支, 自正一品米八十七石, 至從九品米五石, 計歷代, 雖漸次差殺, 猶得一千餘石, 正一品之祿.

至於我朝, 正一品月廩, 爲米二石八斗・黃豆一石五斗, 通計歲不過三十八石

零. 比之明制, 不過三十分之一也, 於漢則又半矣. 今日貪取之風, 所以膠固於
人心而不可去者, 以俸給之薄而無以瞻其家也. 彼旣無以自瞻, 則焉得而不取
諸民乎?

昔楊綰爲相, 承元載汰侈之後, 欲變之以節儉, 而先益百官之俸. 皇甫鎛, 以宰
相判度支, 請減內外官俸祿, 給事中崔植, 封還詔書, 可謂達化理之原者矣.
『北夢瑣言』: "唐畢相諴, 家本寒微, 其舅爲太湖縣伍伯【卽今之使令執杖者】, 相
國恥之, 俾罷此役, 爲除一官, 累遣致意, 竟不承命. 特除選人楊載, 宰此邑, 參辭
日, 於私第延坐與語, 期爲落籍, 逮送入京. 楊令到任, 具達台旨, 伍伯曰: '某下
賤, 豈有外甥爲宰相耶?' 楊令堅勉之, 乃曰: '某每歲公稅享六千緡事例錢, 苟無
敗闕, 終身優渥. 不審相公欲爲致何官職?' 楊令具以聞, 相國歎賞, 亦然其說,
竟不奪其志也." 夫以伍伯之役而歲六千緡, 宜乎臺皂之微, 皆知自重, 乃信『漢
書』言'趙廣漢奏請, 令長安游徼繳獄吏秩百石, 其後百石吏, 皆知自重, 不敢枉法,
妄繫留人', 誠淸吏之本務, 謂貪澆之積習不可反而廉靜者, 眞不知治體之言也.
國朝吏俗, 雅尙儒賢, 巖阿之間, 處士橫議, 人皆自愛, 務相淸高. 故仕官之人,
擧多公廉, 中葉以前, 猶有可觀, 至有以外除爲恥者. 自後儒賢不膺旌招, 而淸
議遂漠然, 人無所顧行, 又侈汰日甚, 身家莫保, 則於是紛然幷起, 以一隅百里
爲百年家計, 而民不堪命矣. 爲今之急務, 稍加俸祿, 先開以養廉之路, 然後責
其不廉之實, 庶乎其可也.

我朝制祿, 正一品二石八斗, 隨品而殺, 至從九品而爲九斗, 如是而何以責其不
貪乎?

臣愚謂, 宜更增其制, 月廩, 以正一品祿米三十石, 從一品祿米二十五石, 正二
品祿米二十石, 從二品祿米十五石, 正三品祿米十石, 堂下官正三品祿米七石
半, 從三品祿米七石, 正四品祿米六石半, 從四品祿米六石, 正五品祿米五石半,
從五品祿米五石, 正六品祿米四石半, 從六品祿米四石, 正七品祿米三石半, 從
七品祿米三石, 正八品祿米二石半, 從八品祿米二石, 正九品祿米一石半, 從九
品祿米一石. 此其大槩, 更俟高明裁量.

顧問備略卷之二

# 『고문비략』 권3

## 1  外官

「舜典」: "咨十有二牧曰: '食哉惟時. 柔遠能邇惇德允元而難任人'."

漢董仲舒曰: "郡守·縣令, 民之師帥, 所使承流而宣化也."

宣帝, 拜刺史·守相, 輒親見問, 觀其所由, 退而考察所行, 以質其言, 有名實不相應, 必知其所以然. 嘗稱曰: "庶民所以安其田里而亡嘆息愁恨之心者, 政平·訟理也, 與我共治者, 其惟良二千石乎!"

唐太宗曰: "爲朕養民者, 惟在都督刺史. 朕嘗疏其名於屛風, 坐臥觀之, 得其在官善惡之迹, 注於名下, 以備黜陟. 縣令, 尤爲親民, 不可不擇."

玄宗, 自選諸司長官有聲望者十一人, 爲諸州刺史, 命宰相·百官, 餞於洛濱, 供張甚盛, 自爲詩, 親書贈之.

宣宗時, 于延陵爲建州刺史, 入辭, 帝曰: "建州, 去京師幾何?" 對曰: "八千里." 帝曰: "卿到彼, 爲政善惡, 朕皆知之, 勿謂其遠, 此階前卽萬里也."

宋神宗謂文彦博等, 選任知州, 未得善法, 曰: "朕每思祖宗百戰得天下, 今以一州生靈付庸人, 嘗痛心疾首."

咸平四年, 楊億上疏言: "昔自, 秦開郡置守, 漢以天下爲十三部, 命刺史以領之. 自後因郡爲州, 以太守爲刺史, 降及唐氏, 亦嘗變更, 曾未數年, 又仍舊貫. 今多命省署之職出爲知州, 又設通判之官, 以爲副貳, 此權宜之制耳, 豈可爲經久之訓哉? 臣欲乞諸州並置刺史, 以戶口多少, 置其俸祿, 分中・下・上・緊・望・雄之等級, 品秩之制, 率如舊章, 與常參官比視階資, 出入更踐. 省去通判之目, 但置從事之員, 建廉察之府以統臨, 按輿地之圖而區處. 昔太平興國初, 詔廢支郡, 出於一時, 十國爲連, 周法斯在, 一道置史, 唐制可尋. 至若號令之行・風敎之出, 先及於府, 府以及州, 州以及縣, 縣以及鄕里, 自上而下, 由近及遠, 譬如身之使臂, 臂之使指, 提綱而衆目張, 振領而群毛理. 由是言之, 支郡之不可廢也明矣. 臣欲乞復置支郡, 隸於大府, 量地里而分割, 如漕運之統臨, 名分有倫, 官業自擧."

漢之郡太守【後又改牧】, 魏・晉以下之刺史【『新唐書』曰: "高祖改郡爲州, 太守爲刺史."】, 宋之轉運使, 中國之摠督, 卽我國之監司也. 漢之都尉・【漢武帝欲以審成爲郡守, 公孫弘言: "成爲濟南都尉, 其治如狼牧羊, 不可以治民." 又帝拜吾丘壽王爲東郡都尉, 帝以壽王故, 不復置太守. 又翟義爲南陽都尉, 行太守事, 行縣至宛, 以事按宛令下之獄, 威震南陽.】令長與其後之知府・知州・知縣, 皆屬吏, 卽我國之守令也. 至於掌兵之官, 則我國之兵使・水使等官, 是也. 漢之典軍, 實惟都尉之官, 魏・晉以後, 無都尉之官. 然晉郡守皆加將軍之號, 唐郡守曰'使持節諸軍事', 宋則大郡皆兼兵馬總管・兵馬鈐轄, 而小壘亦曰'軍州事', 或帶節制軍馬, 則秦・漢所謂都尉之職, 歷代以太守兼之, 不別置官, 而守就治其事, 猶宰相之兼元樞也. 是亦我國節制使・節制都尉之爲守令兼唧也. 惟唐之節度使之制, 與我國之兵使・水使, 大略相同. 而唐及五代藩鎭之任, 遂爲尾大之患, 宋祖, 思革其弊, 盡削節度之權, 諸鎭皆束手請命, 歸老宿衛, 而節度之害盡去. 然自是, 國以寢弱, 敵至一州則一州破, 至一縣則一縣殘, 遂至有靖康之禍. 是又失之無藩鎭也, 此所謂矯枉之枉・救弊之弊, 反有甚者.

然我國之兵・水營, 今皆擁虛器而無實用, 有不足以衛國之患, 無不足以弱國之威, 僑寓一隅, 徒費國課, 適以資武官之踐歷而已. 爲今之計, 不如罷之爲便, 罷之而民情可紓, 罷之而軍需可省, 且有兵威益壯之利. 如今之營下見兵, 徒有簿上虛名, 素無一箇執戟操練之兵, 臨時調發, 必無赴召之理, 卽使期會, 必皆逃散, 何軍制之足道? 是以擧其職而付之府使. 府使統轄管下諸邑軍, 行副帥之

事, 郡縣以下, 自其邑素自團練, 自統戶始, 而兵農并擧, 皆有成規. 故一簿書之
下, 而一從約束, 必無後期者與不用命者. 蓋官素親民, 民素親官, 情義相孚,
非若兵·水使之素不相親, 上下不孚也. 是以以府使而兼兵·水使之任, 而兵
威必百十. 其都統轄, 則自有監司節度, 何待乎兵·水營而爲軍政? 又今沿邊
鎭·堡之設, 置僉使·萬戶·別將等官者, 皆有兵馬·水軍節制之責, 其任本
重大, 使之捍禦一面者也. 乃今邊鎭之制, 極其寒凉, 官不官而軍不軍, 如小兒
戲, 又數數交遞, 官無固志, 又無遠略. 爲是官者, 以延挨度日, 苟過瓜期爲度,
誰有一分留意於邊情者? 設有一二其人者, 治具俱無, 官一吏一, 而所謂鎭軍,
又或止一二也, 所轄地方, 又止彈丸而已, 如此而雖使頗·牧鎭之, 亦難爲地.
如近年江界某鎭之變, 而豈不寒心哉? 本爲防賊而設, 乃賊自公然入境, 驅執鎭
將而去, 鎭軍·鎭民, 勢弱無奈, 觀望而已, 如是而猶謂之防賊也乎? 此猶平時
而武嬉也, 若到侵軼攻戰之時, 則又將長驅無捍, 將不知至於何境也? 可勝歎
哉! 爲今之計, 不如沿邊諸鎭, 廣蓄積·實人民, 倂小鎭作久計, 痛革前弊, 俾有
實備.

『路史』「封建後論」曰: "天下之枉, 未足以害理, 而矯枉之枉常深; 天下之弊,
未足以害事, 而救弊之弊常大. 方至和之二年, 范蜀公爲諫院建言: '恩州, 自皇
祐五年秋至去年冬, 知州者凡七換, 河北諸州, 大率如是, 欲望兵馬練習, 安可
得也? 伏見雄州馬懷德·恩州劉渙·冀州王德恭, 皆材勇·智慮, 可責辦治, 乞
令久任. 然事勢非昔, 今不從其大, 而徒擧三二州爲之, 以一簣障江河, 猶無益
也. 請以昔者河東之折, 靈武之李與夫·馮暉·楊重勛之事言之. 馮暉節度靈
武, 而重勛世有新秦, 藩屛西北. 他日暉卒, 太祖乃徙其子馮翊, 而以近鎭付重
勛. 於是二方, 始費朝廷經略, 折·李二姓, 自五代來, 世有其地, 二寇畏之, 太祖
於是, 俾其世襲. 每謂: '邊寇內入, 非世襲不克守. 世襲則其子孫久遠家物, 勢必
愛客. 分外爲防, 設或叛渙, 自可理討, 縱其反噬, 原·陝一帥, 禦之足矣. 況復朝
廷恩信不爽, 奚自而他?' 斯則聖人之深謀, 有國之極算, 固非流俗淺近者之所
知也, 厥後議臣, 遽以世襲不便, 折氏則以河東之功, 姑令仍世, 而李氏遂移陜
西. 因玆遂失靈·夏, 國之與郡, 其事固相懸矣.'"

議者, 以太祖之懲五季而解諸將兵權, 爲封建之不可復. 愚竊以爲不然. 夫太祖

之不封建, 特不隆封建之名, 而封建之實, 固已默圖而陰用之矣. 李漢超齊州防禦‧監關南兵馬, 凡十七年, 敵人不敢窺邊. 郭進以洛州防禦守西山巡檢, 累二十年. 賀惟忠守易, 李謙溥判隰, 姚內斌知慶, 皆十餘載. 韓令坤鎭常山, 馬仁瑀守瀛, 王彦昇居原, 趙贊處延, 董遵誨屯環, 武宋琦戍晉, 何繼筠牧棣, 若張義之守滄景. 咸累其任, 管榷之利, 賈易之權, 悉以畀之, 又使得自誘募驍勇以爲爪牙, 軍中之政, 俱以便宜從事. 是以二十年間, 無西北之虞. 深機密策, 蓋使人緜之而不知爾, 胡爲議者不原其故, 遂以兵爲天子之兵, 郡不得而有之? 故自寶元‧康定, 以中國勢力而不能亢一偏方之元昊, 靖康寇難, 長驅百舍, 直擣京師, 蕩然無有藩籬之限, 卒之橫潰, 莫或支持. 緜今日言之, 奚啻冬水之氷齒? 嗚呼! 欲治之君不世出, 而大臣者每病本務之不知. 此予所以每咎徵普, 以爲唐室‧我朝之不封建, 皆鄭公‧韓王之不知以帝王之道責難其主, 而爲是尋常苟且之治也.

又『黃氏日抄』曰: "太祖時, 不過用李漢超輩使自爲之守, 而邊烽之警, 不接於廟堂, 三代以來, 待防邊之得, 未有如我太祖者也. 不使守封疆者, 久任世襲, 而欲身制萬里如目睫, 天下無是理也."

又宋元祐八年, 知定州蘇軾言: "漢鼂錯與文帝畫備邊策, 不過二事, 其一曰'徙邊方以實廣虛', 其二曰'制邊縣以備敵國'. 今河朔西路被邊州軍, 自澶淵講和以來, 百姓自相團結, 爲弓箭社云云"【見上「軍伍」】

竊以今之邊情, 卽古之邊情, 防邊之道, 皆以久任世襲爲最得. 今苟依弓箭社舊式, 行統甲法, 以土豪之强族有風威者, 假邊將啣, 使得世襲如折‧李‧馮‧楊, 各自爲守, 則彼必顧戀宗族, 愛惜家物, 得人之力, 此爲最大.

## 2　幕僚

自古開府, 掾屬如長史‧參軍‧主簿‧掾治中‧別駕‧司馬‧功曹之類, 皆得自辟. 如列國時, 卿大夫之家宰‧家老‧家臣, 出爲公朝大夫者也, 卽郡國守相, 亦自置僚佐.

『古文苑』注王延壽「桐栢廟碑」人名謂'掾屬皆郡人, 可攷漢世用人之法'. 今攷之漢碑皆然, 不獨此廟. 蓋其時, 惟守相, 命於朝廷, 而自曹掾以下, 無非本郡之人.【『京房傳』: "房爲魏郡太守, 自請得除用他郡人." 是漢時掾屬, 無不用本郡人, 而房之此請, 乃是破格者. 杜氏『通典』言: "漢, 縣有丞・尉及諸曹掾, 多以本郡人爲之, 三輔縣則兼用他郡人. 及隋氏之革選, 盡用他郡人."】故能知一方之人情, 而爲之興利除害. 其辟用之者, 卽出於守相, 而不似後代之官一命以上, 皆由於吏部. 故廣漢太守陳寵入爲大司農, 和帝問: "在郡何以爲理?" 寵頓首謝曰: "臣任功曹王漢以簡賢選能, 主簿嚚顯拾遺補闕, 臣奉宣詔書而已." 帝乃大悅. 至於汝南太守宗資任功曹范滂, 南陽太守成瑨委功曹岑晊, 幷謠達京師, 名標史傳. 是知爲治之道, 專在於掾屬, 顧不重歟? 且自少歷試政治, 親諗其才否, 他日州縣之擧, 得無保擧不實之患, 宜妙選於始辟之日, 一以佐我政治, 一以培養人才, 豈不可愼歟? 我朝初無開府之辟, 卽有道伯之辟, 皆以親知爲謀食之窠, 旣不選取人才, 又無擧於朝之典. 故其辟者皆親故, 初不責其才能, 所辟之人, 亦悠悠不自愛, 苟有少利, 則不暇顧政聲. 以是而民之受病, 且大矣.

臣愚謂, 宜自今監司・府使妙選幕僚, 必以文學・高行者辟之. 隨地大小, 監司置五六人, 府二三人, 郡縣擇鄕所一人【必用本地人】, 詢事考言, 得其續否, 以爲他日應選擧爲通籍之階, 則人才・政治, 必有可觀, 民得其福.

范仲淹之論曰: "今民方怨而未甚叛去, 宜急救之, 救之之術, 莫若守宰得人. 欲守宰得人, 請召二府, 通選轉運使, 如不足, 許權擢知州. 擧旣得人, 卽委逐路, 自擇知州, 不任事者, 奏罷之, 仍令權擢幕職官. 如是行之, 必擧皆得人. 凡權入者, 必俟政績有聞, 一二年方眞授之. 雖以精擇, 尙慮有不稱職者, 必有降黜, 直俟人稱職而後已. 仍令久其官守, 勿復數易, 其有異政者, 宜就與升擢之."


## 3　久任

九載黜陟之典, 始于唐虞, 後世任人, 惟西漢爲最久. 黃霸在穎川, 至於八年, 又爲吏者長子孫, 有倉氏・庫氏之稱.

漢王嘉上疏曰: "孝文時, 居官者長子孫, 至以官爲氏, 其二千石亦安官樂職, 然後上下相望, 莫有苟且之意. 其後稍稍變易, 公卿以下轉相促急, 或居官數月而退, 送舊迎新, 交錯道路. 中材苟容求全, 下材懷危內顧, 一切營私者多."

黃覇曰: "數易長吏, 送故迎新之費, 及奸吏因緣絕簿書盜財物, 公私費耗甚多. 所易新吏, 又未必賢, 或不如故, 徒相益爲亂."

宣帝嘗曰: "太守, 吏民之本也, 數變易則下不安民, 知其將久, 不可欺罔, 乃服從其敎化." 故二千石, 有治理效, 輒以璽書勉勵, 增秩賜金, 或爵至關內侯, 公卿缺則選諸所表, 以次用之. 是故漢世良吏, 于是爲盛.

順帝時, 左雄上疏曰: "寧民之道, 必在用賢; 用賢之道, 必存考黜. 吏數變則下不安業, 久於其事則民服敎化. 臣愚以爲, 守相·長吏有顯效者, 可就增秩, 勿移徙, 非父母喪, 不得去官, 吏職滿歲, 乃得辟擧."

『宋史』稱文帝元嘉之政. 百官皆久於其職, 守宰以六期爲斷, 吏不苟免, 民有所係. 三十年間, 四境之內, 晏安無事, 戶口蕃息. 士敦操尙, 鄕恥輕薄, 江左風俗, 於斯爲美.

宋神宗謂文彦博等曰: "諸道帥臣·轉運使, 職任至重, 一道慘舒係焉, 宜謹擇其人, 久於其任. 漢宣循名責實, 須用此道." 彦博對曰: "爲治之要, 無以易此."

王安石曰: "在位者數徙則不得久于其官. 故上不能狃習而知其事, 下不肯服馴而安其敎; 賢者則其功不可以及其成, 不肖者則其罪不可以至於著. 若夫迎新將故之勞, 緣絕簿書之弊, 固害之小者, 不足悉數也."

大明初, 尤責成於外職, 而以久任致績效. 如周忱巡撫蘇松, 自侍郎而至尙書, 凡二十二年; 王翺提督遼東, 自僉都歷陞副都左右都, 凡一十一年; 于謙兼鎭河南山西, 一十一年. 此撫臣之久任也.

東莞知縣盧秉安, 任至一十九年, 而淸操不易, 臨行, 惟受士民之詩.【秉安臨別自述詩云: "不貪自古人爲寶, 今日貪民詩滿囊, 十有九年官劇邑, 幸無一失掛心腸."】陳璉知滁州十年, 異政著聞, 當時有襃擢之典.【璉治滁績最, 廷臣薦之, 滁人詣闕乞留, 遂陞楊州知府, 掌滁州事, 賜綺衣一襲, 鈔五百貫, 給驛遣還. 在滁十年, 陞四川按察使, 尋召還, 陞通政使, 改禮部侍郎】. 此守令之久任也,

故丘文莊論曰: "我朝稽古定制, 始復有虞之典, 官皆三年一考, 六年再考, 九年

通考, 中有善政著聞者, 卽行㫌異之典, 其秩滿者, 則又增秩加官, 仍其舊任. 是以官安其職, 民安其生; 任者無奔走道路之勞, 居者無送舊迎新之費. 百年以來, 率循是道, 近自選法淹滯以來, 乃行一切苟且之政, 數易變更, 甚非祖宗立法之初意矣."

胡端敏奏議曰: "藩臬・守令, 皆久任而責成功, 弘治以前, 皆然也, 今則遷徙不常矣. 是故春爲知府, 或僉事於南, 秋陞副使, 或參議於北, 來春則又陞參政, 或憲使於東西矣. 甚者, 初陞右布政使, 憚遠不行, 在家稍候三二月, 卽改左而之近矣, 到任未及三二月, 卽望轉而京堂矣. 由是一歲之間, 往來道路如織, 月日過半, 其能在任幾何? 至于進士爲知縣者, 亦惟僅及三年卽擢, 中間朝覲科場, 差委參謁, 奔走曠廢, 年月居半, 事在承上, 而不在恤下也. 故今藩臬守令, 皆過客也. 其視地方之凋弊, 若見驛舍之損壞, 誰爲之修也? 視生民之困苦, 若見驛馬之瘦瘠, 誰爲之恤也?"

又有議者曰: "子産爲政, 累年而後化成; 伯禽治魯, 三年而後報政. 今之人, 未必皆聖賢, 聰明得于簡册之陳言, 志力奪於擧業之舊習, 而旁視同輩, 超遷內拜者屢矣. 於是而速進之念生, 速進之念生, 則爲民之意短而求上之意急, 謀身之術勝而取民之計多, 百姓何利于是哉?"

是則競進者, 急於陞遷之致也, 今日我國之官, 都蹈此習. 列聖朝屢加申諭, 名臣輔相擧有奏議, 勤懇於久任責成之政, 旋又不行, 至于今而極矣. 蓋緣爲官者厭於久滯, 除官者窠於新調, 浸浸然遂成痼弊, 莫如之何.

臣愚謂, 宜更爲定制, 凡除其官者, 勿復問外任履歷【詳見下】, 陞遷者, 許在任而轉階. 隨政事之異等者, 璽書㫌獎, 增秩賜金, 超遷大拜, 如漢世【詳見下】及明朝陳璉・楊信民【以參議徑陞都憲】・葉盛【自參政徑陞都憲】・何文淵【以知府徑陞侍郞】・陸瑜【以布政徑陞尙書】諸人之例, 亦未爲過. 何必使之輾轉繁促, 僕僕道途, 重煩郡縣, 夫馬供頓, 勞費不貲乎? 自今斷行之制, 除貪殘不職者及褒貶見黜者, 幷按罷如法外, 皆以九載爲滿, 如唐虞法, 以六朞爲限, 非踰六載, 不得遷轉.

## 4 資格

漢宣帝時, 盜賊幷起, 徵張敞拜膠東相, 請'吏追捕有功效者, 得壹切比三輔尤異', 天子許之. 上名尙書, 調補縣令者, 數十人.

自漢時, 縣令多取郡吏之尤異者, 是以習其事而無不勝之患. 今則一以畀之白面書生貴游子弟, 其通曉吏事者, 十不一二, 而耎弱無能者, 且居其八九矣. 又不擇其人之材, 而以探籌投鉤爲選用之法, 是以百里之命, 付闒茸不材之人, 旣以害民而卒至於自害. 是不任官惟賢之害也.

至於崔亮之立停年格【不問賢愚, 專以停解日月爲斷, 雖復官須此人, 停日後者, 終於不得, 庸才下品, 年月久者則先擢用】, 裵行儉設長名牓【定州縣, 官資高下升降, 以爲故事.】, 裵光庭爲循資格【凡官罷滿, 以若干選而集, 各有差等, 官高者選少, 卑者選多, 無問能否, 選滿則注, 限年躡級, 不得踰越, 非負譴者, 皆有升無降.】, 而銓選之法大失, 卽今我國久勤與虛司果之所祖也.

宋孫洙資格論曰:"三代以下, 選擧之法, 其始終一切皆失者, 其國家資格之制乎? 今賢材之伏於下者, 資格閡之也; 職業之廢於官者, 資格牽之也; 士之寡廉鮮恥者, 爭於資格也; 民之困於虐政暴吏者, 資格之人衆也. 萬事之所以抏弊, 百吏之所以廢弛, 法制之所以頹爛決潰而不之救者, 皆資格之失也. 惟天之生大賢・大德也, 非以私厚其人, 將使之輔生民之治者也; 惟人之有大材・大智者, 非以獨樂其身, 將以振生民之窮者也. 今小人累日而取貴仕, 君子側身而困卑位, 賢者戴不肖於上而愚者役智者於下, 爵不考德, 祿不授能. 故曰'賢者之伏於下者, 資格閡之也'. 才足以堪其任, 小拘歲月而防之矣; 力不足以稱其位, 增累考級而得之矣. 所得非所求也, 所求非所任也; 位不度才, 功不索實. 故曰'職業之廢於官者, 資格牽之也'. 今夫計歲閱而爭年勞者, 日夜相鬪也. 有司躋一名差一級, 則攝衣而群爭愬矣, 其甚者, 或懷黃敕而置於丞相之前也, 其行義, 去市賈者亡幾耳. 故曰'士之寡廉鮮恥者, 爭於資格也'. 來而暴一邑, 旣歲滿矣, 又去而虐一州也, 非以贓敗, 至死不黜. 虎吏劚牙而食於民, 賢者鬱死於巖穴, 而赤子不得愛其父母也. 故曰'民之困於虐政暴吏者, 資格之人衆也'. 夫資格之法, 起於後魏崔亮, 而復行之於唐之裵光庭. 是二子者, 其當時固已罪之, 不待後人之譏矣. 然而行之於前世, 不過數十年者也, 後得稱職者, 矯而更之, 故其患不大. 今資格之弊, 流漫根結, 踵爲常法, 方且世世而遵行之矣. 往者不知非, 來者不知矯. 故曰'萬事抗弊, 百吏廢弛, 法制頹爛決潰而不之救也'. 雖然不無小利也・小便也. 利之者, 蠢愚而廢滯者也; 便之者, 耄老而庸昏也. 而於天下國家焉, 則大失也・大害也. 然而提選部者, 亦以是法爲簡而易守也, 百品千群, 不銓敍人物, 綜覈功實, 則一吏在前, 勘簿呼名而授之矣. 坐廟堂者, 亦以是法爲要而易行也, 大官大職, 列籍按氏, 差第日月, 還然而登之矣. 上下相冒, 而賢材去愈遠, 可爲太息也. 爲今之急務, 誠宜大蠲弊法, 簡拔異能, 爵以功爲先後, 用以才爲序次, 無以積勤累勞者爲高敍, 無以深資久考者爲優選, 智愚以別, 善否陳前, 而萬事不治, 庶功不熙者, 臣愚未嘗聞也."

葉適之論曰: "甄別有序, 黜陟不失者, 朝廷之要務也. 故自一命以上, 皆欲用天下之所賢者, 而不以便其不肖者之人. 竊怪人主之立法, 常爲不肖者之地而消靡其賢才, 以俱入於不肖而已."

吁! 此我國今日之制也, 何一定之如鐵板也. 然我國之弊, 外職尤甚, 以其又有一資以加格之, 如不經州縣, 不得爲某官之類, 是也. 其法, 蓋由於古人矯枉之意, 而今更爲矯枉之過.

如『通典』言: "晉制, 不經宰縣, 不得入爲臺郎." 魏肅宗時, 吏部郎中辛雄上疏以爲: "郡縣選擧, 緣來甚輕, 宜改其弊. 分郡縣爲三等, 三載黜陟, 有稱職者, 方補京官, 如不歷守令, 不得爲內職, 則人思自勉." 唐張九齡言於玄宗曰: "古者, 刺史入爲三公, 郎官出宰百里. 致理之本, 莫若重守令, 凡不歷都督・刺史, 雖有高第, 不得任侍郎・列卿; 不歷縣令; 雖有善政, 不得任臺郎・給舍. 都督・守令, 雖遠者, 使無十年任外." 從之, 詔三省, 侍郎缺, 擇嘗任刺史者; 郎官缺, 擇嘗任縣令者.

宣宗大中改元, 制曰: "古者, 郎官出宰, 郡守入相, 所以重親人之官・急爲政之本. 自澆風久扇, 此道浸消, 頡頑清塗, 便臻顯貴, 治人之術, 未嘗經心, 欲使究百姓艱危・通天下利病, 不可得也. 軒墀近臣, 蓋備顧問, 如不知人疾苦, 何以膺朕眷求? 今後諫議大夫・給事中・中書舍人, 未曾任刺史・縣令者, 宰臣不得擬議."

宋孝宗時, 臣僚言: "吏事必歷而後知, 人才必試而後見. 爲縣令者, 必爲丞・簿; 爲郡守者, 必爲通判; 爲監司者, 必爲郡守. 皆有差等, 未歷親民, 不宜驟擢." 因定知縣以三年爲任, 非經兩任, 不除監察御史.

此蓋其時, 重內而輕外, 恥於外調, 故設爲此制. 而至於我國今日則反是, 人皆競趨於一命之選, 而擧懷患不得之心. 又重之以其所謂外任履歷者, 而居然爲不得不爲之地, 銓曹亦許以不得不爲之窠. 不論其人之才否・賢愚, 除之不疑, 曰'何可惜此一窠, 阻人之前程也', 又曰'久滯也', 又曰'家貧也, 不得不授', 旁觀者亦曰'此至公也'. 殊不知民之死活・國之安否, 職在於所謂至公.

臣愚以爲: 今日救弊之道, 先自勿拘資格始, 苟可用也則不次行之, 非其材也則雖數十年不調, 可也. 又革其所謂外任履歷者, 以杜其不得不爲之門, 庶乎其可也.


## 5　賞罰

漢宣帝詔曰: "蓋聞有功不賞, 有罪不誅, 雖唐虞, 猶不能以化天下. 今膠東相王成, 勞來不倦, 流民自占八萬餘口, 治有異等之效. 其賜成爵關內侯." 又詔曰: "穎川太守黃霸, 宣布詔令, 百姓鄉化. 孝子弟弟, 貞婦順孫, 日以衆多, 田者讓畔, 道不拾遺, 養視鰥寡, 贍助貧窮. 獄或八年無重罪囚, 吏民鄉于敎化, 興于行誼, 可謂賢人君子矣. 其賜爵關內侯・黃金百斤." 後徵爲太子太傅, 遷御史大夫. 又詔曰: "大司農朱邑, 廉潔守節, 退食自公, 亡彊外之交・束修之餽, 可謂淑人君子. 遭罹凶災, 朕甚憫之, 其賜邑子, 黃金百斤, 以奉其祭祀."

先是哀・平間, 卓茂爲密令, 視民如子, 擧善而敎, 吏民親愛, 不忍欺之. 數年, 敎化大行, 道不拾遺, 後以病免歸. 光武卽位, 先訪求茂, 詔曰: "夫名冠天下, 當受天下重賞. 今以茂爲太傅, 封褒德侯."

明帝詔, 司隷・刺史歲考長吏, 殿最以聞.

章帝詔曰: "俗吏矯飾外貌, 似是而非, 朕甚厭之, 甚苦之. 安靜之吏, 悃愊無華, 日計不足, 月計有餘. 如襄城令劉方, 吏民同聲, 謂之不煩, 雖未有他異, 斯亦殆近之矣. 夫以苛爲察, 以刻爲明, 以輕爲德, 以重爲威, 四者或興, 則下有怨心.
吾詔書數下, 冠蓋接道, 而吏不加理, 人或失職, 其咎安在? 勉思舊令, 稱朕意
焉."

唐玄宗引見京畿縣令, 戒以惠養黎民之意, 又詔新除縣令, 試理人策, 惟韋濟詞
理第一, 擢爲醴泉令, 中有不第者, 吏部侍郎坐左遷.

宋趙普奏請行考課法以爲: "治國莫如用賢, 用賢莫如歷試, 歷試莫如責功, 責
功莫如較考. 況三考之典, 出自唐虞; 四善之科, 垂於令式. 當治世之激勸, 不間
公卿, 由近代以因循, 止及州縣. 遂使居官食祿, 賢愚無分別之因; 冒寵挾私,
升黜有泛濫之弊. 厥官徒設, 其器若虛, 凡庭揖而庭趨, 但旅進而旅退. 由是職
皆不擧, 人盡偸安, 若不法於舊章, 恐轉隳於庶務. 臣欲起請, 今復除節·察·
防禦·團練·刺史及武臣等, 蓋必戰伐立效, 祿位酬勳, 凡公事, 仰委官吏, 振
擧外伏. 請先自宰相, 次百執事, 至于賓客·僚佐等, 皆請逐歲書考, 所冀事皆
師古, 理得從長. 退不肖而進賢才, 更無疑慮; 勸奉公而脩職業, 各盡器能. 倘書
考之請遂行, 則太平之期可待."

鄭介夫論刑賞曰: "昔國家制爲枉法·不枉法之例. 今則枉法者, 除名不敍; 不
枉法者, 幷殿三年. 制法雖明, 而犯者未已, 終不能禁其萬一也. 在昔有刺配籍
沒之法, 文其面則終身不齒於鄉里, 籍其資則全家不免於饑寒, 治贓吏, 無出此
法之善也. 然朝廷未嘗無刺籍之法, 如累朝宰執近臣, 多已被罪籍沒, 豈此法獨
行之隨朝而不可行之外任? 又兼有强盜刺額·竊盜刺臂之法矣. 其贓吏之害
及百姓, 尤甚於强·竊盜之害止於一家一人而已, 豈此法獨施之强·竊盜而
不可施之贓吏? 彼之受贓不顧者, 將以肥其身, 利其家, 養其妻子耳. 若使身陷
刑戮, 田宅爲空, 妻子不保, 雖不除名, 不殿三年, 亦不輕於干禁也. 今後, 無分
內外·大小官吏, 但是贓狀明白者, 吏則刺面配役, 官則免刺流徙, 所有家財·
田宅·奴婢, 幷令盡數沒官, 庶贓吏知憚而犯鮮矣."

馮應京曰: "漢制以六條察守令, 而侵漁百姓, 聚斂爲奸者, 居其首. 孝文帝, 賞廉
潔, 賤貪汚, 坐贓者, 皆禁錮不得爲吏, 或輒行誅. 順帝時, 遣使察貪汚有罪者,
刺史·二千石, 驛馬上之, 墨綬以下, 輒自收擧, 法至嚴也. 我祖宗朝, 綜覈吏治,
於枉法受賕者, 憲典最重. 嗣後, 稍從姑息, 人心怠玩, 遂至廉隅磨缺, 名檢墮失,

陵遲之漸, 寖以成風, 靡靡益甚, 不可禁制. 故先臣何塘謂'受贓滿貫以上, 宜籍
沒貲産', 近日大學士張居正亦請'將贓私, 嚴行追倂', 其言皆痛切時務之要."
我朝政治, 卓越百王, 尤眷眷於保民之政. 以爲守令, 親民之官, 民生困悴係焉.
故每除拜時, 申申諭以精選, 陛辭日, 以六事親問, 考其能否. 又嚴於考績, 每歲
定二等褒貶, 目其治否, 以爲留放, 比古三載一考, 尤爲詳密. 又恐上司循私不
嚴也, 制爲無貶下之上司, 推責之典, 可謂察之至而責之嚴也.

乃今數百年來, 昇平安樂, 朝野無事, 上下因循, 以吏治爲遊戲, 以郡邑爲茶飯,
良吏則以因舊彌縫爲能, 下此則膏脂赤子而無少忌顧. 黜陟之政, 漸至解弛, 爲
上官者, 不得據實論題, 爲下官者, 亦以氣焰有所倚恃. 蓋以上官未必盡尊嚴,
下官未必盡下風也. 夫上官者, 多從九卿而出者也, 比之一命之士, 其懸甚絶,
且又黜陟進退, 在其低仰, 爲下官者, 宜其承上之不暇. 乃儼然以不屈自處者,
其意以爲'吾之閥閱如是, 吾之姻親如是, 彼之爵位, 何足道哉'. 於是王朝爵位,
歸於不屑. 惟以門戶爲身分, 氣勢爲面目, 公然自大, 公然高視,【近有一監司,
以簿書期會, 責守令者. 守令乃蔭官高閥者也, 於公座中, 怒攘臂, 叱責監司曰: "使
道雖位重, 兩班待接, 焉敢乃爾?" 監司懼之, 遜辭不已.】人亦以爲當然也, 無可怪異. 卽上
官亦曰'彼固然也, 我無奈何彼也', 反加小心, 一意奉承, 尙何黜陟之可論? 雖有
毒民虐吏・害家凶國者, 莫敢實題, 擧以冀・黃許之. 或有字句間, 以常品目之,
則怒張目而責罵交至, 隣里咎之, 姻戚非之, 甚有世世作嫌, 語言不接. 爲上官
者, 門第稍遜者則無不懼怯, 卽有勢均者, 縱不畏避, 亦何苦與大族結怨, 與姻
戚作難乎?

我國今日之出仕者, 不過某姓・某族幾許家而已, 非其隣則其姻親也. 數百年
來, 自遠祖及孫, 同在朝列, 世世相與周旋, 無非皆然, 誼固不可謂之不厚矣.
次及吾子吾孫, 至于數百世之下, 亦必世世相周旋. 居之以隣近, 重之以婚媾者,
勢亦不可以恝然也. 是故上下交護, 惟事蒙蔽, 所謂貶目者, 文具而已. 而或按
例一二邑貶黜者, 則皆遐鄕冷族無勢威之人. 然此等人, 原不多有, 有必一二殘
邑而已, 則勢不得不以應例, 而其人之治否, 所不論也. 故俗有'六月都目興德
倅'之謠, 思之, 誠寒心哉!
臣愚謂, 宜每道, 置御史臺, 風采列邑之利病, 兼按監司之治否與黜陟, 循私不

實者, 嚴明其制, 更制以臣下無得相讎之法. 曰'官師相規', 三代令典也. 今某也之論某也, 某也之貶某也, 皆有官師之規, 非私事也, 何得讎之? 且受命於君, 代君而布政, 是政者, 君之所使也, 且當其論駁貶黜之時, 告於君而君許之, 是亦君之所罰也. 試問, 君之政・君之罰, 而君其可讎乎? 雖至頑・至愚者, 必無一分讎君之思矣. 今爲之說曰'以是爲讎者', 是讎君也, 非惟悖禮, 當得重罪, 著爲令.

復申明舊制, 嚴行黜陟, 而每當六・臘之月, 先於五・至月晦, 府使, 題目管內守令・邊將得失, 如監營襃貶句例, 修整單子, 密封呈營. 必於六・臘月初一日取齊, 監司因其所題, 參以己聞, 更撰八字題目, 修整啓目上達, 而襃貶句下, 註明該府題目, 以爲參互得失之地, 依今例十五日開坼. 以誠實爲務, 賞罰有信, 無所曲貸, 則人思自愛, 不敢率意而行, 責成之道, 庶幾有效.


## 6  御史

秦, 以御史監理諸郡, 謂之監察御史. 漢惠帝三年, 遣御史, 監三輔郡, 察詞訟. 所察之事, 凡九條, 監者, 二歲更之, 常以十月奏事, 十二月還監. 其後諸州, 復置監察御史. 文帝十三年, 以御史不奉法, 下失其職, 乃遣丞相史出刺, 并督察監察御史. 武帝元封元年, 御史止不復監.【御史之設於周, 而加以監察之名則始於秦而漢因之. 蓋謂此官, 以監郡邑及察其官吏也, 自武帝置部刺史, 不復置監, 然部刺史, 卽御史】

武帝元封五年, 置刺史, 掌詔六條察州凡十三部, 故稱部刺史焉. 漢制刺史, 以六條問事, 非條所問, 卽不省. 一條, 强宗豪右, 田宅踰制, 以强凌弱, 以衆暴寡; 二條, 二千石【太守也, 卽今之監司.】不奉詔書, 遵承典制, 背公向私, 旁招牟利, 侵漁百姓, 聚斂爲姦; 三條, 二千石不恤疑獄, 風厲殺人, 怒則任刑, 喜則任賞, 煩擾刻暴, 剝戮黎元, 爲百姓所疾, 山崩石裂, 妖祥訛言; 四條, 二千石選署不平, 苟阿所愛, 蔽賢寵頑; 五條, 二千石子弟怙恃榮勢, 請託行監; 六條, 二千石違公下比, 阿附豪强, 通行貨賂, 割損政令. 又令歲終, 乘傳奏事. 夫秩卑而命之尊,官小而權之重, 此大小相制, 內外相維之意也.【『元城語錄』: "漢元封五年, 初置刺史部十三州, 秋分行郡國, 秩六百石而得按二千石不法, 其權最重, 秩卑則其人激昂, 權重則能行志."】

成帝時, 翟方進・何武等言: "春秋之義, 用貴治賤, 不以卑臨尊. 刺史, 位下大夫而臨二千石, 輕重不相準, 請罷刺史, 更置州牧秩二千石."【劉昭之論曰: "刺史監糾非法, 不過六條, 傳車周流, 匪有定鎮, 秩裁六百, 未生陵犯之釁, 成帝改牧, 其萌始大."】

哀帝建平二年, 朱博又奏曰: "漢家立制郡縣, 部刺史奉使典州, 督察郡國, 吏民安寧. 故事, 居部九歲, 擧爲守相, 其有異材功效著者, 輒登擢, 秩卑而賞厚, 咸勸功樂進. 今增秩爲牧, 秩眞二千石, 位次九卿, 九卿闕, 以高第補. 其中材則苟自守而已, 恐功效陵夷, 姦宄不禁. 臣請罷州牧, 置刺史如故." 從之.【『後漢書』「劉焉傳」: 靈帝政化衰缺, 四方兵寇, 焉以'刺史威輕, 建議改爲牧伯, 請選重臣, 以居其任', 從之. 州任之重, 自此而始. 『新唐書』: 李景伯爲太子右庶子, 與太子舍人盧備議, "今天下諸州, 分隷都督, 專生殺・刑賞. 使授非其人, 則權重釁生, 非强榦弱枝之誼, 願罷都督, 留御史以時按察, 秩卑任重, 以制姦宄便." 繇是停都督.】

順帝漢安元年, 遣杜喬・周擧・周栩・馮羨・欒巴・張綱・郭遵・劉班, 分行州郡, 表賢良・顯忠勤, 其貪汚有罪者, 刺史二千石驛馬上之, 墨綬以下便輒收擧.

唐太宗貞觀二十年, 遣大理卿孫伏伽・黃門侍郎褚遂良等二十二人, 以六條巡察四方, 黜陟官吏, 帝親自臨決. 牧・守以下, 以賢能進擢者二十人, 以罪死者七人, 其流罪以下及免黜者, 數百人. 已後頻遣使者, 或名按察, 或名巡撫.

玄宗開元二十三年, 置十道採訪處置使.【或請'選擇守令, 停採訪使', 姚崇奏: "十道採訪, 猶未盡得人, 天下三百餘州, 縣多數倍, 安得守令, 皆稱其職?"】天寶五載, 命禮部尙書席豫等, 分道巡按天下風俗, 及黜陟官吏, 名巡按使.

德宗時, 遣黜陟使庚何等十一人, 行天下, 陸贄說使者, 請以五術省風俗, 八計聽吏治, 三科登俊乂, 四賦經財實, 六德保罷癃, 五要簡官事. 五術曰: 聽謠誦, 審其哀樂; 納市價, 觀其好惡; 訊簿書, 考其爭訟; 覽車服, 等其儉奢; 省作業, 察其趣舍. 八計曰: 計戶口豐耗, 以稽撫字; 視墾田贏縮, 以稽本末; 視賦役厚薄,以稽廉冒; 視案籍煩簡, 以稽聽斷; 視囚繫盈虛, 以稽決滯; 視姦盜有無, 以稽禁禦; 視選舉衆寡, 以稽風化; 視學校興廢, 以稽教導. 三科曰: 茂異, 賢良, 幹蠱. 四賦曰: 閱稼以奠稅, 度產以衰証, 科丁壯以計庸, 占商賈以均利. 六德曰: 敬老, 慈幼, 救疾, 恤孤, 賑貧窮, 任失業. 五要曰: 廢兵之冗食, 蠲法之撓人, 省官之不急, 去物之無用, 罷事之非要.

宋慶曆中, 歐陽修言: "天下之事, 積弊已多, 如治亂絲, 未知頭緒. 欲事事更改, 則力未能周而煩擾難行, 欲漸漸整輯, 則困弊已極而未能速效. 如欲用功少, 爲利博, 及民速於事功, 莫若精選强幹朝臣十許人, 分行天下, 盡籍官吏能否而升黜之." 時朝廷重於特遣使, 惟詔諸路轉運使, 兼按察. 修又言: "臣之議, 本欲使者四出, 使天下悚然知朝廷賞善·罰惡之意, 按文責實, 以救民急病, 如漢之刺擧, 唐之黜陟使之類. 久荒之地, 必先芟闢, 然後以時耘耨. 特遣之使, 如久荒而芟闢也, 轉運兼按察, 乃以時而耘耨者爾."

元時, 風憲之制. 在內諸司, 有不法者, 監察御史劾之; 在外諸司, 有不法者, 行臺御史劾之. 行臺御史, 歲以八月出巡, 四月還治.

『金史』: "自熙宗時, 遣使, 廉問吏治得失, 世宗卽位, 凡數歲輒一遣黜陟之. 故大定之間, 郡縣吏皆奉法, 百姓滋殖, 號爲小康."

大明, 御史摠屬內臺, 奉命出按, 與漢遣刺史法同, 蓋深得古人之意, 又其善者, 在於一年一代. 夫守令之官, 不可不久也; 監臨之任, 不可以久也, 久則情親而弊生, 望輕而法玩. 故一年一代之制, 又漢法之所不如也.【唐李嶠請'十州置御史一人, 以周年爲限, 使其親至屬縣, 或入閭里, 督察姦訛, 觀採風俗', 此法, 正明代所行.】若夫倚勢作威, 受賕不法, 此特其人之不稱職耳, 不以守令之貪殘而廢郡縣, 豈以巡方之濁亂而停御史乎?

我朝御史, 與明制相同, 每自內奉命出按, 親行閭里. 故稱暗行焉. 然但有時特遣, 則與明制有異也.

臣愚以爲, 兼取諸法而行之, 宜於諸道官員中, 以都事之職兼御史之啣, 行暗行事. 每歲正月初行部, 至六月十五日覆命, 又七月初行部, 至十二月十五日覆命, 幷書啓如暗行御史法, 以一年爲瓜期.

且以各道褒貶等第銓曹陞降者, 移屬各該道御史, 開座覆啓. 夫褒貶等第之陞降, 蓋欲因其治否而防任私之意也, 在京銓官, 何以知遠外之治否而陞之降之乎? 是故陞降之例, 就向題目上論難等之, 苟如此卽如勿論. 夫各道題目, 已錄懸上·中·下之等, 而必使之陞·降之者, 猶有疑之之理. 故有自上而爲中·爲下之例, 是疑於上·下之第也. 疑之, 固勿信. 今向題目字句上而論之, 則是信其題目也. 夫信其題則不當疑其等第, 疑其等第則不當信其題目也. 今之陞·降, 則乃信於半而不信於半也, 是所謂信不成信, 疑不成疑也, 豈理也哉? 無已則當幷與題目而改之, 曰'某之政治如賢, 不當有此貶; 某之政治如不賢, 不當有此褒', 因而陞·降之, 則事面始成. 然其人之政治, 何可得知也? 故有此苟且之政也.

臣愚謂, 以陞·降之政, 不可委之銓曹, 而委之御史, 爲是也. 夫委之御史, 則御史曾經按部, 其人之政治, 固已知之矣. 若見監營題目之相反者, 則當據實論題, 陞·降取稟也, 如是則陞·降之體成, 而亦以杜僥倖之門【監司不得循私誤題】, 庶有實效矣. 且又作爲永窠, 隨缺隨補, 必選雅望公廉者爲之, 著爲令.

## 7 吏胥

有邦國, 必有百官; 有百官, 必有吏胥. 爲治者, 始於親民, 親民者, 惟吏胥最親切. 故治道, 自吏胥始而達于邦國, 顧不重歟? 得吏胥好者, 其政治, 其民安; 得吏胥不好者, 其政亂, 其民悴. 然從古來, 好吏胥不多得, 此政治所以日趨下也, 亦惟在知人, 在用之如何耳.

葉適曰: "吏胥之害, 從古患之, 非直一日也, 而今爲甚者, 蓋自崇寧, 極於宣和. 士大夫之職業, 雖皮膚蹇淺者, 亦不復修治, 而專從事于犇走進退, 其簿書期會, 一切惟吏胥之聽. 而吏, 根固窟穴, 權勢熏炙, 濫恩橫賜, 自占優渥. 比渡江之後, 文字散逸, 舊法·往例, 盡用省記, 輕重·予奪, 惟意所出. 其最驕橫者, 三省·樞密院·吏部·七司·戶·刑, 若它曹·外路從而傲視, 又其常情. 故今號爲公人世界, 又以官無封建, 皆指實而言也. 且公卿大臣之位, 其人不足以居之, 俛首刮席, 條令·憲法, 多所不諳而寄命于吏, 此固然也. 然雖使得其人而居之,

如昔之所謂伊尹・傅說之儔, 而以夫區區條令・憲法, 仍爲不曉, 而與是吏人
共事, 終亦不可. 然則今世吏胥之害, 無問乎官之得其人與不得其人, 而要以爲
當革而已矣.

府吏胥役, 自有國以來, 所同有也. 然必有上不侵官, 下不病民, 以自治其事而
聽命焉, 而秦・漢之敝法, 屈天下之豪傑, 由刀筆選而至三公. 今幸已甄別品流,
而其餘敝盡去. 且又皆以天下經常之事立爲成書, 以付之彼, 吏得知之, 而官不
得知焉. 此其爲害, 又過於秦・漢. 何者? 今百司之吏, 其爵・其祿, 往往有士大
夫之所不敢望. 漢之公府掾・諸卿主事辟召, 皆天下名士, 其權柄足以搖守相
者, 今所謂都祿錄・行首・主事之類, 是也. 此直以鞭撻・刑戮待之, 而高爵・
厚祿若是何哉? 今官冗而無所置之, 士大夫不習國家臺省故事, 一朝冒居其位,
見侮于吏. 今胡不使新進士及士子之應仕者, 更迭爲之, 三考而滿常調, 則出官
州縣, 才能超異者, 或遂錄之?

若此則有三利. 士人, 顧惜終身畏法尙義, 受財鬻獄, 必大減少, 吏曹淸則庶務
擧, 且因以習士大夫, 使之有材, 而無至于今世之偷惰, 一利也; 更迭爲之, 無根
固窟穴之患, 無保引私名之敝, 而封建之勢, 因以去矣, 二利也; 增員百餘, 稍去
冗官之患, 待缺擇地, 爭奪伺候之風, 亦漸衰息, 三利也. 得三利・去三害, 此亦
非有勞民・動衆之難者. 京師, 紀綱之首, 吏曹淸則諸司・州縣之吏蠹, 亦必少
異於今日. 蓋結托・干請, 有所不行, 予決衆事, 整齊簿書, 不爲疑亂, 則下亦知
畏故也.

謝肇淛曰: "從來仕宦法網之密, 無如今日者. 上自宰輔, 下至縣遞・倉巡, 莫不
以虛文相酬應, 而京官猶可, 外吏則愈甚矣. 大抵官不留意政事, 一切付之胥曹,
而胥曹之所奉行者, 不過已往之舊牘・歷年之成規, 不敢分毫踰越. 而上之人,
旣以是責下, 則下之人亦不得不以故事虛文應之, 一有不應, 則上之胥曹又乘
隙而繩以法矣. 故郡縣之吏, 宵朝竭蹶, 惟日不足, 而吏治卒以不振者, 職此之
由也."

我國吏胥之害民者, 列邑尤甚. 爲今日民生莫保之境者, 皆吏胥之蠹, 而其實乃
上之人驅使之爲蠹而已.

其故有四. 曰'俸薄'. 今之爲吏者, 上不及官, 下不及農, 趨走衙前, 日不暇給,

而父母妻子之瞻給, 托在一身, 乃有初無粒米之俸, 白地供役, 指望積仕而得窠, 其所謂得窠者, 曰吏房·都書員等名目也. 然彼窠也, 亦非有俸錢·料米之優也, 都是舞文弄墨, 添等加徵, 浚民之膏血者也. 然而猶不足以庇身, 於是陷人於罪, 唆人以訟, 從中慫恿, 假作威福, 以圖涓滴, 甚又公負貨逋, 身且不保, 害及齊民. 諸如此類, 皆俸薄而不能庇身故也.

曰'額濫'. 夫以一邑之所謂房任者, 不過若干窠, 而衆多人輪回, 則不知幾多年而始得一窠也. 故各自爲計, 百般鑽穴, 上請下囑, 圖占一窠, 則其間所費, 有浮於所得窠之元俸. 如此, 何以爲産? 勢不得不格外作惡, 以圖橫貨, 而民不堪命. 此額濫而窠窄故也. 員額之制, 營府三十四, 大都護府及牧各三十, 都護府二十六, 郡二十二, 縣十八, 此爲定例. 乃今至小之縣, 亦不下八九十, 而大府去處則有六七百矣. 舉一邑之吏而就食於民, 民猶以爲不瞻, 況非徒食之而已? 舉將揮金, 如土豪侈其身, 皆欲取給於民而極矣.

曰'官之誅求'. 其得窠也納賂也, 又非惟納賂也, 苟非固結勢力, 則莫能保其有. 故必有一二所京士大夫顧護之力, 然後稱謂權吏, 而人莫敢奈何他. 故歲時之餽·日月之奉, 視其窠而愈厚, 上官者亦視其窠而誅求, 少不如意, 則罪過不淺. 故東那西移, 一力奉承, 試問何所從來, 而民無能傷乎?

曰'不惜名節'. 謂一自趨衙, 人皆賤之, 雖以寒村之措大, 皆得以臨之, 駈使之, 鞭笞之, 有若奴隷, 渠亦自分甚賤, 自歸于無身分, 則禮義廉恥, 有所不論. 禮義廉恥之不拘, 而將何以激勵乎?

爲今之道, 亶在乎除却四者而已. 臣愚, 欲乞先從減額, 一依國典所定數, 外許皆歸農. 厚爲之俸, 使足以庇其家; 以勤勞差任, 不循私躐等; 以絶行賄之路, 揀選品行優異者用之. 如葉適之議, 許以歷試後, 薦擧王朝, 一切收用之意著爲令. 彼旣得俸, 內無家室之慮, 又欲惜名, 外有仕進之階. 如此則雖欲不廉公, 不可得也, 雖撻之而求其爲惡, 不可得也. 如是而民猶以吏爲患者, 必無是理也.

顧問備略卷之三

# 『고문비략』 권4

## 1 科擧

『周禮』「地官」: "大司徒之職, 以鄕三物敎萬民而賓興之. 鄕大夫之職, 各掌其鄕之政敎・禁令. 正月之吉, 受敎法于司徒, 退而頒之于其鄕吏, 使各以敎其所治, 以攷其德行, 察其道藝. 三年則大比, 攷其德行・道藝, 而興賢者・能者, 鄕老及鄕大夫, 帥其吏與其衆寡, 以禮賓之. 厥明, 鄕老及鄕大夫・群吏, 獻賢・能之書于王, 王再拜受之, 登于天府."

「王制」: "命鄕, 論秀才, 升之司徒, 曰'選士'. 司徒論選士之秀者而升之學, 曰'俊士'. 升于司徒者, 不征于鄕, 升于學者, 不征于司徒, 曰'造士'."

漢高帝詔天下, '其有稱明德者, 御史中執法・郡守, 必身勸爲之駕, 遣詣丞相府'.

武帝詔, '召吏人有明當世之務, 習先聖之術者, 縣次續食, 令與計偕'. 又曰: "蓋有非常之功, 必待非常之人. 故馬或奔踶而致千里, 士或有負俗之累而立功名, 夫泛駕之馬・跅弛之士, 亦在御之而已. 其令州縣察吏民有茂才異等, 可爲將相及使絶國者."

又曰: "公卿大夫所使, 總方略壹統類, 廣敎化美風俗也. 夫本仁祖義, 褒德錄賢, 勸善刑暴, 五帝三王所繇昌也. 朕夙興夜寐, 嘉與宇內之士, 臻於斯路. 故

旅耆老, 復孝敬, 選豪俊, 講文學, 稽參政事, 祈進民心, 深詔執事, 興廉擧孝,
庶幾成風, 紹休其緒. 夫十室之邑, 必有忠信; 三人幷行, 厥有我師. 今或至闔
郡不薦一人, 是化不下究, 而積行之君子, 壅於上聞也. 二千石官長, 紀綱人倫,
將何以佐朕燭幽隱・勸元元・廣孑庶・崇鄕黨之訓哉? 且進賢, 受上賞; 蔽
賢, 蒙顯戮, 古之道也. 其與中二千石・禮官・博士議, 不擧孝廉者罪."【漢擧
孝廉之始】

又詔曰: "賢良, 明於古今正事之體. 受策察問, 咸以書對, 著之于篇, 朕親覽焉."
【此呈券之始】又詔擧賢良文學之士, 又詔擧賢良方正能直言極諫之士.

順帝令郡國擧孝廉, 限年四十以上, 諸生通章句, 文吏能牋奏, 乃得應選, 其有
茂才異等, 若顏淵・子奇, 不拘年齒.

漢始制有射策・有對策. 射謂爲難問疑義, 書於策, 量其大小, 署爲甲乙之科,
不使彰顯. 射者, 隨其所得而釋之, 對者, 顯問以政事經義, 觀其所對文詞, 定
高下.

進士科, 始隋大業中, 盛正觀・永徽之際. 縉紳雖位極人臣, 不由進士者, 不以
爲美.

唐貢士之科, 有秀才, 有明經, 有進士, 有明法, 有明字, 有明算, 有俊士, 有一史,
有三史, 有開元禮, 有道擧, 有童子. 而明經之別有五經, 有三經, 有二經, 有學究
一經, 有三禮, 有三傳, 有史科. 此歲擧之常選也.【『困學紀聞』, 唐制擧之名, 多有八
十有六.】

每歲仲冬, 郡縣・館監, 課試其成者. 長史, 會屬僚, 設賓主, 陳俎豆, 備管絃,
牲用少牢, 行鄕飮酒禮, 歌「鹿鳴」之詩. 召耆艾, 敍少長而觀焉, 旣餞而與計偕.
其不在館學者, 謂之'鄕貢'.

唐制, 天子自詔, 曰'制擧', 所以待非常之才.『唐志』曰: "所謂'制擧'者, 其來
遠矣. 自漢以來, 天子常稱制詔, 道其所欲問而親策之. 唐興, 世崇儒學, 雖其時
君賢愚吏好惡不同, 而樂善求賢之意, 未始少怠. 故自京師外至州縣, 有司常
選之士, 以時而擧, 而天子又自詔四方德行・才能・文學之士, 或高蹈幽隱與
其不能自達者, 下至軍謀將略・翹關拔山・絶藝奇伎, 莫不兼取. 其爲名目, 隨
其人主臨時所欲, 而列爲定科者, 如'賢良方正直言極諫'・'博通墳典達於敎

化’·‘軍謀弘遠堪任將帥’·‘詳明政術可以理人’之類, 此其最著也.

宋初, 承周顯德之制, 設三科, 不限前資·見任職官, 黃衣草澤, 并許應詔. 景德, 增爲六科, 熙寧, 屢罷屢復. 宋人, 謂之大科. 又國初, 立宏詞拔萃科; 紹聖, 立服勤詞學科; 大觀, 改詞學兼茂才科; 紹興, 改博學宏詞科.【博學宏詞科見「唐選擧志」】

徐度『卻掃編』曰: “國朝制科, 初因唐制, 有賢良方正能直言極諫·經學優深可爲師法·詳明吏理達於敎化, 凡三科, 應內外職官前資·見任, 黃衣草澤人并許. 諸州及本司解送上吏部, 對御試策一道, 限三千字以上. 咸平中, 又詔文臣, 於內外幕職·州縣官及草澤中, 擧賢良方正各一人. 景德中, 又詔置賢良方正能直言極諫·博通墳典達於敎化·才識兼茂明於治體·武足安邊洞明韜略·運籌決勝軍謀宏遠材任邊寄·詳明吏理達於從政等六科. 天聖七年, 復詔應內外京朝官, 不帶臺省·館閣職事, 不曾犯贓罪及私罪情理輕者, 并許少監以上, 奏擧或自進狀, 乞應前六科. 仍先進所業, 策論十卷卷五道, 候到下兩省看詳, 如詞理優長, 堪應制科, 具名聞奏, 差官考試論六首, 合格卽御試策一道. 又置高蹈邱園·沈淪草澤·茂才異等三科, 應草澤及貢擧人非工商雜類者, 并許本處轉運司·逐州長史奏擧, 或於本貫投狀乞應. 州縣體量, 有行止別無玷犯者, 卽納所業策論十卷卷五道, 看詳詞理稍優, 卽上轉運司, 審察鄕里名譽, 於部內, 選有文學官, 再看詳實, 有文行可稱者, 卽以文卷送禮部, 委主判官看詳, 選詞理優長者, 具名聞奏. 餘如賢良方正等六科, 熙寧中悉罷之, 而令進士廷試, 罷三題而試策一道. 建炎間, 詔復賢良方正一科.”

元祐初, 司馬光奏: “設十科, 使有位達官, 各擧所知, 一曰‘行義純固可爲師表科’【有官·無官人皆可擧】, 二曰‘節操方正可備獻納科’【擧有官人】, 三曰‘智勇過人可備將帥科’【擧文武有官人】, 四曰‘公正聰明可備監司科’【擧知州以上資序】, 五曰‘經術精通可備講讀科’【有官·無官人皆可擧】, 六曰‘學問該博可備顧問科’【同上】, 七曰‘文章典麗可備著述科’【同上】, 八曰‘善聽獄訟盡公得實科’【擧有官人】, 九曰‘善治財賦公私俱便科’【同上】, 十曰‘鍊習法令能斷請讞科’【同上】. 應職事官自尙書至給舍·諫議, 寄祿官自開府儀同三司至大中大夫, 自觀文殿學士至待詔, 每歲須於十科內, 擧三人, 仍具狀保任, 中書置籍記之. 隨科授職,所賜誥命, 仍備所擧官姓名, 其人任官無狀, 坐以繆擧之罪. 所貴人人重愼, 所擧得人."

大明初, 設賢良方正・聰明正直・孝弟力田・通經孝廉・才識兼人等科. 宋濂議謂'取士, 莫善於鄕擧里選', 帝然之. 行之旣效, 儒臣請設制科, 帝覽試義, 厭其詞, 復設而罷, 罷而復設, 始終以薦擧辟召爲重, 而後乃漸重制科. 故霍韜謂: "國初, 薦擧爲重, 貢擧次之, 科擧爲輕, 今則科擧爲重, 貢擧次之, 薦擧不行矣. 故有行同盜跖, 心孚商賈者, 能染翰爲文, 俱隷仕籍, 此士風所以益偸也."

成化中, 勅提學各分督所屬官簿, 錄諸儒生德業爲三等, 德行優・文學贍・治事長者, 爲上等; 有德行, 而經義・治事稍劣者, 次之; 卽經義優・治事長而德行玷缺者, 列下等, 歲課月考, 非上等, 毋得應貢擧.

梁斗輝曰: "聖祖起濠梁, 淸函夏, 諸所扈從, 皆鷹揚虎視, 如雲如雨. 然猶側席幽人, 或遣廷臣分行采訪, 或令有司旁求敦請, 應徵至, 則處以禮賢館. 是時雖諸科甚設, 而聖意唯以薦辟爲重. 故始以洪武三年開科, 六年卽詔停罷, 別令有司察擧賢才, 辟選之詔, 有一歲而兩下, 無間歲而不行. 十七年春, 頒科擧定制, 冬卽詔選秀才人材. 十八年, 復詔擧孝廉. 十九年, 詔擧經明行修, 練達老成之士, 則聖意所重, 良可知已. 先臣崔銑有云, '科目而得人, 若博之中呼, 其失人, 若博之遭負, 蓋非有參驗之詳, 觀察之可賴也'. 歲貢, 嚮以郡邑之彦肄業成均, 僉號得人. 今掄選舊制, 行罷數易, 而專累歲月, 多日暮途窮, 循資選授教職, 鮮有儁才入成均者矣."

武擧, 起於唐武后之世. 長安二年, 始置武擧, 其制有長垜・馬射・步射・筒射, 又有馬鎗・翹關・負重・ 身材之選, 兵部主之. 課試之法, 如擧人之制, 取其軀幹雄偉, 應對詳明, 有驍勇材藝, 及可爲統帥者. 若文吏求爲武選, 取身長六尺以上, 籍年四十以下, 强勇可以統人者.

宋有武擧・武選. 仁宗, 始親試武擧, 先閱其騎射而後試之. 慶曆六年, 策武擧, 以策爲去留, 弓馬爲高下.

范仲淹奏請: "令管軍臣僚, 搜羅智勇之人各擧一名, 不問將校・長行, 試以武藝, 或觀其膽略, 出衆便可遷轉於邊上任使, 如將來頗立戰功, 則明賞擧主, 或屢敗軍事, 亦當連坐."

富弼奏請: "宜於太公廟, 建置武學, 許文武官與白身, 歲得入補, 聚自古兵書, 置於學中, 縱其討習, 勿復禁止." 熙寧五年, 始建武學於武成王廟, 選文武官知兵者爲教授, 入學給食, 習諸家兵法. 教授, 纂次歷代用兵成敗・前世忠義之節足以訓者, 講釋之, 願試陳隊者, 量給兵伍. 在學三年, 具藝業考試, 等第推恩, 未及格者, 逾年再試.

大明洪武三十一年, 設武學於虎踞關, 選儒士十人, 教故武臣子弟之養於錦衣衛者. 正統六年, 立武學, 設教授・訓導, 如京府儒學之制. 景泰間, 廢武學, 天順八年, 復設開武擧. 成化四年, 弘治十七年, 各有參定條例, 及嘉靖年間, 此途漸重, 乃至非武擧不得陞調.

我國科擧之制, 自雙冀始, 大都與中國相似, 專以浮文取士, 初不問德行與治道, 只以文詞之工拙爲取捨. 故得人常難, 至於今日, 則卽文詞亦無所取信. 文工者, 未必皆入選, 文拙者, 未必皆見黜而極矣. 亦有明經之選, 而應是科者, 俗以爲恥, 不能顯揚. 故人皆不尙. 是實學之遜於浮文也. 亦有鄕薦之例, 而不列於大階, 僅博郡縣而已. 是則鄕貢之不如科目也. 此士習所以日趨於浮華而不責成實效也. 梁斗輝所謂'今上以空文求士, 士以空文見上, 投牒自試則士自輕, 棘院禁嚴則上輕士, 而欲士風之振, 在位之彬彬多賢也, 胡可得哉'.

古者取人, 必先採鄕曲之譽, 然後辟於州郡; 州郡有聲, 然後辟於五府; 才著五府, 然後升之天朝. 此則用一人所擇者甚悉, 擢一士所歷者甚深.

朱夫子嘗有「貢擧私議」曰: "古者, 學校選擧之法, 始於鄕黨而達於國都, 教之以德行・道藝, 而興其賢者・能者, 蓋其所以居之者無異處, 所以官之者無異術, 所以取之者無異路, 是以士有定志而無外慕, 蚤夜孜孜, 惟懼德業之不修, 而不憂爵祿之未至. 夫子所謂, '言寡尤・行寡悔, 祿在其中', 孟子所謂, '脩其天爵, 而人爵從之', 蓋謂此也. 今之爲法, 其所以教者, 旣不本於德行之實, 而所謂藝者, 又皆無用之空言. 至於其弊, 則所謂空言者, 又皆怪妄無稽, 而適以敗壞學者之心志. 是以人才日衰, 風俗日薄, 朝廷州縣, 每有一事之可疑, 則公卿大夫・官人百吏, 愕眙相顧而不知所出, 是亦可驗其教之得失矣. 議者, 不知其病源所在, 反以程試文字之不工爲患. 夫空言, 本非所以教人, 亦不足以取士, 而詩賦, 又空言之尤者, 其無益設教取士, 章章明矣."

臣愚謂, 朱子此言, 切中時病, 必有大更張而後已, 欲乞依貢擧・科制兩條, 兼而行之, 必自坊面而擧, 終於試取, 又加以擧主連坐之制. 其法存以式年・鄕・漢城試之例, 而稍加焉.

京試, 則各部內每坊坊長, 擧坊內人士中十人或十數人【隨坊之大小與人才之多寡, 不拘數.】, 上於部. 部官試見其德行・器局與身言書判『『唐書』「選擧志」: "凡取人之法有四. 一曰'身', 體貌豊偉; 二曰'言', 言辭辨正; 三曰'書', 楷法遒美; 四曰'判', 文理優長."】, 審得所見與所聞相符也否, 其不足者罷遣, 選得十分具足者, 與各坊坊長【曾已公擧者故仍擧】, 并上於漢城府. 部官又自閱各坊中有遺才也否, 不拘各坊人士及部屬吏員, 擇擧一二人, 同上於漢城府. 府會合諸坊擧人試之如部法, 又試其經濟, 試其才藝, 選得如定數【部內八十人, 京畿道四十人, 忠淸・全羅等道各五十人, 慶尙道六十人, 江原・黃海・咸鏡・平安等道各三十人】.

鄕試, 則各縣內每面面正, 擧面內人士中一人或二人【隨面之大小與人才之多寡, 不拘數.】, 上於縣. 縣官試見其德行・器局與身言書判, 審得所見與所聞相符也否, 其不足者罷遣, 選得十分具足者, 與各面面正, 與時任鄕所【面正・鄕所皆曾已公擧者, 故仍擧】, 并上於府. 縣官又自閱各面中有遺才也否, 不拘各面人士及縣屬吏校, 擇擧一二人, 同上於府. 府會合諸縣擧人, 試之如縣法, 其不足者罷遣, 選得十分具足者, 上於道. 府使於其境內擧各面人士, 與府屬吏校, 并如縣法, 又自閱各縣中有遺才也否, 不拘人士・吏校, 擇擧一二人, 又自擧親幕裨將一二人, 同上於道. 道會合諸府擧人, 試之如上法, 又試其經濟, 試其才藝, 選得如定數. 通計京外所選, 爲四百人.

又許京各司衙門官, 自擧屬衙吏員及京外親知中才德具足者一二人; 八道道臣, 自擧親幕裨將及營屬吏校及道內人士吏校, 有遺才者, 選得五六人. 通計京各司衙門官・八道道臣所自擧者爲一百人, 已上京外都選擧人, 該五百人. 并赴國子試, 知事・同知事・大司成同爲試取, 試其經濟, 試其才藝, 取二百人, 赴禮闈. 禮曹奏擇試官, 主貢擧使二百人皆執業面對, 取三十三人, 餘罷遣, 著爲令. 課試程式, 以時政得失・經濟之便宜不便宜對策, 使得盡言, 除非所宜言罪, 雖或有妄言駭論不咎言, 而可用則採之, 不可用則罷之而已.

且古之取士, 元無文・武二途. 故從古, 名將多出於名士, 非敦詩書, 悅禮樂,博通古事, 深達時務者, 不能也. 至於弓馬拳棒擊刺突逐, 只合爲材官·騎士之選, 非所以待將帥之才也.

臣愚謂, 宜罷武擧不設, 只於此三十三人, 隨才取用, 又於擧人名下, 註以薦主姓名, 待到授官從政, 隨其得失而賞罰及之, 則擧必公正. 國家旣歲得此三十三人, 上自三公九卿下至一命, 皆取於是, 何患庶績之不熙哉? 且因是而倖門可杜, 非有實行眞才者, 自然望絶, 有所抱負者, 亦欲遁不得, 野無遺賢, 人皆修德, 人才培養, 莫此爲盛, 誠萬世之長策也.


2 人材

『周禮』: "大宰, 以九兩繫邦國之民. 三曰'師', 以賢得民; 四曰'儒', 以道得民; 八曰'友', 以任得民."

"師氏, 以三德敎國子. 一曰'至德', 以爲道本; 二曰'敏德', 以爲行本; 三曰'孝德', 以知逆惡. 敎三行. 一曰'孝行', 以親父母; 二曰'友行', 以尊賢良; 三曰'順行', 以事師長. 居虎門之左, 以敎國子弟, 凡國之貴遊子弟學焉.【貴謂卿士, 遊謂凡民.】"

"保氏, 養國子以道, 乃敎之六藝, 一曰'五禮', 二曰'六樂', 三曰'五射', 四曰'五馭', 五曰'六書', 六曰'九數'. 乃敎之六儀, 一曰'祭祀之容', 二曰'賓客之容', 三曰'朝廷之容', 四曰'喪紀之容', 五曰'軍旅之容', 六曰'車馬之容'."

"大司徒, 因此五物者·民之常, 而施十有二敎焉. 一曰'以祀禮敎敬則民不苟', 二曰'以陽禮敎讓則民不爭', 三曰'以陰禮敎親則民不怨', 四曰'以樂禮敎化則民不乖', 五曰'以儀辨等則民不越', 六曰'以俗敎安則民不偸', 七曰'以刑敎中則民不虣', 八曰'以誓敎恤則民不怠', 九曰'以度敎節則民知足', 十曰'以世事敎能則民不失職', 十有一曰'以賢制爵則民愼德', 十有二曰'以庸制祿則民興功'."

「王制」: "大司徒, 修六禮以節民性, 明七敎以興民德, 齊八政以防淫, 一道德以同俗, 養耆老以致孝, 恤孤獨以逮不足, 尙賢以崇德, 簡不肖以黜惡." "樂正,崇四術, 立四教, 順先王詩書禮樂以造士, 春秋教以禮樂, 冬夏教以詩書."

湯問伊尹曰: "三公‧九卿‧二十七大夫‧八十一元士, 知之有道乎?" 伊尹對曰: "昔者, 堯見人而知, 舜任人然後知, 禹以成功擧之. 夫三君之擧賢, 皆異道而成功, 然尙有失者, 況無法度而任己, 直意用人, 必大失矣. 故君使臣自貢其能, 則萬一之不失矣."

「說命」曰: "惟說, 式克欽承, 旁招俊乂, 列于庶位."

『書』曰: "在知人, 在安民." "知人則哲, 能官人; 安民則惠, 黎民懷之."

韋嗣立曰: "古者, 懸爵待士, 惟有才者得之. 若任以無才則有才之路塞, 賢人君子所以遁跡銷聲, 常懷歎恨者也. 且賢人君子, 守於正直之道, 遠於僥倖之門, 若僥倖開則賢者不可復出矣. 賢者遂退, 若欲求人安化洽, 復不可得也. 人若不安, 國將危矣."

司馬光曰: "國家所以御群臣之道, 累日月以進秩, 循資塗而授任. 苟日月積久, 則不擇其人之賢愚而置高位; 資塗相値, 則不問其人之能否而居重職. 陛下誠能博選在位之士, 不問其始所以進及資序所當爲, 使有德行者掌教化, 有文學者待顧問, 有政術者爲守長, 有勇略者爲將帥, 明於禮者典禮, 明於法者主法, 下至醫卜百工, 皆度材而授任, 量能而施職, 有功則增秩加賞而勿徙其官, 無功則降黜廢棄而更求能者, 有罪則流竄刑誅而勿加寬貸."

梁斗輝「取士議」曰: "漢未遠古, 旣令郡國擧孝廉‧賢良‧茂才‧明經, 而六郡良家子弟, 又各因材力爲官. 唐宋自進士制科外, 間嘗許大臣辟召, 諸人薦擧. 然鄕擧里選之意, 僅存什一於千百, 缺有間矣. 愚因歷稽往牒, 三代以前, 未嘗論詞章也. 詞章, 自隋煬帝始, 唐末路益浮薄焉. 世祿不世官, 恐未必賢也, 自漢章尙閥閱, 魏文定九品, 五代沿襲. 唐猶不改, 貴游子弟, 徒以門資取優望, 世風一變, 士習愈下, 雖韋彪‧劉毅‧陸贄‧楊綰‧歐陽修‧范仲淹諸人, 不能挽其流弊."

韓顯宗曰: "州郡貢察, 徒有秀‧孝之名, 而無秀‧孝之實, 朝廷但檢其門望, 不復論才. 如此則可令別貢門望以敍士人, 何假冒秀‧孝之名? 夫門望者, 乃其父祖之遺烈, 亦何益於皇家? 益於時者, 賢才而已. 苟有其才, 雖屠釣奴虜, 聖王不恥以爲臣; 苟非其才, 雖三后之胤, 墜於皂隸矣. 議者或云, '今世等無奇才,不若取士於門', 此亦失矣, 豈可以世無周召, 遂廢宰相耶? 但當較其寸長銖重者, 先敍之, 則賢才無遺矣."

葉適曰: "天下患公卿大夫之子弟不學無能而多取天子之爵祿. 然而不可盡去者義, 不可去也義. 不可盡去而任子之官, 多而不能容. 故常設法而抑之曰, '寬其補授而嚴其出仕, 任其子若孫, 而難責大臣, 不得任其兄弟之子孫'."

又曰: "法令日繁, 治具日密, 禁防束縛, 至不可動, 而人之智慮, 自不能出於繩約之內. 故人材亦以不振, 今與人稍談及度外之事, 輒搖手而不敢爲. 夫以漢之能盡人材, 陳湯猶扼腕於文墨吏, 而況於今日乎? 宜乎, 豪傑之士無以自奮, 而同歸於庸懦也."

宣德中, 上問學士楊溥等曰: "庶官之選, 何術而可以盡得其人?" 溥對曰: "嚴薦舉, 精考課, 何患不得?" 上曰: "近代有罪舉主之法, 夫以一言之薦而欲保其終身, 不亦難乎? 朕以爲敎養有道, 人材自出. 漢董仲舒言, '素不養士而欲求賢, 猶不琢玉而求文采', 此知本之論也. 徒循三載考績之文而不行三物敎民之典, 雖堯舜, 亦不能以成允釐之治矣."

丘濬曰: "太學之設, 敎養生徒, 以爲國家之用, 其所關係至重. 張載有言, '人才出, 國將昌, 子孫才, 族將大. 國家之有賢才也, 猶人家之有子孫也, 所以培養之者, 烏可以不加之意哉?'"

歷古, 爲治之道, 必汲汲於求賢. 故有國之寶, 實維人材. 然人材不多, 求賢之君患之, 如西漢盛時, 而武帝之詔, 有闔郡而不薦一人之罪. 以此觀之, 則可驗其時之人材, 亦不可多得也. 齊宣王謂淳于髡曰: "寡人聞之, 千里而一士, 是比肩而立, 百世而一聖, 若隨踵而至也." 夫以郡國之廣而不薦一人, 千里之地而一士難得, 則人材之出, 蓋亦稀矣.

今以我國之地方, 不及漢之一郡, 折長補短, 亦不過方千里也. 掃境內而求之, 未可必得, 或世不乏一則幸也, 若曰'以此千里之地, 而人材可得'云, 則未見其可也. 然此猶掃境內千里而言也, 乃今日之求士, 又不能千里. 如國家地方八道內, 除西北三道人士素不大用外, 五道人士之大用者, 又絶無. 或有一二顯者, 亦皆京華流寓也, 不可作外方人士論. 則今日所求而收用者, 惟京畿一道也. 京畿一道而猶不能皆然, 惟畿甸五部內是已, 則擧千里之地, 而三百分之一也.

三百分之一而猶不能皆然, 惟世卿士大夫是已, 世卿士大夫而惟貴族大姓是已, 則其一分之中, 又僅百千分之一也. 然則千里之地而所求者, 不滿一里也. 幸而嶽降有意, 盡萃人材於此處則可也, 然或有一二墮落外縣, 或生在畿甸而墮落凡戶, 則豈不大加痛處? 自古人材之多, 以西周爲稱. 故『詩』云'濟濟多士, 文王以寧'. 然周以三分天下, 有其二之地【伯夷自北海, 太公自東海來, 則又不止三分二而已.】而只有亂臣十人. 孔子曰'有婦人焉, 九人而已', 則以天下之大而有九人謂'濟濟多士', 則人材之難出, 蓋可知也. 況在撮爾千里之地, 而擧九百九十九餘里之人而棄之勿論乎?

或曰'寒族・遐人, 聞見不廣, 學術龘疎, 不堪大用', 殊不知. 天賦人性, 原不厚・薄, 豈有貴賤・遐邇之別? 但寒族・遐人, 自分棄置, 未曾培養, 以學業爲無用, 以經濟爲迂闊, 不作身分, 不圖名譽. 此所以無奇異之才, 而長慵懦之風. 甚至昧禮晦義, 漸爲惡習, 風俗頹敗, 又或抱恨懷毒, 怨天尤人, 作爲非宜, 陷於刑辟.

夫如此而何望其人材之成就乎? 爲國之道, 總方略壹統類, 勸元元移風俗, 使民去惡而日遷善. 故爵賞而誘之, 刑罰而威之, 同歸聖域者也. 今此自分之人, 旣不學業, 不自進修, 盡棄本然之性, 日入於浸潤之失, 擧皆驅之而歸惡. 此惡人所以日多也, 風俗之日頹, 教化之未洽, 殆由此也.

且非惟寒族之不成就人材也, 卽貴族・大姓, 亦不以成就爲務. 蓋自氏族有定, 則貴族之不得不顯用, 如寒族之不得不自棄, 都不在於人材之有無也, 何必苦心力行爲也? 其間亦或有大人君子爲國大用者, 乃天生賢智, 不待培養而成也, 則是偶爾也, 何可常也? 將見擧一國而不修人材, 而國受其病矣, 此今日氏族之弊也.

自古氏族之尙, 自漢章帝始, 而至六朝極矣. 然只以淸流・淸議相高下, 而未嘗限以爵位. 故苟其人材也, 則雖寒門・賤族, 皆得顯用, 如紀僧珍之致位榮顯, 而惟不許作士大夫而已. 則是淸流自淸流, 爵位自爵位, 而不以非淸流遂棄勿用, 此猶有任官惟賢之意也.

至於嫡庶之甄別, 尤有可異者, 雖以六朝門第之習, 亦未嘗謂非. 故其時, 據德望之重, 主淸流之議者, 多是婢妾之出也, 豈若今日之棄斥乎? 嗚呼, 冤哉! 今日之庶者. 何獨非其子若孫耶? 甚至有平日禁不得呼父, 死後擯不許傳家, 乃捨所生, 而只取他人同姓者而爲子, 人彝之絶, 莫此爲甚, 夫豈其人情哉? 只以仕宦一條之枳, 而遂至於父不父而子不子. 父不父子不子, 而尙何人材之可論乎? 此今日人材之無關於仕宦, 而仕宦之樂, 遂作貴族之家物也.

然貴族之得此樂者, 亦復無多人, 而貴族之以此爲苦者更居多, 其苦有反甚於寒族者也. 夫貴族之所業, 惟仕宦一條路而已, 旣無營生之道, 仍無資身之策. 奔走科試, 流盡歲月, 終身不得一資, 窮年喫盡萬苦, 白首布衣, 糟糠不繼, 殭于道路, 塡于溝壑者, 比比皆然. 卽遇風雲路順, 得占榮途, 建高節・擁厚祿, 族黨仰給, 隣里分光, 道行名立, 心滿意足者, 亦復幾何? 外此則擧皆依舊食窮, 年豊而啼飢, 冬煖而呼寒者, 又比比也. 一遇專城到手, 勢不得不爲終老計, 民脂民膏, 忍然公行, 夫豈其初心哉? 卽王法之誅勿論, 反心靜思, 安乎否乎? 苟非上等賢聖之人, 卽中人以下, 鮮能免焉. 此貴族之苦處. 夫仕宦之樂, 人所同慕, 而以此絆住, 誤人平生, 又不許傍歧謀生, 則此以官爵禁錮人平生也, 此又貴族之苦也.

『漢書』「食貨志」曰: "五家爲隣, 五隣爲里, 四里爲族, 五族爲黨, 五黨爲州, 五州爲鄕, 鄕萬二千五百戶也. 隣長位下士, 自此以上, 稍登一級, 至鄕而爲卿也. 於里有序而國有庠, 序以明敎, 則行禮而視化焉. 春, 令民畢出在埜, 冬, 則畢入於邑, 所以順陰陽, 備盜賊, 習禮文也. 春, 將出民, 里胥平旦坐於右塾, 隣長坐於左塾, 畢出然後歸, 夕亦如之. 入者必待薪樵, 輕重相分, 斑白不提挈. 冬, 民旣入, 婦人同巷相從, 夜績女工, 一月四十五日, 必相從者, 所以省費燎火, 同巧拙而合習俗也. 男女有不得其所者, 因相與歌詠, 各言其傷. 是月餘子亦在于序室, 八歲入小學, 十五入大學."

此先王制土處民, 富以敎之之大略也. 今亦依富而敎之之法, 凡官人, 必以前所論選擧人中取用, 餘皆歸農・歸商・歸傍歧, 則生業啇矣. 更自農・自商・自傍歧而才德幷修, 有可稱, 則自應鄕擧得薦, 可以出而仕矣, 否則還是農・商・傍歧而生業也. 然則仕宦者, 未必盡貴族, 農・商・傍歧者, 未必盡寒族也. 於是人皆有恒産・有恒心, 貴族・寒族幷無所苦, 而又贏得人材苑興, 國受其利矣.

「明堂位」曰: "米廩有虞氏之庠也, 序夏后氏之序也, 瞽宗殷學也, 頖宮周學也."

「文王世子」: "凡學, 春, 官釋奠于先師, 秋冬, 亦如之." "凡始立學者, 必釋奠于先聖・先師, 及行事, 必以幣."

魏正始七年, 令太常釋奠, 以大牢祀孔子于辟雍, 以顏淵配.【漢以來, 釋奠之禮, 始見於此. 前此祠孔子者, 皆於闕里, 至是, 始行于太學.】

晉太始三年, 詔太學四時備三牲, 以祀孔子.

北齊, 每月朔制, 祭酒領博士以下及國子諸學生, 以上太學, 四門博士升堂, 助教以下太學諸生, 階下拜. 隋制, 國子學, 每歲四仲月上丁, 釋奠于先聖・先師, 州縣學, 則以春秋仲月釋奠.

唐武德二年, 詔國子學, 立周公・孔子廟各一所, 四時致祭.

貞觀二年, 左僕射房玄齡等議: "武德中, 詔釋奠於太學, 以周公爲先聖, 孔子配享. 臣以爲, 周公・尼父, 俱稱聖人, 庠序置奠, 本緣孔子. 故晉・宋・梁・陳及隋, 皆以孔子爲先聖, 顏回爲先師. 請停周公, 升孔子爲先聖, 以顏回配." 從之.

大明洪武十七年, 勅每月朔望, 祭酒以下, 行釋菜禮, 郡縣長以下, 詣學行香.

漢董仲舒對策曰: "王者, 南面而治天下, 莫不以教化爲大務, 立太學以教于國, 設庠序以化于邑." 又曰: "養士, 莫大乎太學, 太學者, 賢者之所關也, 教化之本也. 願陛下, 興太學, 置明師, 以養天下之士, 數考問以盡其材, 則英俊宜可得矣." 始以公孫弘爲學官, 置弟子五十人, 復其身, 太常, 擇民年十八已上儀狀端正者, 補博士弟子.

唐太宗, 增創學舍一千二百間國學, 太學・四門, 亦進生員, 其書・算, 各置博士凡三百六十員, 其屯營飛騎, 亦給博士, 授以經業.

宋元豐二年, 頒學令, '太學置八十齋, 齋容三十人, 外舍生二千人, 內舍生三百人, 上舍生百人, 摠二千四百. 月一私試, 歲一公試, 補內舍生, 間歲一舍試, 補上舍生, 封彌・謄錄, 如貢擧法. 而上舍試, 則學官不與考較. 公試, 外舍生入第一・第二等, 參以所書行藝與籍者, 升內舍. 內舍試, 入優・平二等, 參以行義, 升上舍. 上舍, 分三等, 俱優爲上, 一優一平爲中, 俱平若一優一否爲下, 上等命以官, 中等免禮部試, 下等免解.

學校之設, 乃先聖・先師俎豆之地, 養賢造士之敎也. 歷古, 必選實有道德之人, 使爲學官, 以來實學之士, 朝夕相與講明正學. 其道, 必本於人倫, 明於物理; 其敎, 自小學灑掃應對以往, 修其孝弟忠信, 周旋禮樂, 漸摩成就. 自鄕人而可至於聖人之道, 同歸於成德者也. 是以除俎豆之事, 進修之敎, 外未聞也.

我朝學校之典, 卓越前古. 太學之官, 以卿・大夫・士及山林儒賢有宿德淸望者居之, 以至於大小郡縣, 皆立鄕校, 廩養多士, 禮遇備至. 故東方人材之盛, 我朝爲稱. 自科擧之制詞賦重而實學輕, 世不尙經術, 因未聞有讀書講道之士. 學官, 亦未嘗一接諸生, 問難於前, 而師道又廢也. 此今日成德之無望於學校也. 且政令之得失, 民人之善惡, 非諸生之所可預聞也. 然古有百工, 執藝而諫. 諫則上疏言事, 宜無不可, 而至於民人之善惡, 自有官司主之, 何關於學校也? 乃今鄕村遐方, 畏法之民, 出牌推捉, 謂之有罪, 私行作威, 甚至有得賂而後已, 是豈設敎之意乎? 目其罪, 則曰'犯綱常', 曰'關風化', 卽使之犯綱常・關風化, 蓋由於學校之敎不成, 不能化俗而然也, 適足爲學校之羞, 何必替官司刑人乎? 學校之罰, 有士相規之義. 故有鳴鼓之攻, 此可行之同學之內. 然至今, 又有假公議修私怨者, 更相傾陷, 遂成鄕戰, 此又不可不慮.

臣愚謂, 宜凡京外學校, 先聖俎豆・諸生講學外, 并皆停罷, 一依古立學造士之義, 著爲令, 擇學明德尊者爲師, 取材識明達可進於善者, 使日受其業, 歲擧其賢者・能者於朝, 以爲國家他日之用. 夫然後興學校之效, 可得矣.


## 4　書院

自古祀先賢, 必於國學. 孔子以百代帝王之師表, 有闕里之祀. 故漢高帝, 以太牢祀孔子於魯, 安帝延光三年, 祀孔子及七十二弟子於闕里. 然自魏始祀孔子於辟雍而爲國之祀, 又以顔淵配食, 而爲百世諸賢從祀於國學之典.

唐貞觀二十一年, 以左丘明・卜子夏・公羊高・穀梁赤・伏勝・高堂生・戴聖・毛萇・孔安國・劉向・鄭衆・杜子春・馬融・盧植・鄭康成・服子愼・

何休・王肅・王輔嗣・杜元凱・范甯・賈逵二十二人, 配享尼父廟堂.

總章元年, 顔子贈太子少師, 曾子贈太子少保, 幷配享孔子.

開元八年, 司業李元瓘言: "孔子廟顔子配, 其像立侍. 準禮授坐不立, 授立不跪, 請據禮文, 合從坐侍. 又四科弟子閔子騫等, 雖列像廟堂, 不參享祀. 謹按祠令, 何休等二十二賢, 猶霑從祀, 豈有升堂入室弟子獨不霑配享之餘? 望請列享在二十二賢之上, 曾子孝道可崇, 準二十二賢從享." 詔顔子等十哲, 宜爲坐像, 悉令從祀, 曾子特爲坐像, 坐十哲之次. 又勅七十二子幷許從祀.

宋元豊七年, 以孟子同顔子配食宣聖, 荀況・楊雄・韓愈幷從祀.

淳祐元年, 加周惇頤・張載・程顥・程頤封爵, 與朱熹幷從祀孔子廟庭.

景定二年, 加張栻・呂祖謙伯爵, 從祀孔子.

咸淳三年, 以顔子・曾子・子思・孟子並配孔子, 升顓孫師於十哲列, 邵雍・司馬光於從祀.

元皇慶二年, 以許衡從祀孔子. 至順元年, 以董仲舒從祀孔子.

大明正統中, 以胡安國・蔡沈・眞德秀・吳澂從祀. 成化初, 劉定之議, 以陳澔從祀. 嘉靖中, 進歐陽脩・陸九淵從祀.

熊禾曰: "京師首善之地, 莫先於天子之太學, 天子太學祀典, 宜自伏羲・神農・黃帝・堯・舜・禹・湯・文・武. 其道・德・功・言, 載之六經, 傳在萬世, 若以伏羲爲道之祖, 神農・黃帝・堯・舜・禹・湯・文・武, 各以其次而列焉. 皐陶・伊尹・太公望皆見而知者, 周公不惟爲法於天下而『易』・『詩』・『書』所載, 與夫『周禮』・『儀禮』之書, 皆可傳於後世. 至若稷之立極陳常, 契之明倫敷教, 夷之降典, 益之贊德, 傳說之論學, 箕子之陳範, 是皆可以與享於先王者, 以此秩祀天子之學, 禮亦宜之."【宋濂曰: "昔, 周有天下, 立四代之學, 其所謂先聖者, 虞庠則以舜, 夏學則以禹, 殷學則以湯, 東膠則以文王, 復各取左右四聖, 成其德業者, 爲之先師以配享焉, 此固天子立學之法也. 苟如禾言, 則道統益尊, 三皇不汩於醫師, 太公不辱於武夫矣."】禾又謂: "宜別設一室, 以齊國公叔梁紇居中南面, 顔路・曾皙・孔鯉・孟孫氏侑食西嚮, 春秋二祀, 當先聖酌獻之時, 以齒德之尊者爲分獻官, 行禮於齊國之前, 其配位亦如之. 如此則亦可以示有尊而教民孝矣." 又言: "諸葛孔明之在南陽, 管幼安之在東海, 張九齡之在曲江, 陽城之在晉鄙, 三代而下, 論天下人物, 亦當首稱. 又如蜀之文翁, 閩之常袞, 首開一方文治. 凡若此類, 宜悉詔郡國, 按其舊志, 採其尤著者, 悉以來上, 列之群祀."

丘濬曰: "今世州·郡·縣學, 往往有鄉賢祠, 然多出私祭, 非朝廷祀典所秩者. 乞如禾議行之."

觀此則雖私祭之鄉賢祠, 必設於學校, 使學校諸生俎豆之, 非別立於鄉村, 別聚諸生而奉之也. 歷觀歷代賢士·君子有道德·學行之著之祀典者, 皆從祀於學, 其不配食於孔子者, 或秩祀於天子之學【如熊禾所謂伏羲以下諸賢聖】, 別立祠, 又如啓聖祠之別立, 在國學而從, 無祀典於鄉村, 設學於鄉村.【古有家塾·黨庠·術序, 則非行祀設學之比.】

惟我國, 先賢俎豆之所, 稱謂書院, 儒生聚會, 一如學校, 而不拘鄉野村邑, 隨處皆設. 雖緣於因其舊址, 或隨其遺跡而然也, 散處村野, 終欠尊敬之禮, 且新營院宇, 糜費不少, 別聚生徒, 門墻有分, 恐非吾道一貫之訓.

臣愚, 欲乞各府·縣學校之內, 別建一大院廡, 擧境內所有書院先賢位版, 次第奉安於其中. 俎豆之事·行香之禮, 學校儒生司之, 不必更置. 儒生自後更有鄉賢應祀者, 則無論私祭與秩祀, 并奉安于其中, 不必更建院宇. 然則土木不煩, 學徒純一, 又有朝家禮賢之美意耳.


## 5    黨與

有國之所當禁者, 下之黨與也. 夫黨與之成於下, 則主勢降乎上, 而國法有時而紕, 甚則犯紀亂綱, 作爲非宜, 而上之人莫如之何. 史言, 盜跖聚黨數千人, 橫行天下, 日殺不辜, 肝人之肉, 而竟以壽終, 則當時有國之君, 曾無如之何也. 君無如之何而禍亂何由而不作乎?

近日黨與之風, 下屬尤甚. 如京城宮府【掖庭, 各宮房, 承政院, 奎章閣, 玉堂, 備邊司, 太僕寺, 掌樂院, 刑曹, 漢城府】皂隷, 及泮村人·牽馬夫·閑散人·釗契·四寸契之類, 皆以背公死黨, 自爲高義. 外邑之負商廳·雇工廳·花郎·才人·驛村·白丁村之類, 自相團聚, 所在蠭起, 私行法令, 馳騖於閭閻, 權行州城, 力折公侯. 官府畏其黨多, 每加曲撫馴致. 至于今, 而官令漸於無所行, 國禁幾於無所施, 將見其黨愈固而膽愈大, 第未知作何止極. 而待到那時, 雖欲罷之, 何可得也? 宜及於未膠固之時, 預爲之所無使滋蔓, 大以無尾大難掉之患, 小以免恃黨要罪之禍.

其法, 惟在散其黨而安其業而已. 自今著以爲令, 凡人士民役, 非官事奉公外, 有相與聚會者刑之, 無敢私相發文, 私相指揮, 私相議論. 有不率令者, 官府多方譏詗, 所在隣里禁之, 禁之不可則首告, 不首告者, 隣里有罰. 如此則爲力稍易, 而由來弊習, 卽可除矣.

至於京外乞丐之縱橫閭里, 害及齊民, 實爲今日之大病. 夫向人乞食, 哀其辭而卑其貌, 百般溫恭, 有垂死可憐狀, 然後人乃肯捨己而一飯之, 猶恐其不諧. 乃今丐人, 反自成群而作黨, 所到狂呼亂喝, 大肆惡焰, 繼之辱罵, 求而不與者與夫與而不豐者, 動加毆打, 無難傷命, 甚至有火其室而折其產者. 是以人皆畏之, 擧恐其不得其歡心, 侮慢打罵, 甘心受之, 所在如經亂離, 事之乖常, 莫此爲甚. 夫此乞丐者, 非有殘疾疲病‧老無養‧幼無依者也, 皆雄健軀幹, 富有年紀, 又是豪俠, 不屑世事之人. 擧皆厭於力作, 離井背鄉, 投黨結徒, 威侮良善, 穩討衣食, 而所恃以作惡者, 亦黨與之多也. 是雖名作乞丐, 實爲攘奪, 幾何不漸至於打家劫舍, 歷州過城乎? 又可畏者, 此輩皆無室家, 無根者之人, 東家西舍, 蹤跡閃倏. 官府法綱, 視同游戲, 殺人作賊, 到要重辟, 卽就捕受刑, 所不足懼. 不然則大則抗命, 小則在逃, 南走越而北走胡, 亦非難事也. 到此之時, 隣邦搆禍, 邊情啓釁, 亦未可知也, 爲治之道, 豈可不深慮哉?

爲今之計, 宜卽告示京外府縣坊面鄉村‧道里‧店舍, 所在搜括, 定於今月十五日, 當日內, 各村里搜看乞丐之在本里者, 若衆若寡, 幷以登簿, 錄其年紀多少‧廢疾與否, 簿錄成冊, 必二件, 一納于官府, 一留于本里. 本里之人, 依數斂穀, 輪流食之, 至老死不缺; 所錄之乞人, 亦令終身就食於其里, 不許移向他里, 著爲令. 如此則流乞之作黨擾民之弊, 可除. 老病之無依者, 得有所就養, 其少者‧壯者, 寄於其土, 久而安之, 仍同鄉人, 自不能遊手白吃, 勢將歸農, 漸得多收幾斛麥, 安知不作本里之田舍翁乎? 從此每鄉多幾箇農夫, 民受其利, 而田野漸闢, 人民漸盛, 國家之福, 太平之基, 於是乎在矣.

## 6　盜賊

『周禮』: "士師之職, 掌鄕合. 州・黨・族・閭・比之聯, 與其民人之什伍, 使之相安相受, 以比追【追寇】胥【搏盜賊】之事, 以施刑罰慶賞.【鄭玄曰: "鄕合者, 鄕所合也."】"

"司厲, 掌盜賊之任器貨賄. 辨其物, 皆有數量賈而揭之, 入于司兵."

"司寤氏, 掌夜時. 以星分夜, 以詔夜士夜禁, 禦晨行者, 禁宵行者, 夜遊者." 漢武帝天漢中, 東方盜賊滋起, 上使御史中丞・丞相長史督之, 弗能禁. 乃使光祿大夫范昆等, 衣繡衣, 持節虎符, 發兵以興擊, 所至得擅斬二千石以下, 誅殺甚衆, 一郡多至萬餘人. 數歲乃頗得其渠率, 散卒失亡, 復聚黨, 阻山川者, 往往而群居, 無可奈何. 於是作沈命法曰: "盜起不發覺, 發覺而捕弗滿品者, 二千石以下至小吏, 主者皆死" 其後, 小吏畏誅, 雖有盜, 不敢發, 恐不能得, 坐課累府, 府亦使其不言. 故盜賊寖多, 上下相爲匿, 以文辭避法焉. 宣帝時, 渤海膠東, 盜賊幷起, 張敞自請治之, 郡內淸治. 丞相舉龔遂, 於是帶牛佩犢之徒, 皆駈之歸於南畝, 卒之吏稱其職, 民安其業. 夫宣帝之用法, 寬於武帝, 而收功且倍. 是則治天下之道, 有不恃法而行者, 未可與刀筆・筐篋之士議之也.

光武建武中, 郡國群盜, 處處幷起, 攻劫所在, 害殺長吏. 郡縣追討, 到則解散, 去復屯結, 靑・徐・幽・冀四州尤甚. 上乃遣使者下郡國, 聽群盜自相糾擿, 五人共斬一人者, 除其罪. 吏, 雖逗留迴避故縱者, 皆勿問, 聽以禽討爲效; 其牧守令長, 坐界內盜賊而不收捕者, 及以畏懦捐城委守者, 皆不以爲罪, 但取獲賊多, 爲殿最, 惟蔽匿者乃罪之. 於是更相追捕, 賊幷解散, 徙其魁帥於他郡, 賦田受廩, 使安生業. 自是牛馬放牧, 邑門不閉. 光武精於吏事, 故其治盜之方如此. 天下之事, 得之於疏, 失之於密, 大抵皆然耳.

北魏孝文帝, 以李崇爲兗州刺史, 兗舊多劫盜. 崇命村置一樓, 樓皆懸鼓, 盜發之處, 亂擊之, 旁村始聞者, 一以擊爲節, 次二・次三, 俄頃之間, 聲布百里, 皆發人守險要. 由是盜發無不擒獲, 其後諸州皆效之, 自崇始也.

周世宗時, 竇儼上疏請: "令盜賊自相糾告, 以其所告資産之半賞之, 或親戚爲之首, 則論其徒侶而救其所首者. 如此則盜不能聚矣. 又新鄭鄕村, 團爲義營,各立將佐, 一戶爲盜, 累其一村, 一戶被盜, 累其一將, 每有盜發, 則鳴鼓擧火, 丁壯雲集, 盜少民多, 無能脫者, 由是隣縣充斥而一境獨淸. 請令他縣皆效之, 亦止盜之一術也."

丘濬曰: "竇儀所言新鄭義營之法, 可與李崇村置鼓樓, 合而爲一. 誠然則鄉村之盜, 無所容矣. 及其所謂盜賊自相糾告, 給賞之法誠行, 則賊黨互相疑惑, 不能久聚. 昔崔安潛, 出庫錢千五百緡, 分置三市, 榜其上曰: '有能告捕一盜, 賞錢五百緡. 盜不能獨爲, 必有侶, 同侶者告捕, 釋其罪, 賞同平人'. 未幾, 有捕盜而至者, 盜不服曰: '汝與我, 同爲盜十七年, 臟皆平分, 汝安能捕我? 我與汝同死耳.' 安潛曰: '汝旣知吾有榜, 何不捕彼以來? 然則彼應死, 汝受賞矣. 汝旣爲所失, 復何所辭?' 立命給捕者錢, 使盜視之, 然後戮盜於市, 并減其家. 於是諸盜與其侶互相疑, 無地容足, 散逃出境. 此其法雖善, 然用官錢, 可以暫而不可以久, 不若儀就以所告資產之半給之, 爲可常也."


夫禁盜之不可少弛者, 誠以國家之患, 盜賊爲大; 人類之惡, 盜賊爲甚. 故漢高帝, 除秦苛法之時, 而盜律不除, 其三章條曰'殺人者死, 傷人及盜抵罪'. 然以今言之, 盜之律當多於殺人, 蓋盜賊, 大則嘯聚凶徒, 作爲亂逆; 小則劫掠摽奪, 不諱殺傷. 至於穿房入戶, 瀆禮犯分, 黑夜縱橫, 事有不可知者也, 何可以抵罪而止哉? 稂莠之妨穀, 猶皆亟除, 況以此惡類而害及良善乎? 爲國之道, 必嚴立科治, 期於鋤除, 然與其督責於其後, 孰若豫備於其先? 今於京外各處, 皆置鼓樓如李崇法, 必於通衢轉角處, 量其疎密, 以聲相聞·目相望爲度撥視. 更軍若干名, 輪番守直, 半在樓上, 半在樓下. 樓上置鼓一·白旗一·烽火一, 遇有盜賊, 樓上軍卽擂鼓擧火, 以白旗指其所往之方, 樓下軍具器械逐之, 必抵其所至, 如此則不必嚴督責, 而盜自無矣.

至於遠近豪猾失志怨望之類, 際水旱爲灾·賦役繁重之時, 因民不忍, 嘯聚爲盜者, 此亦預爲之所銷其患於未然之前. 彼皆邦之臣民, 雖無閥閱之可貴, 薄有才略之可取, 及時收用, 安知不他日得其力耶?

富弼言于仁宗曰: "訪得多有兇險之徒, 始初讀書, 卽欲應擧, 及其長立, 所學不成, 雖稍能文, 不近擧業. 頗讀史傳, 粗知興亡, 因此張大胸膽, 遂生權謀. 每往往晦名詭姓, 潛跡遁形, 乃與其徒密相結扇, 縱無成謀, 亦能始禍, 要在得而縻之, 使所謀不成. 乞命臣僚可委者, 多方採訪, 如有此等人, 作草澤遺逸, 薦于朝廷, 隨其所能, 量加恩命."

蘇軾言于神宗曰: "古者, 不專以文詞取人, 故得士爲多. 王者之用人, 如江河, 江河所趨, 百川赴焉, 蛟龍生之, 及其去而之他, 則魚鼈無所遁其體, 而鯢鰍爲之制. 願採唐之舊, 使五路監司・郡守共選士人, 其人才心力有足過人而不能從事於科業者, 薦其材, 使得出仕比任子, 而不以流外限其所至. 朝廷察其尤異者, 擢用數人, 則豪傑英偉之士, 漸出於此途, 而姦猾之黨, 可得以籠取也.

又曰: "臣竊嘗爲朝廷計以謂, 窮其黨而去之, 不如因其材而用之. 何者? 其黨不可勝去, 而其材自有可用. 自天寶以後, 河北諸鎭, 相繼爲亂, 雖憲宗英武, 亦不能平. 觀其主帥, 皆卒伍庸才, 而能於六七十年間, 與朝廷相抗者, 徒以好亂樂禍之人, 背公死黨之士, 相與出而輔之也. 臣願, 陛下精選靑・鄆兩帥, 京東西職司, 及徐・沂・兗・單・濰・密・淄・齊・曹・濮知州, 諭以此意, 使陰求部內豪猾之士, 或家富而多權謀, 或通知術數而曉兵, 或家富而好施, 如此之類, 皆召而勸獎, 使以告捕自效, 籍其姓名, 以聞於朝. 所獲盜賊, 量輕重酬賞, 若獲眞盜大姦, 隨卽錄用, 若只是尋常劫賊, 卽累其人數, 酬以一官, 使此輩歆艷其利, 以爲進身之資, 但能拔擢數人, 則一路自然競勸. 貢擧之外, 別設此科, 則向之遺才, 皆爲我用, 縱有姦雄嘯聚, 亦自無徒."

丘濬曰: "臣按, 祖宗用人, 於科目・歲貢之外, 別有賢良方正・才識兼茂・經明行修諸科, 下至富戶老人, 亦在所用之列. 近日用事者, 乃盡去之, 而顓顓用科・貢二途, 甚非祖宗之意也. 臣愚願, 復舊制諸科, 以收拾天下遺才, 又勅有司, 凡士子有不習擧業者有他才能藝術可稱, 皆許薦聞. 隨所能而試之, 量授一職, 其中有知邊情諳武事及膂力技能過人者, 亦許以名聞量用, 以爲都司衛所幕官, 以爲將帥, 以爲方面. 夫然則國家之所用者無遺才, 而無意外之慮. 黃巢必不販私鹽, 張榮必不爲阡能草書檄, 樊若水必不量江面, 張元・吳昊必不爲夏人之用, 黃師宓必不主儂氏之謀, 徐伯祥必不引交人以入寇也." 又曰: "遠方州縣, 得一良令, 如得勝兵三千人; 得一良守, 如得勝兵三萬人; 得一良部使者, 如得勝兵三十萬人. 方其相安無事之時, 一方數千里之地, 若蕃若郡若縣, 得二三十輩賢守長, 則足以安之矣. 不幸而民窮, 起而爲盜爲亂, 非得數十萬人馬・錢糧, 未易以平之也. 嗚呼! 當道之大臣, 掌銓選者, 何苦不爲國計, 不爲地方計, 而專爲仕者之計, 不權其輕重緩急, 而拘拘於遠近內外之較哉? 非獨不智, 蓋不忠也."

奢侈之說, 自古皇王賢聖之垂戒者, 其書充棟, 無人不知之. 非惟知之, 無人不知其爲不美也. 雖甚愚之人, 聞得古人克勤克儉者, 必心悅之・口道之, 眷眷焉亹亹焉, 慕誦之不暇; 聞有窮奢而極侈者, 未嘗不心非而口譏, 必曰'未或不亡'也. 非直過去道理語也, 心知其必不祥; 非但古人也, 與今人相對, 而其心亦然. 見踰分而不稱其服者, 雖未免市童之憐而似乎艷羨, 其心則未必作爲美事; 見儉陋而衣弊黑貂者, 雖或有機妻之慢而似乎輕易也, 其心則自當服其淸德. 一則外雖憐愛之, 而心實非之; 一則外雖慢易之, 而心實敬服. 人何苦厭其敬服我而自甘於心非我乎? 設爲之奢則人敬我, 儉則人非我也, 在淸高之人, 猶不當入奢也, 在惜福之人, 亦不當肆意也. 況儉則人敬之, 奢則人非之; 儉則享福, 奢則折福者乎?

享福與折福, 確有其理, 而人或疑於冥冥而難見者, 則何不從目前現在而求之乎? 譬如有人焉, 家産頗裕而不知節約, 將日食而萬錢, 一裘而千腋, 所費旣多, 財力有限, 待到家落之時, 則其勢必至於饑寒之境, 此豈非折福之明見乎? 儉則反是, 豈非享福之明驗哉? 此人情之所必戒, 而國法之尤宜痛禁者也.

然而法而禁之, 不如誘而正之, 誘之如何? 居處聞見是已, 是所謂'與正人居, 聞正言, 行正事也'. 居處・聞見旣正, 則習與性成, 使民日遷而不知也. 民惟邦本, 本固邦寧, 本豈可一日少忽? 不思所以以底於正乎? 至於世家舊族, 則又民之本也, 世家正則民俗自正, 民俗正則世家自正, 至於朝廷之上, 前後左右, 無非正人也. 是國家之正・不正, 專係於世家, 世家之興替, 卽國家之興替. 然則世家之興替, 國豈可須臾而不關念哉?

自古風俗之奢靡, 言者動必歸之於敎化, 有曰'上有好之者, 下必有甚焉者'. 然竊料今之侈風, 每每自下而上行. 見今男女之最侈服而無恥者, 娼妓與遊冶惡少輩也. 此輩爲世家執法之地, 宜當禁制之不暇, 而乃愛而收之. 年少豪侈者, 則留之門下, 稱謂傔人而親信之, 東隣西舍, 競相挽引, 以豪侈相角, 以爲高致然. 故今日之爲人傔從者, 每多浮輕妄率之人, 而一有眞實淸古之人, 則同儕恥之, 主家擯之, 不使之接足. 故勢不得不擧將盡歸於奢侈而已. 念此傔從輩, 實是他日吏胥之任也. 古人所謂'國之政令, 自吏胥始', 而吏胥之不自培養如此, 則何望於他日政令之可觀乎?

至於傔從之在人門下也, 主家旣嬖愛之, 以侈服艶態爲可嘉也. 故年少公子, 亦視爲高人之事, 而效則之. 文繡緞氈, 看作常服, 長長之袖, 窄窄之襪, 非危步不行, 非艶語不道, 以侈靡奇巧爲勝事, 以守正謹拙爲羞恥. 試思此公子, 皆他日公輔之器, 佩國家之安危而代天行化, 導民範俗者也, 小少習尙, 久而成性, 他日安望其由奢入儉, 移風易俗, 普歸於正乎? 此無他, 實傔從之不得其道而漸染之致也.

至於娼妓之妖冶艶服, 在渠固當, 無足爲責, 而只可任他自爲之而已, 不可親近也. 故善齊家者, 使家內子弟·婦女, 不許窺見其態, 恐其悅於視瞻也. 乃今習俗, 以妓妾爲勝事, 競相羅致, 在在皆然. 試思此類無他伎能, 只妖艶以媚人, 炫服以助態, 枕邊之語, 無非離人骨肉之長舌, 門內之妬, 專是陷人坑塹之毒手. 是以一入人家, 未有不換腸易面破産亡身者. 而又有最可畏者, 此類旣作家眷, 則內外無別, 朝夕一室也. 故年少子弟, 習於聞見, 長其豪放之心, 每多外向而不返. 婦女則悅其妙麗, 爭欲效嚬, 故最得以親近之. 唯主母一人外, 其於姑姉妹·妯娌·娣姒之間, 無不得其歡心, 軟語以獻媚, 美服以效誠也. 故相愛而相慕, 競爲時粧, 高一尺之寶䯻, 剛三寸之弓鞋, 削袕之衫, 尖嘴之襪, 蝙蝠之背子, 玳瑁之鎖鈿, 至此而極矣. 閨門之侈風, 實此類之所以導之也. 第今日妓妾之家, 未必家家皆然, 而所可慮者, 此類若逞其志而廣其制, 則恐侈靡之風, 無有底極也. 於是而男女之侈, 實傔從與妓妾, 有以啓之也.

欲救其弊, 亦甚不難. 傔從, 則擇其謹拙老實者, 以爲親任, 而勿事乎浮華輕薄之習, 則非但子弟聞見之得正也, 於渠亦有培養成就之利, 爲他日國家之所需.

用妓妾, 則卜妾者, 必擇良家之子, 教以儀範, 而以謹愼簡靜爲歸, 則彼良家之子, 雖曰妾媵, 其德行與節烈, 與正室無異, 生子則必聰明賢孝, 治家則必孝親敬夫, 內外無間言, 一以淸儉約素爲法, 而子弟婦女, 亦將安於淸靜, 無從以長其侈心也. 是於閨門之內, 不無一助也, 何苦而不爲此哉? 娼妓, 則只可一時供我遊宴者, 非久長室家之宜也. 至若娼妓中, 又有謹愼老實·不事浮華者, 固無妨於卜妾, 而亦惟十分愼擇, 期以不底於侈靡成習, 聞見於人家者也.

此所謂'今日之侈風, 每每自下而上行者'也. 於此二事, 而痛加禁斷, 則侈靡之風, 可以日去, 而將擧歸於正矣.


## 8　法令

『周禮』: "正月之吉, 始和, 布政于邦國·都鄙, 乃縣刑象之法于象魏, 使萬民觀刑象, 挾日而斂之."

"士師之職, 掌國之五禁之法, 以左右刑罰, 一曰'宮禁', 二曰'官禁', 三曰'國禁', 四曰'野禁', 五曰'軍禁'. 皆以木鐸狥之于朝, 書而縣于門閭. 以五戒先後刑罰, 毋使罪麗于民. 一曰'誓', 用之于軍旅; 二曰'誥', 用之于會同; 三曰'禁', 用諸田役; 四曰'糾', 用諸國中; 五曰'憲', 用諸都鄙."

"司刑, 掌五刑之法, 以麗萬民之罪. 墨罪五百, 劓罪五百, 宮罪五百, 刖罪五百, 殺罪五百. 若司寇斷獄弊訟, 則以五刑之法詔刑罰, 而以辨罪之輕重."

"司約, 掌邦國及萬民之約劑. 治神之約爲上, 治民之約次之, 治地之約次之, 治功之約次之, 治器之約次之, 治摯之約次之."

「呂刑」曰: "墨罰之屬千, 劓罰之屬千, 刖罰之屬五百, 宮罰之屬三百, 大辟之罰, 其屬二百, 五刑之屬三千. 上下比罪, 無僭亂辭, 勿用不行, 惟察惟法, 其審克之."

鄭人鑄刑書, 叔向使貽子產書曰: "昔, 先王議事以制, 不爲刑辟, 懼民之有爭心也. 民知有辟, 則不忌於上, 幷有爭心, 以徵於書而徼幸而成之, 弗可爲矣. 夏有亂政而作禹刑, 商有亂政而作湯刑, 周有亂政而作九刑, 三辟之刑, 皆叔世也.

今吾子相鄭國, 制參辟, 鑄刑書, 將以靖民, 不亦難乎? 民知爭端矣, 將棄禮而徵於書, 錐刀之末, 將盡爭之, 亂獄滋豊, 賄賂幷行, 終子之世, 鄭其敗乎! 肸聞之, 國將亡, 必多制, 其此之謂乎!"

晉鑄刑鼎, 著范宣子所爲刑書焉. 仲尼曰: "晉其亡乎! 失其度矣. 夫晉國, 將守唐叔之所受法度, 以經緯其民, 卿·大夫以序守之. 民是以能尊其貴, 貴是以能守其業, 貴賤不愆, 所謂度也. 今棄其度也而爲刑鼎, 民在鼎矣."

魏文侯時, 李悝著『法經』六篇, 一盜法, 二賊法, 三囚法, 四捕法, 五雜法, 六具法.

漢高祖, 初入咸陽, 與民約法三章, '殺人者死, 傷人及盜抵罪', 餘悉除去秦苛法. 後以三章之法不足以禦姦, 遂令蕭何攎摭秦法, 定律令, 除參夷連坐之法, 增部主見知之條, 與李悝所造六篇, 盆事律擅興·廐·戶三篇, 合爲九篇. 叔孫通盆律所未及傍章十八篇.

武帝時, 徵發頻數, 百姓貪耗, 窮民犯法, 酷吏擊斷, 姦軌不勝. 於是進張湯·趙禹之屬, 條定法令, 作見知故縱·監臨部主之法, 緩深故之罪, 急縱出之誅. 其後姦猾巧法, 轉相比況, 禁網寝密, 律令凡三百五十九章, 大辟四百九條千八百八十二事, 決事比萬三千四百七十二事.

宣帝時, 鄭昌上疏言: "聖王立法明刑者, 非以爲治, 救衰亂之起也. 今明王躬垂明聽, 雖不置廷平, 獄將自正, 若開後嗣, 不若刪定律令. 律令一定, 愚民知所避, 姦吏無所弄矣. 今不正其本, 而置廷平以理其末也, 政衰德怠, 則廷平將招權而爲亂首矣."

元帝詔曰: "夫律令者, 所以抑暴扶弱, 欲其難犯而易避也. 今律煩多而不約, 自典文者, 不能分明, 而欲羅元元之不逮, 斯豈刑中之意哉? 其議律令可蠲除·輕減者條奏, 惟是便安百姓而已."

光武時, 桓譚疏曰: "今法令決事, 輕重不齊, 或一事殊法, 同罪異論, 姦吏得因緣爲市, 所欲活則出生議, 所欲陷則予死比, 是爲刑開二門也. 今可令通義理而習法律者, 校正科比, 一其法度, 班下郡國, 蠲除故條, 如此天下知方而獄無冤濫矣."

隋定律令, 置十惡之條, 多採齊之制而頗有損益. 一曰'謀反', 二曰'謀大逆', 三曰'謀叛', 四曰'惡逆', 五曰'不道', 六曰'大不敬', 七曰'不孝', 八曰'不睦', 九曰'不義', 十曰'內亂'. 十惡及故殺人獄成者, 雖會赦, 猶除名.

唐房玄齡等更定律・令・格・式. 高宗時, 詔長孫無忌等增損格・敕, 曰'留司格', 曰'散分格'. 武后時, 有垂拱格. 玄宗時, 有開元格. 憲宗時, 有開元格後敕. 文宗時, 有太和格, 又有開成詳定格. 宣宗時, 又以刑律分類爲門, 而附以格・敕, 爲『大中刑律統類』.

宋法制, 因唐律・令・格・式而隨時損益, 則有編敕, 一司・一路・一州・一縣, 又別有敕. 神宗, 以律不足以周事情, 凡律所不載, 一斷以敕, 乃更其目曰'敕・令・格・式', 而律恒存乎敕之外. 曰禁於未然之謂'敕', 禁於已然之謂'令', 設於此以待彼之謂'格', 使彼效之之謂'式'.

大明律文, 蒙唐之舊文. 而笞・杖・徒・流・死, 此後世之五刑也, 始於隋而用於唐, 以至於今日, 萬世之下, 不可易也.

至於我朝律文, 專用大明律, 間有酌以時宜, 有所增損, 將以居敬而行簡, 以臨其民, 其本在正人心・厚風俗而已.

太史公曰: "昔天下之網嘗密矣, 然奸僞萌起, 其極也, 上下相遁, 至於不振." 然則有國者, 不可恃法禁之多, 以爲治也, 是以用法不在多也, 信而已. 法而不信, 雖商鞅之牛毛而無所用, 以制民之心, 徒啓僥倖之習, 而犯者相仍不已, 則反不如不立法之爲愈也.

葉適云: "刑法, 所以待天下之有罪, 雖至親・隆貴, 不得輒私.【信也】而雖至親・隆貴, 不能無罪, 則刑法不得不用. 然人主能使其臣無犯君之法, 不當以刑法御其臣.【不立法爲愈也】夫人主之所與共守其國家者, 自宰相以下至于一命之士, 皆必得天下之賢材而用之, 其不能無犯法者, 不得君也. 當舜之時, 旣放棄共・鯀・驩・苗之徒, 其所與爲臣工・岳牧者, 皆忠肅・和惠・明允・篤誠之士. 故其治化之成, 至于匹夫小民, 猶無犯法者, 而況其官司乎? 其後周文・武, 最能得天下之賢材而用之, 遇以信厚, 而折旋之以禮樂. 故其詩曰: '濟濟辟王, 左右奉璋. 奉璋峨峨, 髦士攸宜.' 夫聚賢材于朝而分之以百官之事, 被服有雲龍藻火之章, 駕乘有和鸞旗旄之節, 以至奉牲幣・執豆籩, 薦告宗廟, 類祀天神. 其盛若此, 而桎梏廢放・黥劓殺戮之人, 安得參于其間? 楊雄有言曰'周之

士也貴', 夫士貴而後官貴, 官貴而後國貴, 國貴而後主尊. 然則周文‧武之所
以貴其士‧禮其臣者, 能使之無犯法, 而未嘗以刑法御之者也. 取不能無犯法
之人而置諸位, 則不免于以法御之. 有以刑法御其臣之心, 則方其唯諾殿上, 委
任尊寵, 若將有腹心股肱之寄者, 俄而桎梏廢放, 黥劓殺戮, 無所寬貸, 而其臣
亦不能自必也. 故輕爲姦而多犯法. 嗚呼! 此非國家之利也."
『書』曰'刑期于無刑', 有此道也; 又曰'眚災肆赦, 怙終賊刑', 此小大之獄, 必以
情也; 又曰'成而孚, 輸而孚', 信也.

顧問備略卷之四

# 찾아보기

## 차

실시학사 실학번역총서 05

## 어시재 최성환의 고문비략

1판 1쇄 인쇄 2014년 9월 20일
1판 1쇄 발행 2014년 9월 25일

기획 | 재단법인 실시학사
지은이 | 최성환
옮긴이 | 김성재

펴낸곳 | 성균관대학교 출판부·사람의무늬
등록 | 1975년 5월 21일 제1975-9호
주소 | 110-745 서울특별시 종로구 성균관로 25-2
전화 | 02)760-1252~4  팩스 | 02)762-7452
홈페이지 | http://press.skku.edu

ⓒ 2014, 재단법인 실시학사
ISBN 979-11-5550-079-8 94150
     979-11-5550-001-9 (세트)
값 26,000원

잘못된 책은 구입한 곳에서 교환해 드립니다.
사람의무늬 는 성균관대학교 출판부의 인문·교양·대중 지향 브랜드의 새 이름입니다.